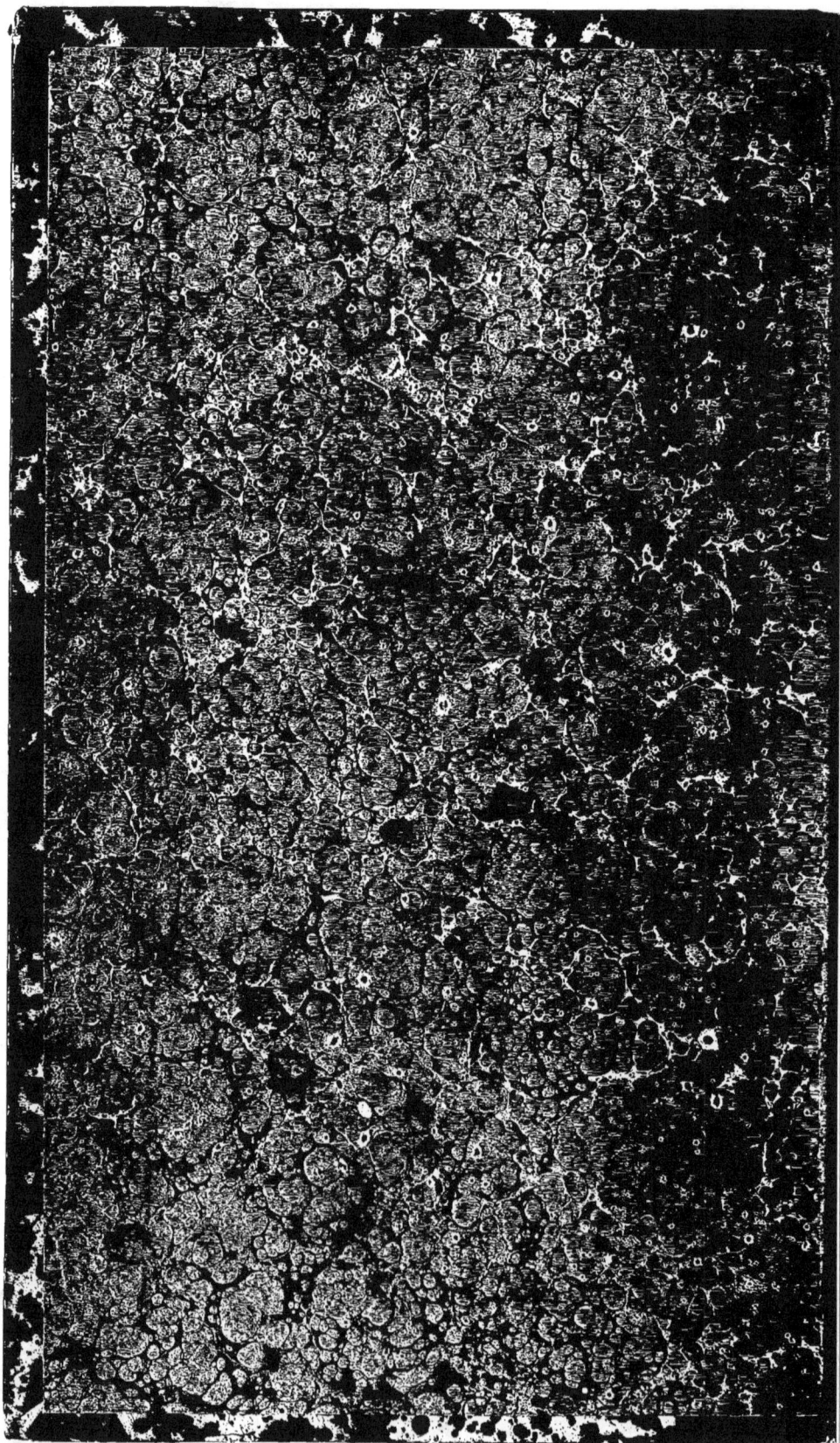

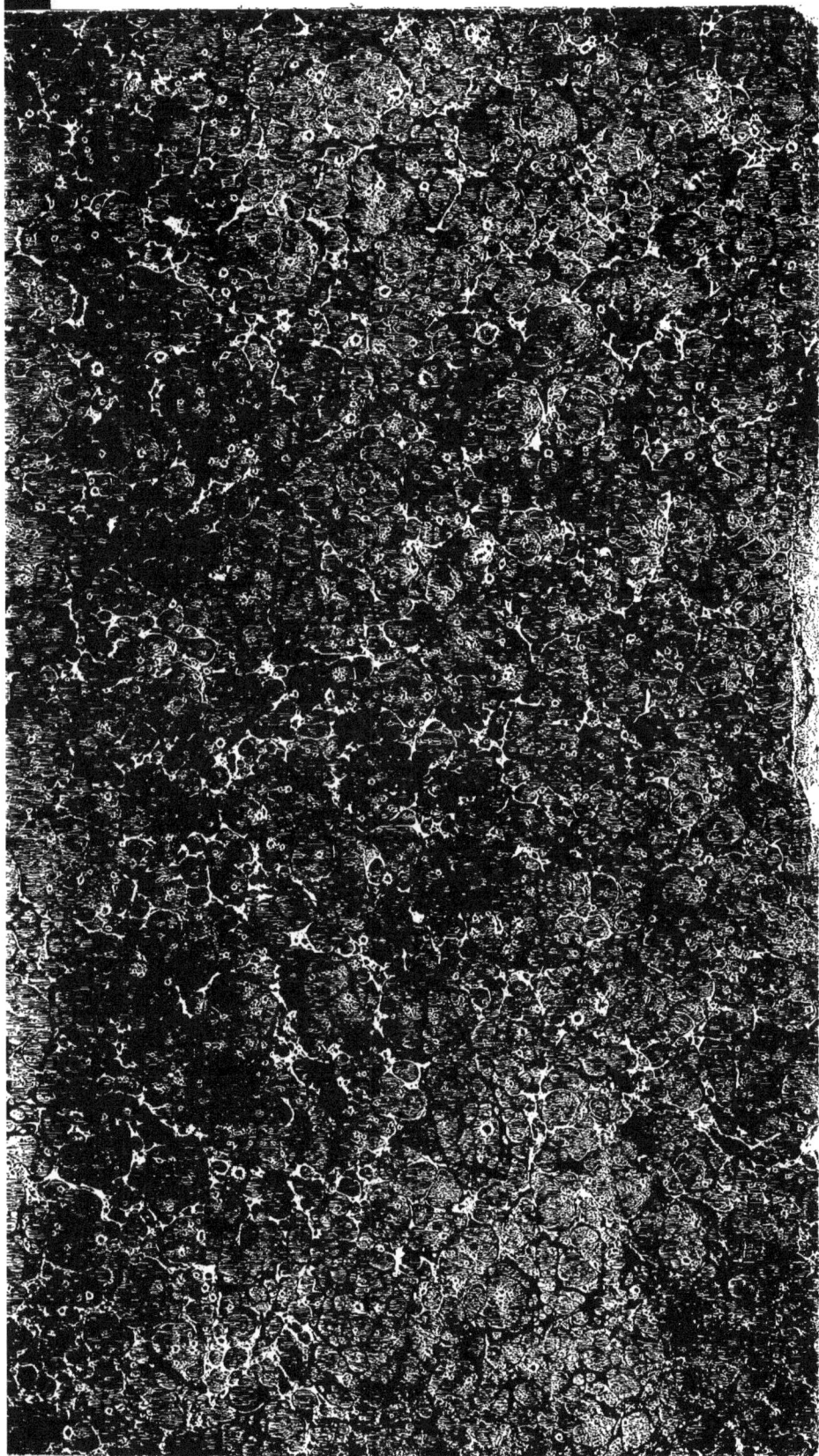

CAMPAGNE
DU « CASSINI »
DANS LES MERS DE CHINE

ÉMILE COLIN — IMPRIMERIE DE LAGNY

R. P. MERCIER

CAMPAGNE
DU « CASSINI »

DANS LES MERS DE CHINE

1851-1854

D'APRÈS LES RAPPORTS, LETTRES ET NOTES

Du Commandant DE PLAS

ENRICHIE DE PLUSIEURS CARTES POUR L'INTELLIGENCE DU TEXTE

PARIS

RETAUX-BRAY, LIBRAIRE-ÉDITEUR

82, RUE BONAPARTE, 82

1889

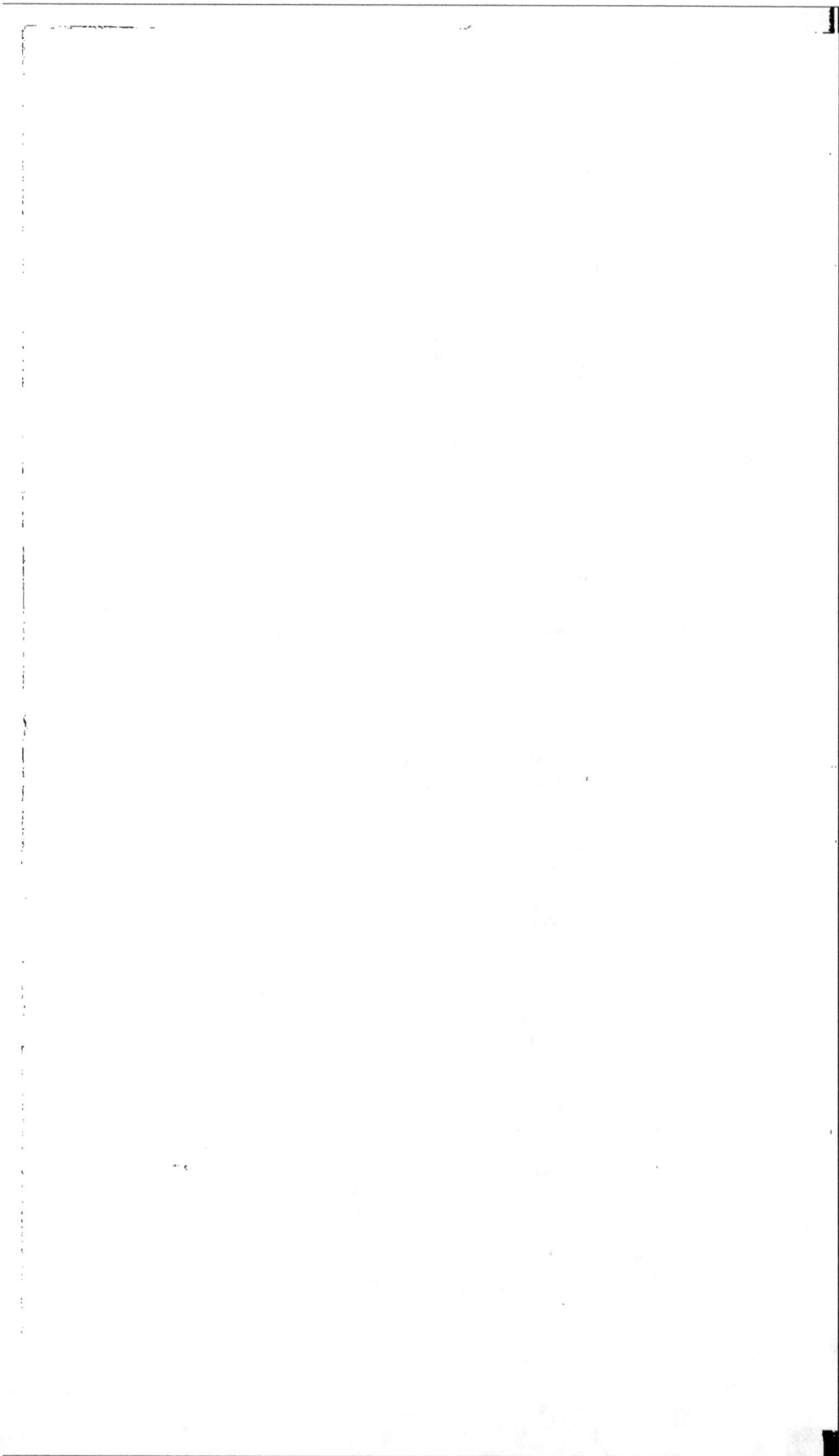

AVERTISSEMENT

Le 19 avril 1888, mourait à Brest un humble religieux de la Compagnie de Jésus qui, pendant quarante-cinq ans, avait brillamment servi son pays, en qualité d'officier de marine. Victime des iniques décrets qui l'avaient expulsé par force de la *résidence* où il travaillait avec tant de zèle et de dévouement à la gloire de Dieu et au salut des âmes, il rendit le dernier soupir sous un toit étranger, entouré de la sollicitude de ses frères en religion et de l'affection de ses anciens compagnons d'armes.

« Ce n'est ici ni l'heure, ni le lieu, disait l'amiral de Cuverville sur la tombe de l'ancien capitaine de vaisseau, de retracer ce que fut la carrière du vaillant chef, du vénéré religieux auquel nous rendons les derniers devoirs. Cette vie si féconde en enseignements, en exemples de dévouement, d'abnégation et d'humilité parfaites, sera retracée, j'en ai l'espoir, par ceux qui furent ses frères dans la foi. »

Pour répondre à cet appel, écho fidèle de tous ceux qui avaient connu, aimé le *vaillant chef*, le *vénéré religieux*, un de ses *frères dans la foi* a entrepris, d'après le désir de ses supérieurs religieux, la biographie de François de Plas, marin et jésuite.

Notre première pensée a été de recueillir le plus de renseignements possible, pour atteindre le but que nous nous étions proposé. Mais pendant que les documents abondent sur certaines parties de la carrière de l'ancien marin, d'autres époques de sa vie en sont presque totalement dépourvues. Nous avons donc cru bon, utile, tout en continuant nos recherches souvent infructueuses à cause du petit nombre des témoins contemporains d'une existence si longue et si remplie, de publier à part d'intéressants matériaux qui trouveraient difficilement place dans les pages d'une simple biographie. De là, le présent volume : CAMPAGNE DU *Cassini* DANS LES MERS DE CHINE.

Ce volume nous semble combler une lacune regrettable parmi les publications maritimes qui ont trait à la Chine. Depuis longtemps le Céleste Empire attire l'attention des puissances européennes, et jamais la curiosité publique n'a été plus excitée qu'elle ne l'est de nos jours, après les graves événements de l'Annam et du Tong-king. Déjà M. l'amiral Jurien de la Gravière, en racontant le voyage de la corvette la *Bayonnaise* de 1847 à 1850, avait résumé d'une manière instructive l'état antérieur des missions catholiques et de la marine française dans l'extrême Orient. Longtemps après lui, M. l'amiral Bourgois avait recueilli, dans des articles très remarqués de la *Revue maritime et coloniale*, d'importantes observations sur sa navigation dans les mers de Chine. C'était l'époque de l'expédition anglo-française dont on a tant parlé, et sur laquelle il n'y a plus rien à dire, non plus que sur les brillants exploits du vaillant amiral Courbet.

Mais entre la campagne de la *Bayonnaise* et celle du *Duperré* et de la *Forte* il existe un intervalle de plusieurs années sur lesquelles rien n'a encore été publié. C'est cet intervalle que nous voulons essayer de combler en partie, à l'aide de précieux documents que nous avons entre les mains. François de Plas, en effet, alors capitaine de frégate, prit une part active à la station navale des mers de Chine de 1851 à 1858 : une première fois comme commandant de la corvette à vapeur le *Cassini*, une seconde fois comme capitaine de pavillon de l'amiral Guérin, sur la frégate la *Virginie*. Toutefois son premier voyage en Chine mérite seul de fixer plus particulièrement notre attention ; aussi, réservant pour sa biographie ce qui concerne la campagne de la *Virginie*, nous ne publierons aujourd'hui que ce qui regarde la campagne plus importante du *Cassini* (1).

Le commandant de Plas était à la fois brillant officier et fervent chrétien. Aussi la campagne du *Cassini* se présente-t-elle sous un aspect tout nouveau qu'on chercherait en vain dans les expéditions du même

---

(1) Un appendice sur la fin de l'insurrection de Chang-hai nous permettra de dire un mot de la campagne de la *Jeanne d'Arc* et du *Colbert*, sous les ordres du contre-amiral Laguerre.

genre. Les lettres à sa mère nous révèlent toutes les
délicatesses de son cœur aimant, et les rapports à ses
supérieurs hiérarchiques nous montrent un esprit droit,
dégagé de tout intérêt personnel, uniquement préoccupé de la pensée de bien remplir son noble métier.
Mais au-dessus des légitimes affections de la famille et
des impérieux devoirs de la profession, François de
Plas avait compris qu'il est une sphère supérieure où
s'ennoblissent et se purifient tous les meilleurs sentiments de l'âme ; et c'est à la source de toute vérité, de
toute bonté qu'il puisa ce désintéressement, cette grandeur qui étonnaient parfois autour de lui, mais qu'on
ne pouvait se lasser d'admirer. Caractère loyal, il sai-
sissait toutes les occasions de se montrer bon Français
en servant avec la même ardeur et la religion et la
patrie.

A ce moment, les rebelles Tai-ping, secouant le
joug de la dynastie tartare, parcouraient les provinces
de l'ouest, le fer et le feu à la main. Le *Cassini*,
mouillé dans la rade de Chang-hai, eut pour objet de
protéger la concession européenne et les missions catholiques. De là de fréquentes relations d'amitié qui
s'établirent entre nos officiers et les missionnaires, et
qui ne tardèrent pas à devenir intimes avec les Jésuites
auxquels est confiée la propagation de la foi dans la
province du Kiang-nan. L'histoire de l'insurrection ne
se trouve nulle part aussi fidèlement racontée que
dans les lettres de ces zélés apôtres, vivant dans leurs
chrétientés dispersées au milieu d'une population de
cinquante millions d'habitants. C'est donc à leurs ins-

tructifs récits que nous aurons recours pour compléter les renseignements du commandant de Plas, et éclairer cet important épisode qui a été comme l'origine de relations toutes nouvelles entre la Chine et les puissances européennes.

Aujourd'hui que tous les regards sont tournés vers l'extrême Orient, on accueillera favorablement, je l'espère, une publication destinée à faire mieux connaître l'état des missions catholiques et de la marine française en Chine, au milieu du xixe siècle.

Quant à la conclusion qui nous paraît ressortir de la lecture du présent ouvrage, nous la trouvons formulée dans ce jugement d'un ministre protestant, extrait du journal de Chang-hai : « Le catholicisme seul a produit quelque chose en Chine ; seul il attire, civilise et convertit les Chinois. » Nous ajouterons cependant avec un des missionnaires catholiques : « Comme l'Église, la France a des souvenirs glorieux en Chine. Si notre situation commerciale est insignifiante, notre influence morale est immense, et cette influence est aussi ancienne que nos missions. Le nom de Français passe encore en Chine pour appartenir à tous les missionnaires catholiques (1). »

(1) R. P. Broullion : *Mémoire sur la Mission du Kiang-nan*, p. 25.

En la fête de saint Joseph, patron des Missions de la Chine,
Poitiers, 19 mars 1889.

V. MERCIER s. j.

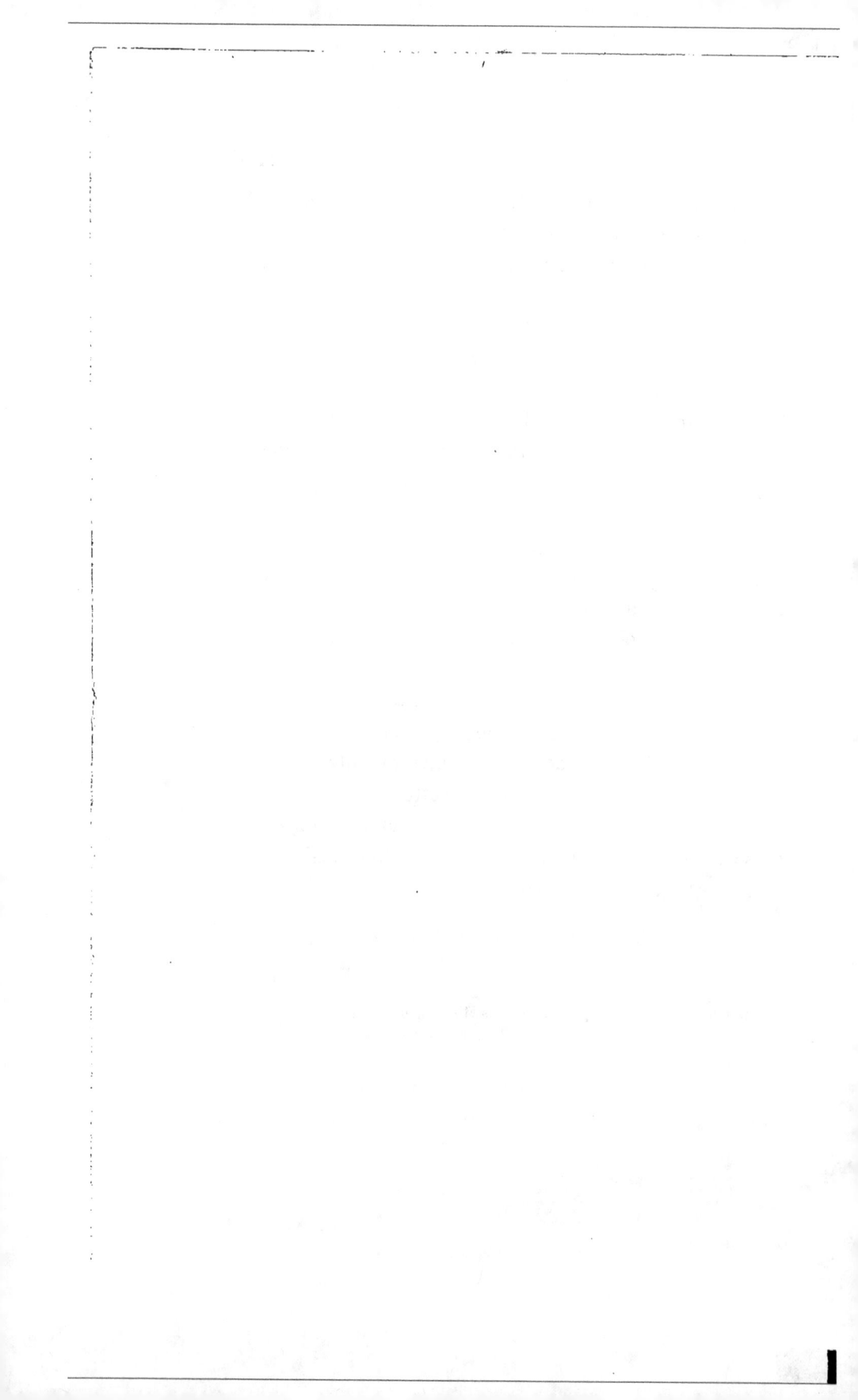

PRINCIPES

DE TRANSCRIPTION ET DE PRONONCIATION DES NOMS CHINOIS

Rien de plus variable parmi les étrangers au Céleste Empire que la transcription et la prononciation des noms chinois. On peut consulter à ce s ujet l'*Atlas manuel* publié chez Hachette. Nous avons adopté, pour la *Campagne du Cassini*, les principes exposés par le P. Zottoli, missionnaire de la Compagnie de Jésus, dans son *Cours de littérature chinoise,* ouvrage considéré comme classique par tous les sinologues.

NOMENCLATURE

Chan,	*Montagne.*	Kiang,	*Fleuve.*
Choui,	*Eau.*	Kin,	*Or.*
Fou,	*Préfecture.*	King,	*Résidence impé-*
Hai,	*Mer.*		*riale.*
Han,	*Sec.*	Kong,	*Rivière.*
He,	*Noir.*	Koou,	*Porte.*
Hia,	*Sous.*	Kou,	*Ancien.*
Hien,	*Sous-préfecture.*	Kouan,	*Barrière.*
Ho,	*Rivière.*	Koue, Kouo,	*Empire.*
Hoa,	*Fleur.*	Lao,	*Vieux.*
Hoang,	*Jaune.*	Lin,	*Forêt.*
Hong,	*Rouge.*	Ling,	*Passage, mon-*
Hou, hu,	*Lac.*		*tagne.*
Kai,	*Marché.*	Miao,	*Tombeau.*
Kao,	*Élevé.*	Nan,	*Sud.*
Keou,	*Bouche.*	Nani,	*Bleu.*

Ngan,	*Calme.*	Tching,	*Ville, mur.*
Ouie,	*Ceinture.*	Tchou,	*Perle.*
Pao,	*Fort.*	Tchouen,	*Cours d'eau.*
Pe,	*Nord.*	Ti,	*Fer, souverain.*
Pei,	*Blanc.*	Tien,	*Ciel.*
Rao,	*Haut.*	T'ing	*Division territo-*
Schan,	*Montagne.*		*riale.*
Seng,	*Province.*	Tong,	*Est, cuivre.*
Si,	*Ouest.*	Tou,	*Pays.*
Ta, tai,	*Grand.*	Toung,	*Est.*
Tan,	*Rapide.*	Tse,	*Enfant.*
Tao,	*Ile, cercle.*	Tsen,	*Ville.*
Tchai,	*Forteresse.*	Tsing,	*Pur.*
Tchang,	*Mine, milieu.*	Yu,	*Royal.*
Tchen,	*Bourg.*	Yuen,	*Pays*
Tcheou,	*District.*	Yun,	*Nuage.*
Tchili,	*Gouvernement.*		

PRONONCER

A*i*,	comme dans *haie, mais, frais.*
An,	comme *anne*, ou *ain* dans *pain.*
Ang,	comme dans *rang.*
Ao,	comme *ow* anglais prolongé (*howl*).
Ei,	entre *é* et *i.*
En,	comme *enne* dans *antenne, mienne.*
Eng,	comme *enne*, le *g* ajoute un son nasal.
Eou,	entre *eu* et *au*. Les Anglais écrivent *ow* ou *au.*
Iien, yen,	comme dans *mien, tien, sien.*
Iieou, yeou,	comme *ew* dans le mot anglais *pew.*
In, yn,	comme dans *héroïne.*
Ing, yng,	comme dans le mot anglais *thing.*
Ong,	comme dans *long.*
Un,	comme dans *lune, fortune.*

Les diphthongues *ao, ia, io, ien* ne forment qu'un son.

L'*h* devant *i* se rapproche du *ch* dans *chien.*

L'*h* devant *a, e, o,* se rapproche de l'*r* ou du *j* espagnol.

L'apostrophe indique l'aspiration de la consonne initiale.

CAMPAGNE
DU « CASSINI »

DANS LES MERS DE CHINE

INTRODUCTION

La Chine, cette vaste portion du continent asiatique, gouvernée de nos jours par la dynastie des Tsing, constitue un des plus vastes empires qui aient jamais été soumis au sceptre d'un seul homme. Cette contrée, que l'on croit immuable, a été l'un des pays les plus secoués par la guerre civile et les révolutions politiques. Longtemps son territoire fut partagé entre une multitude de royaumes ennemis. L'un d'eux, appelé royaume du Milieu, à cause de sa position centrale, imposa son nom à tout l'empire. Depuis cette époque, il y a quatre mille ans, la Chine a été gouvernée par vingt-huit familles, dont les trois dernières sont : la dynastie mongole, la dynastie nationale des Ming et la dynastie tartare des Tsing.

Quiconque a lu l'histoire du Bas-Empire se représentera aisément la décadence actuelle de cette monarchie païenne, aussi vaste que l'Europe entière. Les derniers coups de canon tirés en Chine, en élargissant les voies à l'exportation du thé, de la soie et des hommes, ont aussi aidé les bonnes et les mauvaises doctrines à pénétrer plus facilement dans ce pays. D'un côté, les missionnaires admirent avec bonheur les merveilleuses transformations de la grâce : l'esprit du peuple s'améliore, les masses commencent à s'ébranler, et les nouveaux convertis se montrent souvent capables des plus hautes vertus ; mais, d'un autre côté, ils constatent avec douleur les ferments de discorde qui continuent de bouillonner dans toutes les sphères de l'administration. « C'est, lisons-nous dans un mémoire du P. Broullion, dans l'armée, le manque de cœur, de forces, d'armes et de discipline ; dans les académies, conservatrices jadis sévères du goût antique, une littérature vide, sonore et si molle que le nom de la mort en est banni ; dans le commerce et l'agriculture, le manque de sécurité et des impôts arbitraires substitués à l'impôt légal au gré des exacteurs ; dans la magistrature, la rapacité, l'injustice officielle, le vol effrontément pratiqué par les chefs des tribunaux à l'aide de leurs satellites. »

Nous n'avons pas l'intention d'étudier l'attitude des puissances européennes en présence des derniers événements du Céleste Empire ; aussi ces notions sommaires nous suffisent-elles pour apprécier le rôle protecteur de la France à l'égard des missions catholiques en Chine.

I

LA FRANCE PROTECTRICE DES MISSIONS CATHOLIQUES
EN CHINE

Saint François-Xavier, arrêté par la maladie dans
ses conquêtes apostoliques, avait rendu le dernier soupir en 1552 à Sancian, près de Macao, sur le seuil de
la Chine. Ses frères en religion, héritiers de son zèle,
pénétrèrent dans le Céleste Empire et prêchèrent l'E-
vangile jusque dans le palais des empereurs ; mais c'est
parmi les pauvres qu'ils avaient recueilli les prémices
de leur apostolat. Le premier Chinois régénéré par le
baptême fut un malheureux infirme, jeté par ses parents dans un champ public et que les PP. avaient
soigné dans leur propre maison (1).

Toutefois cette Église naissante, appuyée sur la faveur impériale, ne tarda pas, grâce à des dissensions
suscitées par la question des Rites, à s'abîmer sous les
coups de la persécution. Ce fut alors, comme aux
temps de la primitive Église, aux pauvres gens de la
campagne et aux pêcheurs qui n'avaient d'autre demeure que leurs misérables barques, que les Jésuites

---

(1) Ce fait est consigné dans un ouvrage dont le pape Paul V
accepta la dédicace.

et les missionnaires des autres ordres religieux, révélèrent surtout les espérances d'une autre vie. Ce troupeau d'élite s'accroissait lentement, faute de ressources, au fond des provinces les plus reculées de l'empire, lorsque l'Europe vint en aide au dévouement des missionnaires par l'humble fondation, à Lyon, en 1820, de l'œuvre aujourd'hui si prospère de la Propagation de la foi.

A cette époque on ne comptait guère plus de trois cent mille chrétiens dans l'empire chinois ; mais c'étaient des chrétiens comme l'Europe n'en connaît guère, qui avaient confessé la foi par l'exil, par la torture, ou tout au moins par la pauvreté volontaire. Tout servait de prétexte à la haine des persécuteurs : on affectait de confondre les chrétiens avec les rebelles qui conspiraient la ruine de la dynastie régnante ; les cérémonies les plus saintes de la religion avaient donné naissance à des fables ridicules qui puisaient un certain crédit dans l'ignorance des masses et dans l'aveugle aversion du peuple pour les étrangers. Ces calomnieuses imputations, favorablement accueillies par le sombre et soupçonneux Kia-King, étaient devenues une cause de persécution générale en Chine et dans tous les Etats tributaires, le Thibet, la Cochinchine, le Tong-king, etc. Un édit contre les chrétiens fut même inséré au code pénal de l'empire parmi les lois qui prohibent les doctrines impures. Il punissait de la strangulation les missionnaires et leurs catéchistes, de l'exil ou de la cangue tous les chrétiens indigènes qui ne voudraient pas renier leurs croyances, et interdisait aux Européens le droit d'acquérir des immeubles sur le territoire de l'empire. Dans la seule année 1838, la persécution immola vingt-trois martyrs : trois évêques, deux missionnaires, neuf prêtres indigènes, cinq catéchistes et quatre fidèles.

Voici, d'après le texte de la dernière édition des codes, la traduction du cruel édit de Kia-King, ponctuellement obéi pendant une trentaine d'années :

« Les Européens qui propagent, en Chine, la religion chrétienne, qui impriment des livres de leur autorité privée, qui rassemblent et exhortent la multitude, et les Chinois qui agissent de concert avec eux, professent et propagent leur doctrine, et trompent le peuple en lui imposant des noms de leur secte, devront, aussitôt qu'ils auront été mis en état d'arrestation et qu'il sera véritablement prouvé qu'ils sont les chefs de cette secte, être immédiatement condamnés à la strangulation. Ceux qui n'ont converti qu'un petit nombre d'hommes et n'ont point donné à leurs convertis des noms de leur secte, seront emprisonnés en attendant leur jugement.

« Pour ceux qui auraient seulement embrassé la religion chrétienne, mais ne la voudraient pas abandonner, ils seront envoyés dans les villes des Turcs pour y être esclaves des princes turcs et chinois, et leurs noms seront rayés de la liste des populations chinoises.

« Ceux qui auront répandu des doctrines perverses et contraires à la raison, ce qui est un acte très dommageable et ceux qui, faisant usage d'inscriptions et de discours, auront séduit les femmes, ou arraché les yeux aux malades, ou commis quelque autre action perverse de ce genre, seront punis selon la gravité de leur crime.

« Mais si ceux qui professent le christianisme viennent spontanément trouver le magistrat et renient leur religion, avouant et détestant leur crime, ou si, même étant arrêtés, ils renient volontiers leur croyance en présence de l'autorité, foulent aux pieds la croix dans le prétoire et se rétractent du fond du cœur, ils seront renvoyés impunis. Que si, après qu'on les a renvoyés et qu'on leur a pardonné leur crime, ils reviennent aux pratiques de leur culte, que d'ailleurs ils consentent ou non à fouler aux pieds la croix devant le magistrat, ils devront d'abord porter, dans le lieu où a été commis le crime, la grande cangue pendant trois mois, après quoi ils seront envoyés en exil, à moins toutefois que leurs crimes ne méritent la mort.

« En sus, qu'il soit rigoureusement défendu aux Européens d'acheter dans l'empire chinois quelque immeuble que ce soit.

« Tous les mandarins, tant militaires que civils, qui négligent de poursuivre les Européens qui demeurent en Chine et y propagent en secret leur religion, seront traduits en jugement devant le tribunal supérieur.

« Qu'on respecte ceci ! »

C'est au milieu de ces épreuves si cruelles pour les missions catholiques qu'éclata la guerre de l'*opium* entre l'Angleterre et la Chine. Mais depuis cette époque, de grands faits se sont accomplis, qui ont successivement amené l'émancipation du christianisme, et, nous pouvons le dire avec une légitime fierté, cette émancipation a été avant tout l'œuvre glorieuse de la France. Les autres nations étaient exclusivement occupées des soins de leur avenir commercial ; la France, dont le rôle a toujours été de secourir les opprimés, prit la défense d'abord patiente et officieuse, puis officielle et éclatante de la civilisation chrétienne. Il y avait en Chine des victimes et des bourreaux ; notre conduite était donc toute tracée d'avance. Au moment où notre drapeau semblait devoir se retirer des mers de Chine, renonçant à la concurrence commerciale avec l'Angleterre et les Etats-Unis, une politique prévoyante l'y retint, en l'appelant à protéger la cause de la liberté religieuse.

La corvette française la *Danaïde*, raconte l'amiral Jurien de la Gravière, commandée par M. Joseph de Rosamel, eut la première l'honneur de montrer notre pavillon sur les côtes de la Chine. C'était à l'époque où l'escadre anglaise venait chercher à Canton le traité qu'elle avait conquis dans le golfe de Pe-tche-ly. L'officier français dont le plénipotentiaire anglais appréciait la loyale fermeté, put assister, au mois de mai 1841, à l'entrevue qui eut lieu entre le commissaire impérial et le capitaine Elliott. Toute médiation étant devenue impossible, une nouvelle campagne ne tarda pas à s'ouvrir, et M. de Rosamel suivit à Chou-san l'escadre anglaise. La *Danaïde* fut remplacée dans les mers de Chine par l'*Érigone*, commandée par le capitaine de vaisseau Cécille. Nul n'était plus propre que ce vaillant officier au double rôle de marin et de négociateur que les circonstances allaient lui imposer. Accueilli avec bienveillance par l'amiral sir William Parker, le commandant Cécille put suivre, avec sa frégate, l'escadre anglaise à Wou-song, et assister à la conclusion du traité qui fut signé à Nan-king.

Le traité de Nan-king ne stipulait que les principales conditions de la paix ; c'est à Canton que furent déterminés les nouveaux tarifs de douane et les règlements de commerce. Jamais conditions plus libérales n'avaient été faites en aucun pays au commerce étranger ; M. Cécille, de retour à Macao, se hâta de mettre la France en mesure d'en profiter. De concert avec M. de Ratti-Menton, consul de France à Canton, il réclama pour les négociants français une complète participation aux privilèges accordés aux sujets des autres puissances. Le 10 septembre 1843, les droits de la France furent solennellement reconnus et cette convention provisoire ne tarda pas à être convertie en un traité solennel, le premier des actes officiels qui ait consacré nos relations diplomatiques avec la Chine.

Ce traité, conclu à Whampoa, le 24 septembre 1844, entre M. de Lagrenée et le commissaire impérial, accordait sur le terrain commercial toutes les concessions faites aux Anglais, et stipulait en outre quelques avantages. Ainsi le négociateur français obtint que nos navires de guerre seraient admis dans tous les ports de l'empire. Bien plus, s'il arrivait à un de nos nationaux, résidant dans un des cinq ports ouverts au commerce européen, de franchir les limites convenues entre les consuls et l'autorité locale, il devrait être reconduit par les soins des autorités indigènes et sans molestation aucune au consulat du port le plus voisin. Les prêtres français et les missionnaires étrangers que les Chinois confondaient avec eux, étaient ainsi placés sous la sauvegarde solennelle d'un acte national. Là s'arrêtaient les instructions de M. de Lagrenée.

Cependant quelques personnes songèrent à aller plus loin. Il fallait, disaient-elles, profiter de l'immense influence qu'assurait au plénipotentiaire français l'éclat d'une mission appuyée par des forces imposantes, et obtenir la révocation des édits promulgués contre les chrétiens (1). Ce n'était pas assez de mettre les missionnaires à l'abri d'arrêts sanguinaires, en ne les rendant justiciables que du conseil de leur nation, on devait encore réclamer pour tous les sujets de l'empire la liberté d'embrasser la foi catholique et d'en professer ouvertement le culte extérieur. Cette démarche était digne assurément de la France ; elle honore et les hommes qui en conçurent la pensée et ceux dont l'habileté en assura le succès.

(1) Plusieurs délégués commerciaux et un inspecteur des finances faisaient partie de la mission de notre plénipotentiaire, et l'amiral Cécille commandait l'escadre qui la portait.

On ne pouvait néanmoins faire de cette tolérance religieuse un article de traité entre les deux nations, mais il convenait de la solliciter comme une faveur. La France n'eut pas à jeter son épée dans la balance; elle se contenta de réclamer les droits de l'humanité avec un langage modéré, seul digne de la cause qu'elle s'était chargée de défendre. « J'ai cru bon pour la France et le gouvernement, écrivit M. de Lagrenée à M. Guizot, de prendre date à leur tour, après les conquêtes commerciales des Anglais, et de signaler leur action au point de vue moral et civilisateur. » Trois édits impériaux furent accordés aux sollicitations pacifiques de notre ambassadeur : le premier permettait à tous les Chinois d'embrasser la religion chrétienne ; le second donnait pour marque distinctive du christianisme le culte de la croix et des images ; le troisième prescrivait la restitution des églises anciennes, de celles du moins qui n'avaient point été converties en pagodes ou en édifices d'utilité publique.

On ne lira pas sans intérêt l'édit impérial suivant, dont la communication officieuse devait être faite au représentant de la France ; il avait été obtenu à la requête pressante du plénipotentiaire chinois Ki-ing, alors vice-roi de Canton :

« Ki-ing et ses collègues nous ayant ci-devant adressé une pétition dans laquelle ils demandaient que ceux qui professent la religion chrétienne dans un but vertueux fussent exempts de culpabilité, qu'ils pussent construire des lieux d'adoration, s'y rassembler, vénérer la croix et les images, réciter des prières et faire des prédications, sans éprouver en tout cela le moindre obstacle; nous avons donné notre adhésion impériale pour ces divers points dans toute l'étendue de l'empire.

« La religion du Seigneur du ciel, en effet, ayant

pour objet d'engager les hommes à la vertu, n'a absolument rien de commun avec les sectes illicites quelles qu'elles soient ; aussi avons-nous accordé dans les temps qu'elle fût exempte de toute prohibition et devons-nous également faire en sa faveur toutes les concessions qu'on sollicite maintenant, savoir :

« Que toutes les églises chrétiennes qui ont été construites sous le règne de Kang-hi dans les différentes provinces de l'empire et qui existent encore (leur destination primitive étant prouvée), soient rendues aux chrétiens des localités respectives où elles se trouvent, à l'exception cependant de celles qui auraient été converties en pagodes ou en maisons particulières ; et s'il arrive, dans les différentes provinces, qu'après la réception de cet édit les autorités locales exercent des poursuites contre ceux qui professent vraiment la religion chrétienne sans commettre aucun crime, on devra infliger à ces autorités le châtiment que méritera leur coupable conduite.

« Mais ceux qui se couvriront du masque de la religion pour faire le mal, ceux qui convoqueront les habitants des districts éloignés pour former des assemblées subversives, comme aussi les malfaiteurs, membres d'autres religions, qui, empruntant faussement le nom de chrétiens, s'en serviront dans un but de désordre : tous ces gens-là, coupables d'actions perverses et par cela même infracteurs des lois, devront être rangés parmi les criminels et punis selon les lois de l'empire.

« Il faut ajouter ici, qu'en conformité avec les traités récemment conclus, il n'est en aucune façon permis aux étrangers de pénétrer dans l'intérieur du pays pour y prêcher la religion, car les réserves faites à cet égard doivent demeurer clairement établies.

« Portez cet avis à la connaissance de qui de droit : qu'on respecte ceci. »

Un long cri de joie salua dans toutes les chrétientés de la Chine l'apparition de cet édit. Une ère nouvelle semblait s'ouvrir pour les missions, et notre marine devait être bientôt appelée, par la force même des choses, à défendre l'œuvre de notre diplomatie.

Les Etats tributaires de la Chine refusèrent de suivre cet empire dans la voie des concessions religieuses ; quelques provinces même de l'empire ne virent dans l'édit de tolérance accordé aux chrétiens chinois que le résultat des obsessions étrangères, qu'une humiliation imposée au Fils du Ciel. Pendant que les vice-rois s'étaient empressés de publier les édits partout où pouvait atteindre notre marine, les chrétiens continuèrent de subir partout ailleurs les violences accoutumées. Avant de quitter la Chine, M. de Lagrenée s'aperçut qu'il avait été le jouet de généreuses illusions, et que l'acte gracieux du cabinet de Pé-king demeurait à l'état de lettre morte ; mais, si le gouvernement chinois n'avait cru faire qu'une concession sans importance, il dut reconnaître bientôt que de toutes les concessions arrachées par l'influence étrangère, l'édit de tolérance était la plus grave et serait la moins facilement éludée.

Une pièce très authentique donnera une idée de la bonne foi des mandarins chinois dans leurs négociations avec M. de Lagrenée. C'est une circulaire officielle adressée par le vice-roi du Fo-kien aux officiers de cette province :

« J'ai ouï dire que la France était le plus puissant royaume de l'Europe ; l'année passée, en effet, l'ambassadeur français se montra ici avec une flotte bien capable de résister à la flotte anglaise. Prenez donc garde de maltraiter les chrétiens... Les Français ne font pas très grand cas de leur commerce ; mais ils voudraient répandre la religion chrétienne dans le monde entier pour en acquérir de la gloire. Vous devez recommander à vos officiers inférieurs, aux soldats, aux satellites, de ne commettre aucun acte imprudent vis-à-vis des chrétiens, de peur d'irriter les Français et d'attirer de grands malheurs sur l'empire... Insensiblement nous en reviendrons à surveiller la perfidie des chrétiens.

« Vous devez tenir cette lettre secrète, et si vous quittez le poste que vous occupez en ce moment, vous la remettrez en main propre à votre successeur, en lui recommandant de ne la communiquer à personne, et en lui faisant comprendre la nécessité d'exiger de ses subalternes les plus grands ménagements envers les chrétiens. Sans ces précautions on attirerait d'incalculables malheurs sur nos provinces maritimes. »

On conçoit qu'après une semblable communication, les mandarins des provinces intérieures ne se fissent aucun scrupule de maltraiter les chrétiens, malgré les édits de l'empereur. C'est ce qui arriva dans le Hou-pé et le Kiang-si.

Cette rupture d'un engagement contracté avec la France appelait des protestations qui ne se firent pas attendre. M. l'amiral Cécille et M. le commandant Lapierre se chargèrent successivement de réclamer la complète exécution des décrets de l'empereur, jusqu'au moment où le gouvernement français envoya un agent revêtu d'un caractère diplomatique, M. Forth-Rouen, recueillir et défendre l'héritage de M. de Lagrenée. En apprenant l'arrivée du ministre de France à Macao, le vice-roi de Canton avait témoigné une satisfaction qu'on pouvait croire sincère, et il se montra empressé à recevoir le représentant d'une puissance qu'il avait toujours trouvée bienveillante envers le Céleste Empire. Dès la première entrevue, le ferme et noble langage de notre agent diplomatique dut convaincre les mandarins chinois que le gouvernement français n'était pas disposé à abandonner ses précieuses conquêtes : la France ne demandait aucune modification au traité négocié en son nom par M. de Lagrenée, mais elle était résolue à en exiger la stricte exécution. Aussi le vice-roi et les mandarins réitérèrent-ils les assurances les plus formelles que toute idée de persécution avait été à jamais abandonnée, et que la liberté de conscience était absolue au sein du Céleste Empire.

Malheureusement, en Chine, les faits sont loin de répondre aux paroles ; la tolérance à l'égard des chrétiens doit être entretenue par une surveillance de tous les instants. Les agents français ne faillirent pas à leur devoir, et leurs réclamations incessantes contribuèrent beaucoup, avec le zèle intrépide de nos missionnaires, aux succès de la propagation de la foi en ce pays. Grâce aux persévérants efforts de M. Forth-Rouen et de M. de Bourboulon, son successeur, qui arriva en Chine en 1851, à peu près en même temps que le *Cassini*, la sécurité des chrétiens ne fit que s'accroître dans les provinces les plus reculées, jusqu'au moment où les conventions de Tien-tsin en 1858 et de Pé-king en 1860 consacrèrent définitivement les droits de la religion chrétienne en Chine.

« Oui, c'est la France, dirons-nous avec un ancien chargé d'affaires en Chine, qui, après avoir applaudi aux courageuses et infatigables tentatives de ses diplomates, aux nobles actes de ses soldats, après avoir encouragé de ses vives sympathies les habiles efforts des Lagrenée, des Forth-Rouen, des Bourboulon, a signé, par la main ferme et vaillante du baron Gros, les conventions qui consacrent, dans l'empire chinois, l'affermissement définitif du culte chrétien. L'œuvre éminemment française que Louis XIV et Louis XVI ébauchèrent dans les pays de l'Extrême-Orient, Napoléon la couronna à Pé-king, le 25 octobre 1860. »

Tout ce qui avait été précédemment écrit, proclamé
ou publié en Chine par ordre du gouvernement contre
le culte chrétien, fut complètement abrogé et déclaré
sans valeur dans toutes les provinces de l'empire. Un
des articles du traité de Tien-tsin, confirmé par la
convention de Pé-king, stipulait qu'une protection efficace serait accordée aux missionnaires qui se rendraient dans l'intérieur du pays, et il ajoutait : « Aucune entrave ne sera apportée par les autorités de
l'empire chinois au droit qui est reconnu à tout individu,
en Chine, d'embrasser, s'il le veut, le christianisme et
d'en suivre les pratiques, sans être passible d'aucune
peine infligée pour ce fait. »

C'était la liberté sur une vaste échelle, sans doute,
et les vieux errements de la cour de Pé-king faisaient
place à une politique nouvelle ; mais un bon nombre
de magistrats dans les provinces ne s'empressaient
guère d'obéir aux ordres qu'ils avaient reçus. Il était
même à craindre que des vexations partielles ne re-
commençassent tant que les édits de persécution res-
teraient inscrits dans les codes de l'empire. Les habiles
négociations et la ferme persévérance de M. de Bourboulon obtinrent, en faveur du christianisme, un nouveau décret portant la date du 5 avril 1862. Il était
précédé de considérants très explicites, par lesquels le
gouvernement Chinois s'engageait à faire disparaître
du code national toutes les clauses infamantes ou pro-
hibitives qui concernaient le culte des chrétiens.
« J'ordonne donc, en conséquence, disait le nouvel
édit, aux vice-rois et gouverneurs de chaque province
de prendre des mesures efficaces pour que tous les
magistrats placés sous leur juridiction obéissent sur le
champ à cet édit, en apportant désormais l'équité la
plus parfaite dans toutes les affaires intéressant les
chrétiens : affaires qu'ils devront, en outre, terminer

dans le plus bref délai, sans tenir compte de leur opinion personnelle ; c'est ainsi qu'ils montreront que
notre amour est égal pour tous nos sujets.

« J'autorise donc et ordonne, dès à présent, la mise
en application de tout ce qui est mentionné dans la requête qui vient de m'être adressée.

« Respectez ceci ! »

Depuis lors, le gouvernement impérial a généralement tenu sa parole ; il a exécuté de bonne grâce les
clauses de la charte diplomatique qui consacre les droits
de la religion chrétienne en Chine ; il a même fait restituer pour un vil prix, à titre de compensation, des
propriétés immobilières d'une grande valeur.

Ce prodigieux triomphe de la civilisation chrétienne
sur les barbares coutumes de la Chine est-il assuré ?
Nul doute que les destinées sociales, industrielles et
mercantiles du peuple chinois n'appartiennent désormais à l'Europe ; mais pour attacher la France à la con-
servation de son influence morale en Chine, il suffit de
rappeler que c'est le catholicisme seul qui contreba-
lance en faveur de notre pays les influences commerciales de ses rivaux. L'Orient, observons-nous avec
M. Jurien de la Gravière, est plein de sourdes et mys-
térieuses rumeurs. Tout indique que cette vieille société est profondément remuée et tremble sur sa base.
Il ne dépend point de la France de fermer ces vastes
perspectives. Mais le jour où l'unité du Céleste Empire
viendrait à se dissoudre, la France serait la seule puissance dont le nom pût être invoqué avec confiance par
une partie de la population ; car la France est toujours
aux yeux des chrétiens chinois la patrie qui enfanta, ou
pour le moins adopta leurs pères dans la foi. Nous ne
demandons pas que le patronage des intérêts religieux
devienne dans nos mains un levier politique ; mais on
ne saurait oublier que le nom Français passe encore

en Chine pour appartenir à tous les missionnaires catholiques. Si donc la race de Japhet, accomplissant la
parole de l'Ecriture, vient s'asseoir, dans un temps
plus ou moins rapproché, sous la tente des races sémi-
tiques, ce sont les missions catholiques, nous ne crai-
gnons pas de l'affirmer, qui auront eu l'honneur de
garder notre place à ce nouveau foyer de richesse et de
grandeur.

Le rapide coup d'œil que nous venons de jeter sur
le rôle de protectrice des intérêts catholiques exercé
par la France en Chine, nous amène naturellement à
l'exposition d'un projet en faveur des missions qui
donna naissance à la campagne du *Cassini* dans les
mers de Chine.

II

PROJET DE CAMPAGNE EN FAVEUR DES MISSIONS CATHOLIQUES (1)

« Depuis plusieurs jours, et surtout ce matin à la messe, écrivait François de Plas, en date du 29 mai 1850, il m'est venu la pensée de demander le commandement d'un bâtiment avec lequel je serais chargé de visiter tous les points du globe où de pieux missionnaires ont cherché à répandre l'Évangile. Il est bien entendu qu'il ne s'agirait que des points les plus importants ; sans cela le voyage dépasserait la durée ordinaire des campagnes, d'une manière trop considérable. »

Au moment où de Plas consignait dans son *Journal privé* ce généreux projet, il était depuis six mois premier aide de camp de l'amiral Romain Desfossés, ministre de la marine. Mais d'où pouvait lui venir cette pieuse pensée? Quelles circonstances avaient influé sur son esprit pour l'amener à concevoir un tel dessein?

L'idée première d'une campagne en faveur des missions catholiques doit être attribuée, croyons-nous, aux rapports intimes du commandant de Plas avec Auguste Marceau, l'infatigable apôtre des missions de l'Océanie. Durant un congé à Paris, en 1845, François

(1) Cf. : FRANÇOIS DE PLAS, *marin et jésuite* : ouvrage en préparation pour paraître prochainement.

s'était trouvé en relation avec le capitaine de l'*Arche d'alliance*, dont il admirait l'héroïque dévouement ; mais, n'étant pas encore chrétien, il ne pouvait comprendre tout ce qu'il y avait de noble désintéressement, de sublime abnégation dans la conduite de son ami, sacrifiant en quelque sorte sa carrière militaire, pour faire campagne au nom de la *Société de l'Océanie*.

En 1850, que les temps sont changés ! De Plas était converti depuis deux ans ; dans la ferveur de son zèle, non seulement il approuvait la campagne de l'*Arche d'alliance*, il concevait même l'ardent désir d'imiter Marceau, en profitant de l'expérience acquise par son ami. Toutefois n'était-il pas à craindre qu'il se laissât guider par quelque motif personnel ? Il se posa sincèrement la question et répondit en toute franchise : « Quant à mon projet de voyage dans les missions catholiques, je ne tiens pas à le faire moi-même, et je céderais volontiers la place à un autre officier chrétien qui serait disposé à la prendre. Je crois donc que ma petite personnalité n'est pas le mobile de ce projet, mais bien l'amour de Dieu et du prochain, et aussi celui du pays. »

Au mois de juin, son projet se trouvait parfaitement arrêté, du moins dans ses principales lignes ; mais, ne voulant pas se fier à ses propres lumières, il se décida à les soumettre à des autorités compétentes. « Je viens, écrit-il le 4 juin, de parler à l'abbé Libermann, supérieur du séminaire du Saint-Esprit, de mon idée de visiter les missions catholiques sur un bâtiment de guerre, avec un délégué de la Propagande : cette idée lui a paru bonne ; et comme je lui demandais ses prières pour me faire savoir si ma pensée était de Dieu et non du monde, il m'a proposé de commencer une neuvaine, et j'ai accepté son offre avec joie. »

De Plas s'empressa de communiquer son projet à quelques-uns de ses amis qu'il réunit à déjeuner dans un modeste hôtel de la rue Saint-Honoré. « La conversation, nous écrit M. Ludovic de Plas, qui faisait partie des convives, fut ce qu'elle devait être entre des hommes chez qui la rupture du pain semblait moins un tribut payé aux besoins du corps qu'un prétexte à la communion des pensées de l'âme. Faible croyant que j'étais, je sortis de ce milieu embaumé de charité et d'amour de Dieu, plus secoué que je ne l'avais jamais été par une parole humaine. »

A la suite de cette réunion, François écrivit à son ami Marceau, malade, que les médecins avaient envoyé aux eaux de Niederbronn, en Alsace, et il reçut de lui, le 10 juin, la lettre suivante, par laquelle l'ancien capitaine de l'*Arche d'alliance* approuvait pleinement le futur commandant de la nouvelle campagne en faveur des missions catholiques.

Mon bon ami,

Je m'empresse de répondre à votre lettre qui a été pour moi un grand sujet de joie et de consolation. Béni soit Dieu de la pensée qui vous occupe! Je n'en connais point qui pût me causer autant de bonheur de votre part. Que le démon cherche à vous faire croire qu'il est parvenu à y glisser un peu de vanité, je le comprends; il voudrait bien sans doute que votre idée ne trouvât point d'exécution. Quant à ce que vous me dites que vous ne l'auriez pas exécutée, si j'étais en santé, je ne saurais qu'admirer cet esprit d'abnégation que vous donne une foi sincère; mais, vous le savez, si j'avais eu la santé, je ne serais déjà plus en France. J'aurais, je l'espère, trouvé le moyen de répondre à l'appel des missionnaires qui, dans leurs lettres, me pressent de les aller rejoindre. Le bon Dieu m'a réservé une autre part, j'ai tout lieu de le croire; l'état de langueur et d'impuissance dans lequel je suis depuis près de huit mois ne me permet pas de penser que je doive retourner jamais là-bas.

J'espère bien que vous pourrez mettre à exécution votre pensée. C'est une chose de toute nécessité que cette visite se fasse.

Je vous quitte pour que ma lettre parte. Si la Sainte Vierge vous engage à la persévérance dans votre projet, vous me le ferez savoir.

1

Pour moi, je suis convaincu que vous ne sauriez vous employer plus utilement et que cette œuvre est indispensable, tout comme je suis convaincu des difficultés qui se présenteront, mais cela ne saurait qu'enflammer votre zèle.

Veuillez présenter mes respects à l'abbé Libermann, puisque vous êtes à même de le voir.

Votre tout dévoué en Notre-Seigneur.

A. Marceau,
Servus Mariæ Immaculatæ.

Dès le deuxième jour de la neuvaine concertée avec le R. P. Libermann, de Plas, sans abandonner un projet qui le préoccupait trop peut-être, reconnut qu'il ne devait chercher avant tout que la volonté de Dieu. « Il y a des idées qui valent mieux qu'un trésor, écrit-il. Celle que Dieu m'a envoyée hier est de ce nombre. Je concevais des projets magnifiques ; j'étais en route pour faire le tour du monde avec un délégué du Saint-Siège et inspecter au nom du peuple, j'allais dire du *roi* très chrétien, les missions catholiques. Je pensais à tout ce qu'il faudrait prévoir pour une campagne de cette nature : qualité du bâtiment, composition de l'état-major et de l'équipage, etc. Tout à coup je me ravisai et je me demandai s'il n'était pas beaucoup plus simple de me contenter de la position présente, que de diriger l'activité de mon esprit vers un avenir qui ne sera probablement pas ce que je rêve ou ce que je désire. J'ai été alors pénétré plus que jamais de cette pensée : il faut vouloir ce que Dieu veut, comme il le veut, quand il le veut. Or, Dieu me veut ici jusqu'à nouvel ordre, c'est donc ici que je dois borner mon horizon ; c'est ici que je dois dépenser tout ce que j'ai d'intelligence, pour me rendre utile dans la mesure que Dieu voudra. »

Le 12 juin, il passa la nuit, comme membre de l'Adoration nocturne, en méditation devant le Saint-Sacrement, dans la chapelle des PP. Maristes, et le lendemain, fortifié par la prière, il écrivit dans son *Journal* ces lignes où respire, avec l'humble défiance de ses propres forces, son inébranlable confiance dans le secours divin : « J'ai demandé à Dieu, par l'intercession de la Sainte Vierge, de daigner répandre quelque clarté dans mon esprit, touchant le projet que j'ai formé de visiter les missions catholiques. J'ai éprouvé peu de ferveur, mais je n'en poursuivrai pas moins ma route, avec cette espérance qui nous est tant recommandée, et, quoi qu'il arrive, ma confiance en la bonté divine ne sera pas ébranlée. »

A la fin de la neuvaine qu'il avait entreprise en l'honneur de la très Sainte Vierge, François se sentit de plus en plus affermi dans son dessein, et il ne songea plus dès lors qu'à en poursuivre la réalisation. Toutefois, il fallait attendre une occasion favorable pour en parler au ministre; elle ne tarda pas à se présenter, et il rencontra dans les sentiments de M. Romain Desfossés comme un écho de son propre cœur. L'amiral avait compris qu'il appartenait à la France catholique, fille aînée de l'Eglise, protectrice officielle des chrétiens en Orient, de renouer toutes les traditions d'un passé glorieux, en se mettant à la disposition du Souverain Pontife pour favoriser, avec la propagation de la foi, l'influence de la civilisation chrétienne dans tout l'univers.

Heureux du succès obtenu, de Plas écrivit aussitôt à Marceau pour lui communiquer ses espérances et sa joie. La réponse ne se fit pas attendre. Elle renferme, avec un cri de reconnaissance envers Dieu, une parole d'encouragement à persévérer, et de sages conseils, fruits de l'expérience personnelle :

Mon bien cher ami,

Votre lettre d'hier m'a causé un vrai bonheur; vous le comprenez, assurément. Je suis tout consolé en pensant que, bientôt peut-

être, la France sera noblement engagée dans la seule voie qui puisse
ui convenir et assurer son bonheur.

J'admire comme, pour arriver au bien, il faut, par suite de notre
misère, passer presque toujours par des tentatives fausses. Vous
aviez tout d'abord compris, en 1845, lorsque nous nous sommes
rencontrés, que je me fourvoyais avec mes idées de commerce
mêlé à la religion.

Quand je relis aujourd'hui la brochure que j'ai publiée au mois
de mai, à Lyon, je me sens tout confus à voir tous les raisonne-
ments que je considérais alors comme propres non pas à justifier
l'entreprise, mais à en montrer l'excellence et la pensée catholique. Je me dis qu'il faut qu'une société soit bien malade, pour
que les catholiques y puissent être amenés à se laisser séduire par
de pareilles rêveries. Et ce qui m'étonne surtout, en ce moment,
c'est de voir que les résultats n'ont pas fait ouvrir les yeux. Mais
le temps n'est pas loin où tout cet échafaudage croulera, et alors,
je l'espère, vous serez à la tête d'une expédition qui sera le signal
d'une ère nouvelle pour la marine française et les missions.

Mon bon ami, si l'on vous donne ce commandement, exercez la
liberté du choix, pour vos officiers surtout. Sans cela vous ne
pourriez compter sur rien. Vous aurez bien assez de misères,
même avec un personnel de choix.

Que la sainte volonté de Dieu s'accomplisse en moi; c'est mon
unique ambition! Quand me reviendra la santé et pourquoi me
sera-t-elle rendue? Lui seul le sait.

Votre tout dévoué en Notre-Seigneur.

A. MARCEAU,
Servus Mariæ Immaculatæ.

On ne songeait pas encore à recruter le personnel
de l'expédition, que déjà l'aumônier se présentait,
comme envoyé par la Providence. C'était M. l'abbé
Cambier, vicaire du Gros-Caillou, prêtre plein de zèle,
que François avait connu et apprécié à l'Œuvre des
militaires. « J'ai eu tout à l'heure, écrit-il le 14 juillet,
la visite de l'abbé Cambier, qui s'associerait volontiers à mon projet de voyage dans les missions catholiques... Je mets, ajoute-t-il, ce projet de voyage sous
la protection de la divine Mère de Dieu. »

Après l'aumônier, le premier officier auquel songea
le commandant pour l'expédition projetée, ce fut Alexis
Clerc, le futur martyr de la Commune, qui venait

d'être nommé lieutenant de vaisseau. Personne ne
pouvait mieux convenir pour une campagne dans les
missions, car il était profondément religieux, et inti-
mement uni avec de Plas qu'il avait connu à Brest
en 1848, comme président du club de la marine.
Malgré ses répugnances pour les fonctions de second,
il consentait à servir en cette qualité sous les ordres
de son ami. La lettre suivante, datée de la fête de
Notre-Dame des Neiges, 5 août, nous apprendra les
démarches qu'il s'empressa de faire dès la première
ouverture; elle nous montrera aussi, par les nobles
sentiments qui s'y trouvent exprimés, que le commandant et son second étaient bien dignes l'un de l'autre.

Mon bon de Plas,

Exultat spiritus meus ! En vérité, mon cœur a bondi de joie en
lisant votre lettre. Le tour du monde n'était pas un rêve que je
caressais, parce que je le croyais irréalisable, mais c'était un
souhait très ardent. Je n'ai plus rien à demander, sinon que toute
misérable question de satisfaction personnelle soit vivement
repoussée, afin que mon intention bien pure soit exclusivement
tournée vers la plus grande gloire de Dieu, et que je puisse dire
aussi : *Exultavit spiritus meus in Deo salutari meo.*

J'embrasse votre plan de tout mon cœur; je veux, comme vous,
cette propagande laïque, qui est l'exemple de la pratique de notre
sainte religion. Je veux cette propagande du génie et de l'influence
de notre patrie, la Fille aînée de l'Église et le royaume de Marie.
Pendant des siècles, Franc et chrétien étaient synonymes; ils le
sont encore plus qu'on ne le pense. Nous n'avons qu'un même sentiment sur tout cela; vous le savez déjà. Je suis par conséquent
très convaincu de la très grande utilité politique de l'expédition
que vous projetez. Il me semble qu'il sera bon, sans porter atteinte
au but religieux qui est votre fin dernière, de faire tout ce qu'il
sera possible pour l'utilité que notre siècle apprécie seule. Ainsi,
outre l'influence du pavillon que vous devez faire prévaloir, vous
pourriez tenter de rapporter des documents techniques, tels que
plans, rectifications de longitudes, observations physiques, etc...

J'ai communiqué votre lettre à l'abbé Mathieu, qui en parlera à
l'abbé de Poulpiquet; ils seront discrets. D'abord, ils feront prier
par les bonnes âmes qu'ils dirigent; ensuite, ils nous indiqueront
des sous-officiers et des marins comme il nous les faut.

J'ai aussi recruté M. Saus..., enseigne de vaisseau, dont je crois vous avoir parlé, et qui est d'une piété exemplaire ; il nous appartient corps et âme. La seule chose qui le trouble, c'est qu'il est trop heureux ; il craint de se chercher trop lui-même et pas assez Jésus-Christ dans cette expédition. Je partageais ce sentiment, il serait même plus grand chez moi, qui ai déjà le bonheur de vous connaître, de vous aimer et d'être aimé de vous ; mais je suis très assuré que Dieu veillera sur ses serviteurs et qu'il ne leur refusera pas quelques mérites.

Notre ami Joyant me semble le meilleur commis d'administration possible ; je crois qu'il acceptera avec empressement. D'ici-là, son examen sera passé, et, s'il est reçu, rien ne l'arrêtera plus. Je ne veux pas lui en parler encore, afin de ne le pas préoccuper et de le laisser tout au travail.

Le chirurgien sera très difficile à rencontrer. Cependant, j'en connais un qui conviendrait à peu près ; il a un fond de foi et de respect pour les choses saintes.

Un petit bâtiment comme ceux dont vous m'avez parlé ne comporte qu'un lieutenant de vaisseau, mais cette règle serait laissée de côté. Je verrais avec plaisir un autre second que moi. Je ne suis pas un marin bien fameux ; depuis 1845, je n'ai navigué que sur des bateaux à vapeur. Du reste, il ne s'agit pas de consulter son goût, mais l'intérêt de l'expédition ; vous trouverez à coup sûr un second plus expérimenté et plus habile...

Mgr Parisis, le militant évêque de Langres, siégeait alors à la chambre des députés. Dès qu'il eut connaissance de l'expédition qui se préparait, il en exprima aussitôt toute sa satisfaction dans ce billet qui nous a été conservé.

Le projet d'armer une corvette française pour aller protéger les missions catholiques est digne, sous tous les rapports, d'avoir été conçu et d'être exécuté par l'amiral Romain Desfossés. Je ne saurais lui dire combien j'en suis consolé, réjoui, édifié.

Seulement, je dois avouer à monsieur le ministre qu'il y a, dans l'intérieur même de ces missions, des difficultés graves, et je crois que si un délégué du Saint-Siège pouvait être associé de quelque manière à cet envoi d'un bâtiment français, il en résulterait un bien plus sûr et plus durable.

† P. L., évêque de Langres.

Quelques jours après, de Plas s'éloignait de Paris avec l'approbation du ministre de la marine et muni d'instructions confidentielles : « C'est une affaire décidée, écrit-il dans son *journal* le 17 août ; je partirai pour Rome demain soir. Au moment d'entreprendre une longue campagne dans une pensée religieuse, il est bon que j'aille recevoir la bénédiction du Saint-Père. »

Le jour même de son départ, il écrivit de Paris à sa mère, qu'il n'avait pas encore mise au courant de la situation, pour lui annoncer le grand projet qu'il méditait. « Je crains que mon voyage à Rome ne prenne plus de temps que je ne l'avais cru d'abord. J'ai été voir, ce matin, l'évêque de Langres et le nonce du Pape, qui m'ont fait le plus aimable accueil. Ils me donneront des lettres qui me procureront un accès facile auprès de Sa Sainteté.

« J'ai un grand projet qui est approuvé par d'honorables ecclésiastiques ; je t'en parlerai plus tard. Qu'il te suffise de savoir que l'extension de la catholicité est le but. S'il réussit, tu en seras contente, j'en suis sûr, car tu veux avant tout le bien de la religion.

« Je tâcherai de t'écrire de Rome ou de Marseille. »

Au lieu de faire route pour Marseille, François se décida, au dernier moment, à prendre la route d'Italie, afin d'éviter la quarantaine imposée aux provenances de France. Grâce à son passeport, régulièrement légalisé sur tout le parcours de Paris à Rome, nous pouvons le suivre à chacune de ses stations : Lyon, Chambéry, Turin, Gênes, Livourne et Florence.

C'est de Gênes que, le 13 août, il communique à sa mère ses premières impressions de voyage : « Je me réjouis d'avoir eu l'occasion de visiter Chambéry, Turin et Gênes, et de traverser le mont Cenis. C'est peu de chose, sans doute, que de voir aussi rapidement. Néanmoins, l'entrée des montagnes de la Savoie, la délicieuse vallée de Montmélian où coule l'Isère, la

vallée d'Arc, les pentes du mont Cenis du côté de
Turin, produisent une impression des plus vives.

« J'avais espéré trouver un bateau à vapeur de
Gênes à Civita-Vecchia. J'apprends que je ne pourrai
aller que jusqu'à Livourne, et qu'il me faudra attendre quatre jours une occasion pour Civita-Vecchia.
Cela me contrarie vivement, mais peut-être irai-je
passer ma mauvaise humeur à Florence. Je n'avais
qu'un but en entreprenant ce voyage, voir Rome
chrétienne. Tout ce qui me retarde m'est désagréable ;
ce n'est donc pas par plaisanterie que je parle de
Florence comme d'un pis-aller.

« Je suis las des chefs-d'œuvre humains ; ils font
rendre à l'homme un hommage qui ne lui est pas dû.
Combien de gens ne vont dans les églises que pour
les tableaux et les statues qui s'y trouvent, et, stu-
pides admirateurs du plus ou moins d'habileté de l'artiste, ne voient rien au delà !... »

De Gênes la Superbe, de Plas se rendit à la cité des
Médicis, où il eut la consolation de faire la sainte
communion dans l'église de l'*Annunziata*, pour célébrer la fête de l'Assomption de la très Sainte Vierge ;
le 10 août, au matin, il arrivait à Rome, l'âme remplie d'une douce et sainte émotion. Son premier soin
fut d'entendre la messe au couvent des Dominicains,
près de l'hôtel de la Minerve, où il était descendu ;
puis il alla faire visite à M. de Gerando, attaché
d'ambassade à la légation de France, et porta ses
lettres au cardinal Antonelli, dont il reçut un fort
aimable accueil.

Au moment où il se disposait à partir pour Rome,
un de ses amis du ministère, qui avait eu déjà le bonheur d'accomplir ce pieux pèlerinage, lui avait tracé
comme le plan d'un itinéraire à travers la ville éternelle :

Quand vous serez à Rome, lui avait-il écrit, allez au Capitole et, du haut de la tour, vous verrez, d'un côté, Rome moderne et ses églises, aussi nombreuses que les jours de l'année ; de l'autre côté, Rome païenne et toute sa gloire en ruines : c'est là-dessous que les chrétiens avaient miné leurs onze lieues de catacombes.

Du côté de ces ruines, vous apercevrez au loin, par les marais Pontins, la voie que suivit saint Pierre après son débarquement à Terracine ; puis, peu avant dans la ville nouvelle, *Santa-Maria in via lata*, sur l'emplacement de la maison qu'il habitait : au pied du Capitole, la prison Mamertime, d'où il sortit avec saint Paul. Suivez des yeux le chemin qui conduit à la pyramide Sextius... : c'est arrivés là que les deux apôtres s'embrassèrent pour aller mourir, l'un à *Saint-Paul-les-trois-Fontaines*, l'autre à *Saint-Pierre*. Leurs corps sont dans ces basiliques : leurs têtes sont réunies sous l'autel de *Saint-Jean-de-Latran*, la cathédrale du monde chrétien.

Vous irez ensuite parcourir les catacombes de Sainte-Agnès, un autre jour le Colysée à cinq minutes du Capitole, c'est l'arène des martyrs. C'est mon lieu de prédilection. Quand vous aurez prié pour moi, si vous grimpez avec le gardien sur les galeries, cueillez-y quelques fleurs. J'en gardais comme une relique, elles sont perdues.

Je n'ose vous en dire plus long, mais je prierai bien pour vous.
A vous de cœur.

HUBERT.

Nous ne suivrons pas de Plas dans ses courses pieuses à travers la Rome chrétienne, pour visiter les sanctuaires consacrés par tant de glorieux souvenirs ; nous savons qu'il ne négligea aucune occasion de réchauffer sa ferveur et de ranimer sa foi. « Je me suis rendu à *la Minerve*, lui écrivait le R. P. de Villefort, à la date du 21 août, pour vous offrir mes respectueux hommages et vous rendre compte de ce que j'avais pu arranger au sujet de la messe que vous désirez entendre demain à la Confession de Saint-Pierre.

« A mon grand regret, il m'est impossible de vous procurer la consolation de la dire. Je serai heureusement remplacé par un autre Père de notre Compagnie, le P. Louis de Bouchaud, actuellement aumônier de l'hôpital militaire français de Saint-Dominique.

« Il passera demain matin, à six heures, à *la Minerve*, pour vous prendre... »

Deux jours après, rendant compte à sa mère de son voyage à Florence et à Pise, et de ses courses dans l'intérieur de Rome, François lui disait : « J'ai eu le bonheur d'entendre la messe sur le tombeau des Apôtres et je n'ai oublié aucune des personnes de ma famille dans mes prières ; j'espère que mon voyage ne sera pas utile qu'à moi, et que mes parents et mes amis en retireront quelque bien.

« Je n'ai pas encore pu avoir d'audience du Pape, mais j'ai vu le cardinal ministre Antonelli et le cardinal Franzoni, directeur de la Propagande : ces deux cardinaux ont fort approuvé mon projet. Je tâcherai de voir demain l'abbé de Mérode, qui emploie sa magnifique fortune au soulagement de la misère, et une belle intelligence et un grand cœur au service de Dieu et de l'Église... »

Des circonstances imprévues ne lui avaient pas permis d'obtenir une audience immédiate du Saint-Père ; mais, loin de s'en étonner, il admirait cette divine Providence qui conduit tout pour le bien des élus : *Omnia propter electos.* « Pourquoi, se demandait-il, la lettre d'audience n'étant pas été remise à l'hôtel, à raison de mon absence, ai-je eu l'idée d'aller la réclamer ? Ce qui m'a valu une fort utile causerie sur mon projet, de bons conseils sur le langage que je dois tenir au Souverain Pontife, enfin une invitation à entendre la messe du Saint-Père lundi et à déjeuner avec Mgr de Mérode avant l'audience. Il y aurait beaucoup à dire là-dessus ; je me borne à répéter : « Dieu sait ce qu'il nous faut, nous devons « nous soumettre en toutes choses à sa sainte vo-« lonté. »

Le 25 août, c'était fête solennelle à Saint-Louis des

Français : Pie IX s'y rendit, entouré d'un brillant cortège. Un grand nombre d'officiers généraux et supérieurs, de sous-officiers et même de soldats de toutes armes furent admis à baiser la mule du Pape ; ils contemplaient avec joie cette figure sereine qui inspirait à tous un profond respect. « J'ai eu le bonheur, écrivit de Plas, le soir même, de baiser l'anneau et la mule du Pape. Il a bien voulu se rappeler, quand M. de Rayneval a prononcé mon nom, qu'il m'avait donné audience pour demain. »

Nous empruntons au *Journal privé* le touchant récit de cette bénie journée du 26 août, si vivement attendue, qui laissa dans l'esprit et le cœur du pieux commandant d'ineffaçables impressions, de précieux souvenirs.

« Ce matin, j'ai reçu la communion des mains du Saint-Père, après avoir entendu la messe dans la salle qui précède sa petite chapelle. Quand on croit à la présence réelle, il semble indifférent que la communion nous soit donnée par un simple prêtre, ou un évêque, ou un cardinal, ou le chef de l'Église. C'est toujours Dieu fait homme que nous recevons, et la haute dignité de l'officiant ne saurait rien ajouter à la grandeur de Dieu. Arrivé à la messe du Saint-Père avec cette idée, je n'en ai pas moins été fort ému quand il m'a donné la sainte hostie. A peine le Pape a-t-il eu terminé la messe, qu'un prêtre l'a remplacé à l'autel. Pie IX s'est agenouillé sur un prie-Dieu, un peu en arrière, et a entendu la seconde messe.

« Vers dix heures, j'ai été introduit chez le Souverain Pontife, et j'ai baisé respectueusement la mule et l'anneau. Mgr de Mérode ayant dit au Saint-Père que j'avais un vif désir de lui être présenté : « Et moi aussi, a répondu le Pape, je désire le voir : « *Anche io lo voglio vedere.* » Il m'a fait asseoir

devant lui, et nous avons causé assez longuement du
but de mon voyage. »

Le but, nous le connaissons déjà ; mais quel fut précisément le sujet de l'entretien avec Pie IX ? Nous
pouvons le conjecturer par une feuille manuscrite,
intitulée : *Note pour l'audience du Souverain Pontife*, que nous copions textuellement :

« Le ministre de la marine a été très reconnaissant
de l'honneur que lui a fait Sa Sainteté en le nommant
grand'croix de l'ordre Piani.

« Le gouvernement français veut envoyer un bâtiment en Chine pour la protection des missions ; il est
probable que le commandement de ce navire me sera
donné. Le ministre de la marine et celui des affaires
étrangères seraient très disposés à modifier la destination de ce bâtiment suivant les vues du Saint-Père,
qui pourrait, s'il le croyait utile, envoyer un délégué
pour examiner l'état des missions et lui en rendre
compte.

« Il serait possible, j'ai lieu de le croire, d'avoir un
état-major de bons chrétiens et un équipage généralement religieux ; ce qui serait d'un heureux effet
dans les pays où se trouvent les missionnaires. »

A la fin de l'audience, François pria le Souverain
Pontife de vouloir bien bénir quelques chapelets et
une petite croix pour gagner les indulgences de la *Via
Crucis*. De retour à l'hôtel de la Minerve, l'âme dé-
bordant de joie, il nota dans son *Journal* l'heureux
résultat de sa visite et les vives impressions sous le
charme desquelles il se trouvait encore : « Sa Sainteté approuve complètement ma pensée. Elle est très
disposée à envoyer un délégué sur un bâtiment français, mais elle a besoin de réfléchir sur la personne
qui pourra remplir la haute mission d'inspecter les
pays où l'Évangile est prêché. » Et se rappelant quel-

ques particularités bonnes à retenir, il ajouta : « Le Saint-Père était revêtu d'une soutane blanche. Sa figure reflète une bonté, une sérénité, admirables. Quand Pie IX m'a parlé de la nécessité où il a été de fuir Rome et de soustraire le chef de l'Église aux insultes du parti qui voulait le renverser, il m'a dit avec un accent indéfinissable : « Ce n'était pas pour « moi, *peccatore indigno ;* mais, pour la haute dignité « qu'il a plu à Dieu, de me conférer, il fallait ne pas « rester exposé aux outrages dont j'étais menacé. »

Dès le lendemain de l'audience, de Plas, encouragé par le bienveillant accueil du Souverain Pontife, reprit joyeux le chemin de la France, en traversant rapidement Florence, Gênes, Turin, Chambéry ; le 3 septembre il était de retour à Paris, où il reprenait ses fonctions de chef d'état-major auprès du ministre de la marine.

Le même jour, il reçut de Marceau une lettre affectueuse qui le félicitait de ce beau voyage, en exprimant ses regrets de n'avoir pu revoir cette Rome, un des plus chers objets de son amour.

Que je voudrais vous voir maintenant, lui disait-il, et causer longuement avec vous de Rome que vous avez eu le bonheur de visiter, et où j'ai un si grand désir de retourner. Durant toute ma campagne de l'Océanie, je n'avais qu'une chose qui me rappelât en Europe, le désir d'aller à Rome. Je me promettais de profiter du premier moment de liberté pour aller revoir tous ces lieux, que je me plais encore à parcourir souvent en imagination.

Quand je songe à cela et que je me vois depuis plus d'un an en France, depuis plus de six mois dans un petit village d'Alsace, je me demande, après une pareille expérience, s'il peut encore naître des désirs et des projets dans mon cœur. Quelle misère est donc la nôtre, quelle destinée d'être sans cesse à combattre cet ennemi intérieur qui, à peine désarmé, se relève et veut toujours parler en maître !

Que se passa-t-il dans les hautes sphères gouvernementales, quand le premier aide de camp du ministre de la marine rendit compte de sa mission auprès du Souverain Pontife? Rien ne nous a été conservé à ce sujet, ni dans les *Lettres*, ni dans le *Journal*; mais voici quelques lignes du 15 septembre, qui annoncent un désappointement inattendu.

« J'avais rêvé, un jour, un beau projet de voyage pour la protection des missions. L'équipage, officiers et matelots, devait être tout chrétien; les officiers à mon choix. Je n'avais pas prévu dans ce plan magnifique une petite difficulté qui le réduit à néant. Le ministre m'a dessillé les yeux et ouvert l'entendement d'un seul mot qui m'a confondu : « Les ordonnances « ne laissent que dans le cas de mission scientifique « le choix des officiers au commandant. » D'ailleurs, la formation de l'équipage aurait rencontré bien d'autres difficultés. Malheureusement j'ai déjà beaucoup parlé, j'ai donné des espérances, je suis à demi engagé avec bien du monde; il en arrivera une véritable confusion pour moi : que le saint nom de Dieu soit béni! »

Cependant le projet d'un voyage, au moins dans l'extrême Orient, n'était pas abandonné. « Il est probable, écrit François à sa mère, le 18 septembre, qu'avant longtemps j'entreprendrai une campagne lointaine. Il n'y a encore rien de très arrêté, si ce n'est que je puis compter sur la bienveillance du ministre. » Peu de jours après, en effet, il apprenait d'une manière certaine que le ministre lui réservait le commandement d'un bâtiment, lequel serait le *Cassini*, et qu'on lui laisserait bien des facilités pour composer convenablement l'état-major en vue de la mission. « Il est probable, écrit-il de nouveau à sa mère, que je partirai dans le courant de décembre pour faire campagne. Toutefois, comme rien n'est encore décidé officiellement, il serait fâcheux d'ébruiter l'affaire. »

Sans doute, de Plas n'ignorait pas les chagrins et les ennuis qui l'attendaient dans l'organisation de sa campagne ; mais la joie ou la souffrance, la honte ou les honneurs, il était prêt à tout accepter comme venant de la main de Dieu. « Béni soit le nom du Seigneur ! s'écrie-t-il, et voyons sa sainte volonté dans chaque chose qui arrive. Pas de hâte, pas de presse, du calme, de l'application à nos devoirs, en tout temps, en tout lieu, en toutes choses. »

Cette conformité à la volonté de Dieu, un des traits distinctifs de cet esprit de foi qui animait chacune de ses actions, avait été l'une des vertus caractéristiques de Marceau. Quand celui-ci apprit les difficultés que rencontrait son ami, il lui écrivit pour l'encourager à poursuivre son entreprise, lui rappelant cette sublime vérité de l'ordre surnaturel : *la volonté de Dieu n'est qu'amour.*

Ce mot, disait-il, me paraît effectivement suffire à tout. Comment, sachant cela, n'être pas disposé à se conformer en tout à cette sainte volonté, à accepter avec reconnaissance tout ce qu'elle nous envoie. Ce mot est, il me semble, le plus propre à nous encourager à la conformité à la volonté de Dieu : là est la sainteté. Je pense que ce mot pourra vous être plus d'une fois en aide dans votre campagne, durant laquelle vous aurez bien des épreuves, et quelques-unes très cruelles ; j'y compte, parce que vous êtes dévoué à Dieu.

Vous me réjouissez, du reste, singulièrement, en me disant que vous ne comptez nullement sur vous ; car vous êtes destiné à éprouver bien des mécomptes, insupportables pour qui n'est pas profondément convaincu qu'il n'est qu'un instrument entre les mains de Dieu, et que, par conséquent, il ne doit point se décourager en voyant tout arriver au rebours de ses prévisions et de ce qu'il devrait, d'après ses lumières, considérer comme le plus avantageux.

Assurément, une mission comme celle que vous allez accomplir ne peut l'être que par une personne vivant de foi ; mais aussi c'est une bien grande grâce que Dieu vous fait en vous appelant là. Vous l'apprécierez encore mieux au retour de votre campagne que vous ne le faites maintenant.

Comment ne pas admirer ces merveilleux sentiments de sainteté que la grâce de Dieu se plaisait à
développer dans deux cœurs si bien faits pour se comprendre !

Le choix d'un second préoccupait visiblement le
futur commandant de la nouvelle expédition ; mais à
qui s'adresser pour trouver un lieutenant de vaisseau
qui consentît à embarquer en supplément ? De Plas
priait, selon son habitude, pour obtenir la lumière,
quand il reçut de Cherbourg une lettre qui semblait
une indication de la Providence. « J'ai vu ce brave
Bernaërt, lui écrivait son ami de Fayolle, à bord du
Friedland, c'est vraiment un homme de bien. J'ai
passé dimanche une heure avec lui et je l'ai quitté
satisfait comme quelqu'un qui se sent meilleur d'avoir
causé avec un homme vertueux. C'était la première
fois que je le voyais depuis le *Suffren*. C'est bien la
même exaltation, mais dirigée vers un tout autre but.
Il vit en solitaire, excepté pour les classes pauvres auxquelles il fait beaucoup de bien. Inutile de dire qu'il
vous a en profonde amitié ; ce qu'il désirerait le plus
au monde serait d'être votre second pour la campagne
que vous projetez. « Ce serait le plus grand bonheur
« pour moi, m'a-t-il dit, d'aller second de de Plas, dans
« une campagne qui aurait pour but de mettre l'in-
« fluence du pavillon français au service des mission-
« naires. »

Il fallait profiter de la bonne volonté d'un officier
qui, par la droiture de son caractère et l'énergie de
sa volonté, avait gagné l'estime générale dans la marine. Des avances lui furent faites aussitôt et acceptées
de grand cœur. Bernaërt se félicitait de pouvoir rendre
quelques services aux prêtres des missions ; il attri-
buait aux relations qu'il avait eues avec eux le repos et
le bonheur dont il jouissait. Mais quelle profonde hu-

milité dans la lettre qu'il écrit au commandant pour
le remercier d'un poste qu'il regardait comme une
faveur exceptionnelle ! Ne croirait-on pas lire une
page de la vie des Saints? « Il était impossible au ministre, mon cher de Plas, de dire une chose plus flat-
teuse pour vous et plus aimable pour moi, que de vous
accorder, en me nommant, un lieutenant de vaisseau
en supplément. J'accepte avec un grand empressement
cette proposition que je n'envisage pas de la même
manière que vous. Vous l'appelez un pis-aller, et c'est
précisément ce que je trouve de plus conforme à mes
vues. L'officier en supplément a droit ou mieux est obligé
à tous les services ; mais il ne peut être mis en ligne avec
les réglementaires pour les récompenses, au retour de
la campagne. Sous ce rapport, ce voyage serait plus
réellement *pro Deo*. » En terminant cette lettre si
chrétienne et si digne, Bernaërt priait le commandant
de présenter ses amitiés à Clerc, l'assurant qu'il était
on ne peut plus heureux de terminer sa carrière avec
deux compagnons de voyage qui avaient toute son
estime et son affection.

Dès qu'il eut été informé de cette nomination de
son vieil ami, Clerc fut transporté de joie, car il connaissait tout le prix de l'acquisition nouvelle. « Mon
cher commandant, écrit-il à de Plas, avec son entrain
et sa bonhomie habituels, je suis enchanté de la
recrue de Bernaërt, et j'en suis personnellement très
soulagé. J'appréhendais beaucoup cette onéreuse position de second et je me suis réjoui de n'en avoir eu que
la peur. Vive le vieux Bernaërt! Il y a par là un certain air d'abnégation qui nous eût manqué, si un lieutenant de vaisseau de quelques mois eût été second. »
Puis, après avoir exposé ses idées sur le choix du
bâtiment et le recrutement du personnel, il ajoute, en
faisant allusion au voyage de Rome, ces quelques

lignes qui exprimaient si bien les sentiments de son âme : « Vous avez eu le bonheur de voir le Saint-Père, j'en suis heureux pour vous. Il vous a si bien reçu ! Ce Saint-Père nous aime tant, nous autres Français. Comme votre cœur devait être rempli d'allégresse et de ferveur dans cette ville des miracles ! Oh ! nous irons un jour ensemble user, pour notre part, le pied de bronze de Saint-Pierre ! »

Le moment approchait où l'aide de camp allait résigner ses fonctions au ministère de la marine : « Je quitterai l'amiral Desfossés, avait-il écrit le 26 septembre, avec de sincères regrets, car je n'ai reçu de lui et de sa famille que des marques d'affection ; mais s'il y a des regrets, il n'y aura pas de remords, car je crois bien ne lui être plus utile. »

Dans une causerie intime qu'il eut avec le ministre vers la fin du mois de septembre, François exposa les motifs qui l'avaient engagé à demander l'autorisation de faire une grande campagne : d'abord, le bien de la religion, mais aussi le désir de ne pas démériter par un séjour trop prolongé à terre. L'amiral Romain Desfossés exprima son chagrin de perdre un si bon chef d'état-major, en même temps qu'un ami ; mais il comprenait trop bien les devoirs d'un homme de mer, les aspirations d'une âme chrétienne, pour ne pas approuver une telle résolution.

Quand de Plas reçut ses lettres de commandant, il apprit, non sans déplaisir, que la campagne ne devait pas se faire comme elle avait été projetée ; ce ne serait plus un voyage autour du monde pour visiter les missions catholiques, pas même une campagne spéciale dans l'extrême Orient, mais une simple station dans les mers de Chine. « Les hommes se font bien facilement illusion, se contenta-t-il d'écrire dans son *journal*. Que la volonté de Dieu soit faite ! »

Informé des nouvelles dispositions du gouvernement à l'égard de la campagne du *Cassini*, Marceau s'empresse de consoler son ami, qui n'en aura pas moins devant Dieu tout le mérite de sa bonne volonté.

Ce que vous me dites au sujet de votre campagne, lui écrit-il, ne m'a point tout à fait surpris. J'avais cru cependant, je vous l'avoue, que vous aviez eu le soin de traiter l'affaire officiellement avec l'amiral ; et dans cette pensée, je ne vous ai jamais fait à cet égard une seule observation. J'admirais comment l'amiral avait pu obtenir cette faveur pour vous ; je me l'expliquais, du reste, par la politique de bascule que l'on est un peu obligé de suivre.

Vous m'avez écrit que l'on avait à Rome quelque embarras à trouver un homme pour cette mission. Cela doit vous faire penser que vous n'en aurez point. D'ailleurs, comme vous le dites, que ferait-il maintenant à votre bord ?

Sur le conseil de son ami, de Plas, acceptant généreusement le sacrifice, écrivit à Rome sur l'état actuel des choses, après en avoir informé le nonce du Souverain Pontife en France. Mais un de ses lieutenants, Alexis Clerc, qui était venu à Paris pendant une absence du commandant, n'avait pas perdu toute confiance ; il lui manda qu'on ne devait pas renoncer à l'espérance d'obtenir à bord un délégué du Saint-Père pour l'exploration des missions, et que le ministre des affaires étrangères lui-même allait à Rome pour offrir le *Cassini* à sa Sainteté. « Que la volonté de Dieu se fasse, s'écria de nouveau François, en recevant cette communication qui lui rendit quelque espoir, puissions-nous nous y conformer avec joie ! »

Une autre difficulté venait de surgir pour l'embarquement de l'aumônier. Monseigneur l'Évêque de Vannes, dans le diocèse duquel se trouvait le port de Lorient où le *Cassini* était en armement, avait le droit de choisir un de ses prêtres, et il refusait les pouvoirs à M. l'abbé Cambier, qui appartenait au diocèse de Paris. Clerc, d'accord avec le commandant, crut aplanir toutes les difficultés en s'adressant à un ordre religieux, et il eut recours aux Jésuites. Voici la lettre qu'il écrivit à ce sujet au R. P. Rubillon, alors provincial de la Compagnie de Jésus à Paris, dont il connaissait le zèle et la charité (1) :

Mon Révérend Père,

Je vous remercie du fond du cœur de votre lettre si affectueuse ; j'embrasse aujourd'hui cette longue campagne avec une parfaite sécurité, et dans l'espoir que Dieu la fera servir à sa gloire et à notre profit spirituel. Le commandant de Plas, à Rome, a offert de transporter à bord du *Cassini* un délégué du Saint-Père qui pût examiner et apprécier l'état et les besoins du royaume universel. Le ministère a fait lui-même la même ouverture au nonce à Paris. Il est probable qu'un projet qui paraît si avantageux à l'Église sera accepté : cependant cela n'est pas sûr. Quoi qu'il en soit, ce délégué, qui peut-être ne serait pas Français, pourrait avoir des visites à faire qui le tiendraient longtemps absent du bord ; le bâtiment ne serait pour lui qu'un moyen de transport, et vous comprenez, mon cher Père, que nous voulons un prêtre pour nous. Aussi nous avons recours à vous.

La loi relative aux aumôniers n'en attribue pas aux bâtiments comme le nôtre ; nous nous réjouirions de ce malheur, si nous pouvions en profiter pour avoir un Jésuite. Puisque le gouvernement n'interviendrait pour rien dans ce choix, il ignorerait volontiers ce qui ne le regarderait pas.

Le Père serait nourri avec et par le commandant ; nous réclamons les dépenses de toute autre espèce, et nous tâcherons de le rendre en aussi bon état qu'on nous l'aura livré. Dans la difficulté de faire davantage et de constituer à notre aumônier des émoluments comme s'il était légalement et administrativement embarqué, il n'y a qu'un prêtre ayant fait vœu de pauvreté et que son ordre recevra de nouveau dans son sein après l'expédition, qui puisse convenir. Cette considération fera peut-être que l'évêque de Vannes, de qui les aumôniers qui embarquent dans le port de Lorient reçoivent leurs pouvoirs, se départira du droit de choisir un prêtre de son diocèse, et voudra bien accorder à un Père Jésuite ce qui ne pourrait être accepté par un prêtre séculier.

Mais si les difficultés extérieures paraissent faciles à lever, il faut cependant des raisons de poids pour décider votre Compagnie à consacrer pendant trois ans un Père à un aussi petit nombre de fidèles que l'équipage du *Cassini* (130 hommes).

(1 *Alexis Clerc*, par le P. Ch. Daniel, p. 216.

D'abord, le bâtiment remplira d'autant mieux son importante mission que les hommes en seront plus religieux, et il est certain que leur avancement ne sera pas utile à eux seuls. Mais la raison principale est que le bâtiment doit, en effet, comme il avait été dit d'abord, faire le tour du monde, et que, par conséquent, vous pouvez avoir comme un visiteur général qui fasse pour toutes vos maisons voisines du littoral ce qui, je crois, se fait dans vos diverses provinces de l'Europe. De telle sorte que la Compagnie trouverait quelque avantage à ce qui nous serait si avantageux à nous-mêmes.

Mon Révérend Père, c'est de la part du commandant de Plas que je vous adresse cette demande, il sera lui-même à Paris le 28 octobre et vous verra pour cette affaire ; mais comme elle est peut-être longue à décider, il a désiré que je vous écrivisse, pour ne pas perdre de temps. Nous comptons que le bâtiment sera prêt à partir à la fin de décembre.

Mon cher et vénéré Père, soyez-nous favorable dans ce projet, où nous sommes aussi jaloux de notre bien que de celui de la Compagnie. Il est clair que le choix d'un Père convenant à ces doubles fonctions d'aumônier et de visiteur appartient exclusivement à votre Très Révérend Père général, mais de Plas m'a dit de vous citer le nom du P. de Saint-Angel, qui est, croit-il, à Dôle, sans toutefois insister aucunement.

Je prierai Dieu qu'il vous rende favorable à nos desseins.

Votre très respectueux et soumis fils en Notre-Seigneur Jésus-Christ.

A. CLERC.

Quel esprit de foi dans cette lettre, et quel respect des convenances de la vie religieuse ! La soummission filiale de Clerc à son vénérable correspondant n'était pas un vain mot ; sans être lié par des vœux, il y trouvait un avant-goût de l'obéissance du Jésuite.

Tout, pourtant, ne devait pas marcher au gré des désirs du commandant et des espérances de son lieutenant. Un changement de ministère ayant eu lieu, le projet d'une campagne spéciale en faveur des missions catholiques fut définitivement abandonné ; le *Cassini* ne fit pas le tour du monde, aucun légat, aucun Jésuite n'y fut embarqué. Mais, comme nous le verrons dans la suite, parvenu en Chine, après avoir, en quelque sorte, semé sur sa route des apôtres de la bonne nou-

velle, de Plas, par son dévoucment à la religion, rendit
de grands services à tous les missionnaires dont
il admirait le sacrifice, et principalement aux Pères
du Kiang-nan, l'une des plus intéressantes missions
de la Compagnie de Jésus dans l'extrême Orient.

CHAPITRE PREMIER

PRÉPARATIFS DE LA CAMPAGNE DU « CASSINI »

7 OCTOBRE 1850 — 6 MARS 1851

François de Plas appelé au commandement du *Cassini*. — Armement du bâtiment dans le port de Lorient. — Choix des officiers de l'état-major et des élèves. — Recrutement de la maistrance et de l'équipage. — Études sur la Chine et sur les bâtiments à vapeur. — Conciliation des devoirs religieux avec les devoirs de position. — Allocution à l'occasion du 1er janvier. — Affections sacrifiées à la reconnaissance. — Sympathies et oppositions. — Sentiments d'humilité et de conformité à la volonté de Dieu. — Mort de Marceau, ami du commandant de Plas. — Les expériences à la mer. — Passagers à bord du *Cassini*. — Lettre d'adieu. — Appréciation du personnel. — Départ.

« Je viens d'être appelé, écrivait François de Plas à sa mère, le 7 octobre 1850, au commandement du *Cassini*, corvette à vapeur destinée à la mer de Chine, où elle aura pour but spécial la protection des missions catholiques. Tu comprends toute la joie que j'éprouve à penser que je puis être de quelque utilité à ces bons missionnaires et aux intérêts catholiques. Sans doute j'emporterai le regret de me séparer de personnes tendrement aimées, mais il y a là un si noble devoir à remplir que mes amis ne me sauront pas mauvais gré de les quitter. »

Le jour même où il traçait ces lignes visiblement émues, le nouveau commandant du *Cassini* quittait, non sans regret, ses fonctions de chef d'état-major auprès du ministre de la marine ; mais, persuadé que telle était la volonté de Dieu, il se mit résolument à l'œuvre pour ne pas se montrer indigne de la mission qui lui était confiée. « J'aime à me persuader, disait-il, que c'est la Providence qui m'a inspiré la pensée de prendre la mer ; sans cela, je croirais être ingrat envers l'amiral Desfossés, qui me témoigne tant de confiance et d'affection. »

Le 11 octobre, de Plas arrivait à Lorient, où il trouva, en descendant de voiture, son ami Clerc qui lui apprit que, selon toute probabilité, le bâtiment ne pourrait point être prêt avant la fin du mois de décembre. « Je suis à Lorient depuis le 11, écrit-il à sa mère, faisant tous mes efforts pour préparer de bons éléments tant en personnel qu'en matériel. Le *Cassini* est un joli navire déjà éprouvé dans une longue campagne, sous le commandement de M. de Chabannes, qui m'en a fait le plus grand éloge. Je trouve ici tout le monde bien disposé. Le préfet maritime, M. de Suin, m'a promis qu'il ferait tout son possible pour armer la corvette aussi bien que si c'était pour lui-même. Tout s'annonce donc sous les meilleurs auspices. On m'a fort approuvé d'être venu m'entendre avec l'ingénieur chargé de disposer le bâtiment ; l'absence du capitaine cause toujours un peu d'embarras. »

Fidèle à sa promesse, le préfet maritime, pour faciliter l'armement du *Cassini*, laissa au commandant le choix des lieutenants de vaisseau et des enseignes à embarquer. Il savait que celui-ci agirait en conscience, ne visant que le bon résultat de la campagne et nulle-

ment les relations plus ou moins agréables avec les officiers. Clerc et Bernaërt, les premiers appelés, se
trouvaient à Lorient, où ils secondaient le capitaine
de toute l'activité de leur esprit, de toute l'ardeur de
leur foi. « J'ai déjà, écrit François à sa mère, deux
lieutenants de vaisseau bons chrétiens, qui sont pour
moi des frères. Le lien religieux est de tous le plus
solide ; quand nous assistons ensemble à la messe du
matin, on pourrait dire de nous, comme des premiers
chrétiens, que nous ne faisons qu'un cœur et qu'une
âme. » C'était, en effet, l'habitude des trois amis d'assister à la première messe du matin pour attirer sur
leurs travaux du jour la bénédiction du ciel. De Plas se
plaisait à le constater au retour d'un voyage à Puycheni. « J'ai eu un vrai plaisir, dit-il, à serrer la main
des deux officiers qui m'ont demandé d'associer leur
fortune à la mienne. Nous avons été fidèles, ce matin,
à notre habitude d'entendre la première messe. J'ai eu
la consolation de voir ici beaucoup de monde aux
messes du matin. Les populations bretonnes sont évidemment religieuses, je les trouve même édifiantes. »
Les prémices de la journée consacrées à Dieu, le
commandant se dépensait le reste du temps à l'armement de son navire, parcourant les divers ateliers et se
rendant compte par lui-même de l'installation à bord
du *Cassini*. Clerc, de son côté, continuait, aidé de
Bernaërt, à s'occuper du personnel futur. Nous l'avons
déjà vu proposer le docteur et l'officier d'administration, deux choix qu'il regardait comme excellents et
qui avaient été acceptés sans difficulté, en même temps
qu'un jeune enseigne qui partageait tous ses sentiments. « Mon ami S***, écrit-il, en parlant de ce dernier, a chanté un *Te Deum* et un *Magnificat*. C'est le
plus beau fleuron de votre couronne de commandant,
et je veux que vous m'en sachiez gré. » Mais déjà sol-

licité par un puissant attrait à quitter le monde, le jeune enseigne ne tarda pas à entrer au noviciat de la Compagnie de Jésus, où son ami devait le rejoindre après la campagne de Chine.

Outre les officiers qui composent l'état-major d'un bâtiment de guerre, on embarque aussi un certain nombre d'aspirants ou élèves, comme on disait autrefois, parce qu'ils continuent à bord leur éducation maritime. Clerc se félicitait d'avoir eu la main heureuse : « Ce sont, disait-il, des jeunes gens qui ont déjà résisté à bien des épreuves ; on peut compter sur leur dévouement. Parmi eux se trouvent les quatre premiers de l'École. »

Quant au recrutement de la maistrance et de l'équipage, les difficultés étaient plus grandes, à raison même du nombre relativement considérable des hommes à embarquer. Aussi le commandant voulut-il s'occuper lui-même de ce choix, et chaque jour il passait plusieurs heures aux Équipages de ligne, examinant les hommes, lisant leurs livrets, pour ne prendre que des matelots capables et de bonne volonté. « Les solliciteurs me poursuivent, écrit François à sa mère : c'est à qui embarquera sur le *Cassini*, quelques-uns par goût, beaucoup par misère. Il y a ici un grand nombre de marins inoccupés, pour lesquels la navigation semble une douceur, comparée à la triste vie qu'ils mènent à terre. C'est à faire saigner le cœur. Suivant toute apparence, nous aurons un bon équipage : on m'a laissé beaucoup de facilités pour le composer, et je ne prends que des hommes de très bonne conduite. »

Le 10 décembre, de Plas recevait l'ordre officiel de prendre le commandement du *Cassini*. En signalant, dans son *Journal*, cette prise de possession, il ajoute : « Le bâtiment est bon et sera bien armé, les apparences sont en faveur du succès ; mais il en est des campagnes

comme de la vie des hommes, c'est quand elle est
finie qu'on peut dire si elle a été heureuse. Quoi qu'il
en soit, je partirai avec bon espoir. »

Trois mois devaient s'écouler avant que le *Cassini*
ne fût prêt à partir ; le commandant en profita pour
compléter ses études sur la Chine et sur les bâtiments à vapeur. Il ne négligeait rien, en un mot, de
ce qui pouvait être de quelque utilité dans l'intérêt
de sa prochaine campagne ; mais, même après avoir
fait tout ce qui dépendait de lui, il se regardait encore
comme un serviteur inutile. « J'ai prié Dieu plusieurs
fois, disait-il humblement, de m'enlever le commandement du *Cassini* par la maladie, par une disgrâce ou
de tout autre façon, si je me suis lancé avec trop d'imprudence dans cette campagne, et si, par suite, je devais être privé du secours de sa grâce pour la bonne
direction du personnel qui me sera confié. J'espère
être exaucé. »

Au milieu des nombreuses occupations qui remplis-
saient chacune de ses journées, François n'oubliait
pas ses devoirs de chrétien et il restait fidèle à toutes
ses habitudes de piété. Nous l'avons vu assister régulièrement à la première messe du matin ; mais ce
n'était pas assez : le prêtre devait-il porter ensuite le
Saint-Sacrement à un malade, l'officier considérait
comme un honneur d'accompagner son divin Chef, et
la vue des habitants qui s'agenouillaient dans la rue
avec le plus profond respect, remplissait son âme de
bonheur et de joie. Mais la vie de société a aussi ses
obligations, comme la vie chrétienne ; on ne saurait
trop admirer comment le brillant officier savait parfaitement concilier deux choses qui souvent ne sont
opposées qu'en apparence. « Position oblige, écrit-il
dans son *Journal* à la date du 30 décembre. Mon titre
de commandant du *Cassini* m'a valu une invitation au

bal du cercle. Seul, je me serais dispensé d'y aller, mais l'état-major est invité par la même lettre que moi. Il paraît convenable que pour la première fois je m'y rende avec les officiers et élèves qui sont amateurs de cette sorte de plaisir. Cela me produit toutefois un singulier effet, d'aller au bal. Ceux qui m'ont vu ce matin accompagner le saint Viatique, se demanderont sans doute ce que cela veut dire. Il y a des gens qui voudraient que tous les chrétiens, quelle que fût leur position, vécussent comme des religieux cloîtrés. Il est bien certain que je ne vais pas au bal pour mon plaisir ; je crois même remplir un devoir en y allant. » C'est dans le même esprit qu'il facilitait à ses jeunes aspirants les plaisirs de leur âge. « Les jeunes élèves du *Cassini*, disait-il, servent très bien ; ils ont ici deux bals au moins par semaine ; nous leur donnons toute latitude pour y aller. »

Le premier janvier 1851, l'équipage du *Cassini* était réuni pour la première fois dans une des salles du quartier, attendant la visite de son commandant. Celui-ci crut l'occasion favorable pour entrer immédiatement en communication avec ces hommes qui avaient droit de compter sur lui ; et, après avoir passé l'inspection, il leur adressa une courte allocution qu'il nous a conservée et qui nous montre, avec les nobles sentiments dont il était animé, comment il comprenait ses devoirs et sa responsabilité.

« Je ne puis résister, dit-il, au plaisir de vous exprimer combien je suis heureux, au moment d'entreprendre une campagne longue, pénible, très pénible peut-être, d'avoir un équipage de bonne volonté. J'espère que cette bonne volonté se maintiendra durant toute la campagne.

« Quel que soit le sort destiné au *Cassini*, que nous ayons la guerre ou la paix, la bonne réputation du bâtiment retombe sur le dernier homme de l'équipage comme sur le commandant. L'état-major et moi nous emploierons tous nos efforts pour obtenir un heureux résultat ; il faut que chacun de vous y apporte aussi son concours.

« Ce serait une grande satisfaction pour moi, en remettant le navire aux chefs de la marine, de leur dire que, dans toute circonstance, j'ai trouvé les hommes prêts à faire leur devoir. Quant à moi, j'espère ne jamais manquer à mes devoirs envers Dieu, envers le pays, envers l'équipage qui m'est confié.

« Equipage du *Cassini*, l'an prochain à pareil jour, nous serons probablement à quelques milliers de lieues d'ici ; puissions-nous n'avoir à déplorer aucune perte !

« Je vous souhaite bonne et heureuse campagne. »

A cette époque de l'année qui ramène les douces réunions de famille, François aurait bien désiré passer quelques jours au milieu des siens, dans ce vieux manoir de Puycheni où se trouvaient sa mère et ses sœurs bien-aimées ; mais le ministre l'invitait à aller à Paris le plus tôt possible, et il regardait comme un devoir de reconnaissance de répondre à son pressant appel. Il y arriva le 6 janvier, au moment où l'amiral Romain Desfossés allait quitter l'hôtel du ministère.

« On fait un grand déménagement au ministère de la marine, écrit-il le 11 janvier à sa mère ; le bon amiral Desfossés a fait ses malles et se dispose à partir prochainement pour la station du Levant, dont il a le commandement. » Puis il ajoute quelques détails sur les démarches qui intéressaient sa mission future. « J'ai eu le plaisir de voir hier le supérieur des Lazaristes, M. Étienne, homme d'une haute intelligence et éminent à tous égards ; j'ai causé longuement aussi

avec un évêque d'Abyssinie. Mgr de Langres a bien
voulu m'embrasser cordialement, en me promettant
de dire la messe à mon intention, le jour du départ du
Cassini pour les mers de Chine : ce qu'ont fait également M. de Montalembert et le P. de Ravignan, en me
souhaitant bon voyage et en m'adressant des vœux
pour le succès de ma campagne. Ma mission, en un
mot, trouve partout la plus grande sympathie dans le
monde religieux. »

De Plas profita de son séjour à Paris pour visiter
tous ceux qui pouvaient lui fournir quelques renseignements utiles à son voyage. C'est ainsi qu'il
se mit en rapport avec le supérieur des Missions
étrangères et avec un ancien ministre de France en
Chine. Il visita aussi le nonce, Mgr Fornari, le commandant Lapierre et MM. Jurien et Reille, en même
temps qu'il parcourait au ministère la correspondance
et les rapports de l'amiral Cécille.

Cependant quelques personnes ne voyaient pas sans
jalousie la campagne qui se préparait. François fut
même averti qu'on cherchait à le discréditer dans
l'esprit du nouveau ministre ; mais le contre-amiral
Vaillant était avant tout un homme de devoir, et de
Plas n'eut qu'à se louer de ses bons procédés. « Que
la volonté de Dieu soit faite, écrit-il dans son
Journal! Je crois que j'accepterais sans murmures et
sans plaintes, à l'aide de sa grâce, toute position moins
bonne que celle où je me trouve présentement. » Il ne
s'effrayait pas des contradictions qui pourraient sur-
venir ; il s'étonnait même de n'en avoir pas rencontré
davantage, aimant à se rappeler ce que lui avait dit un
jour Marceau : « Si le grain ne pourrit pas, il ne donnera pas de fruit ; l'homme aussi ne produit qu'à raison
de son abaissement et de son anéantissement devant
Dieu. »

C'est dans les mêmes sentiments de foi et d'humilité qu'il écrit à sa mère le 14 janvier : « Je trouve ici beaucoup de sympathies, et je suis presque inquiet des facilités que je rencontre, car les œuvres de Dieu commencent généralement dans les peines et dans les ennuis. La divine Providence réserve sans doute pour un peu plus tard les épreuves : que sa sainte volonté s'accomplisse! Je n'ai qu'un désir, c'est d'apporter dans cette campagne un désintéressement absolu et de travailler uniquement pour la plus grande gloire de Dieu. J'ai besoin que mes amis m'aident de leurs prières, et je recommande surtout à ma chère mère d'appeler sur moi les bénédictions du ciel, non pas à la façon du monde, mais à la façon des saints qui ont eu de rudes et cruelles épreuves dont ils ont heureusement triomphé. »

On voit par cette lettre que ses intimes causeries avec Marceau avaient porté leur fruit; on dirait un écho fidèle de cette belle âme, qui avait fait de la conformité à la volonté de Dieu la nourriture habituelle de sa vie, et qui mettait tout son bonheur à n'éprouver aucune consolation dans ses souffrances. C'est avec la même conviction qu'il écrit encore le 27 janvier : « Je suis ici comblé d'amitiés. La Providence me prépare à une mission difficile par des marques répétées de sa miséricorde... J'en serais inquiet si l'espérance chrétienne n'était pas une vertu obligée. »

Afin d'éloigner toute inquiétude, il eût bien désiré se retirer durant quelques jours dans une maison religieuse, pour y faire dans la solitude une fervente retraite; mais Dieu lui demandait ce sacrifice des consolations spirituelles, comme il lui avait demandé celui des joies de la famille. Le devoir l'appelait à Lorient pour presser les derniers préparatifs de l'embarquement. Dans son audience d'adieu au contre-amiral

4

Vaillant, ministre de la marine, il apprit d'une manière définitive, sans manifester aucune contrariété, qu'il irait purement et simplement à la station de Chine.

« Quelle n'était pas mon outrecuidance, écrit-il dans son *Journal privé*, à la date du 2 février, quand j'ai osé, moi, converti d'hier, parler d'un projet utile au catholicisme. C'est par l'humilité, la très grande humilité, que les chrétiens nouveaux doivent se faire connaître. Il ne faut pas qu'ils croient que toute inspiration vient de Dieu, même quand elle semble ne viser que sa gloire. C'est à d'autres que nous de nous désigner comme instruments. Ma mission est amoindrie : Dieu soit loué ! Il y aura assez de bien à faire en Chine, sans entreprendre encore la mer Rouge et l'Océanie. Dieu daigne me garder à l'avenir de semblables témérités ! »

Au moment où de Plas traçait ces lignes si pleines d'humilité, Marceau venait de mourir en prédestiné à Tours, où il s'était rendu auprès de sa mère, après avoir fait une retraite de quatorze jours à Notre-Dame de Liesse, sous la direction du R. P. Fouillot de la Compagnie de Jésus. François avait eu l'occasion de voir son ami déjà frappé à mort, lorsqu'il traversa Paris. A ceux qui le plaignaient alors de ses souffrances, le malade répondait avec un admirable sourire : « Si Dieu le veut, il faut bien se soumettre. » En vain ses amis avaient-ils essayé de faire violence à la miséricorde de Dieu en faveur d'un de ses meilleurs serviteurs, Marceau était mûr pour le ciel.

Madame Marceau, connaissant la tendre affection qui unissait les deux officiers chrétiens, s'était empressée de faire part au commandant de la douloureuse nouvelle, et lui avait envoyé divers objets comme souvenir, entre autres un morceau de la cravate que le cher malade portait en ses derniers jours ; elle avait, disait-elle, choisi cet objet qui avait le plus servi, pensant qu'il en deviendrait plus précieux.

« C'est un saint qui vient de mourir », s'écria de Plas en apprenant cette triste nouvelle ; il en fut vivement affecté tout d'abord, mais une douce résignation à la volonté de Dieu eut bientôt dominé dans son âme tout autre sentiment. Il se contenta de consigner dans son *Journal,* à la date du 3 février, ce simple et touchant éloge funèbre : « Marceau Auguste, capitaine de frégate, a rendu sa belle âme à Dieu, le 1er février. Il m'avait guidé, lorsque j'eus la pensée de revenir à la religion ; sa piété admirable et ses bons conseils avaient produit une profonde impression sur moi. Sa conversation était gaie, aimable, et il exerçait un salutaire ascendant sur tout ce qui l'entourait. J'eus une grande joie à le revoir à son retour de l'Océanie, car j'aimais beaucoup sa société. Je le nommais le premier dans mes prières, et je compte maintenant avoir en lui un puissant avocat, car j'espère fermement que Dieu dans sa bonté l'a déjà couronné au ciel. »

Avant de quitter Paris, le commandant reçut une brochure sur le dernier des Cassini, dont l'auteur, M. Gossin, fondateur et président des conférences de Saint-Vincent de Paul, s'était empressé de lui faire hommage. « Il est impossible, écrivait-il après l'avoir parcourue, de mieux raconter une noble et belle existence, et je suis heureux de penser que mon bâtiment porte le nom d'un illustre savant et d'un admirable chrétien (1). »

De Plas, qui avait hâte de rejoindre le *Cassini,* arriva à Lorient le 8 février au matin. « J'ai serré de bon cœur la main aux officiers, écrit-il le même jour

(1) Le dernier des Cassini, président de la Cour royale de Paris et membre de la Chambre des Pairs, passait pour un jurisconsulte éminent et un fort bon chrétien.

à sa sœur Augusta ; tout le monde paraît animé d'un bon esprit, et j'espère, avec le temps, que tout ira bien. »

Le *Cassini*, corvette à roues de deux cents chevaux, armée de six canons, était monté par cent vingt hommes d'équipage, y compris l'état-major qui comptait, outre le capitaine de frégate commandant, cinq lieutenants de vaisseau, un officier d'administration, deux médecins et six aspirants de marine. Les expériences à la mer commencèrent dès le 12, et réussirent au delà de toute espérance. « J'ai un bon bâtiment, disait le commandant, un excellent état-major, une maistrance et un équipage pleins de bonne volonté. »

Ce qu'il venait d'observer pour la manœuvre, de Plas ne tarda pas à le remarquer pour la pratique religieuse. « Je couche pour la première fois à bord, écrit-il à sa mère le 15 février. J'ai voulu assister ce soir à la prière qui a été dite par l'officier de quart. Tout l'équipage, bien qu'il ne soit point astreint à y assister, car nous avons voulu que l'acte fût libre, s'est groupé avec recueillement à l'arrière ; j'en ai été édifié et joyeux. Il est bien difficile d'être mieux armé en hommes que ne l'est le *Cassini*. Dieu veuille me rendre capable de diriger les bons éléments qu'il m'a donnés. » Le lendemain, dimanche, il constatait encore avec plaisir que plus des deux tiers de l'équipage s'étaient habillés à la hâte, pour assister à la messe du port, à neuf heures, accompagnés de deux élèves et de deux officiers. Aussi l'harmonie la plus complète paraissait-elle devoir régner sur le bâtiment.

Tout était prêt pour le départ. On n'attendait plus qu'un nombreux personnel religieux qui avait obtenu passage à bord du *Cassini* pour diverses destinations. M. l'abbé Cambier, dont nous avons déjà parlé, affecté définitivement à la station de Madagascar, embarqua, dès le 17, pour remplir volontairement, sans titre officiel, les fonctions d'aumônier. Mgr Desprez, actuellement cardinal-archevêque de Toulouse, arriva le 22, se rendant à l'île Bourbon prendre possession du siège de Saint-Denis, dont il était le premier évêque. Mgr Vérolles ne rallia le port que le 2 mars, regagnant son vicariat apostolique de la Mantchourie, où il s'était déjà illustré par de longs travaux. Le nombre des passagers se trouva alors au complet. On comptait, outre les deux évêques, leurs deux grands vicaires, trois missionnaires des Missions étrangères et trois religieuses de Saint-Joseph, destinées elles aussi à porter au loin le nom et la bonne odeur de Jésus-Christ.

D'après ce qui vient d'être dit du personnel de la corvette, on ne sera pas étonné qu'une véritable chapelle ait été installée à bord du *Cassini*. Pour la première fois peut-être, par une faveur due à Mgr l'évêque de Vannes, Jésus-Christ lui-même, présent dans le Saint-Sacrement, allait traverser l'Océan, ayant son trône dressé, comme il convient, à la place d'honneur, sur un bâtiment de guerre de la marine française.

La chapelle fut bénite par Mgr Desprez, au milieu du recueillement de l'équipage et des officiers. « Je suis heureux, écrit de Plas, le soir même de la cérémonie, je suis heureux dans le plus profond de mon âme de ce qui s'est passé ce matin. Je remercie Dieu qui a bien voulu permettre que le premier bâtiment que je devais commander eût l'honneur d'avoir une chapelle et de porter dans une de nos colonies son premier évêque. »

Mais, à côté de ces joies intimes et pures de l'âme, une tristesse restait cependant au fond du cœur si sensible du commandant, celle de n'avoir pu revoir la maison paternelle et dire un dernier adieu à sa famille aimée. « Chère mère, écrit-il, Puycheni est mon oasis sur cette terre de France que je vais bientôt quitter. Que de fois mes pensées seront tournées vers le lieu où résident ma mère et mes sœurs, où chaque arbre, chaque objet me rappelle un bon souvenir ! Oh ! qu'il est doux d'aimer, d'aimer avec ardeur ; c'est un commencement des délices du ciel. Je ne cesse de louer Dieu et de le remercier d'avoir mis en moi cette sainte affection de la famille.

« Quand cette lettre t'arrivera, je serai bien près de partir. Que mes sœurs et toi, chère mère, prient pour le voyageur, pour le *Cassini* que j'aime déjà, à cause des braves gens qui l'habitent et qui se sont joyeusement offerts à servir avec moi. Puissions-nous tous, unis d'intentions et d'efforts, faire bénir Dieu et la France à l'étranger ! »

On était à la veille du départ. M. l'abbé Cambier, qui depuis quinze jours se trouvait à bord, avait eu le temps de faire connaissance avec ses nouvelles ouailles. Recueillant ses premières impressions, il les consigna fidèlement dans un journal qu'il continua d'écrire pendant la traversée pour épancher son cœur dans le sein de l'amitié.

« Les marins qui composent l'équipage, dit-il, paraissent jeunes et inexpérimentés, mais ils seront vite formés, et les choses en iront mieux pour peu que la divine Providence daigne nous favoriser. Du reste, tous ces marins ont bon visage. Bretons en majorité, le prêtre ne les effraie pas ; ils sont habitués à le voir de près, à l'écouter et à suivre ses conseils. Je puis donc attendre de la sympathie de leur part. Les mousses ne sont qu'au nombre de six, ce sera mon petit troupeau. Ces pauvres enfants ne sont-ils pas trop laissés à eux-mêmes et trop mêlés aux hommes de l'équipage ? A cet âge, les conversations libres qu'ils entendent peuvent leur être funestes. Isoler les mousses le plus possible, les surveiller avec une scrupuleuse attention, les instruire, 'me semblerait chose nécessaire ; il est à croire qu'on ne les néglige pas, l'expérience sans doute me l'apprendra. Les hommes sont au nombre de cent vingt ; ce sera là ma moisson ; puisse-t-elle être bonne ! A n'en pas douter, je puis dire qu'elle le sera, n'en aurais-je comme gage et garantie que l'exemple du capitaine et des officiers. »

Puis M. Cambier passe en revue tout l'état-major, disant un mot aimable de chacun ; mais nous ne voulons retenir que son appréciation si bienveillante du commandant : « N'eussé-je pas été jusqu'à présent, écrit-il, convaincu de la puissance du bon exemple, je n'aurais pas tardé à l'être sur le *Cassini*. M. de Plas est un excellent chrétien : il sait qu'il a sous ses ordres non pas seulement des corps, mais des âmes, et il fait de la marine beaucoup moins un moyen d'avancement pour lui-même qu'un moyen d'exercer son zèle éclairé en faveur de ceux qu'il est appelé à conduire. »

Le 6 mars, à huit heures du matin, le *Cassini* appareillait et quittait la rade de Lorient, et vers neuf heures, il se trouvait par le travers de Notre-Dame de Larmor. Tous les passagers étaient sur le pont. La cloche tinta et l'équipage se groupa en masse à l'arrière, chapeau bas. Suivant un vieil usage on salua de trois coups de canon la statue de la Vierge. En même temps les missionnaires entonnèrent l'*Ave Maris stella* que l'équipage continua avec un entrain merveilleux. « Prêtres et marins, observe le Père Daniel, unis dans une même pensée de foi, suppliaient l'Étoile de la mer d'être propice à leur traversée et de bénir les entreprises si diverses qui les éloignaient de la patrie, ceux-ci pour plusieurs années, ceux-là, ou du moins la plupart d'entre eux, pour le reste de leur vie qu'ils avaient vouée tout entière au salut des âmes (1). »

Laissons maintenant la parole au commandant de Plas qui, dans ses *Lettres*, complétées par son *Journal* et ses *Rapports*, a raconté aussi sincèrement que possible la longue et intéressante campagne du *Cassini* dans les mers de Chine, depuis son départ de Lorient, le 6 mars 1851, jusqu'à son retour au même port, le 5 juillet 1854.

(1) Alexis Clerc, p. 235.

CHAPITRE II

DE FRANCE EN CHINE

6 MARS 1851 — 30 AOUT 1851

En mer. — Relâche à Funchal (île Madère). — Les Canaries et les îles du Cap-Vert. — Passage de la ligne. — Fêtes religieuses à bord : le Vendredi-Saint et le saint jour de Pâques. — Le Cap : bénédiction d'une église catholique. — Exercices du mois de Marie en mer. — Saint-Denis : intronisation solennelle de Mgr Desprez; établissement des Jésuites à la Ressource; retards involontaires; visite à la Ravine creuse; procession du Très Saint-Sacrement. — Mission à la côte ouest de Sumatra. — Visite au Sultan d'Achem et punition de deux Radjahs. — Les Maldives, Poulo-Pinang, Singapore. — Influence des missionnaires. — Golfe de Siam et du Tong-king, île d'Haïnan. — Arrivée du *Cassini* et de la *Capricieuse* aux îles Cowe, près de Macao.

En mer, 6 mars.

Le *Cassini* se comporte bien à la lame. Malgré un tirant d'eau peu considérable, il porte sans fléchir sa lourde artillerie et son nombreux personnel ; on le dirait fait exprès pour affronter les périls des océans orageux que nous allons parcourir. Au départ, la mer était assez grosse; mais la corvette, s'inclinant sous une forte brise, fuyait rapidement, et les côtes de France n'ont pas tardé à disparaître à nos yeux.

Nous avons rencontré, hors des passes de Groix, un
très beau temps ; le ciel était bleu, l'air vif, le soleil
radieux et l'horizon assez pur. Cependant, tous nos
passagers ont eu plus ou moins à souffrir du mal de
mer, et je me suis trouvé seul à table au moment du
dîner.

La prière a été récitée ce soir, à la chapelle, pour
les passagers, par Mgr Desprez, qui a bien voulu
la faire ensuite lui-même à l'équipage réuni presque
tout entier, au son de la cloche, sur le gaillard d'arrière. J'ai remercié du fond du cœur le bon Dieu d'avoir
favorisé les débuts de notre voyage, et de m'avoir
donné un équipage qui sait le reconnaître et l'honorer.
Sans trop me préoccuper de l'avenir, je veux aussi me
disposer à bien supporter les mauvaises chances qui me
paraissent inévitables dans une si longue navigation.

A bord du *Cassini*.   Funchal (île Madère),
                                        13 mars 1851.

Chère bonne mère,

Le *Cassini*, après une traversée de six jours, des
plus heureuses sous tous les rapports, a jeté l'ancre
hier, à dix heures et demie du matin, devant la capitale
de Madère. Funchal, pittoresquement bâtie sur le penchant d'une colline dont la mer baigne le pied, est un
excellent point de relâche pour les bâtiments qui arrivent d'Europe. Nous nous sommes de suite occupés de
remplacer le charbon consumé, et de renouveler les
vivres frais pour l'équipage.

Mgr Vérolles et Mgr Desprez, accompagnés de leurs
grands vicaires, M. l'aumônier et moi, nous sommes
empressés d'aller visiter le gouverneur et l'évêque de
l'île. Le gouverneur était absent ; mais l'évêque, que
nous avons rencontré, nous a fait très bon accueil. Le

palais du gouverneur, lourd édifice flanqué de tours,
n'offre rien de remarquable. La cathédrale, modeste à
l'extérieur, ne manque pas d'une certaine grandeur;
mais, comme les autres églises de la ville, elle pèche à
l'intérieur par une profusion de sculptures dorées, sans
élégance.

Je reviens d'une agréable promenade, en compagnie
des deux évêques de Mantchourie et de Bourbon, de
leurs grands vicaires, de l'abbé Cambier et du commissaire d'administration. Nous sommes montés à cheval
pour aller visiter une chapelle dédiée à la très Sainte
Vierge, et située à une très grande hauteur, d'où la vue
s'étend sur un ravissant panorama de la ville et de la
rade. Il nous fallait traverser des endroits périlleux;
mais les chevaux, habitués à ce trajet, avaient le pied
sûr. Chacun de nous, du reste, était accompagné par
précaution d'un vigoureux *rapaz* (garçon), qui suivait
au trot ou au galop, se soutenant, pour éviter la fatigue, à la queue de l'animal dont il avait le soin.

On ne sait qu'admirer davantage, la fertilité du sol
ou la beauté du paysage. Ce ne sont partout que champs
de vignes disposées en tonnelles; et dans cette saison,
les figues et les pêches sont déjà formées. La campagne,
si gracieuse par les accidents de terrain et l'encadre-
ment de la mer, est encore embellie par de frais ruisseaux, ou plutôt par des gaves impétueux, qui se
précipitent en bouillonnant des collines verdoyantes où
poussent les plantes les plus variées des pays chauds.
De jolis villages sont enfouis dans la verdure ou coquet-
tement assis sur le rivage. Funchal est fier, à juste
titre, de ses nombreuses *quintas* (villas) qui séduisent
par leur riant aspect tous les étrangers, dès leur débarquement.

Comment remercierai-je la Providence pour tous les
biens dont elle se plaît à me combler? Je suis entouré

d'officiers distingués que j'estime et que j'aime comme
des frères. Ils servent avec une ardeur qui m'enchante,
et nous ne formons qu'un cœur et qu'une âme. J'étais
loin de m'attendre à de telles douceurs dans l'exercice
du commandement.

Les passagers se portent on ne peut mieux, et tout
marche à souhait. Il est vrai que j'ai un excellent cuisinier, qui compte plus qu'on ne croit à bord des bâtiments où l'on trouve si peu de distractions.

Nous partirons, je pense, demain, dans la soirée.

En mer, 13 mars.

Hier au soir, nous quittions Funchal et son printemps
éternel pour le cap des Tempêtes, ou mieux de Bonne-
Espérance. Douze heures après, les feux étaient éteints
et, poussés par une forte brise, nous naviguions toutes
voiles dehors. Nous sommes passés au milieu des îles
Fortunées (Canaries) et des îles du Cap-Vert, que je
désirais faire connaître aux officiers et aux élèves ;
mais une brume épaisse nous a masqué les terres. A
peine avons-nous pu apercevoir Palma et Foyo que
nous avons longées à petite distance.

27 mars.

Nous venons de célébrer la fête du père la Ligne.
J'avais reçu dès hier soir un postillon m'annonçant sa
venue. La farce du meunier et de sa farine a beaucoup
égayé tous les passagers. Je regrette seulement qu'on
ait outrepassé mon autorisation, en aspergeant quelques personnes que leur dignité aurait dû mettre à
l'abri des plaisanteries. Somme toute, les choses se sont
joyeusement passées pour tout le monde, et sans désordre parmi l'équipage. J'aurais volontiers donné de ma

personne à la pompe et aux seaux ; mais le second du
bâtiment s'y était déjà mis avec un entrain que je pouvais difficilement égaler (1).

Il fait une chaleur accablante ; le thermomètre marque 28° centigrades. La brise, qui nous avait jusqu'ici
poussés avec une vitesse de quarante lieues au moins
par jour, nous a presque complètement abandonnés.
On a rallumé les feux, et nous marchons depuis lors
avec une vitesse de sept à huit milles à l'heure.

18 avril, Vendredi-Saint.

Encore une bonne journée pour le *Cassini*. Presque
tout l'équipage a assisté ce matin à un sermon sur la
Passion, et cet après-midi, à la suite de quelques
paroles de l'aumônier, la plupart des matelots sont
venus adorer la croix et baiser les pieds du Christ.

*Quid retribuam Domino pro omnibus quæ retri-
buis mihi?* Si je pouvais travailler avec humilité à la
gloire de mon Maître ; si je pouvais régler entièrement
ma volonté sur la sienne ; si je pouvais l'aimer de toutes
les forces de mon âme, avec toute la puissance dont le
fini est capable vis-à-vis de l'infini ; si je pouvais accepter joyeusement toutes les croix qu'il plaira à Dieu de
m'envoyer, avec quelle force je chanterais des cantiques
de louange! Mais il faut que mes fautes m'humilient
sans me décourager ; il faut que je marche vers Dieu
avec patience, demandant de gagner chaque jour un peu
de terrain.

20 avril, saint jour de Pâques.

Mon âme déborde de joie au souvenir de ce qui s'est
passé aujourd'hui. Dès le matin nous avons été favo-

---

(1) Le commandant en second était alors M. de Saint-Haouen,
qui avait remplacé M. Bernaërt dont la santé laissait à désirer.

risés par une mer très belle et un ciel fort clair. Une moitié environ de l'équipage a fait ses pâques à la messe de sept heures, célébrée par Mgr de Mantchourie, qui a donné la confirmation aux mousses et à une quinzaine de matelots. A dix heures et demie, grand'messe solennelle, chantée par Mgr Desprez, à laquelle presque tout le monde a assisté sans contrainte et dans un grand recueillement; le soir, à deux heures, vêpres et salut : grâce aux passagers et à un officier bon musicien, le chant n'a rien laissé à désirer. L'équipage m'a paru content de sanctifier ce grand jour. Tous les ecclésiastiques ont été édifiés de la bonne tenue de nos hommes et de nos enfants de chœur improvisés. Les officiers pratiquants se sont réjouis avec moi de ce magnifique résultat obtenu par la simplicité et la charité intelligente de l'aumônier, M. l'abbé Cambier, qui possède un admirable talent pour pénétrer jusqu'au cœur des matelots. Quant aux personnes de l'état-major qui ne pratiquent pas, elles ont aussi montré beaucoup de bon vouloir, et j'en ai été touché.

Que de fois ces paroles de la sainte liturgie me sont venues à la pensée : *Hæc dies quam fecit Dominus exultemus et lætemur in ea!* Je ne sais comment remercier Dieu de tous ces biens qu'il m'a faits. Il a daigné employer son serviteur, quoique indigne, à travailler pour sa gloire. Puissé-je ne pas rester au-dessous de la tâche, et offrir toujours ma bonne volonté *in simplicitate cordis!*

      A bord du *Cassini*.   Table-Bay, 2 mai 1851.

      Chère bonne mère,

Le *Cassini* a mouillé au Cap (Cape-Town) dans la nuit du 21 au 22 avril. La montagne de la Table et celle du

Lion, qui bornent la baie de l'ouest au sud, étaient magnifiquement éclairées. Il est d'usage, dans cette saison, et surtout le lundi de Pâques, de terminer les pique-nique en mettant le feu aux arbustes et aux herbes qui poussent dans ces lieux peu accessibles. Les pique-nique avaient été nombreux, sans doute, car, à dix lieues en mer, nous apercevions déjà les montagnes couvertes de feux qui, à mesure que nous avancions, en dessinaient bizarrement les formes.

Dieu a béni cette seconde traversée comme la première. Tout va aussi bien que possible, mieux que je n'aurais osé l'espérer. La plus complète harmonie continue de régner à bord, et je remercie Dieu chaque jour des conditions dans lesquelles il m'a placé pour cette longue campagne.

Notre consul, M. Blancheton, ancien secrétaire de M. Molé, a bien voulu m'accompagner avant-hier à Fals-Bay, point de relâche des bâtiments qui abordent le mouillage du Cap. J'avais emmené avec moi deux officiers et un élève. Cette course, utile sous le rapport marine, a été en même temps agréable, parce qu'elle nous a permis de prendre une idée du pays. L'aspect général ne produit guère bon effet, bien qu'on voie çà et là quelques jolies maisons de campagne. Les montagnes sont dénudées à leur sommet, et les plaines, marécageuses ou sablonneuses ; cela n'empêche pas la ville du Cap d'offrir beaucoup de ressources, entre autres d'excellents moutons.

Nous avons assisté ce matin, les deux évêques passagers, une grande partie de l'état-major, une douzaine de matelots et moi, à la bénédiction d'une église catholique, placée sous l'invocation de la Sainte-Famille fuyant en Egypte. Monseigneur Griffith, vicaire apostolique de la colonie du Cap, officiait pontificalement avec beaucoup de dignité. La nouvelle église,

très convenable, était pleine de monde, même de protestants ; on s'y est tenu avec beaucoup de décence. Je
remercie la Providence de m'avoir permis d'assister
à la bénédiction de cette église catholique, située à
l'extrémité de l'Afrique et destinée à répandre un nouvel éclat sur notre sainte religion.

Dès que j'aurai embarqué le charbon qui nous est
nécessaire, je quitterai cette baie pour me rendre à
Bourbon. C'est un voyage de vingt à vingt-cinq jours,
et je ne compte pas arriver à Saint-Denis avant le
25 mai.

> En mer, banc des Aiguilles, 4 mai.

Nous longeons le redoutable banc des Aiguilles. Il
vente grand frais, ou plutôt tempête. Les vagues sou-
levées viennent battre avec fureur contre les flancs
de la corvette : mais les sabords sont fermés, et tout
est disposé pour affronter la grosse mer et les violents coups de vent de ces parages. Pas de voiles dehors, et la machine ne nous fait filer que quatre nœuds
à l'heure. Comme la brise est inégale, nous avons de
forts roulis quand elle diminue. Voilà le premier mauvais temps depuis notre départ ; il n'y a vraiment pas à
se plaindre.

> 8 mai.

Depuis le banc des Aiguilles, notre traversée n'est
qu'une longue suite de mauvais temps. Le vent est
très froid ; de grosses lames se précipitent sur le pont ;
la pluie se mêle à l'eau de mer. Nous cheminons lentement vers Bourbon ; ce qui est une cause d'ennui et
d'impatience pour plusieurs passagers, et je pourrais
dire pour moi-même, si je ne résistais fortement à cette

tendance de l'homme de vouloir toujours autre chose
que ce que Dieu veut.

12 mai.

Tous les soirs, à l'occasion du mois de Marie, on se
rassemble en famille devant l'autel de la dunette, et
une prière spéciale est récitée, après celle de l'équipage. Les Sœurs, les ecclésiastiques, les dames passa-
gères, quelques officiers, et, depuis deux jours, quelques matelots y assistent. Après la prière on chante à
plein cœur un cantique qui, ce soir, a été enlevé avec
une sorte d'enthousiasme. Plusieurs maîtres et matelots
avaient demandé qu'on leur apprît les cantiques ; un
des missionnaires, M. l'abbé Janson, a bien voulu se
rendre à leurs désirs, et ils chantent avec beaucoup de
feu et d'ensemble en l'honneur de leur auguste Mère.

Je bénis Dieu de tout mon cœur de cette insigne faveur qu'il accorde au *Cassini*. C'est une grande joie
pour moi de constater que, sans efforts, sans user en
rien de l'influence de ma position, la piété progresse à
bord.

19 mai.

Très beau temps aujourd'hui. Nous sommes à
soixante-dix lieues environ de Bourbon, et nous pourrons mouiller à Saint-Denis dans la nuit de demain, à
moins qu'il ne surgisse quelque circonstance extraordinaire. Il a plu à la divine Providence de me faire
exécuter le trajet de France à Bourbon dans moins de
temps que l'*Archimède*, bâtiment de même force que
le *Cassini*. Quelle a été ma part dans le résultat obtenu ?
Je n'ai eu qu'à laisser agir le maître mécanicien et l'officier chargé de la machine, en établissant des voiles
quand le vent était favorable.

5

A bord du *Cassini*.   Rade de Saint-Denis, 23 mai.

Monsieur le ministre (1),

Après une traversée de soixante-seize jours, y compris seize jours de relâche à Madère et au Cap, le *Cassini* a mouillé devant Saint-Denis le 21 mai.

Le 22, à huit heures du matin, Mgr Desprez que j'avais l'honneur de conduire à la Réunion, a pu débarquer sans difficulté. Il a été salué à son départ de cinq coups de canon, et par le *Cassini* et par les batteries de terre. Les commandants de l'*Archimède* et du *Chandernagor*, les seuls bâtiments de guerre qui fussent alors sur rade, se sont réunis au commandant et aux officiers du *Cassini*, pour faire cortège au canot du nouvel évêque, et accompagner Sa Grandeur jusqu'à la cathédrale.

Le canot où se trouvait Monseigneur Desprez, portant pavillon de proue et de poupe, ouvrait la marche. Les cinq autres canots, avec pavillon de poupe, suivaient à la file, d'après l'ordre d'ancienneté des capitaines. Le lieutenant-colonel de Condrecourt, commandant les troupes, était venu recevoir Sa Grandeur au débarcadère, où s'était déjà rendue processionnellement une partie du clergé de la ville et de l'île. Après s'être revêtu des ornements pontificaux, l'évêque de Saint-Denis s'avança vers l'église entouré d'une foule immense. Partout sur son passage la ville présentait l'aspect d'un jour de fête.

Mgr Desprez, durant la traversée, avait gagné l'affection de l'équipage ; aussi beaucoup de matelots et de sous-officiers, par vénération pour sa personne, avaient-ils sollicité l'honneur de porter le dais, le jour

(1) M. Chasseloup-Laubat.

de son installation solennelle. Rien ne pouvait attirer plus de considération au nouvel évêque que de se présenter ainsi à la population, escorté d'une partie des hommes de nos bâtiments. Seize d'entre eux furent désignés afin de pouvoir se relayer tour à tour. Derrière le dais les officiers marchaient en groupes entre deux lignes de soldats qui formaient la haie. Des places nous avaient été réservées dans le chœur, où nous assistâmes à la messe qui suivit la lecture de la bulle d'institution.

Avant la messe, l'évêque de Saint-Denis voulut immédiatement faire connaître à son peuple la sollicitude dont son cœur débordait. En entendant cette parole si paternelle, le public d'élite qui remplissait la cathédrale comprit combien le choix du gouvernement avait été heureux; chacun se félicitait d'avoir rencontré un pontife qui saurait compatir à toutes les peines, à toutes les douleurs.

La cérémonie tout entière a été brillante. La population noire paraissait très heureuse ; les blancs ont été moins démonstratifs, mais, en somme, tout s'est bien passé.

Vous êtes sans doute parfaitement renseigné, monsieur le ministre, sur la situation de l'île de la Réunion depuis l'abolition de l'esclavage; permettez-moi d'ajouter quelques mots sur ce que j'ai ouï dire à ce sujet (1).

Plusieurs personnes m'ont assuré que cette mesure, favorable plutôt que défavorable aux planteurs, avait produit un très grand bien. Les vols sont plus rares et les mariages plus nombreux. Les nouveaux affranchis affluent dans les églises aux jours de fête ; non seulement ils se conforment aux pratiques extérieures de

---

(1) L'esclavage avait été aboli dans les colonies françaises, par décret du Gouvernement provisoire, en 1848.

la religion, mais ils en suivent à bien des égards la loi morale. Les Indiens, transportés dans ces derniers temps, quoique plus faibles que les noirs, compensent cette infériorité par un travail plus constant. On les loue à un prix modique, qui permettrait des bénéfices suffisants, si la loi sur les sucres était plus bienveillante pour nos colonies. Quant aux noirs, sauf les vieillards et les infirmes, ils se sont en grande partie éloignés des habitations. Les uns, ne songeant qu'à jouir de leur liberté, vivent dans les montagnes, on ne sait trop comment ; les autres s'associent avec de petits planteurs, auxquels ils servent en quelque sorte de valets de ferme. Les colons, anciens possesseurs des esclaves, sont obligés pour la plupart d'emprunter à gros intérêts ; aussi attendent-ils avec impatience l'indemnité promise.

Nous sommes ici contrariés par des raz de marée fréquents et de fortes brises qui empêchent toute communication avec la terre. Nous comptions d'abord partir le 10 juin ; mais des contretemps extraordinaires dans cette saison nous forceront probablement d'attendre davantage.

24 mai.

Aujourd'hui, fête de Notre-Dame auxiliatrice, je suis allé à la Ressource, établissement des Jésuites cédé par la famille des Bassyns. Les Pères y ont fondé une colonie d'enfants malgaches des deux sexes, sorte de greffe chrétienne qu'ils se proposent d'implanter à Madagascar. J'ai été édifié de la tenue des garçons, qui chantent des cantiques avec goût et connaissent assez bien le catéchisme. L'établissement des jeunes filles, dirigé par les Sœurs de Saint-Joseph, est peu éloigné de celui des garçons ; on leur apprend à lire, à écrire.

la religion et le ménage, en attendant qu'on les renvoie dans leur pays.

Nous avons assisté à une grand'messe précédée du baptême de trois enfants malgaches, et suivie d'un dîner au réfectoire décoré à merveille pour la circonstance. Au nombre des convives se trouvaient M. de Villèle, l'abbé Cambier, Bernaërt, Clerc et l'un de mes camarades d'Angoulême, le capitaine de frégate Bonfils, commandant supérieur de Mayotte, homme très distingué, qui paraît bien comprendre sa position.

Dieu veuille bénir cette œuvre de colonisation qui sera peut-être un jour l'instrument de régénération chrétienne de la grande île africaine!

A bord du *Cassini*.   Rade de Saint-Denis,
                                          28 mai.

           Chère bonne mère,

J'apprends qu'il part ce soir un bâtiment de commerce pour Bordeaux, et j'en profite pour t'annoncer l'heureuse arrivée du *Cassini* à Bourbon, où Mgr Desprez a fait son entrée solennelle, mercredi dernier, 22 mai.

J'ai acquis un excellent ami dans Mgr Desprez. Il me témoigne une confiance et une affection toutes fraternelles, ce qui ne m'ôte rien du respect que j'ai pour le caractère sacré dont il est revêtu. Il a eu la bonté de me dire qu'il était très heureux de l'accueil que je lui avais fait, et que, pour s'acquitter envers moi, il n'avait pas trouvé de meilleur moyen, sachant ma vive affection pour ma mère, que de prier chaque jour pour toi durant le saint sacrifice de la messe. J'ai été, comme tu le penses, on ne peut plus touché de ces paroles prononcées devant tous les officiers groupés autour de lui.

Je ne puis que rendre grâces à Dieu, chère mère, de la manière dont vont les choses. Tout marche à souhait. L'état-major et l'équipage ne laissent rien à désirer, et la comparaison avec d'autres navires rend la chose plus sensible. Dans la nuit d'hier, un incendie éclatait au *gouvernement* (maison du gouverneur); l'équipage du *Cassini*, à ma grande satisfaction, a parfaitement rempli son devoir.

L'évêque de Mantchourie est en course dans l'île jusqu'au départ. Je compte rester ici jusqu'au 10 juin, et faire route ensuite pour Poulo-Pinang et Singapore avec Mgr Vérolles que je dois débarquer à Macao ou à Chang-hai.

3 juin.

Prends courage, ô mon âme, ne te laisse point abattre par la contrariété ou par la souffrance. Rien n'arrive que ce que Dieu veut, et comme il le veut. Qu'importe d'aborder en Chine un peu plus tôt ou un peu plus tard? Qu'importe de perdre, comme on dit, un, deux ou trois jours? Ce jour ou ces jours perdus peuvent être la cause d'une bonne chance; et quand même ils ne le seraient pas, quand même, au contraire, ils entraîneraient une suite de peines et de contrariétés, ne nous suffirait-il pas de savoir que Celui qui gouverne toutes choses en a disposé ainsi dans sa sagesse, pour nous soumettre humblement à sa sainte volonté?

Il est possible que ce retard involontaire m'oblige à rester ici jusqu'à l'arrivée de M. Guérin, qui commande l'*Eurydice* et la station, et que celui-ci tranche, à ma grande satisfaction, la question de l'aumônier. Il est possible qu'obligé d'attendre le courrier d'Europe, il m'arrive des lettres ou des nouvelles importantes. Quoi qu'il en soit, sachons nous plier sans

humeur et avec joie à tout ce qui renverse ce que
nous appelons pompeusement nos résolutions et nos
projets.

8 juin.

J'ai retrouvé les Laserve, bons et affectueux comme
par le passé. Ils me comblent avec leurs nombreux
parents de toutes sortes d'amitié. J'ai passé deux jours
de repos à la Ravine creuse, et j'y ai causé longuement
avec mon cousin Tom, dont les idées diffèrent complètement des miennes en politique. Tom paraît avoir un
caractère franc et énergique; mais il est nourri de
tous les écrits composés en haine de la religion et de
la royauté. Je me suis laissé voir ce que je suis, il ne
m'a pas caché ce qu'il est; nos causeries ont été sérieuses, et il a mis du tact dans la manière de me
combattre.

A bord du *Cassini*   Rade de Saint-Denis,
                                   12 juin.

Chère mère,

Nous ne pouvons rester indifférents à ce qui se passe
en France; aussi n'est-ce pas sans émotion que j'ai
appris le changement de ministère, par les journaux
d'abord, puis par un petit mot de mon ami Chasseriau,
chef de cabinet du ministre actuel, comme il l'était de
M. Desfossés.

J'ai vu le commandant de la station. Il m'enlève
l'abbé Cambier, qui lui était destiné comme aumônier.
Les ordres ministériels étaient trop positifs pour qu'il
pût me le laisser par pure obligeance. Il faut donc me
résoudre à me séparer d'un homme que j'estimais, que
j'aimais, et qui avait toute la confiance de l'équipage.

Demain, M. l'abbé Cambier dira une messe pour demander la conformité à la volonté de Dieu : j'y assisterai (1).

De plus en plus je n'ai qu'à me louer de l'état-major et de l'équipage du *Cassini*. La Providence continue envers moi ces prévenances qui parfois m'inquiètent. Il est facile de s'accommoder de la fortune ; mais, quand on n'a pas connu la mauvaise, peut-on compter sur soi ? Heureusement la religion nous fait une vertu de l'espérance. Dieu, qui permet que je le remercie de ses bienfaits, permettra aussi, je l'espère, que je supporte les difficiles épreuves auxquelles tout homme doit être préparé.

En attendant que la Providence nous mette à l'épreuve des ennuis et des chagrins sérieux, efforçons-nous de bien supporter les petites contrariétés de chaque jour.

Je quitterai la rade de Saint-Denis vers le 20, si Mgr Vérolles est arrivé ; mais je ne compte pas être en Chine avant les premiers jours de septembre.

20 juin.

J'avais l'intention de partir aujourd'hui, mais Mgr Vérolles, mon passager, n'est pas encore arrivé. Cela me met de mauvaise humeur, et je le montre peut-être un peu trop. Bénie soit la volonté de Dieu, et

(1) « Le 15 juin, écrit M. l'abbé Cambier, vers les dix heures, une embarcation vint de l'*Eurydice* au *Cassini*. Un élève monta à bord et remit à M. de Plas un pli du commandant de la station. Ce pli n'était rien moins qu'un ordre de débarquement du *Cassini,* pour passer sur l'*Eurydice* en qualité d'aumônier de la station navale de la Réunion, et cela dans les vingt-quatre heures. Toute réclamation était inutile. Dieu me demandait un sacrifice, je devais lui obéir ; puissé-je l'avoir fait d'une manière méritoire pour le ciel ! »

qu'il daigne me pardonner les fautes que mon impatience me fait commettre !

22 juin.

Mgr Vérolles n'est pas encore arrivé. Ce retard m'a procuré l'honneur de prendre place dans le cortège, à la procession du Très Saint-Sacrement, ce matin. C'est là une bénédiction du Ciel, dont je le remercie. Cette petite épreuve pour mon caractère est, je le pense, un commencement de la faveur divine. Je sens mon humeur bien moins altérée par ce retard de trois jours, que par un retard de trois heures dans des circonstances ordinaires.

Ici, peu de blancs assistent aux processions; ils s'abstiennent, quelques-uns par incrédulité, les autres par respect humain. Pour ma part, j'ai mis épaulettes toutes neuves et casquette de même, et j'ai revêtu les insignes de chevalier du Saint-Sépulcre. Dieu, de qui nous tenons tout ce nous sommes et tout ce que nous possédons, n'a-t-il pas droit à l'hommage de tout, quand l'occasion s'en présente ?

En mer, 24 juin.

Nous avons quitté le mouillage de Saint-Denis ce matin, à cinq heures, et nous sommes maintenant, à huit heures et demie du soir, dans le canal entre l'île de France et Bourbon, à vingt-cinq lieues environ de cette dernière.

J'ai devant les yeux une mission difficile avec peu de moyens pour la faire réussir. M. le commandant Guérin a pensé que le *Cassini* pourrait prendre quelques renseignements sur le meurtre du capitaine et d'une partie de l'équipage de la *Clémentine*, navire de

Palerme qui trafiquait à la côte ouest de Sumatra. Je
vais donc essayer d'obtenir des Radjahs la restitution
des sommes volées et des objets pillés, et leur faire
sentir qu'un pareil crime ne demeurerait pas impuni,
s'il était commis envers des Français. Bien que le
navire pillé soit étranger, il appartient à une nation
amie, et le commandant des forces françaises dans les
mers de l'Inde recevra probablement l'ordre d'exiger
de cet acte odieux une vengeance éclatante.

Il y a de la vie à bord du *Cassini*. La pensée que
nous pourrions tirer quelques coups de fusil à Sumatra stimule les esprits. Qu'ai-je à faire, de mon côté,
sinon employer tous mes efforts pour obtenir réparation dans l'intérêt de la justice? Puissé-je remplir la
mission qui m'est confiée, de manière à honorer le
Cassini, et, par suite la religion et la France !

10 juillet.

J'ai l'esprit préoccupé de ma mission à la côte ouest
de Sumatra. Il faut me rappeler ce que me disait
M. Desages, quand j'ai dû aller dans la Plata, avec
l'amiral Desfossés, qui avait une mission bien autrement délicate à remplir : arriver sur les lieux sans
parti pris, étudier et voir par soi-même ce qu'il convient de faire pour exécuter les ordres reçus, et satisfaire pleinement sa conscience. C'est dans ces sentiments que j'aborderai à Sumatra, s'il plaît à Dieu.

Mouillage d'Achem, 14 juillet.

Nous avons mouillé, vers sept heures et demie du
soir, près d'Achem, résidence du sultan. C'est à
Achem que Suffren alla ravitailler ses vaisseaux pendant la guerre de 1782 ; les sultans avaient été assez

forts au seizième siècle pour chasser les Portugais de l'île de Sumatra. La ville, qui n'est qu'un ramassis de cases très modestes, se perd au milieu des forêts de cocotiers qui bordent le rivage de la mer ; son étendue doit être considérable, car on lui attribue quarante mille habitants. De loin, rien n'annonce une ville, à peine aperçoit-on sur la plage deux ou trois cases bâties sur pilotis et masquées par des bambous. La rivière elle-même, dont nous ne sommes pourtant qu'à un mille et demi, n'est pas facile à reconnaître (1).

15 juillet.

Un officier, M. Clerc, parti à midi pour Achem, est revenu vers cinq heures. Je dois avoir demain une entrevue avec le sultan qui, par une heureuse circonstance, se trouve dans sa capitale en ce moment.

16 juillet.

Je suis allé cet après-midi faire visite au sultan d'Achem, et j'en suis revenu médiocrement satisfait. Il m'a été très difficile de lui faire comprendre le but de la présence du *Cassini* dans ces parages, car il n'y a de pires sourds que ceux qui ne veulent pas entendre. Il est à croire cependant qu'il existe une certaine solidarité entre les diverses parties de l'île, et qu'on ne juge pas différemment que nous le crime des hommes de Dahia envers les Européens.

(1) Depuis la visite du *Cassini*, les sultans d'Achem ont retrouvé leur humeur guerrière ; les Hollandais ont dû renforcer leurs bataillons pour ne pas reculer devant eux.

17 juillet.

Le *gentilhomme du sultan*, qui doit être une sorte de ministre de ce petit souverain, est venu me rendre ma visite, accompagné de plusieurs chefs. Il nous a offert un bœuf, des cocos, des cannes à sucre et des fruits. Je lui ai fait donner en échange du vin, de l'eau-de-vie et des biscuits, et il a paru se retirer content.

Poulo-Pinang, 24 juillet.

Monsieur le ministre,

Parti de la Réunion le 24 juin, j'ai mouillé le 19 juillet, à dix heures et demie du soir, devant George-Town, après avoir relâché deux jours à Achem pour voir le sultan, comme le commandant Guérin m'y avait engagé.

J'avais espéré trouver un bon interprète à Achem, et éviter ainsi un double voyage à Poulo-Pinang ; mais celui qui m'a servi d'intermédiaire avec le sultan ne m'ayant satisfait que médiocrement, j'ai pris le parti de venir ici. C'est à Poulo-Pinang que les bâtiments de commerce viennent généralement prendre langue et embarquer des interprètes avant de se rendre à la côte de Sumatra.

J'ai pu causer de l'affaire dont je m'occupe avec deux capitaines qui paraissent au courant de tout. D'après les renseignements que je me suis procurés, il y a peu de chose à faire pour le moment. Tous les Radjahs s'attendent à un châtiment exemplaire, et ils disparaîtront à la première approche d'un bâtiment de guerre. De plus, la récolte du poivre est terminée et vendue ; c'eût été le seul point vulnérable pour les Malais. Je n'irai donc point à la côte de Sumatra, avec l'espérance d'obtenir pleine satisfaction ; mais seule-

ment pour m'aboucher avec les Radjahs les moins
compromis, et leur persuader qu'il est de leur intérêt
de saisir les meurtriers et de leur faire rendre l'argent
volé à bord de la *Clémentine*.

J'emmène un interprète qui me semble intelligent,
et qui connaît parfaitement la côte et les principaux
Radjahs. M. le commandant Guérin ne m'ayant point
engagé à recourir à la force, j'agirai avec toute la prudence possible, laissant au gouverneur le soin de décider ce qu'il y aura de mieux à faire pour prévenir les
crimes qui se renouvellent comme périodiquement,
tantôt sur un point, tantôt sur un autre...

A bord du *Cassini*. Poulo-Pinang, 25 juillet.

Chère bonne mère,

Il y a six jours que je suis ici, et chaque jour a été,
pour ainsi dire, un jour de fête.

Nous sommes passés à travers les Maldives, îlots
innombrables, jetés par groupes nommés *attollons* au
milieu de l'Océan. Ces îles sont habitées, mais nous
n'y avons pas relâché, nous bornant à échanger un beau
poisson contre quelques biscuits et une bouteille de vin.
J'aurais été avec plaisir à Ceylan et à Pondichéry, si
mes instructions m'y avaient autorisé. Le golfe du
Bengale a été traversé sans mauvais temps, et nous
avons trouvé le détroit de Malacca semblable à un
lac.

Poulo-Pinang est d'une richesse de végétation remarquable. On y trouve d'excellents fruits, mais inférieurs à nos fruits de France. L'ananas et la banane
y sont communs, mais l'arbre le plus productif est le
muscadier. Il y en a des bois entiers et on en plante
chaque jour, tant le débit en est sûr en Angleterre et en
Amérique. Les Chinois occupent à Pinang des quar-

tiers très étendus, et forment plus de la moitié de la population. On se croirait déjà en pleine Chine.

La religion catholique est dignement représentée par nos respectables missionnaires français, avec lesquels on peut, en toute liberté, se livrer au charme de la conversation. On est si heureux de rencontrer des compatriotes à cinq mille lieues de la mère-patrie ! J'ai eu l'honneur de recevoir à déjeuner Mgr Bouchot, vicaire apostolique de Malaisie, leur doyen, et M. Bigaudet, curé de la ville, homme distingué, qui a bien voulu m'accompagner chez le résident ou gouverneur des détroits, ainsi appelé parce qu'il a autorité sur les autres petits gouverneurs de la Malaisie et probablement sur les établissements anglais de la côte de Sumatra et du détroit de la Sonde.

Il y a ici maison d'orphelines, hôpital, et nos missionnaires jouissent d'une liberté qu'ils n'auraient certainement pas en France ni dans nos colonies. Les Anglais, il faut en convenir, savent coloniser à merveille et ne négligent rien pour réussir. Ils comprennent très bien de quelle ressource sont les missionnaires pour élever le moral des peuples et contribuer à leur prospérité matérielle.

Nos missionnaires dirigent aussi un collège de cent cinq Chinois et Cochinchinois qui se destinent à l'état ecclésiastique. Invité à dîner, j'ai eu l'honneur de recevoir un compliment en latin, de concert avec Mgr Vérolles, de la bouche du plus habile de ces jeunes gens. J'ai compris à peu près ce qui m'a été dit, et Mgr Vérolles s'est chargé de répondre pour lui et pour moi.

Les débuts de cette campagne continuent, comme tu le vois, chère mère, à être très heureux. Pas encore le moindre nuage à l'horizon dans mes rapports avec les officiers ; et cependant nous ne pensons pas tous de la même manière. Il existe des divergences d'opinion qui suffiraient pour établir ailleurs une démarcation complète entre nous ; mais à bord, on ne peut exiger que l'exactitude dans le service, et les opinions les plus opposées font trêve par prudence.

Je dois retourner à la côte de Sumatra pour traiter une petite affaire, et je ferai route ensuite pour Singapore et Macao. J'espère rallier le commandant de la station, mon ami de Rocquemaurel, avant le premier septembre.

A bord du *Cassini*.   Singapore, 15 août.

Monsieur le ministre,

J'ai quitté Pinang, le 26 juillet, à cinq heures et un quart du matin. Le surlendemain, 28, je passai devant Achem où je ne m'arrêtai pas, et je fis route pour le passage de Surate que nous franchîmes sans accident. La mer était grosse, la pluie tombait à flots, et nous embarquâmes deux ou trois lames qui inondèrent le gaillard d'avant. Le soir, à cinq heures, nous mouillions dans la jolie baie de Clouang, et le lendemain, 29, nous étions ancrés devant Dahia, où s'est commis le meurtre du capitaine de commerce Cafiéro.

J'écrivis aussitôt au Radjah le plus riche, l'invitant à saisir les criminels et à me remettre les objets et l'argent volés à bord de la *Clémentine*. Mais il s'était enfui à l'arrivée du canot du *Cassini*, et quand l'interprète parvint à le trouver, il se déclara impuissant à rendre la satisfaction exigée. L'interprète était de retour vers midi.

Je lui demandai s'il croyait qu'il y eût imprudence à enlever le Radjah coupable et son complice : il me répondit que je pouvais tenter le coup sans courir aucun risque de perdre du monde. J'envoyai donc immédiatement à terre trois embarcations bien armées et vingt-cinq hommes d'élite sous les ordres de M. le lieutenant de vaisseau Clerc. Celui-ci avait ordre, aussitôt débarqué, de pénétrer dans les fortins redoutables pour le pays qu'habitaient les deux criminels, et de les amener à bord. Un violent courant qui se trouve à l'entrée de la rivière de Dahia, barrée en grande partie par un récif, fit manquer ce plan. Le détachement ne put mettre pied à terre que vers quatre heures. Guidé par l'interprète il parvint jusqu'aux fortins, à travers des marais où les hommes avaient de l'eau jusqu'à la ceinture ; mais la place était abandonnée et l'on dut revenir avant la nuit.

Le lendemain, 30 juillet, je fis rendre aux habitants quelques armes qu'on leur avait enlevées la veille. Apprenant, ce qui n'était pas exact, qu'un Malais avait été blessé par un de nos hommes qui avait imprudemment tiré un coup de fusil sur des fuyards, j'envoyai le chirurgien-major offrir ses services à cet homme, afin de montrer que je n'en voulais pas aux pauvres gens du village. Quant à l'indigne Radjah et à son complice, je donnai l'ordre de brûler leurs fortins, ce qui eut lieu sans opposition de la part des Malais qui nous contemplaient d'un air fort ébahi. M. le lieutenant de vaisseau Clerc, à la tête de vingt hommes bien armés, s'acquitta avec vigueur de cette mission qui pouvait présenter quelques dangers. Ainsi, nous ne quittâmes pas Dahia sans faire savoir aux habitants que nous connaissions les coupables, et que nous étions décidés à les punir dans leur personne ou dans leurs propriétés.

Dès que les canots envoyés en corvée furent de retour, je quittai Dahia et fis route pour Poulo-Rhio, dont le Radjah, disait-on, n'était pas sans influence sur cette côte. Interrogé s'il serait disposé à faire son possible pour écarter les maux qui menaçaient son pays, par suite de l'affaire de la *Clémentine*, il répondit qu'il ne pouvait se charger de poursuivre le coupable, et que le sultan d'Achem avait seul assez d'autorité pour l'atteindre.

Je me rendis de nouveau à Achem, où j'arrivai le 31 juillet, dans l'après-midi ; je dépêchai immédiatement un officier vers le sultan, l'avertissant que je savais qu'il pouvait tirer justice du crime commis à Dahia, et le sommant d'employer son autorité et son influence pour y arriver. Le sultan accueillit très bien le lieutenant de vaisseau Clerc, et lui montra avec orgueil une lettre qu'il avait reçue du roi Louis-Philippe (1) ; il lui laissa même entrevoir qu'il pourrait tôt ou tard s'emparer des criminels, mais en même temps il lui exprima le désir d'avoir une nouvelle conférence avec moi.

Je me rendis donc à terre le lendemain, et, après de longs pourparlers, le sultan s'engagea par écrit à faire tout son possible pour arrêter les criminels et restituer à qui de droit l'argent et les objets volés à bord de la *Clémentine*. De mon côté, je remis au sultan une note pour les capitaines des bâtiments de guerre qui viendraient à la côte de Sumatra dans le même but que le *Cassini* ; j'y faisais connaître les bonnes dispositions du sultan, et j'invitais les commandants à attendre un certain temps l'accomplissement de ses promesses, avant d'agir contre les habitants de Dahia. La pièce originale de l'engagement

---

(1) « Ne sachant trop, raconte Clerc dans une lettre à son père, comment témoigner du respect pour cette pièce souveraine, j'ai baisé le papier solennel. Et aux demandes qu'on me fit au sujet du roi, j'ai été très heureux de pouvoir répondre qu'il était mort ; car de faire comprendre à ce digne sultan que nous congédions nos rois, comme on ne fait pas un domestique, cela m'a paru trop difficile ; il eût cru avoir été mystifié et que son papier n'avait aucune valeur. »

6

du sultan a été déposée aux archives du consulat à Singapore ; une copie en malais a été laissée à M. l'agent consulaire à Pinang.

Le gouvernement anglais vient d'envoyer à son tour une corvette à Achem, afin d'obtenir du sultan qu'il use de son influence pour empêcher les désordres qui ont eu lieu à la côte nord-ouest de Sumatra. Une affaire du même genre que celle du capitaine Cafiéro exige, m'a-t-on dit, une certaine entente parmi les nations qui font la traite du poivre. J'ai invité, en conséquence, l'agent consulaire de France à Pinang et M. le consul de France à Singapore, à donner connaissance aux autorités anglaises de l'accord entre le sultan d'Achem et moi, et M. le consul de France a complètement approuvé ma pensée.

J'ai quitté Poulo-Pinang, le 9 août, et mouillé, le 10, à Singapore, après avoir stoppé quelque temps devant Malacca, pour remettre un pli du gouverneur, qui m'avait prié de m'en charger.

A bord du *Cassini*.   Singapore, 16 août.

Commandant (1),

Permettez-moi de vous communiquer quelques détails qui ne sont pas étrangers à la mission que vous avez bien voulu me confier. Sans doute le crime commis à Dahia est inexcusable ; il faut qu'il soit puni de manière qu'une crainte salutaire puisse empêcher un acte semblable, mais il serait à désirer que les provocateurs aient aussi leur part de châtiment.

S'il faut en croire des personnes tout à fait désintéressées dans la question et les capitaines eux-mêmes qui trafiquent à la côte ouest de Sumatra, le commerce

_____

(1) M. le capitaine de vaisseau Guérin.

des Européens avec les indigènes s'y fait sans aucune bonne foi. C'est à qui trompera le plus les Malais sur le poids ou la nature des objets qui servent à la traite.

Un des capitaines les plus acharnés pour venger le meurtre de Cafiéro, M. Le Roy, qui demandait un massacre général des habitants de la côte, est aussi l'un de ceux dont ils ont le plus à se plaindre. Au su de tout le monde, à Poulo-Pinang, il a livré pour de l'opium une matière dont les Malais n'ont pu trouver l'emploi ; il avait imposé comme condition de vente que les caisses seraient acceptées de confiance. Un second, effrayé du meurtre commis sur la personne du capitaine de la *Clémentine*, retint un chef à bord pour se faire rembourser une somme qui lui était due par un autre, et partit sans payer la totalité du poivre qu'il avait reçu. Un troisième, chargé de porter des marchandises dont le prix était convenu et dont il n'avait qu'à opérer la livraison, obligea le Radjah auquel elles étaient destinées à les accepter à un prix arbitraire fixé par lui. Ne serait-il pas sage de prendre quelques mesures contre cette mauvaise foi de certains capitaines qui discréditent le commerce national et finiront par le faire chasser de tous les marchés ?

A bord du *Cassini*.   Singapore, 17 août.

Chère bonne mère,

Je n'ai que le temps de t'écrire deux mots pour t'annoncer l'heureuse arrivée du *Cassini* à l'entrée de la mer de Chine. Tu savais déjà que j'avais une petite mission à la côte ouest de Sumatra ; cette mission a été, je l'espère, convenablement remplie.

Singapore (la ville du lion), fondé en 1819 par sir Thomas Riffles, est un port excellent et très commerçant qui commande la pointe de la presqu'île ma-

laise et les nombreux chenaux de la mer des Passages (1). Les tigres, venus à la nage du bout de la
péninsule et fixés dans les jongles ou épais fourrés de
l'île, sont le fléau des faubourgs. « Ailleurs, dit-on, le
tigre vit de bêtes, à Singapore, il vit d'hommes. » Le
tigre a une prédilection particulière pour l'habitant du
Céleste Empire, et l'on peut évaluer à trois cent
soixante-cinq, soit un par jour, le nombre des Chinois
dévorés chaque année. Le climat est assez salubre
pour les Européens ; il est si égal qu'il n'y a que deux
degrés de différence entre la moyenne du mois le plus
chaud et celle du mois le plus froid.

Ma santé se maintient très bonne malgré des chaleurs excessives, et je n'ai aucun sujet d'ennui du côté
de l'équipage et de l'état-major. Nous avons reçu un
excellent accueil partout où nous nous sommes présentés. On m'a dit que le *Cassini*, par la conduite de ses
hommes, avait produit un bon effet sur la population
de Pinang ; je m'en réjouis de tout cœur, car on ne peut
attribuer ce résultat qu'à la religion qui y a le plus contribué.

Nos missionnaires relèvent l'honneur du nom français par leurs vertus ; ils jouissent d'une considération
bien méritée aux yeux des Anglais et parmi le peuple.
Le jour de l'Assomption, j'ai pu aller à terre avec cin-
quante-deux hommes du *Cassini* et trois officiers, pour
assister dans l'église catholique de Singapore à la
grand'messe célébrée par Mgr Vérolles. Au moment de
la communion, la table sainte présentait un spectacle
touchant : officiers et matelots, vieilles femmes, Chinois
et autres Asiatiques étaient confondus aux pieds du
divin Maître dans une même pensée, celle de le rece-

_____

(1) On appelle mer des Passages l'extrémité méridionale du
détroit de Malacca, resserrée entre l'île de Sumatra et la péninsule.

voir dignement et d'avoir le courage de le suivre jusqu'au calvaire, jusqu'à la mort.

J'ai été douloureusement impressionné un soir, en
voyant dans la rue les démonstrations de joie des Chinois en l'honneur de leurs idoles. Ce n'étaient partout
que feux de papier, de bougies et de bois de sandale,
que tables richement dressées et abondamment servies.
C'est la coutume, me dit un missionnaire, M. Barbe,
curé de Singapore, de faire une fois l'an, à la pleine lune
d'août, de copieux festins à la mémoire des parents
défunts, mais les vivants seuls en profitent.

Je compte partir demain, 18, et ma prochaine lettre
sera probablement datée de Macao, dont nous ne sommes plus éloignés que d'une dizaine de jours.

En mer, 18 août.

J'éprouve une sorte de joie d'enfant à pénétrer dans la
mer de Chine. Malgré la pluie qui n'a cessé de tomber
depuis notre départ, ce matin, nous avons pu reconnaître tous les points les plus remarquables de la côte.
Nous approchons de l'entrée du golfe de Siam, et dans
huit jours nous aurons rallié notre station. Je me
réjouis de revoir mon digne ami de Rocquemaurel.
Puisse-t-il avoir marché un peu dans la voie religieuse!
Puisse-t-il user de son influence pour aider les missionnaires dans leurs pieuses entreprises!

21 août.

Nous avons eu presque toute la journée l'île de
Poulo-Condor en vue. Maintenant le golfe de Siam est
passé, et nous naviguons à la hauteur des bouches du
Cambodge, à trente-cinq ou quarante lieues de la côte.

Il y a un an, à pareil jour, j'étais à Rome où je visi-

tais les églises de la ville Éternelle et les lieux vénérés
par la piété des fidèles. Puissé-je ne pas oublier cette
faveur de la Providence qui m'a permis de voir Jérusalem et Rome, le berceau et le centre de notre foi !

Il y a deux ans, à pareille date, je recevais à déjeuner
mon digne ami Marceau, et M. Nicolas, l'auteur des
Études philosophiques sur le christianisme ; et j'étais
invité avec M. Desages à dîner chez M. de Tracy.
Madame de Tracy et M. Desages ne sont plus, et mon bon
ami Marceau a rendu aussi son âme à Dieu. Qu'il est
bien vrai que la mort vient comme un voleur, au
moment où on l'attend le moins ! Soyons toujours prêt,
afin qu'elle ne puisse nous surprendre.

25 août.

Nous sommes entrés dans le golfe du Tong-king,
après avoir longé quelque temps les côtes de la Cochinchine ; mais les courants et les vents contraires nous
ont empêchés de passer devant Touranne que je désirais beaucoup voir.

Le 25 août était un jour de fête dans mon enfance.
C'était la fête du roi, c'était la fête de l'institution fondée pour les fils des chevaliers de Saint-Louis. Je suis
rempli d'admiration pour la vie de ce grand roi. C'est
un des plus beaux modèles offerts aux hommes qui ont
l'honneur de porter l'épée pour la défense de leur pays,
et qui seraient heureux de l'employer au service de Dieu,
si Dieu daignait se servir de leur bras pour l'exécution
de ses saintes volontés.

27 août.

Nous longeons les côtes d'Haïnan, à six lieues environ de Tinhosa. Le temps, qui était menaçant hier, est

devenu assez beau ce soir; mais il vente jolie brise de nord-est qui contrarie notre navigation, ce qui ne nous empêche pas de marcher huit nœuds à l'heure avec nos deux chaudières.

Mgr Vérolles n'a pas voulu attendre le dernier moment pour faire ses adieux aux matelots du *Cassini* ; il vient de leur adresser quelques paroles d'édification qui les ont vivement touchés.

> Au mouillage des îles Cowe, près Macao,
> 30 août.

Nous avons mouillé hier au soir, à six heures, dans la rivière de Canton, à côté de la *Capricieuse* arrivée, par une disposition toute providentielle, le même jour que nous. Le commandant n'étant pas à bord de la corvette, je me suis empressé d'aller le rejoindre chez notre chargé d'affaires à Macao. J'ai éprouvé un grand plaisir à serrer la main à mon ami de Rocquemaurel, qui m'a fait le plus aimable accueil. Les choses, paraît-il, vont assez bien en Chine pour le moment, quoiqu'il y ait eu persécution sur certains points. L'influence chrétienne se fait, dit-on, visiblement sentir à Chang-hai, et cette ville semble absorber, au détriment de Canton, les affaires commerciales.

Grâces soient rendues à Dieu qui a béni d'une manière si visible le voyage du *Cassini!* Puisse ma reconnaissance envers l'infinie bonté n'avoir de bornes que la faiblesse humaine ! Puissé-je me préparer ainsi durant la bonne fortune à la résignation dans la mauvaise ! Puissé-je n'avoir d'autre désir que d'accomplir la volonté de Dieu *cum facilitate et affectu !*

CHAPITRE III

3 SEPTEMBRE 1851 — 25 DÉCEMBRE 1851

La Taïpa : baptême de six Malgaches; visites au gouverneur de
Macao, à l'évêque et aux Lazaristes; un mariage chinois. —
Castle-Peak : le commandant de Rocquemaurel; visite d'un
petit mandarin; mort d'un matelot; MM. Gautier et de Codrika,
consuls; commencements de l'insurrection (1). — Hong-kong :
arrivée de M. de Bourboulon, ministre de France à Canton.
— Rade de Macao : les îles de la rivière de Canton; exactitude
remarquable des *Lettres édifiantes.* — Cum-sing-moon : contrebande de l'opium. — Rade de Macao : éloge du *Cassini* par le
Père Huc. — Hong-kong : la Sainte-Barbe à bord; visite aux
autorités religieuses, civiles et militaires; répression de l'équipage indiscipliné du *Liancourt.* — Rade de Macao : mauvaises
nouvelles de France; arrivée de l'*Algérie* et du commandant
Fourichon; messe de minuit.

Rade de la Taïpa, près de Macao, 3 septembre.

Dimanche, après la messe, nous avons quitté le
mouillage des îles Cowe, pour venir à la Taïpa où nous

(1) Voir plus loin : ch. VIII, progrès de l'insurrection; ch. IX,
triomphe de l'insurrection; ch. XII, résultats de l'insurrection
appendice II, fin de l'insurrection.

/

sommes incomparablement mieux. J'ai eu le bonheur d'assister au baptême de six Malgaches embarqués à Bourbon sur ma demande, pour le service de la machine. J'ai été le parrain de l'un d'eux, Mavinta, qui a reçu le nom de Jean-François-Xavier ; MM. Bernaërt, Clerc, Joyant, de Tournières et le second maître de timonerie, Riou, étaient parrains des autres. Mgr Vérolles a bien voulu faire la cérémonie.

6 septembre.

J'ai passé la journée à terre avec mon ami Bernaërt. Nous avons parcouru la ville chinoise, visité la cathédrale et prié dans l'église Saint-Antoine ; nous nous sommes promenés dans les jardins de Camoëns qui sont vraiment splendides, et, des hauteurs qui dominent la ville du côté de l'est, nous avons pu jouir d'un point de vue magnifique.

Visite au gouverneur de Macao, et à l'évêque, Mgr Matta. Longue et intime causerie avec M. l'abbé Huc, supérieur des Lazaristes, qui veut bien venir demain célébrer la sainte messe à bord. Je remercie le bon Dieu de cette faveur que rien ne viendra empêcher, j'espère.

7 septembre.

J'ai envoyé une quinzaine d'hommes à terre, aujourd'hui. Je crains bien que ce désir d'être agréable à l'équipage ne tourne à son détriment ; mais est-il convenable de laisser consignés, sans satisfaire leur légitime curiosité, des hommes qui partagent nos fatigues et qui s'exposent plus que nous ?

L'équipage s'est baigné ce soir, le long du bâtiment. J'aimerais qu'il y eut un peu plus de distractions pour nos hommes, que la vie du bord leur plût et qu'il trouvassent cette sorte de bien-être que ne repousse pas la religion. Y réussirai-je ? je le tenterai avec l'aide de Dieu.

8 septembre

J'ai assisté ce matin à la messe dans une chapelle chinoise située hors de la ville, et j'ai eu le bonheur d'y recevoir Notre-Seigneur à côté d'une pauvre femme du peuple. Admirable religion qui réunit au même banquet toutes les nations, toutes les castes, tous les rangs !

Au sortir de l'église, nous sommes entrés, M. l'abbé Huc, mon ami Bernaërt et moi, dans une maison où l'on venait de célébrer un mariage. On a demandé au Père qu'il voulût bien permettre que la mariée lui fît les salutations d'usage, et le Père y a consenti. Alors arrive la mariée, parée d'une robe de soie à fleurs et d'une camisole en soie rouge. Un voile noir lui couvrait la tête et ses cheveux tombaient en tresses fines devant le visage. Après avoir fait nombre de salutations avec l'éventail qu'elle tenait à la main, elle s'est agenouillée et prosternée le front jusqu'à terre. Puis se relevant, elle a présenté au Père une coupe contenant une boisson chaude et sucrée, obtenue avec la datte et autres fruits secs. Une coupe a été également offerte avec salutations plus courtes et moins révérencieuses à mon ami Bernaërt et à moi. Nous avons bu l'eau sucrée et mangé les fruits ; puis nous avons demandé à contribuer aux frais de la noce, ce à quoi on a consenti en notre qualité de chrétiens. Le Père Huc recevait les salutations les plus respectueuses de la mariée en causant tout tranquillement avec nous, sans paraître y faire la moindre attention ; je suis sûr qu'aucun Chinois n'a trouvé qu'il fût impoli.

Au mouillage de Castle-Peak, 19 septembre.

Nous sommes mouillés à deux encablures de la *Capricieuse* dont le commandant, qui se trouvait à terre, est revenu à son bord par le *Cassini*. Nous avons déjeuné et dîné ensemble. Je crois avoir en mon ami de Rocquemaurel un bon chef, animé des meilleures intentions. Il a beaucoup vu, beaucoup lu ; sa conversation est pleine d'intérêt et d'esprit. C'est un homme capable de jouer un rôle utile et honorable pour son pays. Quel dommage qu'il ne soit pas chrétien !

Il a fallu alléger le *Cassini* pour sortir de la Taïpa, qui est très basse dans les petites marées. Nous avons passé par des fonds de 4^{m}50, et par conséquent labourant la vase, puisque nous calons 4^{m}60. Peu s'en est fallu que nous ne fussions obligés de débarquer notre artillerie. Aucun accident fâcheux ne s'est produit. J'ai remercié Dieu de ce nouveau bienfait.

22 septembre.

J'ai reçu ce matin la visite d'un petit mandarin, qui commande deux jonques de guerre. N'ayant point d'interprète, nous ne nous sommes rien dit ; il a fallu un grand jeu de physionomie et de gestes pour se faire comprendre... et encore ! Je l'ai accompagné dans la machine et autour du bâtiment. Je lui ai offert un verre de vin, et il m'a versé avec une petite cuiller du tabac entre le pouce et l'index. Quand il est parti, je l'ai salué de trois coups de canon auxquels il n'a pu répondre faute de poudre.

23 septembre.

Il a plu à Dieu d'enlever à la terre et au *Cassini* un de nos bons matelots, Picot Jean-Marie, qui était patron de ma baleinière. Cette perte m'est très sensible. Je m'applaudissais ce matin de n'avoir éprouvé aucun accident ; je redirai encore après ce triste événement : Que la volonté de Dieu soit faite ! Puisse-t-elle nous trouver prêts à l'accepter dans ce qu'elle pourrait avoir en apparence de plus amer et de plus cruel !

C'est dans un exercice de manœuvre, qui ne demandait aucune hâte, que Picot, en descendant gaiement des haubans et disant à l'un de ses camarades qu'il serait en bas avant lui, a perdu l'équilibre, et est tombé d'une hauteur de dix pieds à peine dans un canot en porte-manteau. On crut d'abord que l'accident n'aurait pas de suites, et le docteur me fit rassurer sur sa gravité ; mais, vers deux heures, on vint m'avertir qu'il y avait hémorragie à l'intérieur et que ce jeune marin allait probablement expirer.

J'envoyai immédiatement chercher M. de Laval, aumônier de la *Capricieuse*, mais il arriva trop tard : Picot venait de rendre le dernier soupir. Heureusement qu'il avait fait ses Pâques, et l'aumônier, témoin de l'accident, avait eu l'inspiration de lui donner de loin l'absolution. Comme ce brave garçon était bon chrétien, j'espère que Dieu lui aura fait miséricorde.

A bord du *Cassini*.   Au mouillage de Castle-Peak,
                                         24 septembre.

Chère bonne mère,

J'avais eu le bonheur de ne pas perdre un homme depuis le départ de France, mais la journée d'hier nous a privés d'un de nos meilleurs matelots. C'était le patron de mon canot, autrement dit, celui qui commandait les hommes en mon absence. Nous avons eu la messe à bord ce matin ; l'équipage y a assisté avec un recueillement des plus édifiants. Sans doute, on trouve sur le *Cassini*, comme partout, quelques mauvais sujets ; mais, depuis que je navigue, je n'ai pas encore rencontré d'équipage animé d'un meilleur esprit ; et la mort de Picot Jean-Marie, qu'il a plu à Dieu de nous enlever, a réchauffé chez tous le sentiment religieux. Dieu veuille nous épargner de nouvelles épreuves, et ne pas permettre qu'aucun marin du *Cassini* descende dans la tombe sans être muni des secours de la religion et en état de paraître devant lui !

J'avais trouvé dans M. Gautier, consul de France à Singapore, un homme aimable, bienveillant, consciencieux, et fort au courant de la position qu'il occupe ; j'ai rencontré dans M. de Codrika, consul de Manille, qui remplace le ministre de France à Macao, un homme de très bonnes manières et distingué dans le corps auquel il appartient. Il est toujours facile de s'entendre avec des compatriotes d'un si honorable caractère. La maison de ce dernier nous était ouverte à Macao, comme à des amis ; mais j'avais pris logement chez les Lazaristes. Les Pères avaient aussi offert la plus gracieuse hospitalité à mon ami Bernaërt, qui va me quitter, par suite de sa promotion au grade de capitaine de frégate.

La baie où nous sommes mouillés, située entre Macao et Hong-kong, est la meilleure des environs pour les bâtiments et pour les équipages ; c'est ce qui nous retient si longtemps. Nous devons aller à Hong-kong dans les premiers jours d'octobre, et dès que le ministre de France aura été installé, nous parcourrons la mer de Chine, mais sans plan arrêté en face d'éventualités qui nous dirigent beaucoup plus que nous les dirigeons.

La Chine, à l'heure présente, me paraît tout aussi malade, sinon plus affaiblie que notre pauvre France. Une formidable insurrection, née dans la province méridionale du Kouang-si, menace d'envahir l'empire tout entier. On raconte diversement l'origine de l'insurrection, voici celle qui m'a frappé davantage.

Houng-sieou-tsiuen, premier chef des Kouang-si-jen (hommes du Kouang-si), s'était adonné dès sa jeunesse à l'étude de la langue et de la littérature chinoises. A l'âge de vingt et un ans, il fit une grave maladie ; ayant perdu connaissance, il passa pour mort pendant quelque temps. Revenu de son évanouissement, il raconta qu'il venait d'avoir une vision dans laquelle le Père céleste lui était apparu et lui avait ordonné de prêcher la vraie doctrine et d'abolir l'idolâtrie sur la surface de la terre. Aux objections faites par Houng-sieou-tsiuen qu'il ne connaissait pas la vraie doctrine, et qu'il n'avait aucun moyen de faire croire à sa mission, le Père céleste avait répondu : « Fais des recherches dans les environs et tu trouveras des livres qui contiennent toute ma doctrine. Quant au reste, sois tranquille, je suis avec toi pour te protéger ; obéis, et rien ne pourra te résister. »

Les parents de Houng-sieou-tsiuen crurent que la maladie lui avait troublé le cerveau et que sa prétendue mission n'avait d'autres fondements que les hallucinations de son esprit. L'ancien pédagogue de Houng-sieou-tsuien, aujourd'hui connu sous le nom de Roi du midi, se montra moins incrédule ; il fit avec son élève des recherches qui aboutirent à la découverte d'une caisse de livres. Le maître et l'élève se livrèrent avec ardeur à l'étude de ces livres pendant plusieurs années, et commencèrent à faire des prosélytes dans leur entourage. Les progrés étaient lents, quand survint un conflit entre les Impériaux et les Miao-tse qui, depuis la chute de la dynastie des Ming, n'avaient jamais accepté la domination tartare (1). Les Miao-tse, dirigés par Houng-sieou-tsuien, qui leur avait promis la victoire avec l'aide du Père céleste, triomphèrent en effet, et le nombre des disciples de la nouvelle doctrine s'accrut considérablement, au point de menacer aujourd'hui la dynastie des Tai-tsing et le paganisme en Chine.

J'ai reçu fidèlement l'*Univers* et je désire y demeurer abonné tout le temps que je resterai en Chine. Le commandant de la station reçoit le *Moniteur*, de sorte que nous sommes au courant de tout ce qui se passe en France.

Je remercie E*** de m'avoir compris parmi les souscripteurs qui désirent un établissement de sœurs à Saint-Romain. Toute la société est à refaire, si l'on ne veut pas qu'elle périsse. C'est donc une bonne chose d'étayer l'édifice avant qu'il tombe en ruines.

Hong-kong, 3 octobre.

Nous avons quitté la baie de Castle-peak, ce matin, à six heures trois quarts, et le *Cassini* a remorqué la *Capricieuse* jusque dans la rade de Hong-kong, où nous avons mouillé vers neuf heures et demie. Nous y avons trouvé vingt-trois navires de commerce et deux bâtiments de guerre, une corvette et un brick.

Hong-kong, vu de la rade, présente un aspect très

---

(1) Les Miao-tse (enfants du sol) formaient, au milieu de l'empire, une république qui, après la chute de la dynastie des Ming, n'avait point accepté la domination étrangère. Retirés dans leurs montagnes, pour attendre des temps propices, ils étaient devenus, par leurs incursions, la terreur des habitants de la plaine.

pittoresque. Cette petite île ne donnait autrefois asile qu'à de pauvres familles de pêcheurs chinois ; elle possède maintenant près de quarante mille habitants. La ville de Victoria, fondée depuis dix ans à peine, au moment de l'occupation des Anglais, renferme déjà plus de dix mille habitants. Elle est située sur le penchant d'une haute montagne, au pied de laquelle on aperçoit de fort belles maisons. La grande rue, sur le bord de la mer, dans le quartier européen, est formée des deux côtés de vastes magasins entrecoupés de distance en distance par de véritables palais. La rade est sûre, le port profond, en sorte que Hong-kong, malgré l'insalubrité de son climat en été, aura bientôt ruiné le commerce de la colonie portugaise de Macao, île voisine et rivale.

7 octobre.

M. de Bourboulon, ministre de France à Canton, vient d'arriver sur le *Gange*, bateau à vapeur de la Compagnie péninsulaire et orientale. Il désire se rendre de suite à Macao ; aussi partirons-nous demain, de grand matin.

Macao, 16 octobre.

J'ai eu hier une conversation assez vive avec le nouveau ministre qui me paraît être républicain fanatique. M. B*** semble croire que 1793 et ses orgies ne sont qu'une sorte de représailles de la Saint-Barthélemy. Il réclame l'émancipation de la pensée, la liberté illimitée de la presse... Que sais-je? Je suis destiné à l'avoir à bord ; ma position vis-à-vis de lui sera nécessairement embarrassante ; enfin, Dieu y pourvoira.

7

26 octobre.

Le commandant de Rocquemaurel vient de passer l'inspection du bâtiment. Il a adressé des félicitations à l'état-major et à l'équipage qui, par son ordre, a reçu double ration. Il m'a répété que la corvette paraissait avoir dix-huit mois d'armement ; j'avoue que ces éloges ne m'ont pas été désagréables. Je demande à Dieu d'entretenir l'activité et le bon esprit sur le *Cassini*.

A bord du *Cassini*.   Baie de Macao, 24 novembre.

Chère bonne mère,

La *Capricieuse* est partie hier pour Manille, où elle porte M. de Codrika, notre consul, qui a rempli quelque temps le poste de ministre de France en Chine. Le *Cassini* restera plusieurs semaines encore à Macao, attendant l'occasion de porter notre ministre à Hong-kong et à Whampoa près de Canton. Vers le mois de janvier, si rien ne vient déranger les projets du commandant de la station, nous irons faire une tournée du côté de Java, qui rentre dans le cercle des points que nous devons visiter.

Les îles de la rivière de Canton, Macao compris, sont loin d'offrir l'aspect agréable des côtes de Sumatra ou de l'île Poulo-Pinang. Bien que soigneusement cultivées dans les vallons et partout où l'on rencontre un peu de terre végétale, elles n'en paraissent pas moins à certaine distance arides et presque stériles.

La cité portugaise de Macao, autrefois si florissante, est bien déchue maintenant, depuis la fondation de Hong-kong par les Anglais. Sa rade s'envase chaque jour, et les gros navires sont obligés de mouiller à une lieue de terre. Cependant, malgré sa décadence,

Macao ne manque pas d'un certain charme, celui des souvenirs. Cette ville fut longtemps l'unique centre des relations de l'Europe avec la Chine, et ses monuments publics attestent toujours son ancienne splendeur.

Je lis avec le plus vif intérêt les *Lettres édifiantes* sur la Chine. C'est encore ce qu'il y a de plus vrai et de mieux écrit. Sans doute, les choses ont bien changé à quelques égards, par exemple en ce qui touche la position faite aux missionnaires par les souverains du Céleste Empire ; mais, pour le reste, d'après ce que nous pouvons constater, tout paraît d'une exactitude remarquable. C'étaient d'ailleurs des hommes savants et distingués que les Pères Jésuites envoyés en Chine sous Louis XIV ; on s'explique sans peine le grand ascendant qu'ils avaient conquis par leur science et par leurs vertus.

Nous n'avons pas établi de relations intimes à Macao ; nous vivons beaucoup plus à bord qu'à terre, où nous ne voyons guère que les Pères Lazaristes et les Sœurs de charité, qui sont pour la plupart des femmes aussi distinguées par leur éducation que par leur piété.

N'ayant que fort peu d'occasions de dépenses, je prends le parti de déléguer à A*** la moitié de ma solde, cent soixante-quinze francs par mois. Je sais combien les récoltes se vendent difficilement... Les pauvres de nos environs en profiteront aussi. Je verrais avec plaisir, chère mère, que tu leur vinsses en aide de ma part, pour la somme de vingt-cinq à cinquante francs par mois, suivant les circonstances. Je voudrais bien que, durant ces rudes mois d'hiver, nos pauvres n'eussent pas trop à souffrir, et je serais heureux de contribuer un peu à soulager leur misère.

Nous avons mouillé cet après-midi dans un havre de la rivière de Canton, nommé Cum-sing-moon. Une douzaine de bâtiments anglais et américains s'y trouvent en ce moment. Ils viennent faire la contrebande de l'opium à la vue des autorités chinoises, qui n'ont pas le courage de l'empêcher.

Macao, 29 novembre.

Partis de Cum-sing-moon, ce matin à huit heures, nous avons mouillé à Macao vers une heure : visite à M. de Bourboulon, ministre de France, et dîner à la procure des Lazaristes. Le Père Huc m'a rapporté une chose qui m'a fait grand plaisir : dans un groupe de personnes bien informées, on aurait parlé du *Cassini* en très bons termes. Dieu soit loué d'avoir béni mes efforts pour que le bâtiment ne soit pas inférieur à ceux où on ne dit pas la messe et où on ne fait pas la prière. Je demande de tout mon cœur qu'un sot orgueil ne s'empare pas de moi, si des circonstances heureuses se présentent. En un mot : faire tout pour mériter l'estime et me montrer indifférent à l'opinion, ne voyant que Dieu seul, comme but et comme fin (1).

Hong-kong, 4 décembre.

Messe ce matin en l'honneur de la Sainte-Barbe ; la plus grande partie de l'équipage y a assisté. Elle avait été demandée par le maître canonnier au nom des

---

(1) « Le *Cassini*, écrivait alors A. Clerc à son père, est, depuis ma dernière lettre, au mouillage à Macao. Les événements que tu désires que je te marque sont donc très peu importants. C'est la vie ordinaire d'un bâtiment : des services de toutes sortes. Cependant, je dois dire, car j'en ai une grande joie que tu partageras, j'espère, que tous ces travaux ne sont pas stériles, et que le bâtiment commence, à bon droit, à être fier de lui. Il peut se flatter que tout autre ennemi de même force n'aurait pas beau jeu à s'y attaquer. Je le dis d'autant plus volontiers que *tout* l'honneur en revient au commandant, qui est le plus accompli des chefs. » (Cf. A. Clerc, par le P. Daniel, p. 262.)

canonniers de la corvette : ce qui m'a fait grand plaisir. On n'a point entendu de cris dans la journée, comme il n'arrive que trop souvent en pareilles circonstances. Je suis content des bonnes habitudes que l'on prend à bord du *Cassini*.

Ce soir, grand dîner de treize couverts, où j'avais invité tout l'état-major et un élève, pour faire honneur à la légation.

5 décembre.

Après mes visites officielles au gouverneur anglais, au contre-amiral qui commande la rade et au major, je me suis mis en rapport avec le supérieur des Missions étrangères, et MM. Libois et Jacquemin sont venus nous voir.

Ce soir, dîner chez notre agent consulaire, M. Haskelt. Longue causerie avec M. de B***. Nous avons parlé de M. Desages, et discuté diverses questions morales et philosophiques. J'espère que la froideur qui menaçait de s'établir entre nous s'effacera peu à peu. Ce n'est ni le lieu ni le moment de vider des querelles politiques. Il ne s'agit pas de savoir si tel personnage est blanc ou rouge ou tricolore, il n'y a qu'à considérer ma position et celle que l'état lui a faite. Il est ministre de France et je ne suis que capitaine de frégate ; je lui dois, par conséquent, toute déférence.

7 décembre.

Mgr Rizzolati est venu, ce matin, célébrer la messe à bord du *Cassini*. Il y avait beaucoup de monde à la messe ; les équipages de deux baleiniers français, quoique prévenus un peu tard, sont même venus l'entendre. Sa Grandeur, accompagnée de deux prêtres italiens, a bien voulu accepter à déjeuner. J'ai été charmé de la conversation très instructive de l'évêque, car il est employé depuis plus de vingt ans dans le ministère pastoral en Chine.

Jusqu'à présent tout va bien, très bien, sur le *Cassini*, et il est impossible de croire que les choses durent longtemps ainsi. Je demande sans doute à Dieu de me continuer ses bontés, mais avec la persuasion qu'il sait mieux que nous ce qui nous convient; ces grandes douceurs du début de la campagne pourraient bien être suivies de cruelles amertumes. Je tâcherai d'être résigné comme je cherche à me montrer reconnaissant, car les chagrins comme les joies sont des moyens d'avancement spirituel.

A bord du *Cassini*.   Macao, 11 décembre.

Commandant (1),

Pendant un séjour à Hong-kong, M. Lopez de Souza, capitaine du baleinier français le *Liancourt*, est venu me trouver pour se plaindre de son équipage qui refusait en masse de travailler. Il avait employé, mais en vain, tous les moyens de conciliation possibles pour ramener ces hommes à leurs devoirs. Voici en deux mots l'origine de ce désordre.

Dans une circonstance critique, alors que navire et cargaison étaient en danger, l'équipage avait exigé de son capitaine l'engagement de remettre à chaque homme une gratification de cent francs, après l'arrivée du bâtiment à Hong-kong. M. Lopez de Souza eut la faiblesse d'y consentir et de donner par écrit acte de cette promesse. M. Malherbe, capitaine du baleinier français *Ferdinand,* qui se trouvait sur les lieux,

(1) M. le capitaine de vaisseau de Rocquemaurel.

apposa sa signature comme témoin, et prêta de la sorte, sans se rendre compte des conséquences, un appui aux exigences d'un équipage indiscipliné.

A peine arrivé à Hong-kong, le 7 décembre, l'équipage somma le capitaine de tenir sa promesse. Prévenu de ce qui s'était passé, j'avais reproché à M. Lopez sa faiblesse, en lui défendant de céder aux réclamations de ses hommes, attendu que la promesse n'avait pas été librement consentie. Le capitaine, alléguant la défense que je lui avais faite, ne donna rien à son équipage ; mais celui-ci déclara qu'il ne travaillerait pas à moins d'être payé. J'envoyai alors M. le lieutenant de vaisseau Souzy avec un détachement armé.

L'officier fit aussitôt rassembler l'équipage auquel il lut son acte d'engagement, et rappela ses devoirs envers l'armateur et ses obligations légales. Puis il exhorta tous les hommes à reprendre leurs travaux, les avertissant qu'en cas de refus, personne ne toucherait aux vivres qui allaient être mis sous la garde du détachement. Il embarqua en même temps dans le canot du *Cassini* neuf des plus mutins. Malgré cela il ne put rien obtenir, et il revint à bord, laissant sur le *Liancourt* un élève à la tête de six hommes sûrs, armés de sabres et de pistolets.

Dans l'après-midi, les esprits se calmèrent ; peu à peu l'équipage recommença à travailler. Le capitaine remercia alors l'élève qui commandait le détachement et le pria de m'informer que tout était terminé. Néanmoins les plus mutins qui avaient été transportés à bord du *Cassini* y sont restés aux fers jusqu'à ce matin. Avant mon départ de Hong-kong, j'ai engagé M. Lopez à me laisser les plus mauvaises têtes, lui offrant en échange quelques hommes de mon équipage. En conséquence trois matelots du *Liancourt* sont venus de bonne volonté à bord du *Cassini* ; un quatrième, signalé comme boute-feu de la révolte, a été embarqué malgré lui.

17 décembre.

Nous avons reçu ce matin nos lettres et nos journaux d'Europe. En France, les affaires vont aussi mal que possible au point de vue de la prudence humaine. Si la divine Providence ne dérange pas de quelque manière le cours probable des choses, on peut s'attendre à voir notre malheureuse patrie, déchirée par les partis, descendre au rang des plus misérables États de l'Europe.

Il y a vingt et un ans qu'une révolution a renversé Charles X, à Paris. L'esprit révolutionnaire ne s'est pas accommodé davantage de Louis-Philippe, qui avait tant fait pour gagner les bonnes grâces du peuple. Celui-ci a été renvoyé à son tour en 1848, et remplacé provisoirement par un poète et un tribun assez mal entourés. Puis est venu Cavaignac, et enfin le prince Louis, qui, je le crois, voudrait aussi goûter du trône. Je crains que le président de la République ne soit plus occupé de ses propres intérêts que de ceux du pays. La France aura, du reste, ce qu'elle mérite : un aventurier de grand nom, il est vrai, et doué de quelques qualités ; mais, enfin, un aventurier pour conduire ses destinées.

A bord du *Cassini*.   Macao, 24 décembre.

Chère bonne mère,

Le *Cassini* a passé huit jours à Hong-kong avec le ministre de France et madame de Bourboulon, qui ont voulu faire leurs visites d'arrivée aux autorités anglaises.

Pendant ce court séjour, j'ai eu la bonne fortune de me trouver en rapport avec Mgr Rizzolati, un des plus anciens missionnaires de Chine, et avec le P. Fernando, procureur des Dominicains espagnols à Macao. C'est une douce joie pour moi de vivre ainsi en bonne harmonie avec ces hommes de Dieu, dont plusieurs ont déjà confessé la foi au péril de leur vie. L'âme se retrempe à leur contact, comme le cœur d'un jeune soldat s'échauffe et s'enflamme auprès des vieux militaires qui ont vu le feu et se sont distingués. Nous avons ramené de Hong-kong l'abbé Jacquemin, qui nous a déjà servi d'aumônier depuis Bourbon; le P. Libois, procureur des Missions étrangères, a bien voulu nous le laisser pour les fêtes de Noël, et si le temps n'y met point obstacle, nous aurons ce soir une messe de minuit.

Mes rapports avec les missionnaires sont on ne peut plus profitables pour moi; je leur demande conseil en bien des circonstances, et je m'instruis de beaucoup de choses que j'ignore. Les causeries de ceux qui ont voyagé sont plus intéressantes que tout ce qu'on peut lire. Que ne puis-je faire savoir à ceux qui ne croient pas, le bonheur que l'on trouve dans la pratique de notre sainte religion! Rien ne saurait remplacer ces relations faciles, ces franches amitiés qui s'établissent de suite entre gens ayant le même but. Je puis dire que je compte autant de bons amis que de missionnaires. Je vais chez eux comme dans ma famille et ils viennent à bord avec la même confiance. Leur dévouement me ravit et le désir du bien qu'ils trouvent en moi leur cause aussi une grande satisfaction.

L'*Algérie*, commandée par mon camarade d'école Fourichon, a mouillé hier devant Macao. Le commandant est marié et il a obtenu d'emmener sa femme durant cette longue campagne. Madame Fourichon

est très pieuse, et son mari, qui était un peu libéral
sous la Restauration, est aujourd'hui, à mon point
de vue du moins, dans de très bonnes idées politiques
et religieuses. Nous avons dîné ensemble chez un
riche portugais de Macao, M. Marquès, qui possède
dans son jardin la célèbre grotte, dite de Camoëns, où
l'illustre poète se retirait pour la composition de ses
Lusiades. Nous nous retrouverons probablement à
Singapore où j'irai rejoindre la *Capricieuse*.

25 décembre.

Je viens d'assister à la messe de minuit, ce qui a été
pour moi une grande joie; mais j'ai été affligé de ne
voir aucun de nos hommes s'approcher de la sainte
Table. Le mauvais esprit a fait invasion sur le *Cassini*,
et les sarcasmes ont triomphé des bonnes dispositions
de l'équipage. Et cependant l'abbé Jacquemin s'était
donné beaucoup de peine pour préparer les hommes à
la fête de Noël. Il s'était consigné à bord, pour vivre
au milieu d'eux. Quelques-uns paraissaient bien disposés, ils ont fléchi devant le respect humain. Voilà
une épreuve pour la jeune missionnaire et un chagrin
pour moi; mais Dieu l'a permis, il a eu ses motifs :
peut-être nous apprendre à faire le bien, sans attendre
de récompense ici-bas. Toutefois je ne dois changer en
rien ma ligne de conduite. Si les matelots du *Cassini*
parviennent à surmonter, comme je l'espère, ce respect humain, ils deviendront un jour de solides
chrétiens.

CHAPITRE IV

Départ de Macao : le Père Huc et le commandant Bernaërt. —
Côtes de Cochinchine : le 1er janvier à bord du *Cassini*, — Singapore : partie de campagne. — Riouw : visite au résident. —
Batavia : promenade à Buy-ten-Zorg, résidence du gouverneur
général; nouvelles de France, le coup d'état. — Macassar (île
Célèbes) : description de la ville; soirée chez le gouverneur. —
En mer : une année de navigation. — Samboagan (île Mindanao) : description de la ville; le colonel de Carlès, gouverneur. — Cacayanès : échouage du *Montalembert*. — San-José
(île de Panay) : accueil bienveillant de la part des autorités. —
Côtes de Mindanao et de Luçon, baie de Manille, îles des
Pratas. — Résumé du voyage : colonies hollandaises et colonies
espagnoles envahies par les Chinois.

En mer, 28 décembre.

Nous avons quitté la rade de Macao ce matin, à sept
heures. J'ai l'intention de parcourir les côtes de la
Cochinchine, à la recherche de la *Capricieuse*. Il est
utile d'informer le commandant de Rocquemaurel du
passage de l'*Algérie*, et de le mettre au courant des
dernières nouvelles.

Le P. Huc est à bord. Il retourne en France pour se

guérir d'une cruelle maladie : c'est un homme instruit, d'une douce amabilité, et dont la société m'est
fort agréable.

14 janvier

Je navigue avec peu de confiance sur une côte qui
ne me semble pas parfaitement déterminée, et près de
laquelle on rencontre de violents courants de quarante
à soixante milles dans les vingt-quatre heures. Presque
tout mon temps, depuis notre départ de Macao, s'est
passé sur le pont d'une manière fatigante, à cause du
roulis, de la pluie ou de la brise : ce qui m'a empêché
d'écrire mon journal; mais il était de mon devoir de
veiller directement à la sécurité du bâtiment.

Le premier janvier, j'ai reçu la visite des officiers et
des élèves, puis des maîtres et des chefs de hune, et
enfin de mon filleul malgache François Mavinta. Je
n'ai pas le don de la parole et je dois faire souffrir ceux
qui m'entendent, cependant je n'ai pas cru devoir
m'abstenir à l'occasion de la nouvelle année. Après
avoir passé l'inspection de l'équipage, je lui ai donc
adressé quelques paroles de félicitation, en rappelant
différentes circonstances où j'avais été très satisfait
du zèle et du bon esprit de tous. Pendant la messe que
M. Huc a célébrée malgré un roulis assez inquiétant,
nos matelots ont chanté des cantiques, et je me suis
réjoui d'un si heureux commencement de voyage.

Le 3, nous avons mouillé à Hong-Kohe, sans ar-
borer notre pavillon en arrivant, dans la crainte de
faire redoubler la persécution, qui sévit, dit-on, en ce
moment, contre les chrétiens. Cette baie, si peu hos-
pitalière pour les Européens, présente un aspect magnifique. Quelques bateaux seulement s'y trouvaient à
l'ancre. Deux d'entre eux ont envoyé des hommes à

bord ; mais, faute d'interprètes, ils n'ont pu nous être d'une grande utilité. Nous avons cru comprendre qu'ils avaient vu la *Capricieuse* passer dans ces parages.

En quittant Hong-Kohe, le 5, nous avons fait route pour la baie de Camraigne, où nous avons jeté l'ancre à la nuit tombante. C'est un des plus jolis mouillages que l'on puisse rêver, à l'époque de la mousson de nord-est. La baie est comme cernée de montagnes boisées où s'étagent de jolis villages qui récréent agréablement la vue. De gracieux bateaux à trois voiles auriques sillonnent la rade ; mais ils n'osent approcher par défiance, et aucun ne consent à communiquer avec nous.

Le 7, nous abordions sans difficulté à Ventao, près du cap Saint-Jacques, à l'entrée de la rivière de Saïgon. La brise, très violente la veille, était tombée dans la matinée, et nous avait permis d'arriver sur la terre à la sonde. Les rives du fleuve se confondent avec l'horizon dont elles brisent les contours par de légères ondulations. Six pièces de canon, assez bien abritées, sont chargées de défendre le mouillage, où se trouvaient alors dix-sept barques de diverses grandeurs.

Le 8, poussés par un vent favorable, nous aperçumes Poulo-Condor vers trois heures de l'après-midi, et le lendemain nous jetions l'ancre près de Poulo-Timouan. Etant allés à terre avec ma baleinière pour reconnaître les points les plus facilement accessibles, nous avons abordé dans un charmant bassin où trois canots nous ont suivis et où les hommes ont pu se baigner à l'aise. Pendant ce temps, je me promenai dans l'intérieur, où je ne rencontrai que des cases abandonnées et aucun Malais qui pût nous fournir quelques renseignements. L'île tout entière, grâce aux nombreux ruisseaux qui l'arrosent, est couverte d'une riche végétation; mais, à peine avions-nous eu le temps d'admirer cette luxuriante nature, qu'il nous fallut regagner le bord.

Le 13, nous arrivions en vue de Poulo-Aor, bonne rade où la mer reste calme, car le vent n'y pénètre que par rafales. Nous y demeurâmes peu de temps, ayant appris que la *Capricieuse* était encore à Singapore, où elle avait dû mouiller quelques jours auparavant.

Aujourd'hui, 14, nous allons franchir le passage du détroit, et dans quelques heures, nous mouillerons en rade de Singapore.

Singapore, 15 janvier.

Bernaërt, mon vieux camarade du *Suffren*, et le P. Huc ont fait, ce soir, leur dernier repas sur le *Cassini;* je les ai accompagnés à bord de la frégate l'*Algérie*, où ils ont pris passage pour la France.

Le départ de Bernaërt est une perte pour la corvette et pour moi. Sa piété profonde, la dignité avec laquelle il récitait la prière matin et soir à l'équipage, la charité avec laquelle il soignait l'instruction religieuse des Malgaches, sa générosité en toute circonstance, en faisaient un modèle pour tous. Dieu me l'avait associé, Dieu me le retire, que sa sainte volonté soit faite !

A bord du *Cassini.*   *Singapore, 18 janvier.*

Chère mère,

Dans mon voyage de Macao à Singapore, j'ai eu l'occasion de visiter plusieurs ports de la Cochinchine. C'est un fort beau pays, avec des rades magnifiques, de grands cours d'eau et des montagnes couvertes de végétation. Rien ne me paraît capable d'arrêter l'ambition d'une puissance européenne dans cet empire, où les côtes, dégarnies de canons et de bâtiments de guerre, sont à la merci de toute force armée. Si la religion chrétienne pouvait, comme celle de Mahomet, se prêcher par le sabre et le canon, il serait facile de la répandre en Cochinchine, ou, du moins, on prendrait de cruelles revanches pour le sang de nos missionnaires qui a coulé récemment. Toutefois, je n'aurais aucun goût pour une guerre qui n'atteindrait qu'indirectement les vrais coupables, et je crois que la France sera assez sage pour ne pas ordonner de massacres inutiles. Quoi qu'il arrive, le sang de nos missionnaires n'aura pas été versé en vain ; leurs généreux efforts finiront, Dieu aidant, par triompher de l'ignorance et de la méchanceté des hommes.

J'ai reçu, au jour de l'an, les vœux de l'état-major et de la maistrance du *Cassini*. Je n'ai pas cru devoir empêcher cette manifestation, parce que j'avais besoin d'exprimer à tous ma joie et ma satisfaction. Depuis plus de dix mois que nous vivons ensemble, nous n'avons pas encore eu la plus petite querelle, le moindre sujet de mécontentement.

J'ai fait hier une course intéressante en nombreuse compagnie ; c'est le P. Barbe, curé de Singapore, qui avait organisé cette partie de campagne. La végétation est ici de toute beauté ; des arbres gigantesques élancent leur tête touffue vers le ciel à des hauteurs qui éblouissent. Le long de ces colonnes aériennes serpentent d'immenses lianes, dont quelques-unes descendent perpendiculairement, comme des cordages du sommet d'un mât. Une ondée tropicale est venue refroidir notre enthousiasme, en excitant les lazzis des mauvais plaisants de la bande.

J'ai retrouvé à Singapore l'*Algérie* et la *Capricieuse*. Nous partirons dans deux jours vers des parages moins fréquentés, pour visiter quelques possessions hollandaises ; cette tournée promet d'être très intéressante.

Riouw (île Bintang), 21 janvier.

Nous avons quitté Singapore, ce matin, à six heures, et nous avons mouillé devant Riouw, possession hollandaise, à quatre heures du soir. Riouw paraît offrir peu de ressources. Les cases des Malais, comme à Pinang, à Singapore et à Achem, sont construites sur pilotis reposant dans l'eau. Le poisson fait la principale nourriture du peuple qui se sert de jolis canots ou pirogues, affilés à l'avant et à l'arrière. Le principal commerce de la ville consiste dans le poivre blanc et noir, et dans une terre japonique, le gambier, fort employée pour tanner les cuirs.

Visite avec le commandant de Rocquemaurel au résident de Riouw. Nous avons abordé à une longue jetée sur pilotis, recouverte de planches. Le capitaine de port, qui parle français, est venu nous recevoir. Nous trouvons un piquet de soldats sous les armes, quand nous passons devant le poste de service à la maison du gouvernement. Celle-ci n'a point d'étage, mais elle est ornée de colonnes sur la façade qui regarde la mer. Le résident, un beau jeune homme à physionomie distinguée, en habit brodé avec chapeau à plumes blanches, se tenait sous le péristyle, entouré d'officiers, tous en grand uniforme. Nous entrons dans une magnifique salle ornée de tableaux, où l'on nous apporte un plateau contenant de l'eau-de-vie et des liqueurs. La conversation s'engage en français, que les Hollandais entendent assez bien, et que plusieurs même parlent avec facilité.

Après l'échange de quelques phrases, nous levons la séance avec l'intention de nous promener. Accompagnés du résident et du commandant militaire, nous visitons le port au centre duquel s'élèvent de belles et vastes casernes. La garnison semble composée en grande partie de soldats de race croisée qui n'ont l'air ni Malais ni Européens.

Le vice-roi malais qui habite l'île Mars, à côté de Riouw, a voulu faire bâtir un fort, mais les Hollandais s'y sont opposés. Une goëlette de guerre qui appartient aux Malais, est aussi censée protéger le commerce; mais, d'après les Hollandais, cette protection serait peu sûre.

A bord du *Cassini*.   Rade de Batavia, 9 février.

Chère bonne mère,

Dans ma dernière lettre datée de Singapore, je t'avais parlé du voyage du *Cassini* en Cochinchine, où nous n'avons communiqué qu'avec des pêcheurs. Depuis cette époque nous avons mouillé à Riouw, établissement hollandais, dans l'île Bintang, à douze lieues environ de Singapore ; puis, nous avons fait route par le détroit de Banca vers l'île de Java, et le 31 janvier, la *Capricieuse* et le *Cassini* mouillaient devant Batavia.

Cette ville, vaste et commerçante, est masquée du côté de la mer par un rideau d'arbres si épais qu'il laisse à peine soupçonner quelques habitations. Il y avait en rade, outre une quarantaine de gros navires de commerce, une corvette américaine et quatre bâtiments de guerre hollandais.

Nos relations avec les autorités du pays ont commencé dès l'abord dans les meilleurs termes. Les cercles de l'Harmonie et de la Concorde nous ont été ouverts, et un bal a été donné en notre honneur. Le résident nous a retenu des loges au théâtre et invités à un grand dîner. Le gouverneur général nous a envoyé

8

des voitures pour aller à Buy-ten-zorg, sa résidence ordinaire, à onze lieues de Batavia. L'amiral Van der Proot, qui commande les forces navales de la Hollande, a bien voulu nous servir d'introducteur. Il occupait une voiture avec le commandant de Rocquemaurel et moi, et trois officiers se trouvaient dans l'autre.

Rien de plus délicieux que ce trajet de Batavia à Buy-ten-zorg. Au sortir de la ville on aperçoit de jolies maisons séparées de la route par de vastes pelouses ou des parterres de fleurs ; toutes sont ornées d'une colonnade à la façade et paraissent construites et distribuées avec goût ; mais elles deviennent clairsemées à mesure qu'on avance dans la campagne. La vaste plaine où se trouve bâtie Batavia commence à onduler comme pour se raccorder aux montagnes de l'intérieur. Le paysage présente alors une suite de rizières échelonnées les unes au-dessus des autres comme autant de terrasses. L'obligation d'arroser constamment les champs de riz, à l'aide de canaux, nécessite cette division du terrain que j'avais déjà remarquée en Chine. Ces immenses champs de verdure sont coupés çà et là par de grands bois d'une douce fraîcheur et près desquels de gaies maisonnettes animent l'uniformité du paysage.

A Buy-ten-zorg nous avons été reçus par les aides de camp en grand uniforme, et vers midi nous avons été présentés au gouverneur général. Sa physionomie est calme comme celle d'un homme d'étude, et il paraît froid et réservé ; néanmoins durant les deux jours que nous avons passés dans son palais, nous avons joui d'une cordiale hospitalité.

On trouverait difficilement une situation plus agréable que celle de cette résidence. Une rivière ou torrent en borde les jardins du côté de l'est, et les jardins eux-mêmes sont traversés par de petits ruisseaux, qui forment des pièces d'eau ou des bassins pour les bains, et qui vont se jeter dans la rivière de Jaccatra. Un jardin spécial où l'on a réuni toutes les plantes des climats chauds, et où l'on acclimate peu à peu celles des pays froids, présente l'aspect le plus agréable par le bon goût avec lequel on a tracé les allées et distribué les arbustes.

Il est d'usage dans cette colonie de consacrer au repos deux ou trois heures de la journée. Après le premier repas qui eut lieu à une heure, on se souhaita une bonne nuit ou plutôt bonne sieste, et chacun se retira jusqu'à quatre heures. A quatre heures et demie, promenade en voiture au milieu des riches campagnes des environs. A sept heures du soir, grand dîner servi d'une manière princière, dans une vaste salle, où seraient à l'aise une centaine de personnes. Des Javanais en grande livrée, portant autour de la tête un mouchoir en guise de turban, veillaient avec soin auprès de chaque convive. La soirée s'écoula en causeries ; les dames se retirèrent dans un petit salon, et on joua au whist et au billard jusque vers dix heures.

On se réunit de nouveau le lendemain matin, pour visiter une magnifique habitation, appartenant au comte de Van der Bosch, fils d'un ancien gouverneur général. Le propriétaire lui-même nous fit les honneurs de sa maison, et nous visitâmes l'établissement où l'on sèche la cochenille, et celui où l'on prépare le thé. Ces productions, nouvelles à Java, rapportent déjà de beaux bénéfices. Une pluie battante, comme il y en a tant ici dans cette saison, nous empêcha, à notre grand regret, de visiter les riches plantations de M. de Van der Bosch, et à une heure nous étions de retour à Buyten-zorg. Durant la sieste, je me promenai avec délices dans les beaux jardins du palais. La seconde soirée ressembla beaucoup à la première ; le gouverneur avait fait des invitations en notre honneur, et l'on joua quelques morceaux de musique.

La 8 février, nous étions de retour à Batavia, mais une pluie torrentielle nous empêcha de jouir de la vue de ces riantes campagnes qui nous avaient tant charmés à notre premier voyage.

9 février.

Un journal anglais, publié à Singapore, nous apporte des nouvelles de notre malheureuse patrie. Paris vient d'être ensanglanté. Le Président, sous le prétexte vrai ou supposé que sa vie était menacée, ou que du moins on voulait l'arrêter, a pris l'initiative et a fait arrêter un grand nombre de généraux et de députés. Si les récits des journaux sont exacts, il y aurait eu une véritable boucherie dans les quartiers où les troupes ont rencontré de la résistance, mais j'aime à penser qu'il y a beaucoup d'exagération dans tous ces détails. Qu'aurais-je fait si j'avais été à Paris? Je ne crois pas que j'eusse soutenu la cause de Louis-Napoléon. Il y a trois ans, je considérais comme un châtiment, comme une humiliation pour la France, la nomination de M. Louis-Napoléon à la présidence de la république, et malgré mon peu de sympathie pour les républicains, je donnai, faute de candidat, ma voix au général Cavaignac. Depuis lors, il m'a semblé que mon premier jugement sur Louis-Napoléon avait été trop sévère, et qu'il ferait encore mieux que Cavaignac les affaires du pays.

Aujourd'hui, placé à cinq mille lieues de la France, avec un état-major divisé d'opinions, avec un chef qui, à quelques égards, voit différemment de moi, quel sera mon rôle? N'est-il pas préférable de ne se préoccuper de rien, d'attendre patiemment que les événements suivent leur cours, de ne pas s'enthousiasmer si les choses tournent comme nous le désirons, comme aussi de ne pas se décourager si nous venons à passer par de rudes épreuves ? Soyons prêt à tout sacrifier, position, fortune, existence même, et à remplir nos devoirs envers le pays dans la mesure de nos forces, d'après les lumières qu'il plaira à Dieu de nous donner.

10 février.

Une causerie avec Clerc et quelques réflexions sur les mystérieux desseins de la Providence ont modifié ma manière de penser sur les événements de décembre 1851. M. Louis-Napoléon, appelé à la présidence dès 1848, ne semblait-il pas aux esprits sages inepte pour d'aussi hautes fonctions ? Dieu s'est servi de lui, de son ambition, pour dégager la France des entraves qui l'étouffaient. Dans l'assemblée aucun accord, mais seulement quelques brillantes personnalités. Dans le pays, pas de parti sérieusement organisé, si ce n'est peut-être celui qui voulait la ruine de la société, le *parti socialiste*, dont les chefs, sous un masque philanthropique, sont les plus orgueilleux et les plus méchants des hommes. M. Louis-Napoléon n'a pas voulu devenir leur dupe. Il a fait un coup d'état, dans lequel chacun, à tort ou à raison, a reçu quelque horion; mais il paraît évident que la société gagne à ce jeu quelques jours de répit. En résumé, je me garderai bien de m'enthousiasmer pour un homme qui, suivant toute apparence, travaille pour son propre compte; je me contente d'admirer les desseins de Dieu qui fait servir au bien de l'humanité les plus mauvaises passions. A distance, l'on peut juger avec plus d'impartialité le résultat des événements; ce résultat me semble une halte forcée du socialisme, et peut-être son anéantissement pour longtemps.

Ce qui m'afflige le plus, c'est l'amoindrissement du caractère national; c'est cette facilité avec laquelle on saute pour le roi ou pour la constitution, pour la république ou pour l'empire; c'est le paiement de la dette contractée par M. Louis-Napoléon, lequel élèvera probablement aux premiers emplois des hommes à dévouement aveugle pour toute autorité qui sait payer. Mais à quoi bon préjuger de l'avenir? Nous sommes à peine au courant du présent, et seulement par des journaux étrangers: sachons attendre et suspendre notre jugement.

Une communication verbale du commandant de Rocquemaurel m'a mis en émoi, ce soir. Malgré l'absence des nouvelles officielles, il a l'intention d'écrire au ministre de la marine pour lui donner l'assurance que les bâtiments de la station de Chine continueront à servir, avec le même zèle et le même dévouement que par le passé, le pavillon de la France, le gouvernement du pays.

Cette lettre de M. de Rocquemaurel me paraît trop hâtive. Il est sage, en pareille matière, de ne pas se presser et d'attendre que le pouvoir nouveau fasse connaître qu'il a pris la direction des affaires, et indique la manière dont il demande l'acquiescement des chefs de corps. Si le chef de station écrivait en son nom personnel, je n'aurais rien à dire et je me garderais de toute critique; malheureusement il n'en est pas ainsi. M. de Rocquemaurel désire que les officiers qui servent sous ses ordres, apposent leur signature au bas de la lettre qu'il a l'intention d'adresser au ministre. Voilà ce qui me paraît étrange, et je ne lui ai pas dissimulé que je n'aurais pas le courage de le faire.

Tous mes amis, y compris l'amiral Desfossés, savent que j'ai peu de sympathie pour M. Louis-Napoléon. J'ai souvent exprimé la crainte, de la part du Président, d'un coup de tête qui couvrirait de honte ses ministres. Outre ma conscience, que je consulte avant tout, et qui me dit que je ne puis approuver un coup d'état en vue d'intérêts personnels, bien que l'intérêt du pays y trouve son compte peut-être ; que penseraient de moi et l'amiral Desfossés, et ses aides de camp, et tant d'autres personnes, si mon nom figurait à la suite de ceux qui s'empressent de se rallier au nouveau pouvoir ? Je trouve qu'en pareille circonstance, c'est bien assez de rester à son poste, et d'être prêt à exécuter les ordres du gouvernement de fait, en tant que compatibles avec l'honneur.

J'ai invité, ce soir, un officier à ne pas parler politique à haute voix sur le pont.

11 février.

Le commandant de Rocquemaurel est venu ce matin en visite à bord du *Cassini*. Il a annoncé qu'il avait assemblé l'état-major et l'équipage pour leur communiquer les nouvelles de France, quoique sans caractère officiel. Après avoir brièvement raconté les événements de Paris, il a dit que l'armée avait fait bonne justice des hommes qui avaient voulu susciter du désordre, à l'occasion de la dissolution de l'Assemblée nationale ; que le pays avait approuvé par plus de quatre millions de suffrages l'acte de vigueur du Président, et que probablement un plus grand nombre de voix encore se rallieraient à M. Louis-Napoléon. Il a ajouté qu'en de telles circonstances notre devoir était tout tracé ; que nous continuerions d'être fidèles au drapeau et de respecter la discipline qui est la sauvegarde de l'honneur national. Il a annoncé enfin son projet d'écrire au ministre, pour l'assurer qu'en toute occasion il pouvait compter sur la station de la mer de Chine. Puis, s'adressant directement à l'équipage : « N'est-ce pas, mes amis, que la France peut compter sur vous ? N'est-ce pas que le gouvernement peut compter sur votre dévouement? »

Je ne me suis pas senti le courage de répondre oui, et il a fallu que l'appel fut renouvelé pour que quelques matelots y répondissent. Cette solution me semble meilleure que celle projetée tout d'abord. « J'ai renoncé, m'a dit M. de Rocquemaurel, à faire appel aux officiers et à demander leurs signatures ; mais je pense que je puis compter sur eux. » J'ai répondu que je ne mettais pas en doute leur fidélité à remplir leurs devoirs et à garder les liens de la discipline. Nous nous sommes séparés en apparence bons amis.

12 février.

J'ai lu chez Mgr le vicaire apostolique de Java un journal de Limbourg, imprimé, je crois, à Maëstricht, où les événements de Paris, du 1er au 20 décembre, sont racontés avec détails et appréciés à leur juste valeur. Cela m'a fait grand plaisir, et j'avoue que mon opinion s'est beaucoup modifiée sur ce coup d'état qui m'avait d'abord profondément affligé, en voyant partout les socialistes courir aux armes, en sachant brisé, par l'acte énergique du Président, le vaste réseau d'associations secrètes qui couvrait la France et s'étendait jusque dans les pays les plus lointains.

Que M. Louis-Napoléon ait agi dans des vues personnelles, ou qu'il ait agi dans l'intérêt du pays, toujours est-il qu'il a démasqué ses batteries avant les socialistes, qui étaient très décidés à se passer de la Constitution. Si l'amour du pays est entré pour quelque chose dans ce coup de hardiesse, il doit avoir l'approbation de tous les honnêtes gens, lesquels ne veulent pas de la barbarie qui nous menace ; si l'égoïsme et l'envie de conserver le pouvoir en ont été l'unique mobile, M. Louis-Napoléon est coupable devant Dieu et devant les hommes, néanmoins son crime n'aurait pas été une faute, au contraire, Dieu aura tiré le bien du mal, en faisant servir les mauvaises passions de l'homme au bien de son pays. La violation de la Constitution par le Président est donc justifiée à bien des égards par l'initiative moins hardie peut-être, mais tout aussi réelle des socialistes. Je continuerai donc à servir sans remords ce nouveau gouvernement : l'exemple de M. de Montalembert, de M. de Falloux, de Mgr l'évêque de Chartres et de quelques autres hommes sincèrement dévoués à leur pays me met à l'aise.

Heureux celui à qui il est donné de servir sous un gouvernement qu'il respecte et qu'il aime ! Heureux celui qui sait, en accomplissant ses devoirs, qu'il sert une bonne cause, et que son sang ne coulera que pour le véritable intérêt et la gloire de son pays !

A bord du *Cassini*.   Rade de Batavia, 13 février.

Chère bonne mère,

Nous avons appris les événements de Paris, le 9 février. Ne pouvant suivre à cette distance le cours des choses comme ceux qui habitent en France, toute division dans notre pays nous afflige ; et, tout en gardant fidélité à notre drapeau, nous attendons pour former complètement notre appréciation des détails plus étendus et plus circonstanciés que ceux des gazettes anglaises ; mais quelle que soit dans la suite notre opinion, nous ne devons dans l'exercice du commandement reconnaître d'autre autorité que celle du pouvoir de fait. Ici comme en Europe, le coup d'état a généralement produit bonne impression chez tous les hommes préoccupés de l'avenir de la société.

J'ai trouvé d'une bonne politique de rendre le Panthéon au culte catholique, et M. de Maupas, en défendant d'étaler sous les yeux du public des gravures immondes, a pris une sage mesure. Je trouve aussi hardi et sage d'empêcher la violation du repos du dimanche, commandé par la loi de Dieu. Il ne faut pas se gêner pour faire le bien avec des gens qui se gêneraient si peu pour faire le mal s'ils étaient au pouvoir, et il est temps de faire justice des friperies révolutionnaires.

J'ai passé hier une grande partie de la journée chez Mgr Vranken, évêque de Colophon, vicaire apostolique de Java, auquel j'avais été demander à dîner en compagnie de l'aumônier. Mgr Vranken m'avait prié de lui fixer un jour pour ce dîner, j'ai préféré arriver au moment où il allait se mettre à table ; le repas n'en a été que plus agréable pour tous. Il a près de lui un respectable vieillard, qui avait plus de cinquante ans, quand il s'est décidé à partir pour les missions. J'emporte un excellent souvenir de mes relations avec ce digne prélat, qui a bien voulu me donner sa bénédiction, quand j'ai pris congé de lui.

Ma santé continue d'être bonne, l'état-major et l'équipage me satisfont pleinement : je suis donc en de bonnes dispositions pour un exilé.

Il est probable que nous ferons route d'ici pour Macassar, puis pour Manille et la Chine. Cette petite tournée est pleine d'intérêt, et fort instructive au point de vue de la navigation.

13 février

Je m'étais séparé un peu froidement du commandant de Rocquemaurel, lors de sa visite à bord du *Cassini*. Ce soir, je suis allé à bord de la *Capricieuse*, et nous avons causé assez amicalement. Il y a trois jours, je ne jugeais pas les événements au même point de vue que lui ; maintenant, nous les apprécions à peu près de la même manière. Dieu soit loué ! Puissé-je vivre avec mes chefs dans cette harmonie si utile au bien du service, si convenable à un officier qui s'honore d'être chrétien !

Côte de Java, 14 février.

Nous avons quitté Batavia à six heures du matin, faisant voile pour Macassar. Malgré le bon accueil des Hollandais et mes excellentes relations avec les autorités civiles, militaires, ecclésiastiques, je ne regrette pas une ville où il faut dépenser vingt francs par jour pour l'hôtel et la voiture. Piqué au vif par un signal du commandant de Rocquemaurel qui ordonnait de chauffer, alors que le vent pouvait nous permettre plus de six milles à l'heure, j'ai dit d'aller à toute vitesse, afin de prendre une éclatante revanche. Le *Cassini* est en effet venu carguer ses voiles hautes et sa misaine à petite distance de la *Capricieuse* qui n'avait rien disposé pour augmenter de voiles, pensant que nous ne la gagnerions pas.

Macassar, 19 février.

Nous venons de mouiller en vue des feux de Macassar, ancienne capitale du royaume de ce nom, dans l'île de Célèbes. Macassar est une ville de vingt mille âmes, y compris les indigènes et les Chinois. Elle est à l'abri d'un fort dans une plaine qui touche d'un côté à la mer, et de l'autre se termine à de hautes montagnes. On n'y remarque aucun édifice public, mais seulement quelques maisons confortables, avec portique précédé d'une petite cour plantée d'arbres et sé-

parée de la rue par un grillage. Les Hollandais ont admirablement divisé la ville en *campons* ou terrains
destinés aux différentes nations qui vivent à l'ombre
de leur pavillon : ainsi il y a le campon Chinois, le
campon Boughis, etc.

Je suis content, il faut l'avouer, d'être venu jusqu'ici,
d'avoir un nom de plus à ajouter aux pays que j'ai déjà
visités ; et je m'aperçois que, comme le commun des
hommes, je ne reste pas indifférent aux événements de
ce monde, quoique tous doivent être acceptés comme
venant de Dieu.

Nous devons assister à une soirée chez le gouverneur, auquel le commandant de Rocquemaurel et moi
avons été faire visite à midi. Nous voulions aussi faire
visite au commandant militaire ; mais on nous a re-
gardés d'un air étonné en disant : il est probablement
couché et fait la sieste à cette heure. Midi et une heure
sont ici des heures indues, comme quatre heures du
matin ou minuit à Paris. Nous avons alors regagné nos
navires, reconnaissant, mais trop tard, notre oubli des
coutumes hollandaises.

21 février.

Ce soir, promenade avec le commandant de Rocquemaurel, MM. Mouchez et Bergasse, dans une voiture à
quatre chevaux, qui nous avait été envoyée par le gouverneur de Macassar. Il paraît, d'après quelques mots
échangés avec le commandant de Rocquemaurel, que
nous allons nous séparer. La *Capricieuse* continuera
sa tournée par les Moluques, Amboine, Ternate, etc.,
et le *Cassini* opérera son retour dans la mer de Chine
par le détroit de Macassar. Mon premier mouvement a
été du dépit, car je m'étais fait une fête de voir des
pays nouveaux, de prendre une idée des possessions

hollandaises dans ces parages ; mais la pensée chrétienne a bientôt dominé : je crois, je ne puis même en
douter, que cette séparation est plutôt une marque de
la bonté de Dieu.

En mer, 2 mars.

Nous sommes en route pour Samboagan, en passant
par le détroit de Macassar. A dix heures et demie, nous
nous sommes trouvés sur un banc de corail qui n'avait
que six mètres de fond. Nous avons rencontré, ce soir,
des palmiers et autres arbres flottants, couverts d'oi-
seaux. On dirait des embarcations chargées de naufragés.

6 mars.

Nous sommes maintenant dans la mer de Célèbes,
sans apparence de danger pour le moment. J'ai été bien
aise de voir, hier, de près les terres de Bornéo, dont
les montagnes sont couvertes d'une riche végétation.
La côte présente d'immenses clairières, échelonnées
sur les hautes montagnes et leurs contreforts ; mais pas
un bateau, pas une case pour animer ces magnifiques
paysages. Solitude imposante, mais solitude.

En jetant un regard sur cette année de navigation
avec le *Cassini*, je me sens ému de reconnaissance
envers la divine Providence, qui a daigné bénir cette
première phase de notre campagne. Sans doute, il y a
beaucoup à faire sur ce bâtiment qui m'est confié,
mais les résultats obtenus sont généralement satisfai-
sants, bien que la discipline à l'égard des hommes ait
été plutôt douce que sévère. Une moitié de l'équipage
reste maintenant en arrière, quand la cloche tinte pour
la prière du soir, mais plus des deux tiers se rendent

aux instructions religieuses, et je n'ai remarqué ni haine ni antipathie contre les ecclésiastiques. Il faut donc être patient, continuer ce régime de liberté qui m'a été conseillé, prêcher d'exemple autant que mes forces me le permettront, demander le secours de Dieu et de la Mère du Christ, et espérer que l'équipage reviendra meilleur qu'il n'est parti, sous tous les rapports.

Tous les officiers et trois élèves ont déjeuné avec moi pour fêter notre première année de campagne.

Samboagan (île Mindanao), 8 mars.

Nous avons passé la nuit dernière dans des parages peu fréquentés et mal explorés, ce qui m'a obligé à une surveillance extraordinaire. Toute la journée nous sommes restés en vue de Basilan et des îles adjacentes, et vers six heures du soir nous avons jeté l'ancre devant Samboagan, qui a l'aspect d'un village pauvre, situé dans un admirable pays.

J'ai reçu la visite d'un officier de marine, envoyé par le gouverneur pour me souhaiter la bienvenue et me faire offres de services.

9 mars.

Samboagan, établissement espagnol dans le sud de Mindanao, n'a guère que des cases en bambous ou en bois. La ville possède un fort, mais qui paraît en assez mauvais état. Dieu m'a inspiré la pensée et m'a fait la grâce d'entendre la messe ce matin, dans la petite église de Samboagan, ornée avec goût et desservie par trois prêtres dont le supérieur appartient à l'ordre des Récollets. Après la messe, déjeuner au chocolat, conformément à l'usage espagnol dans les colonies.

A onze heures, accompagné de quelques officiers, visite au gouverneur de Samboagan, M. le colonel de Carlès. C'est un homme âgé qui, comme carliste, a été réfugié quinze à vingt ans en France, et a conservé de notre pays les meilleurs souvenirs. Nous n'avons eu qu'à nous louer de son obligeance, de son affabilité, et j'ai vu avec plaisir qu'il se fait aimer et respecter de tout ce qui l'entoure.

Mouillage de Cacayanès, 15 mars.

Après avoir reconnu les îles de la mer de Soulou, nous avons mouillé ce matin très près d'un bas-fond de corail, où avait échoué le *Montalembert*, à la fin du mois de septembre 1851. Sur le rivage, une foule considérable d'hommes, de femmes et d'enfants agitent des mouchoirs au bout de perches, en signe de joie. Une pirogue chargée de gens du pays se dirige vers nous. Elle nous amène le second du *Montalembert*, M. Le Borgne, revenu à Cacayanès pour surveiller le sauvetage de ce bâtiment, et un vieux chef, en ce moment la seconde autorité de l'île. Ce dernier est accompagné de toute sa famille. Comme il a rendu service au second du *Montalembert*, j'ai fait mon possible pour le bien accueillir. Grâce à lui, j'ai pu contourner sans danger les récifs et mouiller devant le fortin espagnol.

San-José (île de Panay), 17 mars.

Comblés de prévenances et d'attentions dans les colonies hollandaises, nous retrouvons le même accueil bienveillant de la part des autorités dans toutes les possessions espagnoles. Ce soir, dîner chez le gouverneur d'Antique, ancien capitaine à figure vénérable,

que je remercie de la généreuse hospitalité accordée à
nos compatriotes naufragés. Après dîner, M. Baron
(c'est le nom du gouverneur) nous a conduits en voiture à la cure où Fra Bartholomeo nous a reçus avec
pompe. Des musiciens, en grand costume, ont joué la
Marseillaise au moment où nous descendions de voiture, puis la *Parisienne* et des valses françaises. A
peine entrés chez le curé, le capitancillo, ou maire des
Indiens, s'est présenté avec les principaux habitants
du village pour nous faire ses compliments. Le chef
de la justice arrivait à son tour pour nous saluer, au
moment où nous prenions congé de nos hôtes.

En mer, 20 mars.

Nous avons franchi sans accident le détroit, et longé
les côtes de Mindoro et de Luçon; nous avons pu reconnaître la baie de Manille et l'île Corregidor qui est
à l'entrée. Je tâcherai de passer, demain, en vue des
Pratas.

23 mars.

Il n'est pas probable que nous apercevions les Pratas;
l'horizon est brumeux, et il tombe une pluie fine par
moment. Il est bon que la Providence contrarie nos
desseins et nous plie à sa volonté; acceptons donc gaiement cette sainte volonté.

24 mars.

Le point estimé nous met en pleine rivière de
Macao, mais les sondes nous en laissent à six ou sept
lieues. Le temps est très brumeux; à peine voit-on à
deux milles; néanmoins, comme la côte est sans dan-

ger, nous continuons à faire route à moyenne vitesse.
On vient d'apercevoir des jonques qui sont à la pêche,
mais qui feraient volontiers de la piraterie, si l'occasion
leur paraissait favorable. Dieu soit loué! malgré la
brume et la pluie, nous venons de mouiller à l'entrée
de la Taïpa, et déjà le bateau de notre *comprador* se
trouve le long du bord.

A bord du *Cassini*.   Devant Macao, 26 mars.

Chère mère,

J'attends avec impatience les lettres qui ont dû arriver par les malles de janvier et de février; mais,
comme c'est demain que part le courrier pour Suez,
je me hâte de te donner quelques détails sur la fin de
notre tournée qui a été aussi heureuse que le début.

Nous sommes restés dix jours à Maccassar en fêtes
continuelles (style du monde), car j'aime mieux mon
indépendance que ces sujétions de position.

Quoique la présence d'un bâtiment de guerre soit
une occasion de dépenses pour les employés des colonies, ils voient en général avec grand plaisir leurs
frères d'Europe. Dans l'espace de quelques jours, il
s'établit une sorte d'intimité qui fait qu'en se quittant
sans peine, on garde bon souvenir des personnes avec
lesquelles on s'est trouvé en rapport.

En passant des possessions hollandaises dans les
établissements espagnols, à Samboagan et à San-José,
qui dépendent du gouverneur des Philippines, nous
avons trouvé même bon accueil, plus chaud peut-être
et plus intime encore. La population m'a paru excellente dans ces colonies où les curés ont une grande
influence; les gens sont polis et saluent avec déférence
les étrangers.

L'agrément et l'intérêt d'une tournée comme celle

9

que nous venons de parcourir ne se bornent pas seulement à la vue de quelques villes plus ou moins bien
construites ; ce qui me plaît surtout, c'est de connaître
les mœurs des habitants ou de me faire une idée exacte
d'un grand nombre de pays. Après avoir vu les îles
boisées qui avoisinent le détroit de la Sonde, les plaines
marécageuses des environs de Batavia qui aboutissent
à de hautes montagnes, nous avons navigué deux
jours à petite distance de Célèbes, dont les pics élevés
m'ont rappelé la beauté de la montagne de Cintra,
près de Lisbonne.

Les Chinois se répandent dans toutes les possessions européennes de l'Asie. Supérieurs à la race malaise en intelligence de trafic et de commerce, ils ne
tardent pas à acquérir de l'aisance par leur économie,
leur patience et leur industrie.

Je bénis mille fois la Providence du succès de ce
voyage. La concorde continue de régner à bord, sans
que rien laisse prévoir qu'elle soit prochainement
troublée. Nous avons peu de malades, et quoique
nous ayons été exposés à quelques dangers, comme il
arrive à tout navire qui parcourt ces mers, nous n'a-
vons pas éprouvé le moindre accident, pas la plus
petite avarie.

Adieu, chère bonne mère ; prie pour moi comme je
le fais pour toi et pour toute la famille. Il m'est doux
de penser que souvent nos âmes se rencontrent devant
Dieu, quoique séparés par des milliers de lieues.

CHAPITRE V

Macao, 27 mars.

Des devoirs de société m'ont fait quitter le bord,
hier au soir : visite au ministre de France et au gouverneur; dîner chez les Lazaristes et salut dans la
chapelle des Sœurs de charité. En entendant la messe
ce matin, mon âme débordait de reconnaissance envers Dieu. Le P. Guillet, procureur des Lazaristes, a

bien voulu me promettre de remplir, pendant les derniers jours de carême, les fonctions d'aumônier du *Cassini*, afin de préparer l'équipage pour les fêtes de Pâques. Il y a plusieurs hommes, bons chrétiens, à bord : beaucoup avaient tenu à remplir leurs devoirs à pareille époque, l'an dernier ; j'espère qu'ils tiendront à être fidèles encore cette année.

Que d'actions de grâces n'ai-je point à rendre à Dieu, pour l'état satisfaisant, tant au personnel qu'au matériel, dans lequel se trouve le *Cassini*, après la tournée qu'il vient de faire ! Puisse la très Sainte Vierge, si souvent invoquée à bord, nous continuer sa maternelle protection auprès de son divin Fils ! Puisse ce bâtiment, qui sera plus soumis à la critique à raison même de son caractère religieux plus prononcé, honorer le pays et surtout la religion dans tout le cours de cette campagne !

> 29 mars.

Le P. Guillet, procureur des Lazaristes, nous a dit la messe, hier ; à neuf heures, il a donné l'Extrême-Onction au cuisinier de l'état-major, Frédéric Guillou, décédé ce matin. Guillou est le troisième homme enlevé au *Cassini* depuis notre départ de France. Le bras de Dieu s'arrêtera-t-il là ? Je crains que non. Quoique la santé de l'équipage soit généralement bonne, il y a quelques hommes atteints de maladies qui ne pardonnent guère. Guillou était irréprochable dans le métier qu'il exerçait. J'ignore où il en était pour la foi : Dieu daigne lui faire miséricorde !

> 3 avril.

Un concours de circonstances contribuent à me

rendre satisfait. Le P. Guillet est à bord et nous restera quelques jours pour disposer nos hommes à la communion pascale. J'ai eu, ce matin, le bonheur de me confesser et de faire la sainte communion. On a apporté des rameaux pour la messe de demain. Il n'y avait aucun homme sur le cahier de punition, ce soir ; et j'ai remarqué avec plaisir que presque tous étaient restés à la prière. Enfin le temps, très mauvais ces jours derniers, paraît se remettre au beau.

4 avril.

Encore une bonne journée! Il paraît que la plus grande partie de l'équipage a assisté ce matin à la messe et à la bénédiction des rameaux. Je me sers de ce mot *il paraît*, car je m'applique à ne pas regarder derrière moi, afin que personne ne me puisse soupçonner de chercher à savoir qui vient ou ne vient pas à la messe. Ce soir, j'ai eu la joie d'entendre nos hommes chanter des cantiques avec un entrain digne des plus beaux jours de l'an passé, et j'ai remarqué avec plaisir que plusieurs avaient placé un rameau bénit près du lieu où ils couchent.

Après une courte visite à madame de Bourboulon et aux Sœurs de charité, je suis rentré à bord, et j'ai invité un officier et deux élèves à dîner avec le P. Guillet. Je me réjouis chaque jour de la bonne tenue des élèves, et j'espère, Dieu aidant, que ces jeunes gens n'auront pas perdu leur temps sur le *Cassini*, car ils travaillent et servent bien.

6 avril.

Me voilà agité par la pensée d'une guerre avec l'Angleterre, d'où s'en suivrait forcément tentative de la part des Anglais de mettre la main sur le *Cassini*, même dans les eaux portugaises ! (1)

Dans l'après-midi, on m'a communiqué des extraits de journaux, qui donnent lieu à bien des commentaires. Il est certain qu'une grande inquiétude règne en Angleterre. On craint que le Président, pour détourner l'attention des affaires intérieures, ne cherche un prétexte pour lancer la France dans une guerre contre la nation qui lui est le plus antipathique.

Je penserai aux moyens que les Anglais peuvent employer pour s'emparer du *Cassini*, et à ceux qu'il convient d'opposer à leur tentative. Que Dieu daigne m'éclairer sur mes devoirs et me donner la force de les bien remplir !

8 avril.

Je me suis surpris, ce matin, faisant des plans en cas de guerre. Ma première pensée doit être de me défendre plutôt que d'attaquer, car les Anglais ont beaucoup plus de ressources que nous dans ces mers. Si je ne suis pas attaqué, il convient de me rendre à Manille auprès du commandant de la station pour prendre ses ordres, tout en saisissant les occasions qui pourraient se présenter de jeter le trouble dans le commerce anglais.

M. Clerc, lieutenant de vaisseau, qui m'inspire une grande confiance, est parti pour Hong-kong, dans le but de connaître le véritable état des choses en Europe, et de venir au plus tôt m'en rendre compte.

_____

(1) M. Jurien de la Gravière, au moment de la révolution de Février, s'était trouvé dans une situation analogue à celle du commandant de Plas. (*Voyage de la « Bayonnaise »*, ch. IX.)

11 avril.

J'ai eu le bonheur, ce matin, de m'approcher de la sainte table avec un certain nombre d'hommes de l'équipage. Beaucoup d'autres auraient rempli leur devoir pascal, si l'abbé Guillet avait eu plus de temps à leur consacrer, et si nos travaux n'avaient pas été si nombreux durant la semaine sainte. La solennité de Pâques qui avait été si belle, l'an dernier, s'est bornée, cette année, à une simple messe basse. Toutefois, c'est un grand bienfait de la Providence de nous avoir accordé cette messe basse que nous n'aurions pas pu avoir en mer. Remercions Dieu de ce qu'il a permis que notre part soit encore si bonne.

Cinq Sœurs de charité et trois autres personnes devaient déjeuner à bord, ce matin, pour prendre connaissance du *Cassini* qui doit les conduire à Ning-po, mais la mer était trop grosse pour les envoyer chercher. Il en est résulté que j'ai pu inviter les officiers et les élèves, et faire ainsi une petite réunion de famille.

A bord du *Cassini*.   Macao, 13 avril.

Chère bonne mère et chères sœurs,

Hier, à la réception de vos lettres de janvier et de février, mon âme a été inondée de joie, et j'ai remercié Dieu des biens qu'il daignait me faire. Pas une des six lettres que j'ai reçues ne contenait une mauvaise nouvelle.

L'évêque de Saint-Denis m'a écrit la lettre la plus affectueuse, et il m'annonce le retour à la religion d'un de mes amis, le colonel de Condrecourt, qui m'écrit lui-même pour me faire part de son bonheur.

La nomination d'Emmanuel au grade de colonel,

après trois ans à peine de grade, est une faveur inespérée. Je suis heureux surtout d'apprendre qu'il voit dans sa nouvelle position des devoirs plutôt que son intérêt.

Mon ami Bernaërt, dont je vous avais annoncé le départ pour la France, m'a écrit de Pondichéry et de Bourbon. Ce digne camarade avais mis son zèle et sa bourse au service des missions. Dieu a sans doute d'autres vues sur lui, car c'est une âme d'élite.

Remerciez le bon curé de Saint-Romain de sa longue lettre, et dites-lui que David avait un peu raison quand il s'écriait : « *Desiderium peccatorum peribit*, le désir des pécheurs périra » ; nous ne voyons que l'accomplissement de cette parole depuis quelques années. Si les justes ont quelquefois à gémir, ils ont au moins un confident, un ami, un père ; ils ont la prière qui calme tant de maux ; ils ont l'espérance pour le présent et surtout pour un avenir sans fin.

Quand je réfléchis aux bontés de Dieu envers ceux qui désirent l'aimer et le servir, je sens un trop plein dans mon âme, une joie inexprimable mêlée d'un peu de chagrin de n'avoir rien à donner à qui me donne tant. Où en serais-je si j'aspirais aux richesses et aux plaisirs du monde ! Quelle anxiété à une époque comme la nôtre ! Quelle allégresse ridicule dans le succès ! Quel abattement au moindre revers ! Quelle sollicitude pour conserver et améliorer sa position ! Oh ! on a bien raison de dire que le diable est plus difficile à servir que le bon Dieu. Quand on l'a pris pour chef, on est malheureusement assuré de faire sur la terre une petite expérience des peines éternelles. Dieu soit loué qui m'a donné une mère que je vénère et que j'aime de tout cœur ! Dieu soit loué qui m'a donné des sœurs, amies sûres pour la vie ! Dieu soit loué qu'il n'y ait jusqu'à ce jour aucun scandale dans ma famille, et que tous semblent converger vers le seul bien présent, vers la seule espérance pour l'avenir.

La concorde continue de régner à bord dans un degré que je n'aurais jamais osé attendre ; aussi les repos de Noël et de Pâques sont-ils de vrais jours de fête. L'équipage participe aussi au gala, grâce à l'industrie du second, car ma bourse ne s'élargit pas autant que mon désir.

Nous devons partir ce soir pour Manille. J'emmènerai le P. Guillet, procureur des Lazaristes, qui veut bien continuer de préparer nos hommes à remplir le devoir pascal. Quelques-uns se sont déjà approchés de la sainte table, le jour de Pâques ; mais là ne s'arrêtera pas la moisson, je l'espère. Mon séjour à Manille sera probablement de courte durée ; nous ferons route ensuite pour Ning-po, une des grandes villes de la Chine, où les Sœurs de charité, établies à Macao, vont transporter leur domicile. Trois de ces bonnes religieuses parmi lesquelles se trouve une demoiselle Lapierre, sœur de l'ancien commandant du *Suffren*, sont venues visiter leurs futures cabines, si j'ai la chance de les conduire avec le *Cassini*. Ces bonnes Sœurs, quoique toutes en Dieu, n'en conservent pas moins l'amour du pays ; et un bâtiment de guerre, c'est la France !

Adieu, chère mère et chères sœurs. Puisse la Providence vous donner, avec la santé du corps, la paix de l'âme, seul bonheur désirable pour des chrétiens !

En mer, 14 avril.

Nous avons quitté Macao, hier, à trois heures et demie, et nous gouvernons sur Manille. Il ne fait pas mauvais temps, mais nous luttons contre une brise assez fraîche ; la houle est sensible et fatigante.

J'ai parcouru rapidement dans la journée une vingtaine de *Moniteurs*, du 25 novembre au 14 décembre.
On ne peut trop admirer le doigt de Dieu dans cet
acte inouï de Louis-Napoléon, dans cette dissolution
de l'Assemblée, dans cette hardiesse à mettre la main
sur le pouvoir et à en user, dans cet appel immédiat à
la nation pour légitimer l'usurpation. Je n'ai pas
adhéré, mais je n'aurais pas hésité à le faire, si j'avais
été en France, malgré mon peu d'enthousiasme pour
le prince, malgré le peu de sympathie que m'inspire
son entourage.

15 avril.

Le ciel est plus gai qu'hier. Le soleil s'est montré
presque toute la journée. Nous marchons vers Manille,
à la voile, avec une vitesse de quarante-cinq lieues par
jour environ.

J'ai continué de parcourir le *Moniteur* jusqu'au
24 décembre ; c'est de l'histoire contemporaine. On ne
peut s'empêcher d'admirer comment Dieu se sert de
l'ambition d'un homme pour lui faire oser de grandes
choses. Pourquoi rêver Henri V, puisque la Providence nous donne Napoléon ? Gardons nos principes,
rien de mieux ; mais, en attendant que le pouvoir
vienne entre les mains d'un autre qui a nos sympathies,
servons loyalement le pays, quel que soit le chef qui
le dirige. L'enthousiasme serait le comble du ridicule ;
mais que personne n'ait le droit de nous soupçonner
de servir à contre-cœur.

Baie de Manille, 19 avril.

Nous avons mouillé hier à Manille, à une heure et
demie de l'après-midi, après avoir navigué toute la

nuit pour nous rapprocher de l'île du Corregidor. La première impression de la ville n'est pas favorable. Il y avait peu de bâtiments en rade et peu de mouvement d'embarcations. Aucun édifice remarquable ne relève l'uniformité de cette plaine couverte de maisons en pierres et en chaume, ou plutôt en bambous.

20 avril.

J'ai reçu ce matin la visite de M. de Carlès, aide de camp du capitaine général et fils du gouverneur de Samboagan, qui a laissé de si bons souvenirs à bord du *Cassini*. J'ai eu grand plaisir à causer avec ce jeune officier, distingué de manières et de sentiments, et qui parle français avec l'aisance d'un homme élevé en France.

Il est bon de se mettre au courant des choses, mais je crains d'avoir aujourd'hui perdu du temps à lire les journaux. On prête à Louis-Napoléon la volonté de supprimer tous les journaux. Ce serait une crise à subir, car que de gens vivent de leur plume en France ; mais si la chose était faite avec prudence, ce serait un grand bien pour le pays. La vérité ne se peut connaître ni par les discours des assemblées, ni par les articles de la presse ; on a trop soin de ne dire et de n'écrire que ce qui plaît au public dont on sollicite les suffrages, les votes ou l'argent.

24 avril.

Arrivée de la *Capricieuse* ; il est bon de se retrouver avec le commandant de la station. Mais jamais le présent ne nous satisfait complètement : je voudrais déjà être en route pour Macao, d'où j'aurais hâte sans doute de partir pour Chang-hai.

J'ai reçu des lettres du mois d'octobre. On connaissait à Puycheni, par la voie de la presse, les événements de Sumatra ; ma mère et mes sœurs paraissent enchantées de quelques articles louangeurs pour moi. Puissé-je n'avoir jamais comme mobile de mes actions le désir d'en occuper le public ! Puissé-je m'humilier d'autant plus que Dieu a daigné employer un plus chétif instrument pour travailler à son œuvre !

25 avril.

C'est aujourd'hui la fête du Bon Pasteur. Dans toutes les grandes villes de France, les membres des Conférences de Saint-Vincent de Paul se réunissent pour prier ensemble et s'entretenir des devoirs de charité. Puissent-ils ne pas oublier leurs frères absents, et obtenir de Dieu que l'amour du bien vive toujours dans leurs âmes !

27 avril.

Je reviens de la *Capricieuse*, où j'ai reçu quelques coups de boutoir (il ne me vient pas d'autre mot plus significatif) de la part du commandant de Rocquemaurel, pour avoir été visiter le gouverneur général avec deux officiers du *Cassini*. Il m'a aussi parlé des dépenses énormes faites par les bâtiments à vapeur, de l'inutilité d'un bâtiment à vapeur à la station de Chine : toutes choses qui pouvaient de ma part exciter une réponse aigre, d'où serait résultée une discussion déplorable. Mon bon ange m'a fermé la bouche. M. de Rocquemaurel souffre cruellement d'un asthme ; la discussion eût été pour lui une distraction, je le crois du moins, sans cela, je ne m'expliquerais pas ses affectueuses poignées de main d'hier et ses taquineries d'aujourd'hui. Quoi qu'il en soit, je veillerai à ne pas m'écarter du respect et de l'obéissance que je dois à mon chef. Dans les désagréments que j'aurai à subir, je me souviendrai que toute épreuve vient de Dieu, et que tous les hommes, quels qu'ils soient, ne sont que des instruments dans sa main toute-puissante.

En mer, 2 mai.

Nous avons quitté Manille, hier, à six heures du matin. Le temps, qui était très beau au moment du départ, nous a permis de ne pas remorquer la *Capricieuse*. Aujourd'hui, absence complète de brise. Il y a de la houle, pas assez cependant pour nous incommoder.

C'est la fête du Patronage de saint Joseph, le protecteur des missions de Chine. Les pieux missionnaires ont dû célébrer cette fête avec une sainte confiance dans le patron des missions auxquelles ils se sont généreusement dévoués. Les prières de ceux qui ont vécu à bord du *Cassini* appelleront sur ce bâtiment, je l'espère, les bénédictions de Dieu.

Hong-kong, 5 mai.

Je viens de mouiller à Hong-kong, après avoir passé très près, trop près même de l'île *Green*. En gouvernant pour tenir le milieu du chenal du *Sulphur*, le courant nous a portés sur l'île Verte, à moins d'un câble et demi. Je remercie Dieu qu'il ne nous soit pas arrivé d'accident.

6 mai.

J'ai eu la consolation de veiller, cette nuit, une heure en prière, comme associé de l'adoration nocturne du

Très Saint-Sacrement, et j'ai pu entendre la messe ce matin.

Après quelques visites d'obligation et de convenance au gouverneur général par intérim, à notre agent consulaire et au P. Libois, je suis rentré à bord sans accepter aucune invitation à dîner. Avec toutes les précautions que je crois devoir prendre dans l'éventualité d'une guerre contre les Anglais, je n'aimerais pas à me trouver chez eux la nuit. Des précautions exagérées seraient sans doute ridicules, mais il y aurait déshonneur dans l'absence de toute précaution. Je suis dans une colonie anglaise, sous les canons de la *Cléopâtre*, corvette de trente-deux, et le caractère d'imprévu que portent tous les actes de Louis-Napoléon me fait craindre qu'aujourd'hui peut-être on ne se batte en Europe. Certes, je ne désire pas la guerre, malgré l'éclat qu'elle jette sur ceux qui réussissent ; mais je désire sincèrement servir mon pays avec honneur, et prouver, si l'occasion s'en présente, que la messe, même au dix-neuvième siècle, n'entrave pas la bravoure et le dévouement.

7 mai.

Ce soir, au branle-bas de combat, j'ai dit à l'équipage que, malgré l'absence de nouvelles positives, il était prudent de se tenir prêt pour la guerre. J'ai recommandé à chacun de se rendre avec calme à son poste en cas d'alerte. J'ai ajouté que je comptais sur tous pour la défense et l'honneur du pays, et que l'on pouvait compter sur moi.

9 mai.

Le prochain courrier peut apporter d'un moment à l'autre la nouvelle d'une rupture entre la France et l'Angleterre. Après en avoir conféré avec mon second, M. de Saint-Haouen, nous avons jugé prudent d'aller mouiller à Castle-Peak.

La malle d'Europe est arrivée à trois heures du matin ; nous avons chauffé immédiatement, et, avant le jour, nous étions hors d'atteinte des canons de la *Cléopâtre*.

Nous avons mouillé à Macao vers six heures et demie du soir, un quart d'heure après la *Capricieuse* que nous avions aperçue une heure avant de jeter l'ancre. Les nouvelles d'Europe ne font aucune mention des bruits de guerre dont il était dernièrement question.

A bord du *Cassini*.   Macao, 18 mai.

Je rends grâces à Dieu, chère bonne mère, pour les heureuses nouvelles qui m'arrivent à la fois de ma famille et de mon pays.

Il me semble que les choses vont mieux en France, et que le Président prend de sages mesures pour rétablir l'ordre dans la société, et faire revivre la maxime « chacun à sa place » méconnue depuis si longtemps. Le bien n'arrivera pas d'un seul coup : nous subirons des tâtonnements, des décrets imprudents peut-être ; mais qu'est-ce que cela comparé aux maux affreux dont la France et l'Europe étaient menacées ? Il faut que nous nous accoutumions à supporter l'autorité, même dans ses écarts. N'est-ce pas bien préférable aux égarements de la populace, aux folies de la multitude qui a mis la main sur le pouvoir ? Comme chrétiens, nous savons que rien n'est parfait sur cette terre ; nous trouvons large part à la critique dans les règnes les plus glorieux, depuis Charlemagne jusqu'à Louis XIV. Nous devons donc nous réjouir, quand la plupart des lois semblent faites dans un bon esprit ; quand l'autorité use du pouvoir avec fermeté ; quand la guerre est nettement déclarée aux hommes qui ont troublé la société.

J'avais accueilli sans enthousiasme et presque avec stupeur le coup d'État de décembre ; j'étais inquiet et je ne savais pas où nous allions. Mais dès que j'ai pu apprécier tout le bien que cet acte de vigueur avait fait à l'Europe et surtout à la France ; dès que les événements m'ont été présentés par d'autres plumes que par les journaux anglais, je me suis réjoui que la Providence ait suscité un homme pour trancher le nœud gordien. Et maintenant j'ai foi plus que jamais en l'avenir de notre pays, si l'on continue de marcher dans la voie où l'on est entré.

Depuis ma dernière lettre, nous avons entrepris un petit voyage à Manille, où j'ai fait de bonnes connaissances. Dîner chez le gouverneur, général Urbinondo, marquis de la Solana, qui me plaça à sa droite, bien qu'il y eût des officiers de grade et de position plus élevés. Au déjeuner que je donnai à bord se trouvaient le fils du gouverneur, capitaine des hallebardiers, deux aides de camp, dont l'un était M. de Carlès, fils du gouverneur de Samboagan, et M. Coste, chancelier du consulat. J'avais déjà reçu à ma table quatre Pères dominicains, qui auraient désiré me faire connaître les maisons qu'ils occupent dans plusieurs parties de l'île ; mais il m'était impossible de songer à une absence de quelques jours.

Manille m'a beaucoup plu, parce que la population indigène est chrétienne et généralement bonne, tandis que dans les colonies qui sont au pouvoir des protestants, comme Java, Singapore, Pinang, le nombre des chrétiens est très restreint et le gouvernement ne fait rien pour l'augmenter.

Nous devons prochainement quitter Macao pour

Ning-po, où le *Cassini* transportera les Sœurs de charité établies jusqu'à présent à Macao. Je considère comme une bonne chance pour le navire d'avoir à conduire ces saintes filles à leur destination. Presque toutes appartiennent à des familles des plus honorables. L'une d'elles est sœur du vénérable martyr Perboyre, deux autres ont un frère officier de marine, la supérieure est nièce d'un des plus respectables prêtres de Paris. Le P. Guillet, leur directeur, qui est venu comme aumônier du *Cassini* à Manille, fera partie de la caravane.

Il y a eu, samedi dernier, grande fête à la légation de France, à l'occasion du baptême du fils de M. de Bourboulon. On a dansé depuis une heure jusqu'à six heures du soir ; mais je me suis retiré dès que j'ai pu le faire convenablement. M. et madame de Bourboulon iront à Chang-haï avec la *Capricieuse* et reviendront probablement à bord du *Cassini*.

J'ignore à quelle époque on rappelera le *Cassini* en France ; mais je dois l'avouer, malgré la joie que me causera le retour, je ne suis pas pressé de voir la fin de la campagne. Il me semble que nous n'avons encore rien fait d'utile, et il est difficile de me trouver dans de meilleures conditions pour servir mon pays. Un excellent bâtiment, un état-major d'élite, un équipage animé d'un bon esprit : je ne vois pas ce que je peux désirer de mieux. Je n'ai pas encore satisfait aux conditions pour avancer ; je ne les aurai remplies qu'en 1853.

Si je n'étais pas en France à cette époque, je vous demande en grâce de ne faire ni autoriser aucune démarche de nos amis, qui seraient alors en crédit. Je n'éprouve aucun désir d'avancement et je serais honteux, vu les idées que j'ai souvent émises sur ce sujet, qu'on pût me soupçonner d'agir sous main. Dieu sait

mieux que moi et mes amis le fardeau que je puis
porter ; celui que j'ai pour le moment est déjà assez
lourd, et je ne vois pas qu'il y ait pour les autres ou
pour moi avantage à l'augmenter. Je parle très sérieusement, et toute personne ayant un peu de religion
me comprendra facilement; je suis donc sans inquiétude sur ce point, maintenant que vous savez nettement ce que je pense.

Amitiés bien tendres à mes frères et belles-sœurs.

20 mai.

Me voilà fortement tourmenté par l'ordre du commandant de la station, qui annonce officiellement aux
équipages la nomination du Président pour dix ans et
termine en criant : Vive le Président! Vive Louis-Napoléon! Dois-je crier : Vive Louis-Napoléon? Et ce cri,
si je le pousse, sera-t-il sincère? Désiré-je vraiment
que Louis-Napoléon reste l'arbitre des destinées de la
France pour dix ans, pour toute la vie? Je ne le crois
pas. Sans doute, pour le moment, je trouve que ce pouvoir nouveau promet beaucoup ; mais ai-je cessé d'être
légitimiste au fond du cœur? Non. C'est donc une situation difficile et dont la Providence peut seule me
tirer.

26 mai.

Nous sommes retenus au mouillage par une réponse
de Canton qui tarde plus à arriver que ne l'avait prévu
le commandant de Rocquemaurel, car il a le ministre
de France à bord de la *Capricieuse*, depuis lundi soir.
Dès que les pièces de comptabilité que nous attendons
seront arrivées, nous partirons pour Ning-po, en fai-

sant escale sur divers points que je ne connais pas encore.

Dieu soit béni d'avoir mis les Sœurs à bord du *Cassini !* Elles y ont apporté de la gaieté, de l'entrain, de la vie, et elles y laisseront, j'espère, de bonnes impressions religieuses. Déjà ce soir, tout l'équipage s'est groupé à l'arrière pour les entendre chanter l'*Inviolata*, qui a été bien exécuté. Les matelots les ont ensuite accompagnées dans le chant des cantiques ; peut-être sera-ce un moyen de gagner quelques âmes à la foi. Les Sœurs paraissent contentes de leur séjour à bord, où tout va aussi bien que possible, sauf la grippe, qui a mis hors de service près d'un tiers de l'équipage.

En mer, 29 mai.

Nous venons de quitter Macao, où notre séjour pouvait se prolonger encore ; car le courrier d'hier, sur lequel on comptait, n'avait rien apporté de Canton. On a supporté, grâce à Dieu, avec une grande patience, cette petite contrariété d'être consignés cinq ou six jours avant le départ.

Nous entendons la messe tous les jours, et c'est une joie pour moi de voir l'hommage qu'on rend à Dieu à bord du *Cassini*. Les bonnes Sœurs communient le matin et font la prière en commun le soir, devant la chapelle ; elles vivent, en un mot, avec toutes sortes de facilités pour remplir leurs pratiques pieuses.

Nous courons lentement, avec une vitesse de quatre à cinq milles seulement, entre les Ladrone et Marmichow. Le temps est couvert, la mer agitée ; aussi plusieurs personnes sont-elles déjà malades.

30 mai.

Nous nous promettions une belle et bonne fête de

Pentecôte, mais nous avions compté sans la volonté de Dieu. Il n'a pas été possible d'avoir la sainte messe. L'abbé Guillet et toutes les Sœurs ont eu le mal de mer ; moi-même, vieux marin, j'ai été toute la journée fatigué par la houle.

Amoy, 1er juin.

Après les fortes chaleurs de Macao, nous avons senti dans la journée un vent froid du nord-est, qui nous a obligés à prendre des manteaux. La *Cléopâtre* et un autre navire sont au mouillage. Je suis enchanté de faire connaissance avec Amoy. C'est une grande ville très commerçante et fort sale ; mais c'est au moins une vraie ville chinoise, et non pas une ville anglaise ou portugaise en Chine, comme Victoria de Hong-kong et Macao. La baie est formée par plusieurs îles, dont quelques-unes sont très accidentées et cultivées avec soin. Nous ne resterons ici que deux jours. C'est peu pour se faire une idée des ressources qu'offre un des plus beaux ports de la Chine.

J'ai été, ce matin, faire un tour sur l'île Koulang-sou, qui a été occupée deux ans par les Anglais. On y voit plusieurs temples et maisons en ruines. L'île, malgré cela, présente encore un agréable aspect ; on y trouve des champs de riz et de maïs, des cours d'eau, quelques arbres et de beaux rochers. De son sommet on embrasse un horizon très étendu qui comprend, entre la ville et le port d'Amoy, plusieurs autres îles et baies.

3 juin.

Je suis monté avec le P. Guillet et M. Soury jusqu'au mât de signaux, planté au-dessus d'Amoy. De là, nous avons pu embrasser d'un seul coup d'œil la ville, qui est massée au pied de la montagne et s'avance sur une presqu'ile basse au bord de la mer. Nous avons traversé la partie de la ville la plus avancée vers le large. L'aspect des rues et des maisons est en général triste ; dans quelques rues cependant, les boutiques ont bonne apparence. La foule qui se croise rend la promenade des curieux très pénible ; nous rencontrons des joueurs de cymbales et de gongs, des femmes dont les cheveux sont relevés et ornés de fleurs.

La vue des pagodes m'a produit une pénible impression. Ces pauvres Chinois sont si malheureux entre des mandarins qui les oppriment et des idoles qui ne leur laissent aucune espérance ! Nous marchons presque inaperçus, ne remarquant sur la figure des Chinois ni malveillance ni sympathie.

En mer, 6 juin.

Nous avons remorqué la *Capricieuse*, hier, depuis huit heures du matin jusqu'à huit heures du soir. Je viens de passer une heure en prière, comme membre de l'adoration nocturne. Il n'est pas sur la terre de bonheur comparable à celui que cause la prière, et surtout la prière de nuit. Jamais je n'ai donné une heure de la nuit au bon Dieu sans qu'il m'en indemnisât largement.

7 juin.

Nous avons eu le bonheur, ce soir, de faire la prière en commun dans la chapelle qui renferme le Saint-Sacrement. Bonne journée pendant laquelle l'équipage a été très occupé des exercices ou des manœuvres nécessaires. Quant à moi, j'ai passé la journée sur mes cartes de la côte pour prendre des relèvements, et je me suis occupé de la révision de nos consignes de bord.

Tout va bien sur le *Cassini* ; aussi dois-je être pénétré de reconnaissance envers Dieu. Depuis quinze mois que nous avons quitté le port, pas une querelle n'a éclaté dans l'état-major, et je n'ai point encore traversé aucune de ces crises si pénibles pour les capitaines qui ont un navire désemparé et un équipage désordonné. Même les personnes sans religion se montrent pleines de prévenances et de bons procédés à l'égard des prêtres et des religieuses.

10 juin.

Nous avons mouillé, hier, dans un magnifique bassin, entouré d'îles couvertes de culture et de végétation, à deux milles et demi de Ting-hai, capitale de la grande Chou-san. J'avais eu l'intention de descendre sur les îles et d'y faire de longues promenades ; mais la situation des chrétiens qui y habitent me préoccupe plus que ces distractions que je m'étais promises.

Nous entrons dans un ordre de choses fort différent de tout ce que nous avons vu jusqu'à présent ; nous devons faire ici de la bonne politique, de la politique du genre le plus élevé. Il s'agit de prêter aux missions un concours prudent, en intimidant les mandarins qui persécutent la religion, sans engager le pays dans des difficultés avec la Chine. Pour cela, il faut se placer vis-à-vis des Chinois en gens puissants, qui veulent maintenant et qui voudront toujours soutenir les intérêts catholiques, dans leur pays comme partout ailleurs.

A bord du *Cassini*.   Ting-hai (île Chou-san), 11 juin.

Chère bonne mère,

Nous avons quitté Macao, le 29 mai, avec la *Capri-*

pricieuse qui a M. et madame de Bourboulon comme passagers. Le *Cassini*, de son côté, porte à Ning-po le consul de Portugal, M. Marquès, dix Sœurs de charité, et le P. Guillet, Lazariste, procureur général de l'Ordre en Chine.

Je considère comme un grand bienfait de la Providence le soin qui m'a été confié de conduire les Sœurs à leur destination. Tout le monde à bord paraît les voir avec plaisir, et la table des officiers, où elles mangent, n'a jamais été plus gaie. Chaque jour j'en invite deux à dîner avec le P. Guillet et M. Marquès, mes hôtes habituels. Ces saintes filles paraissent elles-mêmes heureuses de la manière dont chacun les traite. Elles se sont mises à l'ouvrage pour réparer le désordre que quinze mois de mer ont apporté dans notre linge et nos effets, et il n'y aura pas de bâtiment au monde mieux *raccommodé* que le *Cassini*.

La navigation de la mer de Chine, dans la partie que nous avons visitée, est très intéressante. La côte est parsemée d'îles habitées par une population de pêcheurs et d'agriculteurs. La terre et la mer sont exploitées ici plus que partout ailleurs; et cela se comprend à cause du chiffre de la population, hors de proportion avec les ressources ordinaires dans les contrées d'Europe. Aussi pas un petit coin de terre qui ne soit cultivé, partout où un grain de riz ou une patate douce peuvent pousser. La mer est couverte de jonques : on en rencontre fort loin au large, et bien souvent nous avons glissé sur des filets de pêcheurs, signalés par des barriques vides où d'autres corps flottants.

Les îles Chou-san (montagne du navire ou île du navire), de même qu'Amoy, ont été occupées plusieurs années par les Anglais, au moment de leur querelle avec la Chine, dans les années 1840, 1841, 1842, etc.; mais il ne reste presque rien qui rappelle leur séjour.

L'obligation de vivre fait des îles Chou-san un jardin délicieux. Les jolis sites d'Italie peuvent seuls être comparés a l'aspect de ces îles : il y manque cependant de grands bois et de belles maisons de campagne.

Je suis allé avec un prêtre chinois et quelques autres personnes visiter une maison de campagne à un quart de lieue de Ting-hai ; je n'ai guère été charmé du caprice singulier qui a guidé le propriétaire de la villa chinoise dans la distribution des grottes du jardin et des appartements de la maison.

Les villes chinoises, d'après ce que j'ai vu et ouï dire, se ressemblent beaucoup : les rues sont étroites et sales, et les maisons, dont les abords sont dégoûtants, n'ont qu'un étage ; malgré cela, la nouveauté rend une promenade en ville assez intéressante.

Nous avons visité Ting-hai, capitale de la grande Chou-san. Cette ville, entourée de fortifications qui ne la protégeraient qu'imparfaitement contre un coup de main d'une troupe aguerrie, communique par des canaux au faubourg qui longe la mer. Si l'ensemble du pays m'a plu, la capitale ne m'a produit aucune impression agréable. Elle est bâtie dans une plaine traversée de canaux pour l'irrigation des rizières. On s'y procure facilement les choses de première nécessité ; mais on n'y vend aucun fruit un peu savoureux en cette saison. On dit qu'il y a près de quarante mille jonques ou bateaux employés à la pêche, dans un rayon d'une douzaine de lieues autour de Ting-hai.

Notre présence sera, je l'espère, utile aux chrétiens que les païens commençaient à tourmenter. Une chose glorieuse pour la France, c'est que partout les catholiques opprimés attendent d'elle secours et protection ; et, ce qui est extraordinaire, les Turcs comme les Chinois, comme les peuples de l'Océanie, admettent parfaitement cette intervention dans les différends qui surgissent. L'apparition de la *Capricieuse* et du *Cassini* a suffi pour glacer de crainte les mandarins ; on commence à restituer aux chrétiens différents objets qu'on leur avait volés. Il semble que les infamies doivent cesser dès que paraît un bâtiment de guerre français.

12 juin.

J'ai fait connaissance, ce matin, avec M. de Montigny, consul de France à Chang-hai, qui a su se créer en Chine une forte position. Sa physionomie ouverte, son air décidé plaisent tout d'abord ; j'aimerais à ne pas revenir sur cette première impression. Nous restons ici pour mettre à l'abri des vexations de pauvres chrétiens chinois auxquels notre présence a rendu le courage, pendant qu'elle intimidait leurs persécuteurs. Il serait sage de tirer parti de cette situation et, sans recourir aux menaces violentes, d'obtenir, par la seule influence de notre pavillon, ce que l'on peut raisonnablement demander.

14 juin.

Nous devions ne rester que vingt-quatre heures à Ting-hai, et voilà cinq jours que nous y sommes ; il ne serait pas étonnant que les affaires engagées nous y retinssent trois ou quatre jours encore. J'ai vivement désiré voir Cadix, Séville, Londres, Jérusalem, Rio-Janeiro, etc ; j'ai vu toutes ces villes et bien d'autres, et ma curiosité n'est pas encore satisfaite. J'ai hâte de voir Ning-po, comme j'ai désiré voir Gênes, Turin et Florence ; il semble que je n'y arriverai pas. Je veux à toute force enjamber sur les desseins de la Providence. et je ne sais pas me trouver bien où elle me veut.

Pardon, ô mon Dieu ; vous avez cédé, dans une large mesure, au désir de votre serviteur, ne permettez pas qu'il se laisse emporter à des souhaits de pure vanité.

15 juin.

Ce matin, à cinq heures, le commandant de la *Capricieuse* m'a appelé à son bord par signal. Arrivé dans sa chambre, il m'a fait asseoir près de lui, s'excusant de m'avoir dérangé si matin et peut-être durant la messe. Puis il m'a exposé la situation des affaires, ajoutant qu'il voulait en causer avec moi pour me mettre au courant de sa ligne de conduite, et m'a demandé mon avis sans se décharger de la responsabilité de ses décisions qu'il voulait conserver tout entière.

Il s'agissait de l'opportunité de faire mouiller la *Capricieuse* et le *Cassini* à petite distance de Ting-hai, pour appuyer les conférences de nos agents diplomatiques avec les mandarins. Le mouvement des bâtiments vers la ville, observait M. de Rocquemaurel, revêt le caractère d'une menace ; si cette menace n'est pas suivie du résultat qu'on s'en promet, elle est imprudente et elle obligera ou à des rigueurs envers les Chinois ou à une retraite du plus mauvais effet. Cependant le commandant inclinait à faire avancer le *Cassini*, comme il en avait été question. J'ai répondu au commandant que je pensais comme lui ; je craignais qu'on ne s'habituât trop à exploiter la couardise des autorités chinoises, conduite qui pouvait, à un moment donné, créer de sérieuses difficultés. L'entrée à Ting-hai, qui n'aurait à l'arrivée présenté rien d'extraordinaire, serait évidemment regardée aujourd'hui comme une menace.

Dans une entrevue avec le chef de la station, le ministre de France aurait dit qu'il prenait sur lui toute la responsabilité de cette entrée ; M. de Rocquemaurel aurait répondu que la garde de l'honneur du drapeau ne se déléguait pas. Quand j'ai quitté le commandant de la *Capricieuse*, il paraissait résolu à repousser la demande de M. de Bourboulon pour le changement de mouillage des deux navires ; mais il ne voyait aucun inconvénient à mettre le *Cassini* à la disposition de notre ministre en Chine, pour traiter l'affaire plus près de Ting-hai, et rendre au diplomate français des honneurs propres à frapper l'esprit des Chinois.

Je viens de recevoir la visite de M. de Montigny, notre consul à Chang-hai. Il paraissait très monté contre M. de Rocquemaurel pour le refus fait à M. de Bourboulon ; mais il a compris que je ne pouvais être le confident de ses griefs. Il s'est borné à me dire que, par le refus de concours de la marine, la question devenait maintenant une affaire ministérielle à traiter de département à département. Quant à lui, il n'irait plus à terre, afin de ne pas compromettre sa dignité. Il parlait en homme convaincu que le chef de la station doit, sans examen préalable, obtempérer à toutes les demandes du ministre de France.

D'un autre côté Mgr Danicourt, dont la juridiction épiscopale s'étend sur Ning-po, ne semble pas content de M. de Montigny, qui paraît à son tour mécontent de Mgr Danicourt. C'est un imbroglio difficile à résoudre. Dieu daigne animer le ministre de France, le consul de Chang-hai, le commandant de Rocquemaurel, les évêques et les chrétiens de bons sentiments pour sa plus grande gloire !

16 juin.

Je viens d'assister à une conférence du ministre de

France et du consul de Chang-hai avec les principaux mandarins de la ville, et je suis peu édifié de la manière dont se sont passées les choses. On a apporté dans la discussion une violence de gestes et de paroles, qui, avec tout autre peuple, aurait arrêté les pourparlers et compromis l'affaire qu'on avait à traiter. Elle a cependant réussi ; ce qui montre que le moyen n'était pas absolument mauvais. Je crois nos diplomates trop ardents ; ils abusent de leur position en menaçant continuellement. Je comprends qu'il ne faille pas traiter les Chinois comme les Européens ; mais il me semble qu'il répugne à nos usages et à nos mœurs d'enlever d'assaut une position, dans un pays qu'on a intérêt à ménager.

Tsin-hai, 19 juin.

Nous sommes mouillés, non sans peine, devant Tsin-hai qui peut être considéré comme le premier port de Ning-po. Il y a trois heures environ, nous étions couchés sur le côté, n'ayant que sept pieds d'eau sous la quille ; les cartes cependant indiquaient du fond là où nous avons touché. La *Capricieuse* a échoué comme le *Cassini*. Cet accident a été pour l'équipage l'occasion d'un bon exercice. Je remercie Dieu de tout cœur de nous avoir épargné de graves accidents dans les manœuvres faites avec précipitation, comme il arrive en de telles circonstances.

A bord du *Cassini*.   Ning-po, 21 juin.

Chère bonne mère,

Nous avons amené à bon port les dix Sœurs de charité qu'on nous avait confiées. Leur présence à bord a été pour nous tous une vraie satisfaction, et,

grâces à Dieu, elles ont aussi paru très contentes du
bâtiment. Durant les trois semaines qu'a duré la traversée, y compris une relâche à Amoy et une autre à
Chou-san, le P. Guillet, leur directeur et procureur
général des missions, a pu nous dire la messe presque
chaque jour. Les officiers et les élèves ont été pleins d'é-
gards pour les Sœurs qui ont paru regretter le *Cassini*,
quoi qu'elles y fussent bien à l'étroit. J'ai reçu à leur
départ une marque touchante d'affection; elles ont
laissé à la chapelle du *Cassini*, pour devenir plus tard
ma propriété, une jolie statuette en bronze de la Sainte
Vierge, qui avait orné l'autel du *Stella Maris*, navire
sarde commandé par le comte des Cars, sur lequel
elles avaient été transportées en Chine; elles m'ont en
outre donné une chapelle complète de missionnaire, en
sorte que, partout où je me trouverai avec un prêtre, il
sera possible de célébrer la messe.

La rivière de Ning-po, à peine marquée sur nos
cartes géographiques, est plus propre à la navigation
qu'aucun de nos fleuves de France. La multitude de
villages situés sur ses bords, les barques qui la sillonnent en tous sens, les montagnes qui bornent la vue
dans le lointain, tout produit un effet superbe.

On ne peut se faire une idée exacte de la quantité de
jonques qui couvrent les eaux de la Chine, quand on
n'a pas vu ces forêts de mâts qui forment comme une
seconde ville à côté de tous les grands centres de population. Ces jonques, quoique disgracieuses d'aspect,
n'en sont pas moins d'assez bons navires pour l'usage
auquel on les destine, et les Chinois les manœuvrent
bien. Les campagnes qui bordent la rivière de Ning-
po, appelée aussi rivière des jonques, sont admirablement cultivées. Aussi loin que la vue peut s'étendre,
on aperçoit d'immenses rizières percées de canaux pour
la facilité de l'arrosement.

Les villages et les hameaux ne présentent rien de particulier que les toitures légèrement gondolées de maisons basses et n'ayant qu'un rez-de-chaussée. Les villes, d'après ce que nous avons vu jusqu'ici, sont généralement sales, et les rues étroites, au point de rendre la circulation difficile dans les quartiers fréquentés. On ne peut guère les parcourir qu'à pied ou en chaise à porteurs ; il est très rare de rencontrer un homme à cheval ailleurs que dans les quartiers occupés par les Européens.

21 juin.

Cet après-midi, visite au Tao-tai de Ning-po avec le commandant de Rocquemaurel, le ministre de France et douze personnes pour faire suite. Il y avait seize chaises, dont cinq ou six à quatre porteurs. Le soir, dîner chez moi de douze personnes, en l'honneur des Sœurs que je voulais fêter. Quand la nuit a été close, ces saintes filles, qui nous rappellent les meilleurs souvenirs de nos familles en France, se sont glissées comme des malfaiteurs dans leurs demeures, où elles vont pratiquer désormais toutes les œuvres de miséricorde à la plus grande gloire de Dieu. Daigne Notre-Seigneur récompenser leur sublime dévouement !

22 juin.

Je suis allé à terre de bonne heure, avec l'intention d'entendre la messe et de voir les Sœurs et leur nouvelle installation. J'ai été content de l'habitation qu'elles occupent, et je crois qu'elles s'y trouveront bien. Le départ de ces excellentes femmes laisse un grand vide à bord ; il semble qu'on se soit séparé d'une seconde famille.

Après une longue course dans la rivière qui borne Ning-po du côté de l'est et qui m'a paru navigable, même pour de gros bâtiments, je suis monté dans la tour de Ning-po. Ce n'est plus qu'une ruine au sommet de laquelle on ne peut parvenir qu'à l'aide d'échelles. De là on domine la ville et les environs ; mais dans cette vaste étendue on n'aperçoit aucun édifice remarquable ; l'œil n'est réjoui que par l'aspect de riches terres, arrosées de nombreux canaux et bornées par de hautes montagnes à l'horizon.

Vers deux heures j'ai reçu la visite du Fou-tai, première autorité de la province. Il a été aussi bien accueilli que possible ; je lui ai offert du vin, de la bière, des liqueurs et du pain ; le pain et les liqueurs ont paru lui faire plaisir. On a exécuté devant lui l'exercice du canon, et il a été salué de trois coups à l'arrivée et au départ.

CHAPITRE VI

MOUILLAGES DE CHANG-HAI ET DE MACAO

29 JUIN 1852 — 27 OCTOBRE 1852

Visites d'arrivée. — Le collège de Zi-ka-wei. — Difficultés avec les autorités chinoises. — Dîner chez le Tao-taï. — Visite à Mgr Maresca. — Les Jésuites et la mission du Kiang-nan. — Une soirée chez un marchand chinois. — Le séminaire de Tsang-ka-leu. — Une famille chrétienne. — Retour à Macao : bonnes nouvelles de France ; fête du 13 août ; l'abbé Janson ; la fête de saint Louis à bord ; promenade aux eaux chaudes ; la grotte de Camoëns ; occupations de l'équipage ; éloge du commandant Bernaërt. — Pourquoi les vocations sont-elles si peu nombreuses? — Départ de Macao.

Chang-hai, 29 juin.

Rien de particulier dans notre traversée de Ning-po à Chang-hai. Cette dernière ville me paraît offrir plus de ressources que toutes celles que nous avons visitées jusqu'ici (1). J'ai passé la soirée d'hier chez notre con-

(1) Chang-hai-hien, ville de troisième ordre, à cinquante-cinq lieues sud-est de Nan-king et à vingt-deux kilomètres de l'embouchure du Wou-song, qui se jette dans le Yang-tse-kiang, était autrefois peu importante dans la hiérarchie chinoise; elle doit sa

11

sul et chez le consul anglais. Aujourd'hui, après une
longue causerie avec M. de Rocquemaurel à bord de la
Capricieuse, j'ai trouvé au retour M. l'abbé Janson,
qui sera, durant quelques jours, l'hôte du *Cassini*.
Dîner chez M. de Montigny avec qui, j'espère, les relations seront fort agréables, et soirée chez le consul
de Portugal. J'ai appris que Mgr Maresca s'est présenté
à bord au moment où je lui faisais moi-même visite.

1ᵉʳ juillet.

Ma journée s'est passée, hier, chez les PP. Jésuites
à Zi-ka-wei (1). J'ai été vraiment heureux de rencon-

prospérité récente aux traités de 1844, qui suivirent la guerre de
l'opium.

Son port, vaste et profond, situé à la jonction du Wou-song et
du Wang-pou, relié par des rivières ou des canaux avec les villes
les plus considérables du Kiang-sou et du Tché-kiang, est devenu,
à cause de sa position centrale et du voisinage de Sou-tcheou,
ainsi que des districts qui produisent principalement la soie et le
thé, le premier entrepôt du commerce étranger avec la Chine. Il
est peu de places au monde, à plus forte raison dans le Céleste
Empire, qui puissent aujourd'hui rivaliser avec Chang-hai. Parmi
les cinq ports ouverts par les traités, Canton n'occupe plus que
le troisième rang; Fou-tchéou le devance pour le thé; quant à
Amoy et à Ning-po, ils végètent, comme étouffés par la concurrence de la cité du Kiang-nan.

La ville de Chang-hai, entourée de campagnes très fertiles, mais
humides et malsaines, se compose actuellement de deux parties :
la ville chinoise, avec une enceinte fortifiée et des faubourgs; la
ville européenne, divisée en trois quartiers, auxquels on a donné
le nom de *concessions* françaises, anglaises et américaines. Ce sont
des terrains contigus, dont les différentes parcelles sont suscep-
tibles de devenir successivement, par la voie légale de l'expro-
priation, les propriétés des trois gouvernements de France, d'Angleterre, d'Amérique, ou de leurs sujets. Toutefois, ces terrains
restent terre chinoise, n'étant cédés que pour quatre-vingt-dix-
neuf ans, mais avec clause indéfiniment renouvelable.

(1) Zi-ka-wei, petit village à six kilomètres sud-ouest de Chang-
hai, s'est formé peu à peu auprès du tombeau du célèbre Paul
Siuou Siu-ko-lao, ministre d'État, l'un des premiers convertis du

trer un aussi grand nombre d'hommes intelligents et
dévoués, pleins d'ardeur et de foi, implantés sur le sol
chinois dans une province où le christianisme était
autrefois florissant. Les Sœurs de charité et les Lazaristes
d'une part, les Jésuites et les prêtres des Missions
étrangères d'autre part doivent porter de rudes coups
aux superstitions païennes en ce pays.

J'ai été charmé de l'air de santé, de l'impression de
bonheur qui se reflètent sur le visage de tous les enfants que j'ai vus. Avec quelle adresse les PP. Jésuites
me semblent manier ces jeunes intelligences ! Comme
ils savent se faire petits avec les petits ! Comme ils paraissent s'amuser de leurs amusements ! Comme ils savent se substituer à la famille, et remplacer les caprices
ou les faiblesses du foyer domestique par une sévérité
tempérée de charité !

Il y a chez les Jésuites un Frère sculpteur, un Père
médecin, un autre architecte, un troisième physicien,
un quatrième dessinateur. C'est un assemblage de toutes
les professions utiles à la société, embelli de l'abnégation, de l'humilité, de tout ce qui peut rehausser le
mérite (1). Combien je m'estimerais heureux de pouvoir passer une huitaine de jours à Zi-ka-wei !

P. Matthieu Ricci. C'est là que se trouve le collège des Jésuites, et
l'observatoire météorologique, pourvu des meilleurs instruments.
Les jeunes gens qui sortent du collège peuvent se présenter aux
examens du mandarinat, comme les étudiants d'écoles indigènes.

Zi-ka-wei, devenu aujourd'hui la résidence centrale de toute la
mission, possède, outre le collège et l'observatoire, les orphelinats, dont l'un, pour les garçons, compte environ trois cents
enfants, et l'autre, pour les filles, environ quatre cents ; de plus,
un pensionnat de jeunes filles, le scolasticat de la Compagnie de
Jésus, le grand séminaire et un musée d'histoire naturelle. On y
publie un journal chinois (I-wen-lou), paraissant deux fois par
semaine, et le Messager du Sacré-Cœur, en chinois, paraissant une
fois par mois.

(1) Le Frère Jean Ferrer, coadjuteur espagnol, né en 1817,
mort en 1856. « Ce n'est pas à nous, observe le P. Broullion dans

5 juillet.

Ce matin, l'abbé Janson a dit une messe d'actions de grâces pour remercier la Providence d'avoir ramené deux de mes frères à la pratique de la religion. Je suis vraiment confondu de tous ces bienfaits de Dieu. Depuis que je suis revenu à la foi, tout m'a réussi au-delà de mes espérances ; on dirait que j'ai fait une spéculation pour être heureux sur la terre. Sans doute il plaira à Dieu, quand je serai devenu plus fort, de m'envoyer

son Mémoire sur la mission du Kiang-nan, de louer le mérite artistique de toutes les œuvres du Frère Ferrer, qui ont obtenu plus d'une fois le suffrage des connaisseurs et des mentions honorables dans les journaux anglais et américains ; mais voici un trait par lequel on jugera, du moins, du degré de réalité auquel l'artiste a su atteindre.

« Il avait sculpté un petit Enfant-Jésus destiné à être exposé dans un berceau pendant le temps de Noël. Or, un missionnaire s'avisa de le présenter dans une famille chrétienne en disant : « Voici un petit enfant que j'ai recueilli ; l'adoptez-vous ? — Oui, » fut-il répondu tout d'une voix. Puis de regarder le nouveau-venu ; et six personnes, les unes après les autres, y furent prises. Cette figure était si vivante, qu'il fallut beaucoup d'attention pour s'apercevoir qu'elle était de bois. »

Le P. Louis Hélot, né en 1816, mort en 1867, physicien, mécanicien, architecte et maître maçon, était chargé de toutes les constructions. L'église de Saint-Ignace, à Zi-ka-wei, avait été le coup d'essai du P. Hélot, qui acquit bientôt assez d'expérience pour être chargé, par Mgr Maresca, des travaux de la cathédrale de Saint-François-Xavier, à Chang-hai.

« Il fit, remarque le P. Broullion, de curieuses observations sur les procédés employés par les Chinois pour la *cuite* et la *trempe* de la brique, sur leur chaux qu'il disait hydraulique, sur la manière de se passer de pilotis, etc., etc. Plus d'une fois, il put constater que l'art de bâtir est, en Chine, beaucoup plus avancé qu'on ne se le figure communément. »

M. Maistre, des Missions étrangères, cherchait à pénétrer dans la Corée. Le P. Supérieur de la mission du Kiang-nan avait mis une jonque à la disposition du missionnaire, mais personne pour la diriger. Le P. Hélot s'offrit. Dieu bénit si bien son premier essai de navigation qu'il arriva, sans la plus petite erreur, à l'île de Cokunto, où il put heureusement débarquer son passager.

des épreuves ; sans doute le chemin du ciel sera pour moi, comme pour les élus qui nous ont précédés, le glorieux chemin de la croix, *regia via crucis ;* mais en attendant le moment du grand combat, il faut nous aguerrir par les petites escarmouches de la vie commune.

7 juillet.

Hier, le commandant de Rocquemaurel m'a fait appeler à sept heures pour me communiquer une lettre de M. de Bourboulon. Celui-ci se plaint d'une insulte grave de la part du Tao-tai qui n'a pas fait visite au représentant de la France, et il ne parle de rien moins que d'envoyer le *Cassini* à Nan-king, pour obtenir réparation du vice-roi. J'ai répondu à M. de Rocquemaurel que, comme lui, je trouvais cette prétendue insulte sans fondement réel ; que, comme lui, j'hésiterais à me lancer sur les traces du belliqueux diplomate. D'ailleurs, ai-je ajouté, le texte de notre traité n'a pas été violé par le Tao-tai, et il le serait par M. de Bourboulon, qui ne peut communiquer qu'avec le vice-roi de Canton, auprès duquel seul il est accrédité.

Je prie Dieu de m'éclairer en ces questions où l'esprit de corps tend à se substituer à l'intérêt du pays ; et je lui demande humblement d'apporter, dans l'occasion, cet esprit de justice et de charité convenable à un homme qui, chaque jour, quand il le peut, ose recevoir Notre-Seigneur Jésus-Christ.

8 juillet.

J'ai pu causer ce matin avec le Père Broullion et lui exposer quelques doutes sur ma manière de vivre. Je lui ai dévoilé mes principaux défauts, le priant de

m'aider de ses conseils; il m'en a donné d'excellents
que je tâcherai, avec l'aide de Dieu, de mettre en pratique. Les voici résumés en peu de mots : pas de mauvaise humeur contre soi-même, quand on est tombé
dans quelques fautes qu'on avait le dessein d'éviter;
être même convaincu qu'on y retombera encore; s'imposer quelque petite pénitence comme réparation et
recommencer la lutte avec courage. En fait de pratiques
de piété, une courte prière avec la messe peut suffire le
matin, afin de consacrer plus de temps aux obligations
d'état, qui doivent être remplies avec fidélité, mais en
esprit de prière et avec Dieu comme fin.

A bord du *Cassini*.   Chang-hai, 14 juillet.

Chère bonne mère,

Nous avons en ce moment à bord le Père Broullion,
supérieur des Jésuites de Chang-hai, qui veut bien
venir tous les jours de cette semaine faire une instruction religieuse à l'équipage; il nous a donné d'intéressants détails sur les chrétientés du Kiang-nan (1). La

(1) La mission du Kiang-nan ou de Nan-king compte, depuis
plusieurs siècles, parmi les œuvres les plus chères à la Compagnie de Jésus. La foi chrétienne fut prêchée dans cette vaste province de la Chine, peu d'années après la mort de saint François
Xavier, par les Frères mêmes du grand apôtre; et, pendant deux
cents ans, la divine semence y produisit des fruits admirables de
conversion. Le dernier évêque titulaire de Nan-king, Mgr Leim-
bech-Hoven, de l'ancienne Compagnie, mourut à Tung-ka-ang, en
1787. Après une éclipse de cinquante-cinq années, les trois premiers apôtres de la nouvelle Compagnie, les PP. Gotteland,
Estève et Bruèyre, arrivèrent à leur poste en 1842, pour réparer
les ruines du passé et travailler à de nouvelles conquêtes. Il y
avait donc une dizaine d'années que les Jésuites avaient repris
leurs travaux apostoliques dans le Kiang-nan, lorsque le *Cassini*
parut dans les mers de Chine.
    A cette époque, la mission du Kiang-nan comptait 35 prêtres,
71,151 chrétiens, 399 chrétientés, 362 églises, 1,373 enfants d'in-

religion progresse ici plus qu'en aucune autre province ; on compte environ quatre-vingt mille chrétiens dans le Kiang-nan. Les missionnaires procèdent avec une grande prudence ; ils n'admettent les chrétiens au baptême qu'après une épreuve de six mois, à moins qu'ils ne soient en danger de mort (1).

Hier, tous les jeunes Chinois chrétiens du collège de Zi-ka-wei tenu par les PP. Jésuites sont venus visiter la *Capricieuse* et le *Cassini*. Que cela fait de bien de trouver des chrétiens à de si grandes distances de notre pays ! Quand on songe aux peines et aux fatigues qu'ont dû s'imposer les missionnaires pour les amener à la foi, on comprend qu'il n'y a que la vérité qui puisse se manifester de la sorte.

Il n'est pas de pays au monde aussi curieux que celui-ci. Le rôle de la France pourrait être très glorieux en Chine, si les instructions du gouvernement étaient basées sur une profonde connaissance du pays, et si les affaires étaient confiées à des mains prudentes et fermes. C'est un honneur pour notre patrie de ne prendre aucune part à cet indigne commerce de l'opium, véritable fléau pour la Chine.

Je reviens, accompagné de deux officiers et de deux

fidèles nourris par la Sainte-Enfance, 7,142 enfants d'infidèles baptisés, 163 maîtres d'école.

Selon la statistique de 1887-1888, la mission du Kiang-nan compte 1 vicaire apostolique, 101 prêtres européens, 29 prêtres indigènes, 13 scolastiques européens, 19 frères coadjuteurs, 5 novices scolastiques, 5 novices coadjuteurs, 89 séminaristes et latinistes, 17 religieuses carmélites, 55 religieuses auxiliatrices, 17 sœurs de Saint-Vincent-de-Paul, 57 Présentandines (indigènes), 670 chrétientés et 105,000 chrétiens, 44 catéchuménats et 3,775 catéchumènes, 1,905 vierges, 697 écoles, 11,000 élèves, 8,804 enfants élevés par la Sainte-Enfance, etc.

(1) D'après des renseignements précis, le Kiang-nan n'avait alors que soixante et onze mille chrétiens. Les missionnaires n'admettaient les chrétiens au baptême qu'après une épreuve d'un an.

élèves, de rendre visite au Tao-tai ou préfet de Chang-hai; le commandant de la station et le consul y assis-taient. Nous étions en tout quinze personnes faisant cortège au ministre de France. Le Tao-tai nous a reçus moitié à la chinoise et moitié à l'européenne. Nous n'avons pas été obligés de manger avec des baguettes, et le vin du cru avait été remplacé par du Bordeaux, du Champagne et du Madère. Le dîner avait assez bonne mine, mais on y a fait peu d'honneur. On a débuté par des nids d'oiseau que nous avons mangés sans répu-gnance; le nid d'oiseau se présente sous l'aspect de vermicelle peu cuit : c'est un potage passable. Puis sont venus les ailerons de requin et les holothuries, etc. En somme, il n'est personne qui n'ait convenablement dîné chez la haute autorité chinoise.

Hier, c'était bal chez le consul américain; j'ai dû, par convenance, y faire acte de présence. La veille, il y avait grand dîner chez le Lucullus de Chang-hai, M. Beale, consul de Portugal. Je ne parle pas d'un grand dîner à bord, donné aux Anglais par l'état-major et accompagné de chants et de tapage, comme il est d'usage en pareil cas où l'on pousse les choses à l'ex-trême. Tout cela est plus ennuyeux qu'amusant, quand on n'a plus les goûts de la jeunesse; cependant ce sont autant de distractions qui nous arrachent à la vie trop monotone du bord, et l'on rencontre parfois, dans ce monde si varié d'habitudes et d'occupa-tions, des hommes dont la conversation est pleine d'intérêt.

Nous ne tarderons pas, je pense, à faire route avec le ministre de France pour Macao; mais je ne sais pas au juste combien de temps nous y resterons. Cette ville nous paraîtra bien triste, maintenant qu'elle ne possède plus aucun missionnaire français.

Je continue d'être satisfait de la campagne, et je rends

gráces à Dieu de la situation du bâtiment : personnel et matériel, tout va bien.

15 juillet.

Soirée très agréable à Tong-ka-dou (1), chez Mgr Maresca, où trois Jésuites et un missionnaire d'un autre ordre étaient réunis ; nous avons soupé à la modeste table du digne évêque.

La journée avait été employée en causeries avec le P. Broullion qui donne des instructions religieuses à l'équipage. J'aurais le projet, autant que me le permettront mes devoirs de position, de faire une retraite sous la direction de ce bon Père. Quels avantages n'y a-t-il pas à méditer sur la fin dernière de l'homme ! Les résultats obtenus par les PP. Jésuites prouvent évidemment l'utilité de ces méditations.

18 juillet.

J'ai été, ce soir, avec le Père Broullion et quatre personnes du bord, chez un vieux marchand chrétien, le père Lo, vieillard de soixante-dix-sept ans, qui nous a reçus avec toutes les apparences du respect et de la joie, et nous a montré toute sa maison, y compris une jolie chapelle pouvant contenir quatre-vingts personnes. J'ai été charmé de la réception de notre hôte : collation de fruits secs et de fruits de la saison ; vin servi par le vieux Lo, qui n'a jamais voulu s'asseoir, par déférence pour nous ; thé versé par les filles de Lo, qui nous avaient accompagnés dans la maison, comme cela se

(1) C'est le nom d'un faubourg très peuplé, situé au sud-est de Chang-hai, où se trouvent actuellement la résidence du vicaire apostolique, la cathédrale dédiée à saint François Xavier, le petit séminaire et un hôpital pour les pauvres.

pratique en France ; j'oubliais les serviettes imbibées
d'eau chaude pour nous laver la figure (1).

Cette soirée est certainement une des plus agréables
que j'aie passées en Chine ; cela fait du bien de constater comment le christianisme relève les peuples les
plus dégradés.

20 juillet.

J'ai eu le plaisir de voir ce matin le séminaire de
Tsang-ka-leu (2), dans un faubourg très peuplé, situé
au sud de Chang-hai, et ce soir j'ai visité la famille
Sen, composée de chrétiens. Dieu me comble de
faveurs. Cette campagne en Chine est pour moi du plus
haut intérêt ; elle ne peut être, à tous points de vue,
que très favorable aux catholiques du bord, comme
aussi à ceux qui ne pratiquent pas la religion. Le
dévouement des missionnaires nous apparaît sans
bornes, et possède une éloquence qu'aucun discours
ne saurait égaler. Dans la chapelle des Sen, nous avons
prié pour une des filles de la maison qui est souffrante
et que l'on croit dangereusement malade.

Le séminaire de Tsang-ka-leu, dirigé par Mgr Spelta,
coadjuteur de Mgr Maresca et par le P. Gotteland, est
petit comme édifice et sans élégance ; mais les dortoirs,
les salles d'étude et le jardin pour les récréations sont
entretenus avec beaucoup de soin. Un des élèves a

(1) Voir, dans le *Voyage de la « Bayonnaise »*, le tableau que
l'amiral Jurien de la Gravière a tracé de la famille Lo. « Nous
pouvons le garantir, écrivait le P. Broullion en 1853, cette scène
de mœurs est exacte, et il n'y manque pas même la vraisem-
blance, car la famille Lo est chrétienne... On ne se figure pas à
quel point la condition de la femme est adoucie, ennoblie, dans
les familles chinoises qui embrassent le christianisme. »
(2) Village au delà du Wang-pou et presque en face de Tong-
ka-dou

débité au ministre de France un compliment en latin fort bien tourné, et les autres ont chanté tour à tour des chansons en français et des litanies en chinois.

La *Capricieuse* est partie ce matin.

En mer, 24 juillet.

Hier, à l'occasion du départ de M. de Bourboulon, j'avais à dîner vingt-trois personnes : les consuls de France et d'Angleterre avec leurs familles, le consul de Portugal et le capitaine d'un brick de guerre anglais. On ne s'est séparé qu'à dix heures, quoique j'eusse fait tout mon possible pour qu'on pût se retirer avant la nuit. Quelques fusées et autres petites pièces d'artifice, destinées à jeter une vive clarté, ont été allumées, selon l'usage, au moment où les dames s'embarquaient, et ont produit un heureux effet.

Il vente belle brise du sud-est, ce qui nous pousse rapidement vers notre destination. Si ce n'était à raison de mon devoir qui m'oblige à mettre le moins de temps possible dans mes traversées, je ne serais point pressé d'arriver quand je suis en mer. N'est-ce pas pour nous un repos, comparé à la vie agitée de Chang-hai? Ma journée se passe à suivre les terres que je longe d'assez près avec intention; il me paraît très important de les bien connaître.

Jusqu'à présent, entente parfaite avec nos passagers M. et madame de Bourboulon. Dieu veuille que les choses continuent de la sorte et que la bonne renommée du *Cassini* s'affermisse! Je désire qu'il soit très prouvé qu'un bâtiment où l'on fait la prière et où l'on entend la messe, ne le cède à aucun autre sous aucun rapport.

Baie de la Taïpa (près Macao), 30 juillet.

Nous sommes affourchés dans la Taïpa où nous avons échoué hier, quoique très allégés. Nous étions sur un fond de vase molle, et la nuit s'est passée sans encombre, malgré l'échouage. Je crains bien que ce port ne soit plus un abri pour des bâtiments de notre tirant d'eau. M. et madame de Bourboulon avaient été heureusement débarqués auparavant.

La traversée de Chang-hai à Hong-kong a été courte et tranquille. Les officiers du *Cassini* ont été l'objet d'attentions répétées de la part de M. de Bourboulon, qui a mis complètement sa maison à leur disposition, quand ils descendraient à terre.

Je me réjouis qu'aucun dissentiment n'ait eu lieu entre le ministre de France et moi, durant son séjour à bord ; j'en remercie de tout cœur la divine Providence. Mais je ne puis me décider à accepter l'offre de madame de Bourboulon de prendre un appartement chez elle ; je serais toujours gêné dans une maison où les idées diffèrent essentiellement des miennes.

M. l'abbé Janson, qui est venu de Chang-hai à Hong-kong avec nous, a été autorisé par le P. Libois, sur ma demande, à demeurer une quinzaine de jours à bord du *Cassini*. Ainsi Dieu, notre Père, pourvoit à nos plus ardents désirs avec une miséricorde, un amour infinis : *Quid retribuam Domino ?*

6 août.

Le courrier d'Europe, arrivé cette nuit à Hong-kong, a été distribué ce matin à Macao. On a donc en Chine des nouvelles de Londres qui ne remontent qu'à quarante-deux jours environ. Bonnes nouvelles des

affaires en France ; bonnes nouvelles de la famille :
mes frères sont décidément revenus à la religion.
Quelle joie pour mon excellente mère et mes sœurs!
C'en est une cause bien vive pour moi. Quoique un
peu souffrant, j'ai pu faire une veillée d'une heure
auprès du Très Saint-Sacrement. Dieu accorde à l'âme
de telles faveurs en ces moments de recueillement, il
l'inonde de telles clartés, il l'embrase d'une telle charité que je ne comprends pas qu'on ne recoure pas plus
souvent à ce pieux exercice.

Je n'avais nulle envie d'aller à Macao, maintenant
que les Lazaristes chez qui je recevais une si agréable
hospitalité n'y sont plus ; je me suis cependant décidé
à aller à terre vers deux heures. Visite au gouverneur,
au ministre de France, à la famille Marquès et aux
Pères Dominicains. J'ai rencontré chez ces derniers
deux vicaires apostoliques : l'un du Fo-kien, revenu à
Macao pour refaire sa santé délabrée ; l'autre du Tong-
king, où les missions sont très florissantes. Je me propose de voir souvent ces dignes prélats dont la conversation intéressante ne peut m'être que très utile.

15 août.

J'ai la conviction que la présence de M. l'abbé Janson à bord a fait quelque bien à nos hommes. A la
messe basse de ce matin, plusieurs ont demandé à com-
munier ; quelques autres ont tenu à y assister, parce
qu'ils se trouveront employés ou de faction plus tard.
La messe solennelle a été célébrée après l'inspection,
à dix heures, par Mgr Calderon, vicaire apostolique du
Fo-kien. Au déjeuner qui a suivi la messe, et auquel
assistaient tout l'état-major et les aspirants, toast en
l'honneur du Président. A midi, salve de vingt et un
coups de canon, comme le matin, dès l'aurore.

Le soir, grand dîner chez le ministre de France, auquel j'ai assisté avec deux officiers du bord, le gouverneur de Macao, les consuls et quelques autres personnes de la ville. A la santé du Président, portée par le gouverneur de Macao, le ministre de France a répondu en portant la santé de la reine de Portugal, dont la fête tombe également le 15 août. Au retour de la soirée, illumination du *Cassini* ; sans être très brillante, elle a cependant produit bon effet.

A bord du *Cassini*.   Taïpa (près Macao), 17 août.

Chère bonne mère,

Le *Cassini* a quitté Chang-haï, le 24 juillet ; et après quelques jours de traversée, il arrivait à Macao où nous sommes en ce moment. C'est avec peine que je me suis séparé des Pères Jésuites, dont l'agréable société compensait nos visites d'étiquette aux autorités. Je ne puis me lasser d'admirer avec quel dévouement et quelle habileté ces dignes missionnaires font l'œuvre de Dieu : leurs travaux, appuyés sur la grâce, ne peuvent amener que de magnifiques résultats. Le séminaire de Tsang-ka-lou et le collège de Zi-ka-wei sont parfaitement tenus et donnent les plus grandes espérances.

De Chang-haï à Macao nous n'avons presque jamais perdu la terre de vue. Dans cette mousson, la mer est calme, aussi avons-nous joui à notre aise de la vue des côtes qui offrent un grand nombre de havres et d'abris. Dans le fleuve Bleu (Yang-tse-kiang) où ne coule que de l'eau jaune, on aperçoit sur les deux rives d'immenses plaines que rien ne borne à l'horizon ; mais dès qu'on arrive près des îles Chou-san, à l'embouchure du fleuve, on ne cesse plus d'avoir en vue, soit dans les îles, soit sur le continent, que des terres élevées jusqu'à Macao. La mer de Chine, redoutable pendant le mauvais temps, est préférable à la Méditerranée, quand il fait beau. Il semble que l'on navigue sur un lac, et chacun peut vaquer à l'aise à ses occupations ; on n'en est distrait que par la multitude des jonques ou bateaux pêcheurs qui sillonnent la mer en tous sens.

Notre existence à Macao est très calme, car cette ville tombe tous les jours. Le port renferme très peu de bâtiments de commerce, et le *Cassini* est le seul bâtiment de guerre en rade. Cependant le climat jouit d'une excellente renommée et beaucoup de familles anglaises, établies à Canton ou à Hong-kong, viennent passer ici les jours les plus chauds de l'année. Malgré les vents de nord-est qui rafraîchissent l'atmosphère, la chaleur est si forte que nous faisons baigner l'équipage tous les jours, le long du bord.

Il n'est ici question que du châtiment d'un pirate chinois, qui a eu l'audace de poignarder en plein port un officier portugais. Il s'était esquivé sans qu'on pût mettre la main sur lui ; mais on ne tarda pas à être informé qu'il avait reparu. Le gouverneur envoya alors un détachement cerner la maison où il se trouvait, avec l'ordre de le ramener mort ou vif. Déjà il était parvenu à grimper sur un arbre, d'où il allait s'élancer derrière un mur qui le mettait à l'abri, quand il tomba raide mort, frappé d'une balle au cœur.

Nous avons ramené de Chang-hai un des compagnons de M. l'abbé Biche, autrefois élève de Mgr d'Angoulême, maintenant missionnaire dans l'île d'Haïnan ; c'est M. l'abbé Janson, actuellement aumônier du *Cassini*. Il avait reçu sa destination pour la Corée ; mais la côte est gardée comme une place forte, et il lui a été impossible de pénétrer dans sa mission. On m'a permis de le conserver à bord, et il a pu exercer son ministère avec un zèle qui a porté des fruits. Les matelots aiment son caractère gai et son entrain naturel : aussi sa foi vive et son ardente charité ont-elles touché bien des cœurs.

Le retour de mes frères à la religion a été pour moi un bonheur indicible. Nous voilà donc faisant même route ; nous voilà cheminant vers le même but, avec la ferme espérance de nous retrouver au rendez-vous ! Plus heureux déjà sur la terre, nous avons en perspective un bonheur infini pour l'éternité !

25 août.

Le départ de M. l'abbé Janson, qui nous a quittés ces jours derniers, est une perte pour l'équipage. Il allait souvent porter la gaieté de son esprit sur le gaillard d'avant, sans jamais perdre de vue la conversion des âmes; je crois qu'il a passé sur le *Cassini* en faisant beaucoup de bien.

Ce matin, le P. Remedios est venu dire la messe à bord, à l'occasion de la fête de saint Louis. Les choses vont bien jusqu'à présent; mais à mesure que le temps avance, que la pensée du retour s'empare des esprits, que la soif de la nouveauté est diminuée ou presque éteinte, il devient plus difficile de maintenir l'équipage dans la bonne humeur. Il m'a donc paru convenable de fêter la Saint-Louis pour entretenir nos hommes dans le bon esprit. D'ailleurs, quel meilleur patron les militaires pourraient-ils invoquer? Saint Louis n'a-t-il pas été le modèle du guerrier chrétien ?

7 septembre.

Bénie soit la très sainte et très auguste Trinité! Bénie soit la Vierge Marie, refuge des pécheurs, mère de miséricorde! Nous sommes, selon toute apparence, à la moitié du temps de notre station dans les mers de Chine ; une année s'est écoulée depuis notre arrivée à Macao.

Voilà dix-huit mois que nous avons quitté la France, et le *Cassini* n'a pas encore connu ces rudes épreuves par lesquelles passent la majeure partie des bâtiments qui font de longues campagnes. L'harmonie a toujours régné à bord ; l'équipage n'a été ni décimé par la maladie ni affaibli par les désertions, on ne remarque chez lui aucune apparence de lassitude ou de découragement ; enfin le bâtiment semble aussi propre à remplir sa mission qu'au sortir de France.

Quoique les épreuves les plus cruelles soient souvent un don de Dieu, préférable aux honneurs et aux plaisirs du monde ; néanmoins l'usage de l'Eglise, sauf de rares exceptions, est de rendre grâces à Dieu des biens qu'il nous envoie et des maux qu'il nous épargne : donc, Dieu soit béni ! Et puissent les biens qui nous arrivent, augmenter nos forces et notre amour, et nous disposer à l'épreuve, si c'est la volonté de Dieu !

17 septembre.

Messe ce matin chez les Dominicains espagnols, où s'est fait, sous condition, le baptême d'un jeune Chinois, recueilli par la famille Marquès ; puis promenade en bateau aux eaux chaudes, en compagnie du gouverneur de Macao et de trois ecclésiastiques. Durant le trajet, la causerie s'est établie sur des sujets intéressants. Le gouverneur, qui assistait au combat de Saint-Vincent, nous a raconté, avec toute la verve d'un témoin oculaire, cette glorieuse affaire où l'amiral Napier prit avec des frégates deux vaisseaux portugais à l'abordage. Sur tout le parcours nous avons rencontré des pirogues d'une grande légèreté, de jolis villages

12

chinois, des montagnes plus vertes et plus boisées
que celles qui bornent notre horizon habituel. Nous
avons enfin visité deux sources d'eau chaude à quelques pas d'un canal, en même temps que les digues
et les canaux qui retiennent les eaux qu'on laisse
ensuite échapper dans d'immenses rizières. Partis à
neuf heures du matin, nous n'étions de retour qu'à
neuf heures du soir, ayant employé deux heures pour
aller et neuf heures pour revenir.

Macao, 24 septembre.

Les bruits du bord, chère Elisa, m'ont fait chercher
un refuge à terre. Je suis logé chez les propriétaires de
la grotte où le poète Camoëns composa en grande partie
ses *Lusiades*, poème excellent à bien des égards, qui
raconte en vers magnifiques les conquêtes des Portugais en Asie. La famille Marquès, qui m'a gracieusement offert l'hospitalité, possède à Macao une belle et
riche maison avec un vaste jardin, nommé le *Parc de
la Tourelle blanche*. Dans ce jardin l'on montre un
rocher fendu, formant une sorte de grotte. Ce serait
là, comme le dit un sonnet, dans « ce refuge conforme
à ses soucis, » que Camoëns, « à la fois vivant et en-
seveli dans les entrailles du rocher », pouvait « gémir
sans mesure et sans contrainte. » Les étrangers qui
viennent à Macao, qu'ils aient lu ou non Camoëns, ne
manquent jamais de visiter le célèbre rocher, dont la
situation est vraiment délicieuse. A une autre époque,
je me serais peut-être cru obligé d'aller rêver dans la
grotte de Camoëns, ce pauvre poète qui mourut si tris-
tement, après avoir été la gloire de son pays ; mais,
aujourd'hui, toute gloire qui n'est pas sainte a peu d'attrait pour moi. J'estimerais à bien autre prix l'avantage
de pouvoir invoquer le bon Dieu sur le tombeau de

saint François Xavier, qui est mort sur l'île Sancian, à quelques lieues d'ici.

J'ai reçu dernièrement une excellente lettre de M. et madame Desfossés, qui sont à Athènes. J'espère, m'écrit l'amiral, que nous pourrons un jour nous réunir de nouveau. Il n'est aucun chef avec lequel j'aimerais mieux servir ; s'il plaît à Dieu de disposer les circonstances, j'irai avec plaisir, quand le moment sera venu, me ranger sous les ordres de mon ancien commandant. L'ambition de l'amiral n'a d'autre objet que la préfecture maritime de Brest ; tout porte à croire qu'il l'obtiendra peu de temps après son retour.

Nous resterons probablement cinq à six semaines encore à Macao. L'équipage peut s'y reposer des fatigues du commencement de l'année qui a été pénible. Je ne remarque chez personne un désir immodéré de retour ; je n'entends ni plaintes ni malédictions sur la campagne, ce qui est pourtant très commun chez nos marins ardents aux entreprises, mais prompts au découragement : cela me fait grand plaisir. Je m'applique, par-dessus tout, à ne pas laisser les hommes oisifs ; et comme il ne manque pas de bons prétextes pour les occuper, je réussis à éloigner l'ennui, leur plus dangereux ennemi. Les exercices à feu du canon et du fusil, la baignade chaque jour, le lavage du linge à terre, etc., contribuent à chasser le *spleen*. Quant à l'état-major, il ne laisse rien à désirer ; les officiers vivent en parfaite harmonie entre eux et avec moi ; les aspirants même, qui d'ordinaire doivent être traités avec sévérité, sont bien élevés, aiment le travail et servent avec zèle. Aussi, chaque jour, je remercie de tout cœur le bon Dieu de cet état de choses. Je me dis parfois que cela ne peut durer ainsi, ce serait trop beau, trop exceptionnel ; mais n'est-ce pas déjà beaucoup de compter dix-neuf mois de paix et d'entente avec des hommes dont les caractères et les obligations sont si divers?

Je ne pense pas que nous recommencions cet hiver la tournée du Sud, et que nous revoyions Batavia. J'ignore ce que pourra faire le commandant de la station, qui sera probablement remplacé. Je deviens moins curieux, tout en visitant avec plaisir un pays que je ne connais pas. Cependant je reverrais volontiers Manille, Chang-haï et Ning-po.

Je te quitte, chère sœur, pour entendre la messe à Saint-Antoño, jolie église qui est tout près d'ici. Je me transporte souvent à Puycheni, pour prendre part à vos joyeux ébats.

25 septembre.

Ce matin, l'abbé Georges est venu nous dire la messe, pour l'anniversaire de la mort de Picot, patron de ma baleinière, que j'ai eu le chagrin de perdre dans un exercice à voiles ; plusieurs hommes de l'équipage y ont assisté dans un grand recueillement.

J'ai passé la journée à terre, afin d'assister au baptême du fils de madame Marquès. J'aime peu ces soirées où il faut absolument parler beaucoup, et par conséquent dire bien des choses inutiles. On me demande mon opinion sur les livres français et étrangers, sur les hommes célèbres en Europe, sur les événements importants de ces derniers temps. Entraîné par la vanité, par le plaisir d'être écouté, on finit par s'écouter soi-même, et on parle magistralement et beaucoup, sur toute espèce de sujets.

Que Dieu m'aide à corriger au plus tôt cette mauvaise habitude ! ou, s'il daigne m'employer à répandre quelques vérités utiles, puissé-je le faire avec modestie et simplicité !

4 octobre.

J'ai entendu, ce matin, la messe dans la petite chapelle des Dominicains espagnols. Elle s'est dite pour le
repos de l'âme de mon père, décédé dans les premiers
jours d'octobre 1846. En cherchant dans mes cahiers
la date précise de la mort de mon père, j'ai parcouru
ce que j'écrivais à pareil jour, il y a quelques années.
J'ai reconnu avec plaisir que, même à l'époque où je
vivais sans pratiquer notre sainte religion, Dieu daignait m'envoyer de saintes pensées. J'avais un ardent
désir de faire bien, et j'éprouvais de vifs sentiments de
reconnaissance pour les bontés de Dieu ; j'étais aussi
convaincu de mon incapacité à rien faire sans le secours
divin.

6 octobre.

Conformément à l'engagement que j'ai pris comme
membre de l'adoration nocturne, j'ai consacré, ce matin, une heure, de cinq à six, à méditer sur le Saint-
Sacrement de l'autel.

Nous devons assister, ce soir, à l'enterrement du fils
de notre ministre, M. de Bourboulon. Cet enfant, né
en mars dernier et baptisé au commencement de mai,
était, avec l'apparence d'une forte constitution, l'orgueil de sa mère. La pauvre femme a vu, deux nuits
de suite, son petit enfant se débattre dans une cruelle
agonie, et elle est aujourd'hui malade de tant de pénibles impressions.

Nous, catholiques, nous croyons fermement, comme
l'enseigne l'Eglise, que les enfants qui meurent après
le baptême vont droit au ciel, où ils augmentent le
nombre des anges de Dieu. Sans doute, cela fait sou-

rire de pitié les incrédules, comme le péché originel, comme la rédemption de l'humanité, comme tout ce que nous croyons, enfin ; mais plaignons sincèrement ces hommes aveuglés par les fumées de l'orgueil, qui veulent tout soumettre à la raison humaine, si faible par tant d'endroits.

Je ne sais si je m'aveugle moi-même, mais il me semble que je comprends beaucoup mieux ce que l'Eglise propose à notre croyance ; il me semble que ma foi, sans rien perdre de son mérite, a des lumières plus vives qu'elle n'avait autrefois.

8 octobre.

Hier, on m'annonce à terre qu'on m'a envoyé à bord trois dépêches qui semblent des plis officiels ; on me montre en même temps une lettre contresignée par l'amiral Laguerre et adressée au commandant de Rocquemaurel. Peu s'en est fallu que je ne revinsse immédiatement à bord pour savoir le contenu des lettres qu'on avait expédiées. Je me calmai cependant, comptant bien que mon second m'enverrait de suite ces importantes dépêches ; mais mon imagination s'élança dans le vaste champ des conjectures.

Après une foule de tours et de détours, elle finit par me persuader comme probable, que l'amiral Laguerre m'appelait à Bourbon ou à Singapore, et je me résignai à la volonté de Dieu pour quitter la Chine. Arrivé à bord, ce matin, je me hâte d'ouvrir la première dépêche ; elle contenait une lettre pour M. G***, élève de seconde classe. J'ouvre la deuxième dépêche, nouvelle lettre à M. G*** ; dans la troisième dépêche, lettre au même encore, et pas un mot pour moi ! Quel désappointement ! Je crains bien que ma brusquerie n'ait témoigné de ma mauvaise humeur ; et cependant, je ne remettais à ce bon jeune homme, qui n'y pouvait mais, que des lettres vieilles de plus de huit mois !

Grande rade de Macao, 11 octobre.

Après avoir quitté la Taïpa à sept heures ce matin, nous sommes depuis huit heures mouillés en grande rade de Macao, d'où nous pouvons plus facilement appareiller. Je consacre la majeure partie de mon temps à rendre les hommes aguerris et disciplinés ; mais quand tous mes efforts pour faire du *Cassini* un bâtiment qui honore le pays, n'aboutiraient qu'à une humiliation profonde au retour de la campagne, je n'en devrais pas moins m'estimer heureux d'avoir bien rempli mon devoir. Dieu ne demande pas le succès, comme les hommes, mais seulement la pureté d'intention.

L'obligation que je me suis imposée d'expliquer le catéchisme à quelques Malgaches, dont l'un est mon filleul, m'est aussi profitable qu'à ces braves gens. Je ne sais pas mon catéchisme, et j'ai beaucoup appris dans cet exercice.

23 octobre.

Visite à l'évêque de Macao ; puis messe à la cathédrale, où j'étais seul à m'approcher de la sainte table. Je crains que les erreurs jansénistes n'aient pénétré jusqu'ici. Qu'il est petit le nombre des hommes qui fréquentent les sacrements ! Cependant la plupart ont les apparences de la foi, et presque tous, m'a-t-on dit, accomplissent le devoir pascal. Le zèle des pasteurs des âmes n'a sur ce point obtenu presque aucun résultat.

Il est bien difficile de réformer une nation, quand la mollesse et le confortable ont fait pénétrer des habitudes de luxe et de sensualité dans toutes les classes de la société ; néanmoins il y aurait faiblesse coupable à ne le pas tenter. Qu'on n'oublie pas comment la Perse ancienne, comment la Grèce et Rome sont devenues de puissants empires ! Combien de gentilhommes, au moyen âge, n'avaient que la cape et l'épée, et ne vivaient que dans les fatigues de la chasse ou de la guerre ! Et si la France a jeté quelque éclat dans ces derniers temps, ne le doit-elle pas à ses armées capables des plus grandes fatigues, autant qu'au génie militaire de leurs chefs ? Il faut, pour reconstituer les forces vitales de notre pays, gaspillées par les sottises du philosophisme, que le royaume très chrétien se rende respectable par la mâle et vigoureuse éducation de la jeunesse, par l'autorité et même la sévérité des mœurs, par la fidélité et la persévérance à poursuivre sa mission providentielle.

A bord du *Cassini*.   Macao, 26 octobre.

Chère bonne mère,

Je n'aurais pas osé demander à mon ami Bernaërt d'aller te voir à Puycheni ; mais je ne suis nullement surpris qu'il en ait eu la pensée. Je regrette seulement qu'il ne soit pas resté quelques jours dans la famille. Vous auriez vu combien, sous cette écorce vulgaire, il y a de grandeur d'âme et de dévouement à son pays et surtout à Dieu. Quelques personnes m'ont critiqué pour avoir demandé comme second un officier âgé et, d'après quelques-uns, excentrique ; je ne m'en suis pas repenti un seul instant. Si, après dix-neuf mois de campagne, la paix et la concorde règnent à bord, je dois faire une large part à M. Bernaërt de cet heureux résultat.

Je redoutais beaucoup l'ennui pour l'équipage durant

cette longue station à Macao ; mais les choses se sont arrangées de telle sorte que ce long repos a été très bien employé. Pour ma part, j'ai lu plusieurs livres excellents qui m'ont été prêtés par des personnes pieuses de la ville ; si je n'ai pas grandi en vertu, j'ai, du moins, reçu de bons conseils, et pris des forces nouvelles pour les luttes de l'avenir.

La Providence, chère mère, continue à me traiter en enfant gâté, en me nourrissant au lait et au miel : aucun événement pénible, aucune discorde intérieure ou extérieure n'a encore troublé mon repos. Je crains que le Paradis ne puisse se gagner à si peu de frais ; on aurait honte de s'y trouver à côté des martyrs, des anachorètes et des confesseurs de la foi. Je m'attends donc chaque jour à ce que la Providence, qui veut mon salut plus que je ne le veux moi-même, m'envoie quelque épreuve. Ne me plains pas alors, chère mère, réjouis-toi plutôt et prie pour moi ; ce sera un insigne bienfait de la bonté de Dieu dont, avec l'aide de sa grâce, j'espère ne pas me montrer indigne.

Je ne voudrais pas, chère mère, que tu penses, d'après ce que je viens de dire, que je crois nécessaire d'être confesseur de la foi, anachorète ou martyr, pour se sauver. J'ai voulu dire seulement que la bonté de Dieu me confondrait si, après une aussi longue partie de mon existence écoulée dans les folies du monde, il daignait m'admettre au ciel, sans m'avoir fait passer par une série d'épreuves, pour expier, en partie du moins, l'impardonnable oubli dans lequel j'ai vécu.

Est-ce qu'A*** et G*** ne comptent pas offrir un de leurs enfants à Dieu ? Est-ce qu'il n'y aura pas un missionnaire dans notre famille ? Nous devons rendre compte aux autres de ce qui nous a été donné. C'est par milliers que les chrétiens de l'Orient se sont répandus en Occident pour nous apporter la lumière,

et il semble que nous la voulions mettre sous le bois-
seau. Nous ne conquerrons la Chine et le Japon à
Notre-Seigneur qu'avec une armée de missionnaires.
C'est une entreprise qui demande le concours de tous
les États chrétiens; mais la France, pour réparer le
mal qu'elle a fait par ses philosophes et ses roman-
ciers, doit fournir à elle seule un contingent triple.
Serait-il donc si difficile de trouver parmi tes petits-
enfants un caractère assez généreux pour se faire prêtre
et missionnaire?

J'écris à A*** une longue lettre pour l'inviter à consacrer mon filleul, si c'est sa vocation, ou un autre de
ses enfants à Dieu. C'est une honte pour la noblesse
qu'elle fournisse tant de désœuvrés et si peu de prêtres
ou de missionnaires. Il faut vraiment que le catholicisme ait singulièrement dégénéré en Europe, pour que
Ignace de Loyola, saint François Xavier et tant d'autres
trouvent si peu d'imitateurs.

Quand tu écriras à C***, chère mère, prie-la de
déposer vingt-cinq francs au bureau de l'*Univers*, pour
la souscription destinée au docteur Newman; mais
qu'elle ne donne pas mon nom! Pour s'assurer que la
somme a été enregistrée, elle pourrait mettre : un officier du *Cassini*, ou : un anonyme (mers de Chine).
L'inique jugement du docteur Newman ne peut faire
que le plus grand bien à la religion catholique. Les
Anglais veulent de l'argent, nous pouvons leur en
verser; mais, à coup sûr, les âmes généreuses parmi
les protestants se demanderont si le sentiment du juste
existe encore dans leur secte.

Le *Cassini* va visiter quelques îles de la rivière de
Canton, pour se rendre ensuite à Hong-kong et à Manille. Je pourrai écrire, de Manille, avec la même exactitude que de Macao.

Adieu, chère bonne mère, je t'embrasse de tout cœur,

en te priant de faire à tous la distribution de mes bien tendres amitiés.

27 octobre.

Voilà trois mois que nous n'avons pas quitté Macao. J'ai la ferme espérance que ce long séjour ne m'aura pas été inutile, grâce aux agréables causeries et surtout aux sérieuses lectures que j'ai pu faire ; je n'ai donc, à cet égard, qu'à rendre grâces à la divine Providence.

J'ai passé une grande partie de la journée à terre pour voir le gouverneur et les Pères espagnols ; j'ai pris congé de l'excellente famille Marquès, qui m'a donné l'hospitalité de la meilleure grâce du monde ; et j'ai demandé sa bénédiction à l'évêque de Macao, qui doit aller à Goa, dont il sera probablement archevêque.

J'ai dû régler une affaire des plus désagréables. Un matelot américain, pris de vin, s'est jeté sans l'ombre de provocation sur un officier du bord pour le frapper. Celui-ci a pu heureusement parer le coup avec son parapluie. Le commodore Aulick, auquel j'ai fait part de l'accident, m'a promis une réparation trop légitime.

Demain, s'il plaît à Dieu, nous irons au mouillage de Tong-hou, dans l'anse Boddam.

CHAPITRE VII

Les Ladrone et les Pratas. — Course à Manille. — Projet de
pèlerinage à Sancian. — Nouvelles de France : la prestation de
serment. — Triste état de la Chine. — La fête de Noël. —
Whampoa : la secte des Parsis ; le bateau-chapelle de l'abbé
Girard ; une lettre du Père Broullion. — Bocca Tigris : travaux
d'hydrographie ; visite à Canton ; nouvelles politiques. —
Chuen-pe : conformité à la volonté de Dieu. — Shack-Wan :
M. l'abbé Guillemin dépouillé par des voleurs. — La Taïpa :
procession de la Passion ou *Promenade du Juste* à Macao ; proclamation de l'Empire ; souvenirs de conversion.

Hong-kong, 6 novembre.

Nos journées ont été très remplies depuis notre
départ de Macao. Le 28 octobre, nous avons mouillé
dans l'anse Boddam qui est très étroite, mais dans
laquelle le vent pénètre difficilement. En rentrant à
bord, après avoir fait la visite de l'île Tong-hou, j'appris
qu'un de nos meilleurs matelots, Plélan, avait reçu un
coup de soleil qui menaçait de l'enlever en quelques
heures, et je me rendis près de ce jeune homme pour
réciter les prières des agonisants, tout en demandant
à Dieu de vouloir bien nous le conserver.

Nous avons quitté Tong-hou, le 31 octobre, pour venir mouiller au nord de la grande Ladrone, où le jeune Piélan est mort sans avoir un seul instant recouvré connaissance, depuis le 29 au soir.

La belle fête de la Toussaint commença pour nous par la triste cérémonie de l'enterrement. Comme nous n'avions pas de prêtre, on se contenta de réciter un *Pater noster* et un *De profundis* à la levée du corps et au moment de le descendre dans la fosse. La cloche, tintée comme pour la messe, avait averti l'équipage de la cérémonie ; beaucoup d'hommes, et même quelques-uns sur lesquels on ne comptait pas, vinrent s'agenouiller et prier devant la chapelle.

Dans l'après-midi du 1er novembre, course en canot jusque dans la baie qui est au sud de la grande Ladrone. Après le dîner auquel assistèrent tous les officiers et quelques élèves, actions de grâces à Dieu, qui a daigné nous maintenir en paix et en bonne harmonie, malgré nos divers caractères et nos opinions opposées.

Le lendemain, M. Soury et trois élèves se rendirent à la petite Ladrone pour y faire des observations ; pendant ce temps, je rêvais campagne dans l'Océanie et retour en Europe par le cap Horn.

Hier, après avoir appareillé de très bonne heure et fait le tour des Pratas, je suis descendu dans la plus grande des îles, et j'ai gravi, non sans peine, au risque de me casser bras et jambes par des glissades imprévues, jusqu'au sommet le plus élevé d'une montagne d'où l'on découvrait un vaste horizon. Cette course, qui pouvait paraître imprudente, avait un but utile, et il a été atteint. D'ailleurs les officiers de marine, quel que soit leur âge, doivent chercher par tous les moyens possibles à acquérir des connaissances nécessaires dans leur métier.

De Chong-chou nous sommes venus mouiller à

Hong-kong. Une lettre du P. Guillet m'annonce la mort à Ning-po du frère Vautrin et de la sœur Angélique, qui ont quitté la terre pour aller vivre dans le sein de Dieu. Visite au major-général Jervois, qui remplit par intérim les fonctions de gouverneur, et longue causerie avec le P. Libois sur les missions et ce qu'il conviendrait de faire pour leur prospérité. En attendant que Dieu veuille nous employer à procurer sa gloire, c'est par la prière et l'humilité que nous nous préparerons à ne pas être des instruments inutiles.

En mer, 15 novembre.

Arrivés le 9 à Macao, où nous avons embarqué le P. Ferrando, qui doit nous accompagner à Manille, nous avons appareillé le 12, à cinq heures du matin, par un très beau temps, naviguant entre Taïtami, une des Lema, et la roche du Cambridge. Le lendemain 13, nous avons reconnu les Pratas et aperçu deux carcasses de bâtiments, dont l'une doit être celle du navire anglais la *Charlotte*, naufragé dans le courant de septembre. L'équipage a été recueilli par des pêcheurs chinois, et on a pu sauver une grande partie du chargement consistant en balles de coton.

Nous longeons en ce moment la côte de Luçon à une distance de quinze à dix-huit milles, avec une vitesse de huit à neuf nœuds. Cette distance me semble raisonnable pour naviguer de nuit dans ces parages mal déterminés et où règnent de nombreux courants.

Manille, 22 novembre.

Notre traversée de Macao à Manille a été des plus heureuses. Le 16, nous jetions l'ancre à deux câbles de

la *Capricieuse* qui se trouvait déjà dans la baie. Le
lendemain de notre arrivée, longue et intéressante promenade avec le P. Ferrando, Dominicain espagnol, qui
nous a fait visiter du côté de Lolomboy une des plus
riches plaines du pays. Cette plaine forme un immense
tapis de verdure sur lequel s'élèvent çà et là quelques
cases construites à la façon malaise. On dirait une
rizière sans fin, encadrée de montagnes lointaines et
coupées par des massifs d'arbres et des bosquets de
bambous ou de manguiers. Aucun mur ne sépare les
habitations, aucune haie ne rappelle la division des
terrains ; l'eau coule limpide dans une multitude de
canaux qui favorisent la fertilité du sol. La population
paraît douce et bonne. Partout où nous passions, nous
étions salués d'un joyeux « bonjour, Seigneur, » dans
la langue du pays.

Mon second étant allé à terre, je suis resté à bord
comme le veut l'ordonnance, et je me suis occupé
assez utilement. Nous partirons probablement demain
pour Macao ou Hong-kong. Il y a trois siècles que
saint François Xavier est mort à Sancian, que ne puis-
je, sans éclat, me rendre à son tombeau !

A bord du *Cassini.*   En vue des côtes de Chine,
                                              28 novembre.

Chère bonne mère,

Nous avons quitté Macao le 28 octobre, pour visiter,
comme je te l'avais annoncé, quelques îles de la rivière
de Canton, dont un officier du bord détermine les positions. Arrivés le 16 novembre à Manille, nous en
sommes repartis le 23, et il est probable que nous mouillerons ce soir à Hong-kong, assez à temps pour
remettre au courrier nos lettres et celles qu'on nous a
confiées à Manille, où j'ai laissé le commandant de la

station. La mer a été tourmentée le 25 et le 26, mais il fait assez beau aujourd'hui ; ce qui est agréable et commode aux atterrissages.

Nous avons trouvé tout Manille occupé à réparer les dégâts causés par les tremblements de terre du mois de septembre. Le couvent des Dominicains et leur église surtout avaient été maltraités ; il ne reste plus maintenant aucune trace extérieure. Le palais du gouverneur général avait aussi beaucoup souffert ; il est en ce moment livré tout entier aux maçons et aux badigeonneurs.

J'ai eu le plaisir de voir, près Manille, l'excellent colonel de Carlès qui a été rappelé de Samboagan pour le poste de gouverneur de Cavite ; cela le rapproche de son fils et il occupe une position très élevée. Comme il attendait ma visite et celle des officiers du *Cassini*, ses deux voitures étaient prêtes à nous recevoir au sortir du bateau à vapeur, et lui-même se tenait sur le quai pour nous serrer la main. Après une aimable causerie au palais du gouvernement, nous avons visité l'arsenal que je connaissais déjà, et fait une charmante promenade ; le gouverneur conduisait une de nos élégantes voitures à quatre places, attelées de quatre chevaux. Nous avons parcouru Cavite, sorte d'isthme étranglé dans quelques parties, au point de paraître une chaussée servant à relier deux îles. A sept heures, splendide dîner pendant lequel une trentaine de musiciens ont joué de jolis morceaux ; nous avons admiré un magnifique service de porcelaine avec filets d'or et bouquets de fleurs au centre, et apprécié des vins de Bordeaux et de Champagne qui nous rappelaient la France. En somme, hospitalité des plus aimables et des plus gracieuses. Journée complète, si j'avais pu trouver, sans paraître extraordinaire, un moment pour prier. Dieu me pardonnera, j'espère, à raison de mes obligations

13

de position ; il sait que les plus grandes distractions ne me causent pas autant de joie que les heures consacrées à la prière.

Ta lettre du 20 septembre, chère mère, m'a été remise le 6 novembre ; mais rien n'étonne plus en fait de vitesse aujourd'hui. Suez et Hong-kong sont reliés par un service régulier de paquebots à vapeur anglais, passant par Aden, Ceylan, Poulo-Pinang et Singapore ; les lettres de France nous arrivent ainsi en cinquante-cinq ou soixante jours. J'ai appris avec une vraie satisfaction que nos amis reviennent de tous côtés à la religion. Dieu en soit béni !

Je viens d'être dérangé par des visites. Je termine à regret ces quelques lignes, en te répétant, chère mère, que je t'aime et t'embrasse de tout cœur.

Macao, 29 novembre.

Nous avons mouillé hier à Hong-konk vers midi, et à peu près à la même heure à Macao, aujourd'hui. Il fait froid à grelotter, et le vent souffle avec force. Le baromètre, qui atteignait 28° centigrades, est descendu ce matin à 8° ; aussi nos Malgaches sont-ils gelés. Le beau projet que j'avais formé d'aller dans une *lorcha* à Sancian, prier sur le tombeau de saint François Xavier, à l'occasion de sa fête, est naturellement tombé dans l'eau. Les bateaux de *compradores* arrivent à bord avec tous leurs ris, mais les autres navires chinois restent prudemment à l'abri.

Je me creuse la tête pour savoir quelle distraction donner à l'équipage, pendant le long séjour que nous sommes exposés à faire en rade de Macao, et je prie Dieu de m'inspirer quelque bon dessein à cet égard. Ces hommes, que je dois considérer comme mes enfants, je m'appliquerai à les rendre forts, disciplinés, propres à la guerre et à la navigation, en même temps que je leur donnerai les moyens de remplir leurs devoirs reli. gieux. Puissé-je, à la persévérance et à la bonne volonté, unir l'intelligence et la patience pour arriver au but ! *Facienti quod in se est, Deus non denegat gratiam.*

Combien je serais heureux de ramener à Dieu tous ces hommes qui me sont confiés ! Combien je me réjouirais que le *Cassini*, qui passe pour chrétien, fît honneur au pays et prouvât à tous que la prière n'empêche pas de bien servir et que la religion ne nuit pas à la carrière des armes ! *Pietas ad omnia utilis est.*

9 décembre.

Le P. Felice, missionnaire de l'Ordre de saint François, nous a dit la messe ce matin. Puisse ma dévotion à Marie immaculée grandir chaque jour ! Puissé-je remplacer sur la terre mon ami Marceau qui s'intitulait *servus Mariæ !*

C'est demain l'anniversaire de mon embarquement sur le *Cassini*, en 1850 : j'ai donc aujourd'hui deux années de commandement. Ce temps a passé bien vite, et, malgré les soucis inséparables de l'existence, il a été une des meilleures phases de ma vie. Je n'ose pas demander au bon Dieu de me faire la troisième année aussi douce que les deux premières ; je ne veux pas oublier si vite ces paroles de l'Imitation qui m'ont frappé : *Fili, sine me agere tecum quod volo.* Oui, rien de mieux que de s'en rapporter à la divine Providence, en attendant avec confiance le jour de l'épreuve. Quoi qu'il en soit, Dieu semble avoir béni le *Cassini* jusqu'à ce moment : nous n'avons encore rencontré aucune circonstance difficile ; aucun désordre ne s'est manifesté à bord, et le bâtiment se trouve en d'excellentes conditions pour le combat.

J'ai fait aujourd'hui un assez bon travail. J'ai examiné avec soin quelle route conviendrait le mieux pour le *Cassini*, s'il reçoit l'ordre de doubler le cap Horn ou le cap de Bonne-Espérance, dans l'une ou l'autre mousson. Cela m'a fourni l'occasion de voir quelles étaient nos ressources en cartes, et j'ai vu avec plaisir que nous n'étions pas mal riches. J'ai marqué les points de l'Océanie où je sais que nous avons des missions. Cela m'a naturellement fait rêver un peu : je sentais déjà les brises carabinées, et les grosses mers, et les froids du cap Horn. Mais ces rêves se sont bientôt dissipés devant cette pensée que tout désir doit s'éteindre en présence de la volonté de Dieu, que toute peine est adoucie quand elle nous vient du Maître suprême qui ne veut que notre plus grand bien. J'ai donc cessé de frissonner au cap Horn et de me précautionner contre les ouragans de la mer de Bourbon. Je veux vivre au jour le jour et me faire Chinois, puisque je suis en Chine, et non sauvage plus ou moins dégrossi de l'Océanie. Combien je serais heureux de contribuer à l'œuvre des missions en Chine, et de faire de l'apostolat autant que c'est possible à un commandant ; ou plutôt, combien je serais heureux de savoir me conformer à la volonté de Dieu, et de me trouver bien partout où sa Providence m'envoie !

14 décembre.

La *Capricieuse* a mouillé près de nous, hier au soir, vers huit heures. Je me suis rendu de suite à bord, et, ce matin, j'ai déjeuné avec le commandant de Rocquemaurel, que j'ai trouvé d'une amabilité charmante.

J'ai la tête fatiguée par la lecture des journaux, le *Courrier de l'Europe* et le *Moniteur :* fiel et rage, d'une part ; joie et adulation, de l'autre. Le *Courrier de l'Europe* recueille toutes les haines des exilés à Londres; le *Moniteur* publie un fragment des Mémoires de Napoléon, qui ferait supposer qu'il a joué la comédie par rapport à la religion.

La République française est, sans aucun doute, un Empire aujourd'hui. Le Sénat, convoqué le 4 novembre, a dû s'empresser de proclamer Louis-Napoléon empereur. Qui pourrait pénétrer les desseins de Dieu? Voilà tout le clergé, évêques et archevêques en tête, qui comble d'éloges le prince Président, l'Altesse impériale ! On l'appelle l'élu, l'envoyé de Dieu ! Il est certain que le prince Louis-Napoléon, sans tirer personnellement l'épée, a rendu à la société européenne et surtout à la société française, penchée vers sa ruine, un signalé service, en étouffant le parti socialiste. Il faudrait que le nouvel empereur commît de bien lourdes fautes pour nous faire regretter le régime que nous promettaient les Ledru-Rollin, les Louis Blanc, etc. Dieu daigne protéger l'homme qu'il a mis à notre tête !

Toutefois, mes opinions d'enfance, mes principes et la raison me poussaient d'un autre côté. J'aurais voulu que le comte de Chambord prît la couronne sous le nom de Henri V. Mais, je ne me le suis jamais dissimulé : à moins d'une révolution aussi étonnante que celle qui a lieu en ce moment, la nation avait trop de préjugés pour rappeler la famille des Bourbons. Je suivrai donc le torrent sans enthousiasme, en remerciant Dieu d'avoir eu pitié de nous et de ne nous avoir pas fait une plus mauvaise part.

15 décembre.

Anniversaire du voyage de la *Belle-Poule* de Saint-Denis à Sainte-Marie de Madagascar, en 1846. Ce souvenir ne doit pas s'effacer de ma mémoire, car il me rappelle un bienfait signalé de la Providence. Il y a six ans, qu'à pareille date on se disposait à bord de la frégate à lutter contre l'ouragan, qui éclata pendant la nuit. Dieu soit mille fois béni de m'avoir préservé de la mort, à une époque où je ne pratiquais pas encore notre sainte religion ! Si je m'étais présenté devant lui avec vingt-cinq années d'oubli complet de mes devoirs, quel aurait été mon sort ? Cette pensée me glace d'effroi, tout en me donnant des sentiments de reconnaissance profonde envers notre divin Maître et la très Sainte Vierge, dont mon ami Marceau et le Jésuite Saint-Angel m'avaient déjà acquis la protection. Ce matin, l'abbé de Laval a dit une messe d'actions de grâces pour remercier le bon Dieu de m'avoir préservé de l'affreux malheur arrivé au *Berceau* (1). A ma grande satisfaction, M. B***, élève de la *Capricieuse*, plein de distinction, est venu entendre la messe à bord et faire la sainte communion.

19 décembre.

Ce matin, à dix heures, le commandant de la station est venu à bord pour faire prêter serment par le commandant et l'état-major du *Cassini* au Président et à la Constitution. Les officiers étaient en grande tenue, ainsi que l'équipage, et la compagnie de débarquement se tenait sous les armes. Après une allocution

(1) Le 13 décembre 1846, la corvette le *Berceau*, commandée par M. Goût, capitaine de frégate, et la frégate la *Belle-Poule*, commandée provisoirement par M. de Plas, lieutenant de vaisseau, quittaient Saint-Denis pour se rendre à Sainte-Marie de Madagascar. Deux jours après, dans la nuit du 15 au 16, les deux bâtiments devenaient le jouet d'un violent ouragan. La *Belle-Poule* résista, mais le *Berceau* fut sans doute englouti, car on ne retrouva de la corvette qu'une étrave de chaloupe et un petit tableau jetés à la plage de Sainte-Marie.

de M. de Rocquemaurel, qui a expliqué la situation
de la France, on a prêté le serment, et le cri de vive
Napoléon a été répété trois fois par le commandant,
l'état-major et l'équipage, sans enthousiasme, mais
avec discipline.

Malgré le bien incontestable produit par le coup
d'État du 2 décembre 1851, malgré les mesures généralement sages qui l'ont suivi et qui ont entraîné le
clergé et la majorité de la nation, je ne suis pas sans
inquiétude sur l'avenir. Le prince Louis-Napoléon est
environné d'ennemis aussi dangereux pour lui que
l'était pour son oncle la coalition des grands États de
l'Europe. Les flatteurs le circonviennent de toutes
parts; il faut qu'il soit bien fort pour résister à leurs
fâcheux conseils et à leur satanique habileté. Qui vivra
verra.

Les flatteries enregistrées dans le *Moniteur* m'auraient inspiré assez de dégoût pour me faire donner ma
démission, si cet acte n'avait paru une folie aux esprits
les plus sensés. C'eût été d'ailleurs une faute à cette
distance de France où nous sommes. J'aurai toujours
le temps, une fois de retour, de prendre ma retraite ou
de donner ma démission, si je trouve qu'on ne peut
pas servir sans bassesse.

Mon premier serment a été prêté à regret dans la mer
du Sud, après la Révolution de 1830. Mon second serment est prêté en Chine et me coûte moins que l'autre;
mais il n'y a chez moi ni enthousiasme ni entraînement
de cœur. J'ai besoin de beaucoup de gages pour attirer
mes sympathies envers le chef de l'État.

Le soir, le commandant de Rocquemaurel a réuni
dans un grand dîner les deux états-major de sa subdivision; il a porté la santé de Louis-Napoléon, à
laquelle nous avons tous répondu.

A bord du *Cassini*.   Macao, 24 décembre

Chère mère,

Depuis mon retour de Manille, rien d'intéressant n'a surgi autour de nous : notre vie est aussi calme que celle des bons campagnards. Je tâche de ne m'en pas attrister, dans la pensée que rien n'arrive que par la volonté de Dieu.

Macao, je l'ai déjà dit, offre peu de ressources sous le rapport de la société. Loin de m'en plaindre, je m'en réjouis; cela me permet de vivre plus à bord qu'à terre, ce qui est d'accord avec mes goûts et mes devoirs. Par goût, j'aurais aimé à être plus souvent en mer, à visiter beaucoup de ports : c'est un vieux reste d'ambition, un désir de gloriole. L'œil n'est pas rassasié de voir, ni l'oreille d'entendre, et, malgré mes efforts pour attendre avec patience que Dieu dispose de moi, je forme encore des rêves ambitieux. Cependant, j'ai déjà pu remarquer très souvent que la Providence arrangeait bien mieux nos affaires que nous ne saurions le faire nous-mêmes.

La *Capricieuse* est sur rade, près de nous, depuis une dizaine de jours. Le commandant de Rocquemaurel sera prochainement remplacé par M. de Montravel, qui passe pour un galant homme et un bon officier. Il a dû partir de Rochefort à la fin d'octobre, je ne crois pas qu'il nous arrive avant les premiers jours d'avril ou de mai.

L'état présent des missions est assez satisfaisant. Les mandarins n'osent pas persécuter, parce qu'à Péking on n'aime pas les réclamations des puissances européennes. On ferme donc les yeux presque partout; ce qui permet à nos missionnaires de gagner du terrain. Nous avons en ce moment à bord le P. Janson, un des jeunes missionnaires que le *Cassini* a amenés de France ici. J'ai prié le procureur des Missions étrangères de vouloir bien me l'envoyer pour les fêtes de Noël. C'est un prêtre plein de dévouement, que je serais heureux de transporter dans sa mission en Corée ; mais cela présente quelques difficultés : les Coréens, comme les Japonais, gardent leurs côtes, afin d'en interdire l'approche aux étrangers.

Des troubles ont dernièrement éclaté à Amoy, à l'occasion de l'embarquement de Chinois de la dernière classe pour la Havane. Un bâtiment à vapeur anglais, le *Salamander*, est intervenu pour contenir la fureur de la populace, qui menaçait un de ses nationaux intéressé dans ce transport d'hommes. Une dizaine de Chinois ont été tués. On ne pense pas que cette affaire suscite quelque complication ou intervention diplomatique. En Chine, l'on ne connaît pas cette susceptibilité qui met en émoi les nations d'Europe, quand quelqu'un succombe victime de la brutalité d'un agent d'un autre pays. Les Chinois ne veulent pas la guerre, et par conséquent évitent tout prétexte de conflit. Ils gardent au fond du cœur une haine inextinguible contre les Européens et surtout contre les Anglais, mais ils se contentent de la manifester par quelques taquineries de temps à autre. Aujourd'hui que les provinces du midi et du centre sont envahies par de véritables armées de rebelles, il paraît impossible que le Céleste Empire consente à se créer des embarras avec les Européens. Les côtes sont aussi infestées de pirates insaisissables ; car tout bateau pêcheur, et le nombre en est infini, profite de la moindre occasion favorable pour piller les jonques ou navires de commerce sans défense. Ce vaste empire de la Chine craque de toutes parts, et l'on s'étonne qu'avec d'aussi détestables éléments il dure encore.

C'est demain Noël, chère mère. Cette belle fête a été dignement célébrée à bord, l'année dernière ; j'espère qu'il en sera de même cette année. Rien ne peut remplacer le charme ineffable de ces fêtes chrétiennes, qui toutes nous rappellent les grands mystères de notre sainte religion. Qu'il est doux pour un catholique de se reporter, à cette occasion, aux premiers jours de son enfance, qui étaient des jours de joie pour toute la famille ! Qu'il est doux, à chacune de ces solennités, de penser que nos idées et nos sentiments sont ceux des catholiques dans tout l'univers !

Tout continue de prospérer à bord du *Cassini :* la paix règne dans l'état-major et dans l'équipage, parce qu'on n'y rencontre que des hommes de bonne volonté : *pax hominibus bonæ voluntatis.* J'aurai demain l'état-major et les élèves à déjeuner, et je compte beaucoup sur cette petite réunion pour resserrer les liens qui nous unissent. Je n'ai rien de mieux à demander à Dieu que de nous continuer ses bontés pour le temps que nous devons encore passer loin de France. Nous quitterons probablement la mer de Chine à la fin de 1853, et nous arriverons en France au mois d'avril 1854 ; mais que sont les projets de l'homme devant les desseins de Dieu, devant les éventualités qu'il est impossible de prévoir ? Je ne remarque chez personne un trop vif désir de quitter la Chine ; tout le monde comprend qu'une si lointaine campagne ne doit pas être une simple promenade, et qu'on peut, d'un moment à l'autre, être appelé à rendre de grands services. Moi-même, malgré la vive affection que je sens pour ma famille, malgré la nature de mon caractère qui me porte plus à la vie de repos qu'à la vie d'action, je ne puis dire que je sois pressé de partir.

Post-scriptum, 25 décembre. — Nous avons eu messe à minuit, favorisée par un beau temps et une douce température ; on a chanté l'*Adeste fideles* et quelques cantiques de circonstance, en sorte que nous avons célébré la fête de Noël en bons chrétiens. On arrange le dessert du grand déjeuner dont je t'ai parlé : il y a devant moi des pyramides de superbes oranges de l'espèce des mandarines, des bananes, des gâteaux de Savoie, des nougats montés ; des poires fort belles, mais qui ne sont que pour la parade, car elles ne se mangent que cuites ; des fruits d'Europe confits, présent des PP. Dominicains à Manille, etc., etc. Pardonne-moi ces détails si peu intéressants, mais qui te donneront une idée de nos fêtes à bord du *Cassini*.

27 décembre.

Hier, j'ai eu le plaisir d'avoir à déjeuner cinq missionnaires français, arrivés de Singapore par le trois-mâts portugais le *Resolucâo*. Dans l'après-midi, visite aux PP. Dominicains qui avaient gracieusement offert l'hospitalité à nos missionnaires. Le soir, dîner chez M. Remedios, qui avait à sa table vingt-huit personnes de sa famille. D'après un singulier usage des Macaïstes, on ne cessait de porter des santés de voisin à voisine et d'un bout de la table à l'autre ; aussi fallait-il n'effleurer la coupe que du bout des lèvres, si on voulait garder sa raison.

La plus grande partie du temps, aujourd'hui, s'est écoulée à examiner et à discuter les titres des hommes à l'avancement. Tout s'est bien passé, grâce au bon esprit de l'état-major. On a dû écarter même d'excellents matelots, à cause du petit nombre de places à donner ; mais nos choix, je crois, sont justifiés par un vrai mérite.

Whampoa, 2 janvier 1853.

J'ai reçu hier, à l'occasion de la nouvelle année, la visite des officiers et des élèves, et nous sommes allés tous ensemble faire visite au commandant de la *Capricieuse*. Rentrés à bord, nous nous sommes réjouis dans une charmante fête de famille, à laquelle assistait notre maître mécanicien, et pour couronner le festin M. l'abbé Janson a bien voulu nous chanter une jolie chanson de son pays.

Ce matin, ordre imprévu de nous tenir prêts à appareiller pour Whampoa. Sur une invitation du ministre de France au commandant de Rocquemaurel, nous étions appelés à mettre de l'ordre à bord de nos bâtiments de commerce. A midi, nous étions mouillés sans encombre à Whampoa, ayant le trois-mâts français le *Pacifique* par notre travers, mais tout paraissait tranquille sur le pont. Nous nous demandions s'il n'y avait pas erreur, ou si on n'avait pas exagéré l'état des choses, lorsqu'une lettre de notre vice-consul, M. Forbes, nous a rassurés complètement en nous disant qu'il n'existait aucun désordre à bord de nos bâtiments. D'où il résulte clairement que notre ministre à Macao avait été mal informé.

A bord du *Cassini*.　　　　　　　　　Whampoa, 7 janvier.

Chère bonne mère,

Je veux étrenner la nouvelle malle qu'on vient d'établir; il y aura désormais deux départs par mois, soit d'Europe, soit de Chine. Le *Gange*, beau vapeur de la Compagnie péninsulaire, commencera le service des voyages de quinzaine, et partira de Hong-kong, le 11 janvier.

Le *Cassini* a quitté le mouillage de Macao pour
celui de Whampoa (1), d'où l'on peut se rendre à Canton
en deux heures. Je me fais une fête de voir cette ville,
car je ne vieillis pas sous le rapport de la curiosité.
Nous avons passé la Bouche du Tigre, *Bocca Tigris*,
ainsi nommée sans doute de la multitude de canons qui
bordent les deux rives, dans cette partie étroite de
la rivière. Whampoa est le rendez-vous de la rivière
de Canton, les gros navires de commerce ne pouvant
pas remonter jusqu'à la ville. Nous comptons autour
de nous plus de trente bâtiments appartenant à diverses
nations. Les navires de commerce anglais et américains
qui viennent en Chine sont les plus beaux du monde;
il y en a de plus grands que nos frégates, et l'élégance
de leur construction ne laisse rien à désirer. Sur trente-
cinq bâtiments, nous ne comptons que trois Français,
encore est-ce beaucoup pour nous qui ne voyons que
rarement flotter notre pavillon dans ces parages.

L'aspect général du pays est bien différent de ce que
nous avions vu jusqu'à ce jour. Ce ne sont plus des
plaines immenses comme celles qui bordent le fleuve
Bleu, ou le Yang-tsi; ce ne sont pas non plus des coteaux
éloignés, encadrant un pays plat comme à Ning-po;
ici les coteaux sont rapprochés et boisés, on se croirait
presque en Europe, si de hautes tours octogonales et
pyramidales ne dominaient les nombreux villages qui
s'étendent à leur pied. Quoique l'hiver ait appauvri la
végétation à cette époque de l'année, il reste encore
assez de verdure et de feuillage, pour que la vue soit

(1) Whampoa est une île basse, à cinq lieues de Canton, devant
laquelle mouillent tous les navires étrangers de fort tonnage, qui
ne peuvent remonter le fleuve jusqu'à la capitale du Kouang-toun.
Cet avant-port de Canton est aujourd'hui devenu une grande
ville, qui se prolonge sur un espace de quatre kilomètres, au bord
des îles qui entourent la rade.

satisfaite de cette jolie robe d'automne qui couvre la terre.

Pour jouir d'un coup d'œil plus étendu, je me suis rendu sur l'île Danoise, un peu au-delà de Whampoa, et j'ai gravi, par un bel escalier une hauteur où se trouvent les tombeaux des Parsis. Cette secte, qui est considérable à Bombay et dans l'Inde, conserve le culte de Zoroastre et adore le feu, symbole de la Trinité. Les Parsis ont fait preuve de beaucoup de goût en choisissant ce lieu d'où la vue s'étend jusqu'aux pagodes de Canton, et d'où l'on découvre les nombreux bras et îlots de la rivière. Je suis redescendu enchanté, ravi de ce beau spectacle. Ce pays accidenté, coupé de rivières et de canaux, avec ses villages entourés d'arbres, et les multitudes de bateaux qui le sillonnent en tous les sens, présente assurément un des plus magnifiques panoramas du monde.

Le lendemain de notre arrivée à Whampoa, j'ai reçu la visite de notre vice-consul, M. Forbes, qui est consul d'Amérique et de Suède et possède une solide maison de commerce. Il a bien voulu m'inviter à descendre chez lui à Canton (1). Le soir même, je dînai chez M. Forbes. C'était *sans façon :* néanmoins la table était

(1) *Canton* est le nom donné par les Anglais à la ville que les Portugais avaient appelée *Kamton*, du nom même de la province (Kouang-toun); mais son vrai nom chinois est *Kouang-tcheou-fou*. Les légendes la désignent sous le nom de ville des Béliers ou ville des Génies, que lui donnent quelquefois ses habitants. Fondée deux siècles avant Jésus-Christ, ruinée par les Mandchoux, et sortie comme par enchantement de ses ruines, elle était devenue l'unique entrepôt du commerce étranger avec la Chine. Le vice-roi des deux Kouang était muni de pleins pouvoirs qui l'autorisaient à traiter les affaires de l'Empire avec les représentants des puissances étrangères. Les conséquences des traités de 1844 et des graves événements qui se sont accomplis depuis, ont affaibli successivement son importance commerciale et politique, sans la faire déchoir entièrement du rang illustre qu'elle occupait parmi les plus grandes villes de la Chine.

servie très abondamment. Il y avait un chapon truffé, un
saumon d'Ecosse, des vins de Bordeaux, de Bourgogne,
de Porto et de Champagne. Ce luxe est ordinaire dans
le haut commerce ; la table supplée, autant que possible, aux plaisirs intellectuels et autres délassements
qui manquent ici.

Le jour des Rois, 6 janvier, j'ai entendu la messe à
la procure des Missions. Une trentaine de Chinois seulement y assistaient. La chrétienté de Canton est peu
florissante, le peuple, dans cette province, étant d'une
dépravation plus grande que dans aucune autre ; on
constate néanmoins des progrès sensibles. Après la
messe, je me suis promené avec M. l'abbé Guillemin
en dehors de la ville, que j'ai contournée en majeure
partie ; nous avons assisté à la prière des bonzes qui a
beaucoup de rapports extérieurement avec les offices
de nos communautés religieuses. Cette espèce de
parodie de notre sainte religion m'a laissé une pénible
impression de tristesse. Puisse un rayon de la vraie
lumière dissiper les ténèbres où sont plongés tous ces
malheureux !

Dans l'après-midi, M. l'abbé Girard, jeune prêtre
des Missions étrangères, m'a conduit à sa chapelle flottante, qui a été installée depuis l'arrivée du *Cassini*
en Chine. Grâce à des fonds obtenus par souscription,
il a pu acheter un petit bâtiment qu'il a transformé en
élégante chapelle, lequel est affourché au milieu des
navires de commerce. C'est une heureuse idée, habile-
ment exécutée, et fort utile pour rappeler leurs devoirs
aux équipages toujours nombreux dans la rivière de
Canton. Comme curé et commandant du bateau-chapelle, l'abbé Girard est fort estimé de tout le monde,
protestants et catholiques, et son zèle a déjà produit les
meilleurs résultats.

En somme, la ville de Canton ne m'a laissé d'agréable

souvenir que la gracieuse hospitalité des missionnaires. L'espace réservé aux Européens est le seul où
l'on respire à l'aise. Les maisons des factoreries sont
bien supérieures en élégance et en commodité à celles
qu'occupent les Chinois. Les habitations qui font face
à la rivière jouissent d'une jolie vue sur un jardin
public bien entretenu, mais peu étendu. J'ai pu visiter,
conduit par M. Forbes, un des plus beaux jardins de la
ville et la plus belle des maisons chinoises. Partout on
observe des détails artistement travaillés ; cependant cela
manque de goût dans l'ensemble. Ce peuple me semble
avoir été trop vanté ; et Fénelon reste encore dans le
vrai, de nos jours, en faisant ressortir, dans le dialogue
de Confucius et de Socrate, l'infériorité des Chinois
vis-à-vis des Européens.

12 janvier.

Je viens de recevoir de Chang-haï une bonne lettre
du P. Broullion, qu'il me semble utile de transcrire en
partie, afin d'en mieux garder le souvenir.

« Mon cher commandant,

« Merci au *Cassini* et à vous en particulier pour
l'amitié et le souvenir dont vous me donnez l'assurance, et que j'accepte avec promesse de n'oublier aucun
de vous devant Notre-Seigneur. Chaque jour, au saint
sacrifice de la messe, je fais mémoire de mes amis,
comptant aussi sur vos ferventes prières. J'ai grande
confiance aux prières des pieux marins. Combien de fois
ne me suis-je pas dit à moi-même et n'ai-je pas répété
à d'autres : « Pour qu'un marin, officier ou matelot,
« devienne un saint, aussi riche en mérites que les
« plus austères anachorètes, il suffit que la vue de la
« présence de Dieu ou le motif de sa volonté anime

« toutes les privations de sa carrière ! » Combien de sublimes dévouements sur mer que les hommes méconnaissent et que Dieu récompenserait au centuple !

« En ce qui vous concerne personnellement, je ne puis que vous engager à vous offrir au divin Roi dans la patience de votre âme et dans l'ardeur de la charité. Il n'est sans doute pas éloigné, le moment où Jésus-Christ, touché de votre courageux vouloir, acceptera, pour le bien de son Eglise, les services actifs de ses serviteurs, embarqués sur le *Cassini* dans un but glorieux. Je ne saurais me persuader que Dieu vous ait amené en Chine pour vous affourcher dans la Taïpa. Dans l'oraison, dans la sainte communion, insistez auprès de Notre-Seigneur pour qu'il avance les temps.

« Diverses correspondances m'annoncent des tracasseries parfois sanglantes contre les chrétiens de l'intérieur ; les derniers mois ont été particulièrement signalés sous ce rapport. Ne croyez pas non plus que la rébellion soit vaincue, comme on le prétend à Canton. Un prêtre chinois qui vient de traverser les provinces envahies, me rapporte tout le contraire. Les arrêtés de diverses préfectures, qui vendent aux enchères les grades littéraires, mettent suffisamment à nu l'épuisement du trésor et la détresse du souverain... »

A bord du *Cassini*.   Ile Lankeet, près Bocca Tigris,
                                    21 janvier.

Chère mère,

Le *Cassini* a quitté Whampoa, le 15 janvier, et il est depuis ce jour mouillé près de Bocca Tigris. Nous continuons quelques travaux d'hydrographie, afin de mieux déterminer la position des îles nombreuses du Choukiang (fleuve des perles) ou rivière de Canton. Ces travaux, outre leur utilité propre, donnent de l'occupa-

14

tion à quelques officiers et aux élèves, et ils nous font bien connaître ces parages.

J'ai été fort heureux de mes relations avec les missionnaires de Whampoa et de Canton ; on a beaucoup à gagner dans l'intimité de tels hommes. On ne tarde pas à s'apercevoir, quand on vit avec eux, qu'il y a encore des saints sur la terre. A défaut de succès dans leur noble entreprise, ils sont prêts pour la couronne à laquelle ils aspirent. Mgr Rizzolati, un des doyens des missions, a bien voulu venir, à son retour de Canton, passer une journée à bord du *Cassini*, et nous avons pu causer à l'aise de tout ce qui intéresse la religion catholique en ce pays. M. Girard lui-même, le curé-commandant, a consenti pour quelque temps à quitter son bateau-chapelle, et à s'établir à bord du *Cassini* où il avait sa chambre.

Depuis ma lettre du commencement de ce mois, mes premières impressions ne se sont guère modifiées. Canton, qu'il m'a été donné de revoir, n'est certes pas un agréable séjour ; mais, après le plaisir de prier dans la petite chapelle catholique auprès de quelques fervents chinois, j'ai éprouvé cette satisfaction du voyageur qui voit du nouveau et toujours du nouveau. Sans doute il est triste, pour un chrétien, de constater l'état de dégradation de ce malheureux peuple ; mais l'industrie des Chinois, leurs allures, leurs costumes, leurs jonques et bateaux de toutes sortes forment un ensemble varié, si différent de tout ce que l'on trouve ailleurs, que c'est, pour l'observateur, comme une distraction continuelle. En visitant le jardin des factoreries, je me suis assis un instant sur un banc de bois d'où j'apercevais le mouvement des bateaux sur le fleuve. Il n'y a peut-être rien au monde de comparable au spectacle qu'offre Canton à cet égard : bateaux à vapeur de toutes formes, jonques de toute dimension et

de toutes couleurs, tankas à godille et à rames et à
voiles au besoin, gigs si légères qu'un homme peut les
porter sous le bras, cafés flottants, dépôts d'opium,
repaires de voleurs, etc. ; et tout cela pêle-mêle dans
des canaux rétrécis par des cabanes plantées dans l'eau.
Au Chili, on mendie à cheval et tous les voleurs sont
bien montés ; ici, on mendie en bateau, et il n'est pas
prudent de circuler sans être armé, parmi les grandes
embarcations chinoises où se cachent des voleurs qui
n'ont d'autre moralité que la crainte du plus fort. Les
canots de guerre n'ont généralement rien à craindre ;
néanmoins, pour en imposer au besoin, les nôtres
étaient toujours bien armés quand ils s'éloignaient du
bâtiment.

Le plus beau jardin de Canton, que j'ai visité en compagnie de M. l'abbé Guillemin et de M. Piriou, officier
du *Cassini*, ne m'a pas produit meilleure impression
que le reste. Il passe pour une merveille, et il ne vaut
pas nos parcs d'Europe. Poutin-quâ, son propriétaire,
jouit, dit-on, d'une fortune immense ; mais je doute
qu'un petit châtelain de France s'accommodât de quelque chose d'aussi mauvais goût. Malgré les pièces
d'eau, les salles de théâtre, les kiosques vitrés aux
mille dessins bizarres, c'est pauvre de conception : pas
un massif aux nuances variées, pas un point de vue un
peu étendu, pas une allée où quatre personnes puissent
se promener de front. En un mot, ensemble grandiose
qui étonne le regard ; rien qui satisfasse la délicatesse
d'un amateur.

J'ai trouvé les porcelaines et les laques de Chine si
chères à Canton que je n'ai pu me décider à en acheter.
Il faudrait dépenser quatre-vingts, cent et cent cinquante francs, et il me semble qu'on se procure partout
de jolies boîtes à jeu et à toilette pour ce prix. Je préfère, et je ne suis pas le seul, nos belles porcelaines de

France à celles de ce pays. On a voulu faire de la porcelaine blanche à l'imitation de la nôtre, mais elle est
sans éclat et coûte fort cher. J'aime mieux un produit
de Sèvres ou de Limoges, qui soit de bon goût, que tout
ce bariolage chinois. D'ailleurs, si riches en couleur
que paraissent les peintures de ce pays, elles n'en sont
que plus mensongères. Quel souvenir de Chine, par
exemple, que ce portrait qui nous représente sous les
plus brillantes couleurs de la jeunesse anglaise, un
empereur sans doute aussi jaune que tous ses sujets !

Quoi qu'il en soit, ma vie s'écoule aussi heureuse
que possible. La paix règne à bord du *Cassini*, sans
que la discipline ait à souffrir. L'équipage ne se plaint
pas encore de la longue absence du pays. Pour moi, je
trouve qu'il est utile de voyager pour s'instruire ; mieux
je connaîtrai la Chine, plus j'y pourrai faire du bien,
s'il plaît à la Providence de m'y rappeler un jour.

23 janvier.

Je n'ai pu m'empêcher d'éprouver de l'affliction à la
lecture du *Moniteur*. Voilà donc la dynastie des Bourbons en apparence exilée à jamais du sol natal ! Ce mot
jamais n'est pas français. Que de fois n'a-t-il pas été
démenti par les faits ? La dynastie même qui s'élève
aujourd'hui n'a-t-elle pas été aussi bannie à jamais du
territoire sur lequel Napoléon Ier avait régné, investi du
plus grand pouvoir des temps modernes ?

La Providence a ses desseins : ce qu'elle nous donne
en ce moment vaut mille fois mieux que l'anarchie
dont nous étions menacés à la fin de 1851 ; mais mon
cœur est blessé dans son légitime attachement à la
famille des Bourbons. Je vois avec peine qu'on sacrifie
l'avenir aux inquiétudes du présent ; je vois avec peine
les mêmes hommes porter à de courts intervalles leur

encens à tout pouvoir qui surgit. Je me demande si, malgré l'autorité des évêques et des cardinaux, je ne puis pas, en conscience, m'écarter de ce soleil nouveau, si je ne dois pas chercher dans la retraite cette joie de l'âme qui sacrifie une carrière au sentiment de l'honneur; car, comment se permettre un assentiment de mauvaise grâce devant l'éclosion d'enthousiasmes si surprenants? Pauvre France! Il semble que les grands caractères s'en vont; il semble que chacun cherche une place au soleil, sans s'occuper de la manière dont il l'obtiendra.

Prions pour que cette terre qui produit plus de missionnaires qu'aucune autre, redevienne fertile en vrais héros; prions pour que le désintéressement, la noble indépendance y trouvent encore de nombreux partisans. Puisse *l'empire de la paix* n'être pas, sous une autre forme, une reproduction du régime de Louis-Philippe, ce prince bourgeois, que ses flatteurs appelèrent le *Napoléon de la paix!*

Mouillage de Chuen-pe, 25 janvier.

Que votre nom soit béni, ô mon Dieu, pour les saintes pensées qu'il vous plaît de m'envoyer! Puissé-je être satisfait de tout ce qui me vient de votre main, mépris ou honneur, fatigue ou repos, commandement ou assujettissement! Il me semble que j'aimerais autant et peut-être mieux avoir d'autres soucis que ceux du commandement, à raison de mon peu de capacité et d'intelligence; mais j'oublie que vous pouvez redresser tout cela; j'oublie que, pour être digne de commander, il faut désirer vivement accomplir la volonté de ceux qui nous ont délégué leur pouvoir, le vôtre, surtout, ô mon Dieu!

J'accepte donc de grand cœur la situation présente,

le mouillage de Chuen-pe de préférence à Whampoa,
Macao ou Hong-kong; ce jour brumeux au lieu d'un
beau ciel ou d'un jour de vent ou de pluie; le *Cassini*
avec ses chaudières usées, au lieu d'un appareil en parfait état; des officiers d'autre opinion que la mienne, etc.
Je déplore ce qui est à déplorer, je veux m'affliger de
ce qui est affligeant; mais, ô mon Dieu, je ne veux pas
me soustraire à ce milieu dans lequel vous m'avez
placé, et où, jusqu'à ce jour, vous m'avez donné la
paix, autant qu'on peut raisonnablement la souhaiter
sur cette terre.

Oui, je veux commander le *Cassini* tout le temps
qu'il vous plaira; et, s'il doit en résulter pour moi
faveur ou défaveur, j'espère, ô mon divin Maître, que
je saurai encore me soumettre aveuglément à votre
sainte volonté; j'espère que je saurai m'humilier profondément si les honneurs m'atteignent, parce que je
n'en suis pas digne, et si des peines m'arrivent, parce
que j'en ai mérité de bien plus grandes par vingt-cinq
ans d'oubli de votre sainte loi ! *Amen.*

A bord du *Cassini.*　　　　　　　　Shack-wan, 8 février.

　　　　　Chère bonne mère,

Nous avons quitté Bocca Tigris, pour venir mouiller
près d'une des nombreuses îles qui sont à l'entrée de
la rivière de Canton, à Shak-wan, près de Lintin,
entre Hong-kong et Macao. Le but de tous ces dépla-
cements est la continuation d'un travail entrepris par
le commandant de la station. Il s'agit de mieux déterminer sur les cartes la place des îles qui servent comme
de jalons aux bateaux naviguant dans la rivière. Nous
partirons dans quelques instants pour la Taïpa, où j'espère mouiller ce soir ou demain matin.

M. l'abbé Guillemin, qui m'a offert une si gracieuse

hospitalité à Canton, vient d'être volé et dépouillé de
presque tous ses vêtements, en revenant d'une chrétienté où il avait été passer quelques jours pour l'exercice du saint ministère. Les voleurs l'ont arrêté sur la
rivière à cinq heures du matin, par un froid piquant;
ils ne lui ont laissé, par une sorte de commisération,
que le vêtement indispensable pour n'être pas tout à fait
nu. Le P. Guillemin me raconte gentiment cette aventure, dans une lettre où l'apôtre se réjouit d'avoir eu
quelque chose à souffrir pour Jésus-Christ.

Je lui avais demandé la signification du mot *tanka*,
employé pour désigner de petites barques chinoises
dont je t'ai parlé; voici sa réponse: « Le *tan* signifie
œuf, et le *ka*, famille; tanka, famille des œufs. Ce nom
a été donné par dérision à de pauvres gens qui forment
en Chine une classe à part, depuis qu'ils ont été condamnés, par suite d'une conspiration, à habiter sur
l'eau, sans pouvoir se fixer à terre ni aspirer à aucune
fonction publique. »

J'ai passé ma journée sur le pont, pour éviter les
accidents de la navigation qui, quoique facile dans
ces parages, nécessite beaucoup d'attention; aussi je
me trouve en retard pour terminer cette petite causerie. Je lance ma lettre à tout hasard, ne sachant si
elle arrivera encore à temps pour le courrier.

Taïpa, 14 février.

J'ai suivi la procession qui se fait avec beaucoup de
solennité à Macao, le premier dimanche de carême.
Le concours du peuple aux fenêtres et dans les rues
était extraordinaire. Dans cette procession, on pro-
mène par la ville, en grande pompe, une figure en
cire représentant Notre-Seigneur fléchissant sous le
poids de la croix. Le gouverneur, le sénat, tout le

clergé et un fort détachement de troupes accompagnent d'ordinaire l'image vénérée du Sauveur ; des enfants et des jeunes filles, avec des ailes simulées, marchent à la file portant les instruments de la Passion.

La procession se rend le samedi de l'église Saint-Augustin à la cathédrale, en faisant plusieurs stations durant lesquelles tout le monde s'agenouille. Le dimanche, après un sermon prêché cette année par le curé, elle s'est mise en marche vers quatre heures et demie. Après avoir longé la rue Florès, parallèle au quai, elle s'est arrêtée à un reposoir préparé par les dames de Sainte-Claire, au nord de la Praya ; puis elle s'est dirigée vers la place du Sénat, et de là vers une église voisine pour rentrer à Saint-Augustin. Le Christ a été alors déposé dans une chapelle latérale, où les fidèles sont venus successivement s'agenouiller pour lui baiser les pieds.

A côté de ces marques de dévotion, on s'étonne de voir la liberté, je pourrais dire la licence des Macaïstes dans les églises ; on parle, on agit comme si l'on faisait un acte de la vie quotidienne. Les Chinois appellent cette procession la *promenade du Juste* ; un jour qu'elle devait être supprimée faute de fonds, les païens eux-mêmes se cotisèrent pour subvenir aux frais, et la procession eut lieu comme d'habitude.

A bord du *Cassini*.   Macao, 21 février.

Chère bonne mère,

Le dernier courrier d'Europe nous a annoncé la proclamation de l'empire. Il y a quatre ans que je regardais la proclamation de Louis-Napoléon à la Présidence, comme une humiliation pour le pays ; plus tard, en considérant le Président à l'œuvre, je soupçonnai le

peuple plus clairvoyant que moi, qui avais nommé Cavaignac; j'appris ensuite avec peine toutes les démarches faites pour arriver à l'Empire, sans me sentir
cependant beaucoup de sympathie pour la forme répu-
blicaine, à laquelle je n'avais pas contribué. Aujour-
d'hui, notre pays, las de secousses et de révolutions,
croit trouver le repos et la prospérité dans l'élection de
Louis-Napoléon comme empereur : Puisse-t-il ne pas
se tromper ! Puisse cette phase nouvelle dans laquelle
nous entrons, devenir pour la France une époque de
progrès pour le bien !

C'est hier que l'empereur Napoléon III a été proclamé à bord de la *Capricieuse* et du *Cassini*. Dès le
matin, les deux bâtiments étaient pavoisés, et, à dix
heures, la *Capricieuse* a tiré une salve de cent un
coups de canon, et le *Cassini* vingt et un seulement,
à cause du petit nombre de ses pièces. Après la lecture
de la circulaire du ministre de la marine et de l'ordre
du chef de la subdivision, on a crié : Vive l'empereur ! mais sans enthousiasme. Le commandant de
Rocquemaurel a donné un grand déjeuner à cette occasion, et le ministre de France un dîner accompagné
de toasts : tout s'est bien passé.

Les épreuves n'ont point encore commencé pour le
Cassini, chère mère. L'état-major et l'équipage paraissent contents, et, pour ma part, je bénis Dieu chaque
jour que ma tâche soit si facile; je m'applique cependant à faire provision de résignation pour l'avenir. Je
me lève généralement à cinq heures et j'assiste à la
courte prière de l'équipage; puis, de cinq à six heures
je prie et je médite dans ma chambre. Ces heures cor-
respondent à peu près à celles où l'on a l'habitude de
quitter le salon pour se coucher à Puycheni; car nous
avons ici midi, quand il est environ cinq heures du
matin à Paris. Il est donc environ dix heures du soir à

Puycheni, quand on bat la diane pour le lever de l'équipage à bord. Ainsi, pendant que vous demandez à Dieu de bénir votre repos, moi, je le prie de bénir mon travail, et je ne manque pas, comme vous le faites aussi, de prier pour toutes les personnes de la famille. Quelle consolation de pouvoir ainsi se réunir dans le sein de Dieu !

Il paraît décidé que nous quitterons prochainement Macao pour faire une course dans le Nord, à Changhai et à Ning-po. Ce sera probablement un voyage de fatigues à la mer et de taquineries à terre ; mais j'aime le mouvement, et, dans tous les cas, je veux m'appliquer à vouloir ce que veut le bon Dieu.

28 février.

Gloire à Dieu au plus haut des cieux ! Voilà cinq ans qu'à pareil jour, j'allai trouver un prêtre qui voulut bien entendre ma confession et me donner l'absolution. Depuis cette époque à jamais bénie, il a plu au ciel de ne pas me laisser tomber dans le péché qui avait été la cause principale de mon éloignement de la religion. J'ai prié l'aumônier de la *Capricieuse* de dire une messe d'actions de grâces, à laquelle Clerc et moi avons seuls assisté. Puissé-je ne jamais oublier de remercier Notre-Seigneur de cette insigne faveur !

Visite aux Pères Dominicains, et à M. et madame Marquès, à M. et madame de Bourboulon, à madame de Courcy, etc., etc., et causerie de deux heures avec le commandant de Rocquemaurel, à bord de la *Capricieuse*.

J'aurais désiré partir cette nuit, ou demain de grand matin, mais il n'est guère probable que je sois prêt avant huit heures.

CHAPITRE VIII

VOYAGE DANS LE NORD

4 MARS 1853 — 17 AVRIL 1853

En mer : temps favorable. — Tsin-hai : anniversaire du départ
de France. — Ning-po : la petite colonie en voie de prospérité;
crainte des rebelles; armement de lorchas. — Chang-hai : note
du P. Broullion sur la situation politique et les intérêts catholiques; le Tao-tai demande l'intervention des puissances étrangères; bénédiction solennelle de la cathédrale de Tong-ka-dou;
parfaite entente du consul de France et du commandant du
Cassini; MM. Bonham et Marshall, ministres d'Angleterre et
des Etats-Unis; projet de proclamation des consuls et projet de
défense des commandants; note du P. Broullion sur l'insurrection (1).

En mer, 4 mars.

Il fait très beau et me voilà supputant déjà ce qu'il
nous faudra de jours pour arriver à Ning-po. Si le
temps continue d'être propice, nous pourrons toucher
au port, dimanche matin, assez tôt pour entendre la
messe, si elle ne se dit pas de trop bonne heure. Il n'est
pas possible d'être plus favorisés que nous le sommes

(1) Cf. ch. III, commencements de l'insurrection; ch. IX, triomphe
de l'insurrection; ch. XII, résultats de l'insurrection; appendice II,
fin de l'insurrection. (*Passim.*)

dans cette saison. Je ne pensais pas faire plus de trente-
cinq à quarante lieues par jour au maximum, et nous
avons une moyenne de plus de cinquante lieues, sans
courants contraires, ce qui est exceptionnel.

Tsin-hai, 6 mars.

Le 6 mars est l'anniversaire de notre départ de
France ; nous l'avons fêté cette année, comme l'année
dernière, par une réunion de famille,

A bord du *Cassini*.   En mer, 12 mars.

Commandant,

Le *Cassini* a mouillé à Ning-po, le 7 mars au matin,
sans avoir éprouvé d'autre contrariété que des brumes
souvent très denses. J'ai trouvé notre petite colonie
française en voie de prospérité : nos missionnaires
sont assez contents des autorités chinoises, et les Sœurs
de charité sont déjà respectées et bien connues des
malheureux. Quelques dames chinoises, parmi lesquelles une parente du Tao-tai, ne dédaignent pas
d'aller recevoir des soins qui ne paraissent destinés
qu'à la classe la plus pauvre. Ainsi le présent est
satisfaisant, mais l'avenir semble très inquiétant, et
non sans raison.

Les rebelles du Kouang-si s'avancent rapidement ;
ils sont précédés d'une multitude affamée qui ne connaît aucune discipline et pille tout sur son passage. On
dit que l'armée des insurgés se montre disciplinée ; ce
n'est point elle qu'on redoute, mais ce grand nombre
de gens sans asile qu'elle chasse devant elle. Plusieurs
personnes affirment que Nan-king a succombé et que
Sou-tcheou ne tardera pas à tomber au pouvoir des
rebelles ; il est certain, du moins, que les mandarins de
Ning-po et de Chang-hai répriment les plus grandes

inquiétudes, car jusqu'ici les troupes de l'empereur n'ont fait aucune résistance sérieuse devant celles de Taï-ping. Dernièrement, une centaine de fuyards de l'armée impériale se sont réfugiés à Ning-po ; et deux Kouang-si-jen (c'est ainsi qu'on nomme les rebelles) ont osé se montrer en plein jour dans la ville, afin de disposer les esprits en leur faveur, pendant que l'autorité n'osait pas même les faire arrêter. Les Kouang-si-jen sont reconnaissables à leur longue chevelure.

Le mandarin militaire de la province est parti pour Hang-tcheou avec tout ce qu'il a pu réunir de troupes. D'après ce que j'entends dire aux négociants anglais de Ning-po, les affaires sont paralysées à Chang-hai et le taux de l'or y est très élevé ; les Chinois ramassent leur argent et l'opium est tombé à si bas prix que la maison Dallas en a interdit la vente à ses capitaines. On prétend que le gouvernement chinois a fait des ouvertures au gouverneur de Hong-kong, afin qu'il vienne à son secours ; on ajoute que les Anglais ont nettement refusé. Je sais, de source sûre, que les autorités chinoise ont essayé d'engager M. Marquès, consul de Portugal, à prêter les Lorchas pour transporter des troupes du côté de Nan-king ; mais le consul a compris qu'il était prudent de s'effacer dans une affaire si délicate. Il n'interdira pas aux patrons des Lorchas de prêter leurs bâtiments ; il s'arrangera de manière que cet acte ait toute l'apparence d'une transaction commerciale et non d'un secours national.

La plus grande partie des jonques de Ning-po ont été requises par les mandarins pour transporter du riz dans le nord. La côte est infestée de pirates et le commerce chinois se trouve complètement arrêté ; ce qui augmente dans une effrayante proportion le nombre des gens sans ressources. Il paraît que les soldats de Chou-san ont massacré leur chef, parce qu'ils n'avaient pas reçu leur solde ; mais le mandarin civil est parvenu à les calmer au moyen de concessions. Le bruit court que Seu, l'ancien vice-roi de Canton, qui commande aujourd'hui dans le Kiang-nan, se rend à Chang-hai pour solliciter l'appui des gouvernements européens. Le commerce anglais, de son côté, demanderait avec instance, pour sa protection, un navire de guerre à vapeur.

Je vous donne toutes ces nouvelles pour ce qu'elles valent, n'ayant aucun moyen de les contrôler ; cependant l'anxiété des autorités chinoises et l'accord que je trouve entre nos missionnaires, les négociants anglais et les capitaines des *receiving-ships*, me paraissent des garanties suffisantes de leur véracité. Dès mon arrivée à Chang-hai, je me hâterai de prendre connaissance de la situation des esprits, et je m'empresserai de vous en donner avis le plus tôt possible.

Chang-hai, 17 mars.

Je n'ai pu mouiller à Chang-hai, à cause des brumes, que le 15 mars, vers trois heures du soir. Tous les consulats avaient leur pavillon amené à mi-bâton en signe de deuil, à l'occasion de la mort de madame Alcock, femme du consul d'Angleterre. Deux heures après, je reçus la visite du consul de France qui me tint au courant de la situation politique ; puis celle de Mgr Maresca et du P. Broullion avec qui j'ai longuement causé des intérêts catholiques.

Aujourd'hui, visite à M. Alcock, qui pense que la France, l'Angleterre et les États-Unis doivent faire cause commune en ce moment de crise. Le P. Broullion, qui est resté à bord, m'a remis la note suivante, résumé de nos entretiens précédents et réponse aux questions que j'avais posées :

« S'il s'agit de la question politique qui se débat entre Chinois, et surtout des espérances qu'on pourrait fonder sur le bon vouloir de l'ancien gouvernement, ma réponse reste la même : je n'en sais rien. Mais je demeure également convaincu de la facilité qu'aurait une nation catholique de faire servir les circonstances au profit de *plus graves et plus solides intérêts*.

« Qu'en pense la France ? En pense-t-elle même quelque chose ? Je l'ignore, malgré de récentes ouvertures plus dignes, plus nationales, plus chrétiennes que par le passé. Je ne connais pas davantage la latitude et la juridiction respectives qu'elle accorde à ses officiers militaires et à ses fonctionnaires civils en Chine. Mais, ce qui ne fait doute pour personne, c'est qu'un seul homme, depuis longtemps, a compris et procuré, dans une certaine mesure, l'intérêt catholique de notre pays en ces contrées : cet homme est M. de Montigny. Je n'approuve pas toutes les idées de notre consul, et surtout je ne me laisse pas influencer par elles ; mais justice lui est due. Du reste, vous savez ma pensée, qui n'est pas plus aujourd'hui qu'hier de vous pousser à aucune précipitation. Cependant un dernier mot vous expliquera le motif de cette note et l'empressement de l'envoi.

« Toute bonne que soit une *conduite expectante,* néanmoins, en ce qui concerne la sécurité de Changhai, vous laissez trop voir vos hésitations à secourir la population honnête contre les malfaiteurs ; j'affirme que les chrétiens et nous pourrons bien être pillés, massacrés, *en attendant votre résolution.* Je craindrais que le consul ne vît trop en vous un homme qui se défie ; il ne *peut,* en tout cas, vous mener plus loin que vous ne *voulez* et que vous ne *devez* aller.

« Pardonnez-moi cette explication que j'ai cru

devoir à la franchise des questions que vous avez daigné m'adresser.

« C'est en conscience et devant Dieu que j'ajoute : si le peuple de Chang-hai, si les malheureux qui s'y réfugient, croient pouvoir fonder d'avance un espoir solide sur l'*humanité* du *Cassini*, ce sera une impression d'une portée immense, même pour le ministère sacré que les bâtiments français viennent, dit-on, protéger. »

A bord du *Cassini*.   Chang-hai, 20 mars.

Commandant,

J'ai trouvé Chang-hai bien plus agité que Ning-po. MM. les consuls de France et d'Angleterre m'ont dit l'un et l'autre que nous arrivions à un moment très opportun. D'après ce que j'ai pu constater, la plus grande inquiétude règne parmi les commerçants, l'argent devient rare et les affaires restent en stagnation ; en un mot, Chinois et Européens souffrent d'un indicible malaise.

Jeudi dernier, 17 mars, je suis allé voir le Tao-tai qui m'a fait un accueil magnifique. La conversation n'a roulé que sur un sujet : l'intervention du *Cassini* dans les démêlés de la Chine, pour porter secours au vice-roi de Nan-king. Ma réponse était préparée d'avance : je ne puis agir sans ordre du commandant de la station, auquel je m'empresserai de communiquer le désir des autorités chinoises.

Hier, 19, au moment où arrivait la malle d'Europe, le Tao-tai est venu à bord du *Cassini*. Comme dans notre entretien précédent, il a commencé par réclamer une intervention directe de notre part ; mais devant une dénégation formelle, il a fini par demander seulement l'apparition du *Cassini* devant Nan-king, afin de conférer avec le vice-roi ; ce qui ferait, pense-t-il, supposer une alliance dont les troupes impériales propageraient le bruit. Cette dernière proposition paraissait un expédient bien trouvé ; mais il était contraire à mes instructions et aux intérêts de nos compatriotes à Chang-hai de m'éloigner de cette ville : j'ai donc tout refusé.

M. de Montigny, avec lequel je marche pleinement d'accord, était avec moi dans les deux conférences avec le Tao-tai, et il n'a cessé de m'appuyer, en exposant avec loyauté la situation où nous sommes. Je verrais avec peine, en ce qui me concerne, une alliance quelconque avec cet empire vermoulu, dont les actes étaient encore récemment si hostiles aux Européens et aux missions catholiques. Notre politique me semble devoir être toute d'expectative, jusqu'à ce que nous soyons fixés sur les progrès des rebelles.

Les vivres renchérissent à Chang-hai. Beaucoup de mendiants et de gens sans aveu se sont réfugiés dans la ville, et l'on craint des désordres. Le Tao-tai fait bonne contenance : de temps en temps il bat les rebelles à coups de bulletins ; mais, dans l'intimité de la causerie, il ne peut dissimuler son inquiétude. Nous veillons avec soin sur notre consulat, près duquel nous sommes mouillés ; en cas d'alerte, M. de Montigny me ferait connaître à l'aide d'une fusée l'opportunité d'un secours.

Rien de nouveau à bord du *Cassini*, si ce n'est la triste acquisition d'un mauvais sujet, saisi à terre et mis aux fers. C'est un déserteur qui voudrait se faire passer pour italien ; il se querellait avec les Chinois, et il en avait même blessé quelques-uns. Je l'ai pris à la demande de M. de Montigny, pour nous éviter de plus grands désagréments.

Je vous envoie le journal de Chang-hai qui complè-

15

tera mes renseignements : on y signale les démarches du vice-roi de Nan-king et du Tao-tai de Chang-hai auprès des ministres et consuls étrangers : c'est un signe de détresse, en même temps qu'un aveu de faiblesse et de crainte.

A bord du *Cassini*.   Chang-hai, 20 mars.

Chère bonne mère,

Comme je te l'annonçais dans ma dernière lettre, nous avons quitté Macao pour venir à Chang-hai, en passant par Ning-po.

Deux jours après notre arrivée dans cette dernière ville, je suis allé, accompagné de sept officiers ou élèves, faire visite au Tao-tai, dont on dit beaucoup de bien. On nous a servi une collation chinoise avec force petits plats de viandes découpées, nids d'hirondelle, vins chauds, etc. J'ai complimenté le Tao-tai sur la bonne police de la ville, et sur la protection qu'il accorde aux missionnaires et aux Sœurs. Il m'a prodigué, à son tour, beaucoup d'amabilités, et, après quelques banalités échangées en conversation, la séance a été levée.

Quand le Tao-tai est venu nous rendre notre visite, il était accompagné de son secrétaire, de Mgr Danicourt et du P. Guillet. Une collation attendait nos hôtes, mais les Chinois y ont fait peu d'honneur ; ils n'ont pas plus le goût de notre cuisine que nous de la leur. Pour lui témoigner notre satisfaction de sa conduite à l'égard des Européens, je lui ai offert un grand sabre, que le commandant de Rocquemaurel m'avait donné dans ce but, et il en a paru fort content.

Les Sœurs de charité que nous avions amenées de Macao à Ning-po, sont venues dîner sur le *Cassini* avec moi d'abord, avec les officiers ensuite. Ces saintes filles réussiront, je l'espère, dans cette prédication par

les œuvres qu'elles entendent si bien. Déjà les Chinois,
qui n'ont en général aucune considération pour les
femmes, les respectent et les vénèrent. Il n'est pas
douteux que les marques d'estime et d'honneur
dont nous les avons entourées, n'aient beaucoup contribué à les rehausser dans leur esprit; elles pourront
avant peu sortir sans chaise à porteurs.

A Chang-hai comme à Ning-po, le Tao-tai s'est
montré d'autant plus aimable qu'il a plus besoin de
nous, à cause de l'invasion de Nan-king par les insurgés, qui ont réuni des forces considérables. Dans une
visite à bord du *Cassini*, il m'a fait dire par son interprète que j'avais *débordé son cœur*, et autres compliments orientaux. Cette menace des rebelles, qui pourraient bien s'aviser de venir un jour visiter Chang-hai,
me forcera de rester quelque temps ici, et je n'en serai
pas fâché, car le pays offre beaucoup plus d'intérêt
que Macao.

Nous avons aujourd'hui assisté à la bénédiction de la
cathédrale de Tong-ka-dou, qui m'a rappelé la bénédiction de l'église catholique du cap de Bonne-Espérance :
c'est un grand événement que cette cérémonie, qui
s'est faite avec une incomparable solennité. Dès le
matin, les chapelles où l'on disait la messe en attendant l'ouverture de l'église, étaient encombrées de
fidèles, dont plusieurs, faute de place, s'agenouillaient
au dehors dans la boue. Plus de dix mille personnes
étaient accourues pour jouir de ce beau spectacle. Une
multitude de barques chrétiennes, groupées sur le
Wang-pou, près de l'église, portaient soit une bande-
rolle flottante, soit un drapeau blanc sur lequel se dé-
tachait une croix bleue. Deux embarcations du *Cassini*,
armées en guerre, stationnaient dans le fleuve pour
prévenir, s'il y avait lieu, le tumulte et le désordre dont
les protestants et quelques Chinois avaient menacé

les Pères Jésuites. Quelques sous-officiers s'étaient
joints à l'état-major du bâtiment présent à la cérémonie.
M. de Montigny, qui s'attendait à quelque agitation,
s'était fait accompagner d'un serviteur, portant comme
lui des pistolets sous ses vêtements. Grâce à Dieu il n'y
a eu d'autre manifestation que celle de l'enthousiasme
et de la joie. Quand Mgr Maresca est sorti, accompagné
du clergé, du consul de France et de notre état-major,
pour faire le tour de l'église, les embarcations ont donné
le signal avec leurs petites pièces, et le *Cassini*, qui
ne pouvait nous apercevoir, a répondu par une salve
de vingt et un coups de canon. La solennité des rameaux, qui tombe en ce jour, a noblement inauguré la
nouvelle cathédrale consacrée à saint François Xavier (1).

Ma santé est bonne, et tout va bien à bord : Dieu
soit loué et béni !

21 mars.

Il n'y avait sur rade de Chang-hai qu'un brick anglais, le *Lily* et la corvette française le *Cassini*, pour
venir en aide aux intérêts européens de cette ville,
lorsque l'*Hermès* est arrivé de Hong-kong, vers sept

---

(1) La première église de Chang-hai avait été construite dans
l'enceinte de la ville, non loin de la porte septentrionale, sur un
terrain concédé par Paul Siu, l'illustre disciple du P. Ricci. Après
la suppression de la Compagnie de Jésus, l'église avait été changée
en pagode. Les Jésuites, rentrés dans le diocèse de Nan-king, se
firent un devoir de protester contre cette spoliation, et, grâce à
l'énergique appui de M. de Lagrenée, ils obtinrent, sinon une restitution devenue impossible, du moins des compensations et une
indemnité convenable. Les bâtiments enlevés au culte catholique
ne leur furent pas rendus, mais on leur abandonna un terrain
assez spacieux baigné par le Wang-pou, et c'est sur ce terrain
que s'éleva la cathédrale de Saint-François-Xavier. (Cf. Daniel :
A. Clerc, p. 304.)

heures du soir, avec sir Bonham, ministre plénipotentiaire de Sa Majesté britannique.

30 mars.

M. de Montigny me paraît dans une agitation extrême à chaque nouvelle qui nous arrive ; quant à moi,
j'essaie de rester calme, mais j'ai peut-être le tort de ne
pas suivre assez les événements. Nous avons fait
aujourd'hui une visite à M. Marshall, ministre américain, qui semble vouloir adopter vis-à-vis des Chinois
une ligne de conduite franche et hardie. La *Susquehanna* va partir pour Nan-king, et M. Marshall nous a
demandé si le *Cassini* ne la suivrait pas. Je ne puis
prendre sur moi cette responsabilité, et cependant je
comprends qu'il y aurait avantage à se rendre compte
de ce qui se passe là-bas.

1er avril.

M. de Montigny est venu ce soir causer avec moi
d'un projet de proclamation des consuls à la population
de Chang-hai, afin d'intimider les gens sans aveu qui
voudraient profiter des désordres engendrés par le
voisinage des rebelles pour se livrer au pillage. Cette
proclamation des consuls serait extraordinaire en tout
autre pays ; ici, elle peut produire un bon effet et prévenir de grands maux, soit envers les Européens, soit
envers les Chinois.

Il plaît à la Providence de me placer sur un théâtre
où le *Cassini* pourra rendre de réels services ou
faire de sottes maladresses ; je ne dois pas cesser de
prier, afin d'être assisté de la grâce dans ces moments critiques. Je dois peser toutes mes actions, et
voir clair avant de me décider ; mais surtout l'intérêt

personnel, la fausse gloire nationale, l'esprit d'aventure doivent être évincés autant que possible. M. de Montigny est très séduisant, et, sans qu'il y ait calcul de sa part, car je le crois franc et loyal, il pourrait m'entraîner plus loin que je ne voudrais aller.

3 avril.

Des lettres de Ning-po, que je viens de recevoir, me jettent dans un fâcheux embarras. Le P. Guillet et Mgr Danicourt appellent le *Cassini*, considérant sa présence comme indispensable pour prévenir les attaques de la populace ou des vagabonds qui inondent la ville. M. de Montigny, de son côté, pense qu'il m'est impossible de quitter Chang-hai, où nous avons de nombreux intérêts à sauvegarder, et où nous sommes mieux informés de la situation des affaires qu'à Ning-po.

4 avril.

J'ai quitté le bord, ce matin, de très bonne heure, avec MM. Clerc et de Tournières, et, après avoir entendu la messe à Tong-ka-dou, à l'occasion de la fête de l'Annonciation de la très Sainte Vierge, nous sommes partis en compagnie du P. Broullion pour Zi-ka-wei. Après un déjeuner fort gai, nous avons assisté à une réunion des enfants, qui ont chanté, avec beaucoup de goût, divers airs religieux, entre autres l'*Adeste fideles*.

J'ai été heureux d'entendre les élèves chanter les cantiques qui ont bercé mon enfance. On retrouve parmi eux cette gaieté, cet entrain du jeune âge, qui sont complètement inconnus dans les écoles chinoises. Cette apparence de prospérité et de bonheur qui règne à Zi-ka-wei, m'a fait regretter de ne pouvoir y demeurer quelques jours.

J'ai passé la soirée chez M. de Montigny, dont j'estime le caractère énergique, et avec lequel je marche, jusqu'à présent, en harmonie.

5 avril.

J'ai reçu deux fois la visite de M. de Montigny dans la journée. Il vient de quitter le bord, en me laissant un extrait de trois dépêches du Tao-taï, qui demande un secours de quarante ou cinquante hommes pour garder les portes de la ville, et qui nous prie de faire la police de la rivière, où les pirates pourraient bien entrer pêle-mêle avec les jonques de guerre chinoises. D'après ces dépêches, Nan-king serait pris, ainsi que Tchen-kiang fou, et Chang-haï serait menacé, en même temps que Sou-tcheou et Song-kiang fou. M. de Montigny désirerait au moins que je m'entendisse pour faire la police de la rade avec les commandants des autres navires de guerre.

6 avril

Dîner à bord de l'*Hermès*. Le capitaine Fishburn, à qui l'on avait aussi parlé de la défense de la ville, m'a exposé son plan qui m'a paru bien conçu. J'y ai adhéré, sous la réserve formelle que nous commencerions par défendre le quartier du consulat de France. Après le dîner, conversation intéressante entre les consuls et les commandants français, anglais et américains. On a discuté avec franchise, tout en évitant de s'engager trop avant ; il était cependant facile d'entrevoir la position que chacun compte prendre en face d'éventualités menaçantes.

8 avril.

J'ai invité hier les PP. Jésuites à se réfugier sur le *Cassini*; mais on m'a fait comprendre qu'on devait songer à tout plutôt qu'à une retraite qui ressemblerait à une fuite. Je n'ai pu m'empêcher de partager cet avis : les chrétiens ont besoin de leurs Pères, et les païens de leurs exemples.

M. de Montigny n'a pas mieux réussi que moi; mais je ne puis qu'admirer cette lettre écrite par lui dans cette circonstance au Père supérieur de la Compagnie de Jésus en Chine.

« Chang-hai, le 7 avril 1853.

« Monsieur le Supérieur,

« La gravité des affaires, et surtout les progrès rapides des rebelles vers cette localité, joints à l'impossibilité absolue de vous envoyer un détachement du *Cassini*, seul bâtiment de guerre français qui soit à Chang-hai, et par conséquent de vous protéger à Zi-ka-wei ou à Tsang-ka-leu, vous et les personnes de vos respectables missionnaires, dans le cas où cette ville et ses alentours seraient attaqués, me font regarder comme une mesure d'urgence de vous prier de venir avec tout votre personnel vous réfugier chez moi, où vous trouverez, sous l'appui du pavillon de France, la plus cordiale hospitalité et les soins et les égards que vous méritez.

« J'eusse été heureux d'aller vous défendre moi-même au milieu des nobles compagnons de vos pieux travaux ! J'eusse été heureux de protéger vos établissements, élevés au prix de tant de sacrifices ! J'ose espérer que vous ne mettrez pas en doute, dans cette circonstance critique, ni mon dévouement de consul, ni mon affection personnelle. Mais l'intérêt même de votre sûreté commune, aussi bien que ma sollicitude en général pour tous mes nationaux, exige que tous ces objets, sur lesquels il est de mon devoir de veiller, soient réunis et concentrés sur un même point, autour du pavillon français, et en présence du *Cassini*, notre unique protecteur.

« J'espère donc que vous aurez égard à mes instances, et je vous prie, dans ce cas, de faire dresser un inventaire des valeurs de tout genre que vous laisserez dans vos établissements, sur les portes desquels vous voudrez bien apposer les scellés, à l'effet d'obtenir, en fin de compte, les restitutions les plus complètes qui vous seraient dues, si un pillage avait lieu.

« Je n'ose entrer ici dans aucune considération sur les devoirs que vous impose votre respectable caractère de missionnaire. Mais je vous prie, Monsieur le supérieur, de vouloir bien considérer que vous ne pouvez offrir aucun secours efficace à vos chrétiens, en cette fâcheuse circonstance ; et qu'au contraire, si la personne d'un de vous était victime du désordre qui se prépare, les représailles terribles que mon gouvernement pourrait être amené à exercer pour la venger, deviendraient alors une cause de ruine pour votre œuvre.

« Veuillez donc prendre mon offre en sérieuse considération, et me faire connaître le parti que votre sagesse vous aura suggéré. »

« J'ai l'honneur d'être, etc.,

C. DE MONTIGNY. »

Le R. P. Broullion a répondu à cette dépêche du consul de France, en remerciant M. de Montigny de sa bienveillante sollicitude, mais en ajoutant que les missionnaires ne pouvaient songer à abandonner leurs chrétiens. « Il est de notre devoir, disait-il, de rester à Zi-ka-wei, pour ne pas augmenter l'inquiétude publique ; notre calme, au milieu de l'orage, rassurera les infidèles aussi bien que les chrétiens. Nous croyons donc utile d'implorer les lumières de la divine Sagesse et d'attendre les événements, avant de nous fixer à aucune résolution. Du reste, nous veillerons à ne commettre aucune témérité, et surtout à ne pas exposer nos chers enfants ; mais une prudence trop pressée nous empêcherait de faire du bien à ce malheureux peuple. »

Oui, c'est ainsi que je comprends les choses : les faux pasteurs s'enfuient à l'approche du loup ; les vrais pasteurs ne veillent qu'avec plus de soin à la garde de la bergerie.

9 avril.

M. de Montigny quitte le bord, où il est venu causer avec moi de la proclamation des consuls à la population de Chang-hai et des environs, pour intimider les rebelles et les pillards. Cette proclamation, si longtemps en projet, n'a pas encore vu le jour. Que de mesquineries chez les hommes qui traitent les affaires les plus importantes ! Hier, on n'avait point obtenu le consentement des Anglais ; aujourd'hui que l'Angleterre consent, c'est l'Amérique qui oppose de la résistance. N'importe ! M. de Montigny a fait son devoir, il a agi en homme de cœur ; j'espère que, de mon côté, je ne faillirai pas à mes obligations, et notre honneur sera sauf. Heureux celui qui met en Dieu toute sa confiance, et qui n'attend son secours que du Tout-Puissant ; *non confundetur !*

En rendant visite à Mgr Maresca, à Tong-ka-dou, j'ai remarqué avec plaisir qu'on est plus tranquille près

de la cathédrale catholique que dans le quartier des
étrangers, où l'on est pourtant protégé par une milice
européenne et quatre bâtiments de guerre, le *Lily*,
l'*Hermès*, le *Salamander* et le *Cassini : Dominus
meus adjutor, quem timebo* ?

12 avril.

Je reviens de chez M. de Montigny où j'ai passé une
agréable soirée. La conversation très animée a roulé
presque tout entière sur les aventures vraiment extraordinaires de notre consul, dans le cours de sa carrière
diplomatique. Décision rapide et patience à supporter
le froid ou le chaud : M. de Montigny a montré en toute
circonstance un courage, une énergie, un sang-froid
remarquables. Dangers de la mer, dangers de la part
des autorités, dangers des voleurs, il a tout bravé ! Que
n'a-t-il affronté tout cela pour Dieu ! Il l'a tenté cependant par acquit de conscience, pour remplir un devoir
de sa charge, pour agir en homme d'honneur et en
bon Français. N'y-a-t-il pas là aussi quelque chose
pour Dieu ?

Le matin, j'avais visité avec le P. Guillet et
MM. Clerc, Woodgate et Smith, le séminaire de Tsang-
ka-leu, placé sous l'habile direction du P. Gotteland.
Comme science, cet établissement ne laisse rien à désirer, car il a pour professeurs des hommes instruits qui
avaient déjà fait leurs preuves en Europe. La maison
est pauvre, mais propre, et les jeunes gens paraissent
tous jouir d'une excellente santé.

17 avril.

Le P. Broullion m'a remis ce matin un petit résumé
de son opinion sur les événements qui se déroulent en

Chine ; je l'en ai chaudement remercié, car j'ai grand besoin d'être éclairé sur les affaires de ce pays par ceux qui sont à même de les mieux connaître.

« Monsieur le commandant,

« Je reçois un gros paquet de lettres ou de pièces chinoises, venues de Nan-king, Tchen-kiang fou, Yang-tcheou fou, etc., etc., dont la date la plus récente est du 12 avril. Un homme de confiance envoyé à Tan-yang, qui est sa patrie, n'a pu aller au-delà de cette ville, à cause des communications interrompues par les insurgés du Kouang-si.

« Voici d'abord quelques *on dit* que je n'ose affirmer. Plus de cinquante mille Tartares occuperaient les environs de Nan-king, et chaque jour, des combats d'avant-postes seraient le prélude d'une grande bataille que l'on croyait imminente après le 10. — La ville de Ou-tchang fou aurait été le théâtre d'un affreux massacre de la population par les insurgés, pour se venger de la résistance qu'on leur avait opposée. — A Nan-king, ce serait une trahison qui aurait livré la troisième enceinte ; plusieurs milliers de femmes du peuple y auraient été massacrées à cause de leurs grands pieds, en haine de la race tartare. — Dans leurs proclamations, les insurgés interdisent de faire usage de drap, de toile, en un mot, de tout objet venu d'Europe, et poussent un cri de mort contre les marchands et les fumeurs d'opium. — On compterait parmi eux une quarantaine d'individus revêtus de grades supérieurs, lesquels font avant leurs repas un certain signe assez semblable à notre signe de croix.

« A ces *on dit*, j'ajoute quelques nouvelles que je regarde comme certaines. Tout un quartier de Nan-king dans lequel habitent les chrétiens, a été épargné, non par un effet de la clémence des révoltés, mais par une

protection spéciale du ciel due au dévouement d'un
petit mandarin. — De même à Tchen-kiang fou, les
maisons de nos chrétiens qui avaient pris la fuite, ont
été miraculeusement conservées. — La ville de Ou-
hou a été prise et brûlée par les rebelles ; ce qui me
cause une grande inquiétude ; car je suis sans nouvelles
du P. René Massa qui s'y trouve. — Il y a quelques
jours à Ou-si, trois ou quatre soldats apparurent au
bout d'une rue. On les prit pour des insurgés du
Kouang-si, et aussitôt la panique de s'emparer des habitants de la rue, et tous de se précipiter dehors en courant. Vingt-sept personnes tombèrent écrasées sous les
pieds de cette foule épouvantée.

« Je n'ai ni le temps ni le courage de vous traduire
le paquet de pièces chinoises ; elles ne font que con-
firmer les nouvelles précédentes.

« Que les circonstances soient graves et l'avenir
obscur, je m'en convaincs tous les jours davantage ;
mais je m'abstiens de me prononcer sur les destinées
de cette révolution. Bien qu'elle puisse devenir assez
puissante pour compromettre l'empire de la dynastie
actuelle, je n'oserais cependant l'honorer du nom d'ailleurs redoutable de mouvement national. C'est un ca-
taclysme devant lequel de faibles digues se rompent,
mais qu'un obstacle sérieux suffirait pour arrêter. Le
peuple, au risque d'être accablé d'impôts, serait enchanté que les rebelles fussent refoulés ; c'est du moins
l'interprétation naturelle de sa peur actuelle. Pour moi,
je regarderais comme un bienfaiteur de l'humanité, le
pouvoir qui appuierait de sa force une réaction dans
l'intérêt du bien, de la moralité, de la religion de cette
nation chinoise aussi intéressante que malheureuse.

« Ne croyez pas que je plaide en faveur de ma mission ; nous attendrions en vain des forces humaines
l'efficacité de notre apostolat. Un homme de guerre

n'a-t-il pas eu le triste courage de dire : « qu'il se dé-
« solait d'avoir à pacifier la turbulence meurtrière des
« ministres de la charité ! » Je sais bien que celui-là
seul opère avec fruit l'œuvre de Dieu, qui met tout son
appui en la croix de bois du Sauveur; mais le bonheur, la force, la gloire, que je puise en Celui qui me
fortifie, ne m'empêchent pas de voir comment les nations gaspillent leurs plus belles destinées.

« A aucun point de vue, une influence en Chine
n'est à négliger pour une grande puissance catholique. La Chine deviendra de plus en plus le contre-
poids de l'Europe. Heureux, un jour, ceux qui auront
contribué à faire entrer cet immense pays dans l'alliance des peuples! La civilisation européenne s'insi-
nue maintenant ici, mais peu à peu; elle n'absorbera
pas l'élément chinois, mais se combinera avec lui.
Bénis ceux qui auront fécondé de l'élément catholique
l'action présente. Nous touchons à une de ces époques
où tout est grave. Les événements nous attendent
ou plutôt viennent au-devant de nous, nations catholiques.

« Les idées que je sème dans ma lettre ne s'y trouvent
pas avec la prétention d'influencer ou de modifier les
vôtres. L'amitié chrétienne que je me sens pour vous
et pour tout le *Cassini*, me permet de m'exprimer
ainsi en toute simplicité. Cependant je me serais tu,
même avec vous, me confinant dans l'isolement du pays
que nous évangélisons, si je n'avais la conviction profonde que la Chine ne peut plus désormais échapper
à l'Europe.

« *Appendice à mes explications du 16 avril.*

« Comment formuler les dispositions du pays, par
rapport aux Kouang-si-jen et aux impérialistes ? — Il

faut établir une distinction entre les habitants des villes et les habitants des campagnes.

« Les gradués, les commerçants et la classe aisée des villes tiennent à l'absence de révolution par intérêt, tout en souhaitant des réformes dans l'administration de la justice, dans la perception des impôts, dans l'exercice du pouvoir suprême et de toutes les charges publiques. On désirerait plus d'équité ou d'égalité entre les deux races ; on voudrait que les Tartares fussent moins favorisés. L'amour-propre national souffre encore d'une conquête qui fait sentir son poids, même après deux cents ans ; mais on sacrifierait volontiers la susceptibilité du sang au triomphe de la justice et de la vérité.

« D'ailleurs, bien que les princes actuels portent un nom tartare, comme le chef de leur dynastie, leur sang, paraît-il, serait lui-même chinois. Les habitudes du pays pour l'adoption et la manière dont se règle la succession au trône rendent plausible cette opinion. On cite même le lieu d'origine de tel empereur qui aurait été admis dans la famille du Nord par adoption. Quoiqu'il en soit, l'orgueil de la nation se contenterait facilement de ces commentaires, s'ils étaient accompagnés d'avantages réels.

« Quant au peuple de la campagne, accablé d'impôts et indigné des traitements qu'il subit de la part des percepteurs, des satellites et des tribunaux, il est prêt à admettre sans réserves quiconque lui promettra un allégement en matière de tribut. Sur plusieurs points on a d'abord manifesté des sympathies envers les Kouang-si-jen, parce qu'un programme de gouvernement futur à bon marché inspire toujours confiance, et qu'une perturbation sociale n'effraie pas à distance. Mais les ravages des rebelles et la terreur qui précède leur approche ont bien vite modifié cette opinion ; de là ce cri qui exprime les vrais sentiments de la popula-

tion : « Nous voudrions un changement qui nous dé-
« chargeât, mais peu à peu et sans nous troubler. » Ce
vœu, me semble-t-il, appelle plus une réforme sociale,
qu'une révolution politique de race ou de dynastie.

« Cette amélioration morale et matérielle, objet de
toutes les aspirations, résultera-t-elle de l'insurrection? — Il me faudrait de fortes garanties pour le
croire. Le pouvoir actuel, bien qu'ébranlé, n'est pas
anéanti, et je suis persuadé qu'une nation catholique
aurait tout intérêt à mettre son influence morale de ce
côté. La France a sous la main une occasion favorable
de se créer une situation exceptionnelle que tout parti
triomphant devrait respecter.

« Pour moi, je n'ai d'autre politique que celle de
l'apôtre saint Paul, à laquelle j'espère bien être fidèle
avec la grâce de Dieu : *Mihi vivere Christus est, et
mori lucrum.* »

Placé sur un point de la Chine où se déroulent les
événements qui peuvent amener un grand bouleverse-
ment dans le plus vaste empire du monde, avec une
part d'influence naturelle en ma qualité de représentant
de la force armée de la France, je ne saurais trop m'appliquer à connaître les faits, à les apprécier de manière
à me former une opinion raisonnable et bien assise.

Cette lumière que je désire, Dieu seul me la peut
donner; je la lui demanderai donc avec espérance de
l'obtenir, parce que (autant que l'homme puisse se connaître lui-même) mon cœur est droit; parce que je veux
sincèrement et avant tout le bien du pays où la Providence m'a envoyé, le bien du pays où je suis né, le
bien de tous les hommes, quelle que soit leur nationa-
lité, étant convaincu qu'il y a place pour tous sur la
terre, place grande, belle, honorable, et que plus la
paix et la charité habiteront parmi nous, plus l'espèce

humaine sera heureuse dans cette vie comme en
l'autre.

Je ne suis pas, cependant, partisan de l'utopie rêvée
par le congrès de la paix, la guerre me paraissant entrer
dans les desseins de la Providence pour le châtiment
ou l'épreuve des peuples, comme la maladie pour
l'homme. Mais une politique généreuse, qui prendrait
pour but principal et hautement avoué l'intérêt des
nations barbares ou à demi civilisées, une politique
honnête et ferme sans être irritante, qui s'appuierait
sur les grandes vérités prêchées au monde depuis deux
mille ans ; une telle politique, si elle était suivie avec
persévérance par une nation puissante, ne manquerait
pas de chances de succès ; et si, chemin faisant, elle
rencontrait la guerre, sans l'avoir provoquée ni cher-
chée, il est à croire qu'elle trouverait de nobles cham-
pions pour la soutenir, et Dieu ne permettrait pas
qu'elle fût vaincue.

16

CHAPITRE IX

L'INSURRECTION DES KOUANG-SI-JEN [1]

19 AVRIL 1853 — 4 JUILLET 1853

Nan-king tombe au pouvoir des rebelles. —Préparatifs de défense à Chang-hai. — Alarmes de la colonie européenne à Ning-po. — Voyage de la *Susquehanna* et de l'*Hermès* à Nan-king. — Arrivée d'officiers supérieurs à Chang-hai. — Les représentants de la France en extrême Orient. — Procession de la Fête-Dieu à Tong-ka-dou. — Visite à une chrétienté. — Situation des missions catholiques. — Nouvelles de Nan-king et des environs. — Mort du P. René Massa. — Lettre de Mgr Maresca sur l'insurrection, et note sur les chrétientés du Kiang-nan. — Départ de M. de Montigny. — La France protectrice des intérêts catholiques. — Résultats probables des événements de Nan-king.

A bord du *Cassini*.   Chang-hai, 19 avril.

Commandant,

Dans l'impossibilité où je suis de contrôler les nouvelles que je reçois chaque jour, je ne mentionnerai que celles qui paraissent fondées sur les correspondances les plus sûres.

[1] Cf. ch. III, commencements de l'insurrection ; ch. VIII, progrès de l'insurrection; ch. XII, résultats de l'insurrection; appendice II, fin de l'insurrection. (*Passim.*)

Vers le 7 avril, la prise de Nan-king par les insurgés du Kouang-si était connue de tout le monde à Chang-hai ; le bruit courait que d'atroces cruautés avaient été commises par les vainqueurs sur la personne du vice-roi et des Tartares qui défendaient la place. Les inquié-tudes qu'on avait conçues durant le siège de Nan-king redoublèrent quand on apprit la mise à sac de cette ville. Une grande partie des habitants de Sou-tchcou et de Chang-hai s'enfuirent, et le commerce cessa presque entièrement. Les étrangers établis à Chang-hai partagèrent cette panique ; dans plusieurs maisons les livres de compte furent arrêtés et l'on se tint prêt à les envoyer à bord des bâtiments de guerre.

Les consuls, pour tranquilliser la population, ré-solurent de lancer une proclamation dans laquelle ils s'engageaient à empêcher le pillage de la ville ; mais, après bien des pourparlers, on ne parvint pas à s'en-tendre au sujet de la rédaction. Tout se réduisit à une réponse de M. Bonham, plénipotentiaire de Sa Majesté britannique, à M. Alcock, consul d'Angleterre, au sujet d'une demande d'intervention étrangère faite par le Tao-tai. Cette lettre, qui a paru dans le *North China Herald* du 9 avril, est d'une réserve extrême ; aussi n'a-t-elle produit d'autre résultat que d'augmenter encore l'inquiétude des esprits.

Invité à m'expliquer sur ce que je comptais faire quand on s'occuperait de la défense commune, j'ai dit, après m'être entendu avec notre consul, que je ne souf-frirais pas, sous les canons du *Cassini*, le pillage de la ville, quels que fussent les hommes qui s'y livreraient, et que je m'opposerais de toutes mes forces à l'envahis-sement de la concession française qui avoisine le con-sulat, si des bandes armées s'y présentaient sans con-vention préalable et avec des intentions hostiles. J'ai ajouté que si je me trouvais impuissant à arrêter l'ennemi, je me replierais sur les forces américaines et anglaises, devant la concession étrangère, de manière à donner plein concours à sa défense. J'ai fait cette déclaration aux commandants de la *Susquehanna* et de l'*Hermès*, dans une causerie sur ce sujet, après qu'ils m'eurent eux-mêmes manifesté leurs intentions d'empêcher réciproquement l'envahissement de la partie de la ville occupée par leurs nationaux.

Dès le 8 avril, les Anglais avaient envoyé soixante-dix matelots occuper une maison située sur le bord d'un ruisseau qui unit la crique de Sou-tcheou au fleuve. Ils y élevèrent des batteries et creusèrent des fossés que trois cents hommes devaient défendre s'ils étaient attaqués. Quelques jours après, les négociants américains et anglais s'organisèrent eux-mêmes en milices, sous la direction de leurs consuls. Le commandant de la *Susquehanna* s'était chargé de défendre, avec cent cinquante hommes, le passage de Yang-king, si les bandes armées se présentaient de ce côté; mais il ne comptait envoyer ses hommes à terre qu'au dernier moment. Le *Cassini* ne devait mettre personne à terre, sauf le cas où il eût fallu protéger l'embarquement du consul de France et de sa famille.

D'après des lettres qui méritent toute confiance et qui s'accordent avec les nouvelles arrivées par d'autres voies, cinquante mille Tartares et Chinois du Chantong et du Nord se seraient portés sur Nan-king, et d'un instant à l'autre, une grande bataille pourrait être livrée. Le *North China Herald* renferme beaucoup d'autres faits, tels que la dégradation du vice-roi des deux Kiang et de plusieurs autres chefs, la marche des généraux impériaux sur Nan-king pour combattre les insurgés, et une nouvelle demande du mandarin, faisant fonction de vice-roi, au Tao-tai de Chang-hai, afin d'obtenir l'intervention des étrangers et l'envoi de bâtiments à vapeur à Tchen-kiang fou pour exterminer les rebelles.

Vous avez sans doute appris déjà la tentative de la *Susquehanna* pour remonter le Yang-tse-kiang jusqu'à Nan-king, et son retour après deux échouages, sans avoir pu s'avancer à plus de quinze ou vingt milles de Wou-song; et cependant ce bâtiment avait à bord deux pilotes chinois fournis par le Tao-tai. De nouvelles lorchas venues de Ning-po ont été dirigées sur Tchen-kiang fou.

M. de Montigny a pu voir le Tao-tai avant-hier, il l'a trouvé plein de confiance et tout à fait rassuré. Le Tao-tai a dit à M. de Montigny que, dans les derniers engagements qui ont eu lieu près de Nan-king, on avait perdu de part et d'autre de trois à quatre mille hommes. Les insurgés avancent toujours, mais lentement, puisqu'ils ne sont pas encore maîtres de Tan-yang, situé à quatorze lieues environ dans l'est de Nan-king.

Je n'ai pas de nouvelles de Ning-po depuis le 4 avril. A cette époque on craignait que les gens de la campagne ne se portassent sur la ville, pour se venger des mandarins dont ils sont mécontents. Les lettres des missionnaires parvenues à Chang-hai ne manifestent aucune inquiétude; ils sont décidés à rester dans leurs missions, malgré la présence des belligérants. Afin d'éloigner les maraudeurs, les PP. Jésuites de Zi-ka-wei, ont pris à leur service une douzaine de portugais appartenant aux lorchas, qui sont venus s'offrir de bonne volonté.

21 avril.

J'ai reçu hier une lettre de Mgr Danicourt qui m'invite de la manière la plus pressante à me rendre à Ning-po, où l'on paraît craindre quelque mouvement de la populace. Des renseignements recueillis par M. Smith et M. Masson avaient bien détruit une partie de l'impression produite par la lettre du bon évêque du Tché-kiang ; mais en y réfléchissant, j'ai pensé que je ne pouvais pas considérer comme de peu de valeur des assertions confirmées par les Sœurs de charité.

J'ai donc vu ce matin M. de Montigny, à qui j'ai parlé de mon désir de quitter Chang-hai pour quelques jours. En vain a-t-il combattu mon projet, j'étais résolu à faire ce voyage : il ne s'agissait plus que de prévenir le fâcheux effet que mon départ, suivant lui, devait produire sur l'esprit des étrangers. Nous avons tout arrangé de façon que le voyage semble concerté entre le consul et moi. M. Marshall et sir Bonham, que j'ai avertis, m'ont paru contents, dans l'intérêt de leurs nationaux, de l'apparition du *Cassini* à Ning-po. Ils ont confirmé ce que je savais des inquiétudes qui règnent dans cette ville, et ils n'ont manifesté aucune crainte pour Chang-hai, à raison de l'absence d'un des bâtiments de guerre.

En mer (près de Tsin-hai), 24 avril.

Avant-hier nous avons dû mouiller vers trois heures de l'après-midi, à cause de la brume. Hier, nous avons encore été forcés de laisser tomber l'ancre de très bonne heure, sous peine de naviguer à l'aveugle dans des parages où les courants ont une force prodigieuse. Je n'ai pu entendre la messe ce matin, persuadé que c'était un devoir pour moi de suivre, en ces circonstances si difficiles, tous les mouvements du bâtiment. La contrariété du retard est singulièrement allégée par cette pensée que je fais la volonté de Dieu.

La brume, toujours très épaisse, nous laisse quelque temps sans un coin de terre à relever. Vers huit heures

nous apercevons les Volcanos, et, malgré les courants
contraires, nous arrivons vers trois heures devant
Lou-kong, où nous embarquons un pilote. J'ai fait
tout mon possible pour décider ce pilote chinois à
naviguer par le sud des îles de la rivière, ou du moins
par la passe dite du milieu ; il s'est obstiné à prendre
la passe la plus à l'ouest, qui n'est bonne que pour les
bateaux, et il nous a échoués dans dix pieds d'eau à
l'avant et douze pieds à l'arrière. Grâce à la machine
et à une ancre jetée à l'arrière, l'échouage n'a pas été
long ; mais je constate que les contrariétés abondent
dans cette traversée. Tout ce que je demande à Dieu,
c'est de les supporter avec patience.

Ning-po, 26 avril.

Nous sommes tranquillement affourchés ici depuis
hier. J'avais compté sur vingt-quatre heures de traversée, et nous avons employé trois jours pour venir à
Ning-po Ayant voulu me passer de pilote après
l'échouage, je me suis échoué moi-même et j'ai failli
donner du nez contre les cailloux de la citadelle de
Tsin-hai.

Mgr Danicourt m'a parlé d'armer une lorcha, d'y
placer quelques hommes et un officier, et de la faire
stationner dans la rivière pour maintenir au besoin les
bandes de malfaiteurs. Clerc m'a parlé sur le même
sujet avec une chaleur de conviction qui m'incline
un peu vers cette idée. Je me demande cependant si
je dois laisser ainsi cinq hommes avec le pavillon national, sans moyen de se défendre. Je me ris de l'approbation ou de la désapprobation, quand j'ai la conscience d'avoir rempli un devoir ; mais encore faut-il
que j'aie cette conviction, et que je ne cède pas par

faiblesse à des amis qui s'exagèrent peut-être les dangers qu'ils courent.

M. Marquès et le P. Guillet sont venus déjeuner avec moi. On voudrait à tout prix retenir le *Cassini* à Ning-po. C'est avec joie que j'y consentirais, mais j'ai promis de revenir le plus tôt possible à Chang-hai, où je crois ma présence plus nécessaire, en même temps que cette ville m'est plus particulièrement assignée comme lieu de résidence. Il est bien difficile de contenter tout le monde : chacun trouve que l'on agit trop pour les autres et pas assez pour soi. Dieu qui voit ce qui se passe en moi, sait que je ne ferais pas plus pour mes sœurs suivant le sang, si elles étaient à Ning-po, que je ne fais maintenant pour les Sœurs de charité.

Dans le courant de la journée, M. Guillet m'a demandé de laisser cinq ou six hommes à Ning-po, pour protéger l'établissement des Sœurs de charité; j'ai répondu que la chose me paraissait impossible. M. Guillet m'a écrit alors une lettre des plus pressantes pour changer ma résolution, faisant peser sur moi toute la responsabilité des malheurs qui pourraient arriver. J'ai prié Dieu de m'éclairer; je me suis demandé si la présence de ma mère à Ning-po serait capable de changer ma manière de voir, et ma réponse a été dans le sens de ma première pensée. Je puis donc être coupable devant les hommes ; j'espère ne pas l'être devant celui qui sonde les reins et les cœurs.

En mer, 27 avril.

Nous avons quitté Ning-po hier, avec le commencement du jusant. J'aurais éprouvé quelque anxiété à naviguer dans treize pieds d'eau près de Tsin-hai, devant cette passe étroite où les courants s'engouffrent avec violence. Heureusement qu'un bon pilote chinois.

que je n'avais pas demandé, mais qui avait déjà conduit
le *Cassini*, est venu tout simplement s'installer à bord.

Il fait nuit noire. Nous venons de laisser tomber
l'ancre dans vingt pieds d'eau, au milieu du Yang-tse-
kiang, affirme notre pilote. Je préfère la nuit à la
brume ; mais je n'aime pas à naviguer de nuit dans ces
parages, où il y a beaucoup de bancs de sable, où les
courants sont si variables en force et en direction. Nous
sommes à treize lieues environ de Wou-song.

Chang-hai, 28 avril.

Nous avons mouillé à Chang-hai vers trois heures et
demie, mais non sans quelques petits accidents : la
rupture d'un mât de jonque, accroché par notre
grande vergue, et une avarie dans des bateaux de pêche.

Je reviens de chez notre consul, M. de Montigny,
qui m'a reçu très froidement, et j'ai cru remarquer
que toute sa famille avait quelque grief contre moi.
J'aurais voulu faire bonne contenance et paraître sans
rancune ; mais je crains d'avoir également montré
de la froideur ou une politesse mal aisée.

En somme, ce voyage à Ning-po, entrepris avec la
pensée de faire une chose utile, n'a pas été très heureux. Est-ce un commencement d'épreuve ? J'en béni-
rais Dieu de tout mon cœur.

A bord du *Cassini*.   *Chang-hai, 29 avril.*

Commandant,

Ma lettre du 19 avril n'étant pas partie pour Hong-
kong, faute d'occasion, j'y ajoute quelques mots sur
mon voyage à Ning-po. Sortis de Chang-hai le 22 avril,
nous ne mouillâmes, à cause d'une brume épaisse, que
le 25 avril devant Ning-po.

Nous trouvâmes cette ville assez tranquille pour le moment, et les appréhensions de Mgr Danicourt un peu calmées. L'ancien Tao-taï, qui avait fui, disait-on, par crainte du désordre, était revenu à son poste et la police se faisait convenablement. Cependant, peu de jours avant notre arrivée, des bandes de pauvres, parfaitement organisées, parcouraient les rues en demandant l'aumône et en s'attroupant aux portes des riches. Quand on refusait de leur ouvrir, ils s'introduisaient de force dans les maisons, soit en brisant les portes à coups de pierres, soit en démolissant un pan de mur.

L'interruption du commerce et le haut prix du riz font craindre que de telles scènes ne se renouvellent et ne deviennent plus graves. Aussi, Mgr Danicourt et M. l'abbé Guillet auraient-ils désiré qu'un détachement de cinq ou six matelots, sous les ordres d'un sous-officier, restât à Ning-po, pour en imposer à la multitude et prévenir les excès d'une populace effrénée. Je n'ai pas cru devoir déférer à cette demande, parce qu'elle m'a paru insuffisante pour parer aux éventualités qu'on redoute.

A notre arrivée à Chang-haï, j'ai appris que sir Bonham était parti sur l'*Hermès* pour Nan-king, le jour même de mon départ pour Ning-po. Le ministre américain est mécontent d'avoir été prévenu par sir Georges, et il se propose de remonter le Yang-tse-kiang, dès qu'il aura à sa disposition un bâtiment d'un plus faible tirant d'eau que la *Susquehanna*. On dit que toute la division américaine s'est donné rendez-vous ici, et l'on attend les premiers bâtiments d'un moment à l'autre.

Chang-haï me paraît tranquille pour le moment : on y est toujours dans l'attente de la grande bataille qui doit avoir lieu sous les murs de Nan-king, entre les Tartares et les Kouang-si-jen. La plupart des Euro-

péens que j'ai vus, même ceux qui ont le plus de sympathie pour le gouvernement des Tartares, paraissent
redouter plus encore celui des Chinois, inauguré par
les révoltés du Kouang-si. On dit, parmi le peuple,
qu'après l'expulsion des Tartares viendra celle des
étrangers, et les femmes chrétiennes, alliées à des
païens, sont persécutées dans leurs familles, parce que
leurs rapports avec les étrangers risquent de compromettre leurs maris, quand le jour de la vengeance sera
venu.

                                        6 mai.

Journée un peu agitée, par suite du retour de
l'*Hermès*, qui met tout le monde en émoi. Ce bâtiment
a pu remonter le Yang-tse-kiang jusqu'à Nan-king,
ayant à bord sir G. Bonham, plénipotentiaire anglais,
qui est parvenu à se mettre en rapport avec les chefs
insurgés et les impériaux. J'ai voulu voir sir Bonham,
qui s'est excusé sur son courrier pour décliner ma
visite. Je me suis ensuite rendu chez M. Marshall, ministre américain, qui m'a fait un cordial accueil ; puis
chez M. de Montigny, qui se préparait à recevoir le
Tao-tai et deux envoyés : l'un, aide-de-camp du vice-roi
de Nan-king ; l'autre, officier d'ordonnance du commandant en chef des troupes impériales. C'est pitié de
voir ce pauvre Tao-tai, qui a fait d'incroyables efforts
pour soutenir le gouvernement impérial, obligé en
quelque sorte de demander à notre consul une attesta-
tion de bons services.

Je disais à Clerc, il y a quelques instants : « Nous
sommes arrivés trop tôt en Chine ; nous n'aurons pas
le temps, avant notre départ, de voir se dénouer les
graves complications qui surgissent de tous côtés. —
Oui, m'a-t-il répondu, il est à craindre que notre cam-

pagne ne soit stérile dans ses résultats. » C'était là une singulière conversation entre deux chrétiens qui devraient admirer la sagesse de la divine Providence. Loin de nous la pensée de jouer un rôle brillant ici ou ailleurs; qu'il nous suffise de désirer ardemment le bien et de le poursuivre de toutes nos forces avec le secours de la grâce! L'avenir ne nous appartient pas : nos devoirs d'aujourd'hui fidèlement accomplis nous attireront les grâces nécessaires pour bien remplir ceux que l'avenir nous prépare.

J'ai disposé ce soir une partie de mon courrier pour demain.

A bord du *Cassini*.   Chang-hai, 7 mai.

Chère bonne mère,

Je n'ai que quelques moments pour causer avec toi, obligé que je suis d'écrire de longues lettres au commandant de la station, pour le tenir au courant de ce qui se passe.

Rien de bien nouveau depuis ma dernière lettre. Un bateau à vapeur anglais, qui a pu remonter jusqu'à Nan-king avec sir G. Bonham, plénipotentiaire de Sa Majesté britannique, a rapporté de curieux renseignements sur les insurgés. Il paraît qu'ils suivent en grande partie la religion protestante. Je l'avais déjà entendu dire par Mgr Rizzolati, et la chose me semble sûre maintenant. La plupart des chefs, sinon tous, récitent une prière avant les repas et avant le combat. Si une bataille décisive est livrée sous les murs de Nan-king, nous ne tarderons pas à être fixés sur la portée de ce grand mouvement qui devait bouleverser l'empire du Milieu et anéantir la race tartare en Chine.

Je ne t'ai point parlé encore d'un accident qui pouvait avoir des suites graves, auxquelles nous avons providentiellement échappé. Nous partions de Chang-hai pour Ning-po. L'ordre venait d'être donné de virer au cabestan, quand une épaisse fumée, poussée vers le gaillard d'arrière, me fit rapidement passer en avant. Un gros tube de la chaudière de tribord, qui avait été visité et réparé et qu'on croyait en bon état, venait de crever, et il en était résulté une irruption d'eau chaude et de vapeur. Chacun fut aussitôt à son poste d'incendie, et on ne tarda pas à remettre tout en ordre et à faire route avec une seule chaudière. Cinq hommes ont été plus ou moins brûlés aux pieds, aux mains ou à la figure par l'eau chaude et la vapeur ; mais ils vont tous mieux et, dans quelques jours, il ne restera plus personne à l'hôpital.

Après les grandes émotions de ces derniers jours, la vie semble un peu monotone en rade, mais je suis loin de m'en plaindre. Nous avons une ressource contre l'ennui dans la société des Pères Jésuites qui viennent souvent nous voir, et chez lesquels nous allons fréquemment aussi.

Les choses continuent de marcher on ne peut mieux à bord : l'état-major est uni et considéré ; les aspirants font honneur à ceux qui les ont élevés, et l'équipage répond assez bien aux soins spirituels que lui prodiguent les missionnaires.

A bord du *Cassini*.   Chang-hai, 7 mai.

Commandant,

L'événement du jour est le retour de sir Georges Bonham. Le plénipotentiaire anglais, poussé par les chefs de grandes maisons commerciales, avait remonté le Yang-tse-kiang jusqu'à Nan-king, pour se rendre compte par lui-même de la situation des belligérants. Dès que l'*Hermès*, qui portait sir Georges, arriva en vue de Tchen-kiang fou, les lorchas, frétées pour la cause impériale par le Tao-taï de Chang-haï, se rapprochèrent de la ville qui est tombée au pouvoir des insurgés, et ouvrirent un feu très vif auquel les batteries de terre répondirent. Quand l'*Hermès* passa devant la ville, quelques boulets furent tirés contre lui ; il riposta, mais en continuant sa route sur Nan-king, où il mouilla vers le 25 avril.

A Nan-king, sir Georges se mit en communication avec les insurgés, entre autres avec un des quatre princes compagnons du chef, qui prend le titre de Roi du Nord. Le commandant de l'*Hermès* et un de ses officiers se promenèrent à cheval autour de la ville qu'ils visitèrent sans obstacle ; mais, d'après le conseil des insurgés, ils avaient remplacé par des turbans la longue queue de leurs Chinois, afin de n'être pas insultés par la populace. Défense avait été faite, dans les lieux occupés par les insurgés, de suivre les anciens usages, entre autres de porter la queue en tresse et de se raser la tête.

Après être resté quatre ou cinq jours devant Nan-king, sir Georges remonta le Yang-tse-kiang quelques milles au-dessus de la ville, pour se mettre en communication avec l'armée impériale. Des jonques qui se trouvaient aux avant-postes tirèrent quelques coups de canon contre le bateau à vapeur anglais, ce qui n'empêcha pas sir Georges d'avancer, et, quand il eut satisfait sa curiosité, il reprit tranquillement la route de Chang-haï. En passant à Tchen-kiang fou, les batteries firent feu de nouveau sur l'*Hermès* qui riposta. Le bateau à vapeur ayant mouillé près de l'île Silver, les chefs rebelles vinrent à bord présenter leurs excuses, assurant qu'on avait tiré par méprise et non d'après leurs ordres.

Tous ces détails me sont parvenus par la voix publique, car je n'ai pu voir sir G. Bonham qui était trop occupé, et le capitaine Fishburn ne m'a parlé que de la partie nautique de son voyage. Plusieurs personnes sont revenues pleines de sympathie pour les insurgés qui leur ont montré des traductions de la Genèse en chinois et se sont déclarés bons protestants. Les Anglais confirment aussi les nouvelles données par nos missionnaires, savoir que les insurgés brûlent les bonzeries, défendent de fumer l'opium, et ne souffrent pas de débauches dans leur armée assez bien disciplinée.

Hier, j'ai assisté chez M. de Montigny à une visite que le Tao-tai avait annoncée pour lui présenter deux officiers supérieurs de l'armée impériale. Ces personnages sont venus à Chang-hai pour s'informer des dispositions des étrangers à l'égard de leur gouvernement, et aussi pour examiner la conduite du Tao-tai, dont on se défie beaucoup, malgré les efforts qu'il fait pour soutenir la cause de l'empereur. Notre consul a parfaitement accueilli ces deux envoyés, et a loyalement cherché à dissiper leurs soupçons sur la conduite du Tao-tai.

Dans l'impossibilité où je suis de citer les bruits qui circulent, je me contenterai de tout résumer dans une appréciation générale. Personne, je crois, ne voit assez clair dans ces événements pour pouvoir se former une opinion bien justifiée. Si, d'une part, les insurgés brûlent les bonzeries, et récitent des prières ; de l'autre, ils commettent d'atroces cruautés, et le nombre de leurs victimes à Nan-king et à Ou-tchang fou accuse les mœurs les plus barbares. D'un côté, ils ont respecté une église catholique dans le Hou-pe ; mais, de l'autre, ils ont ruiné des chrétiens qu'ils ont emmenés de force à leur service. Il y aurait donc imprudence pour le moment à compter sur ces hommes qu'une seule bataille perdue peut exposer au plus grand danger. Ils tiendront probablement longtemps devant Nan-king, parce qu'ils sont bien approvisionnés, et qu'on ne leur oppose que des troupes peu aguerries ; mais ce temps d'arrêt me semble fatal pour eux, car ils n'osent marcher en avant et ils n'ont rien ménagé pour couvrir leur retraite.

Nous avons ici, outre quatre bâtiments de commerce, trois bâtiments de guerre anglais, l'*Hermès*, le *Salamander* et le *Lily*, et trois bâtiments de guerre américains, la *Susquehanna*, le *Mississipi* et le *Plymouth*. La corvette américaine le *Plymouth* a mouillé à Changhai le 1er mai, et le *Mississipi*, portant le guidon du commodore Perry, a jeté l'ancre le 4. On ne sait pas au juste quand partira l'expédition pour le Japon ; des personnes bien informées m'ont assuré que ce serait du 15 au 20 mai. Le rendez-vous aurait lieu aux Loutchou où la *Sarotaga* a dû se rendre directement ; le commodore Perry quittera le *Plymouth* pour passer sur la *Susquehanna*. L'escadre me paraît assez bien organisée pour avoir raison de l'orgueil japonais ; mais peut-être les Américains n'ont-ils pas assez de forces pour s'établir à terre.

8 mai.

Je reviens de chez notre consul, qui s'est montré très aimable et a beaucoup causé. Il est, comme moi, préoccupé du voyage de l'*Hermès* à Nang-king, qui est aujourd'hui le thème de toutes les conversations à Chang-hai.

Si Deus pro nobis, quis contra nos ? C'est la pensée qui me console, quand je vois les affaires de France, sauf de rares exceptions, en si mauvaises mains au point de vue religieux, dans tout l'extrême Orient.

Notre ministre, à notre arrivée en Chine, était un

17

grec schismatique, qui ne faisait sans doute qu'un intérim, mais cet intérim a duré dix mois. Il a été remplacé par M. de B***, marié à une protestante de famille anglaise, qui nie la divinité de Jésus-Christ, le considérant comme un grand philosophe. A Chang-hai, notre interprète dans les affaires les plus délicates est un Anglais naturalisé Français, dont je ne puis récuser la moralité, mais qui est protestant, et qu'on ne paie pas assez pour s'entretenir lui et sa famille. A Amoy, c'est un Anglais qui bat pavillon national, en qualité de vice-consul de France ; à Canton, c'est un Américain, homme d'honneur et que j'estime beaucoup, mais qui est aussi protestant. Notre vice-consul à Hong-kong est un Américain qui me paraît n'avoir étudié aucune religion. Notre consul à Singapore est marié à une Anglaise ; il est grec d'origine et de religion à Manille, et marié à une Allemande. Sont-ce là des conditions de succès pour atteindre un grand but ? N'est-ce pas le cas de répéter : *Si Deus pro nobis, quis contra nos ?* La partie engagée avec de tels éléments n'est-elle pas perdue à l'avance ?

Une insurrection menaçante, qui a déjà soulevé tout le midi et le centre de l'empire, et qui s'établit fortement à Nan-king est dirigée par des chefs qui se disent instruits dans la religion protestante ; et ces chefs obligent, à la façon de Mahomet, à suivre leur religion. Déjà plusieurs officiers de l'*Hermès* prônent ces insurgés, et il serait possible que l'Angleterre trouvât quelque intérêt à les soutenir. Quel serait, en pareil cas, le rôle de la France ? Il vaut mieux, me semble-t-il, avoir affaire à des païens intolérants qu'à de soi-disant chrétiens, qui ne prennent de la religion que ce qui convient à leur politique. Dieu daigne nous donner l'intelligence pour connaître la bonne voie et le courage de la suivre franchement !

A bord du *Cassini*.　　　　　Chang-hai, 18 mai.

Commandant,

J'ai annoncé à M. de Montigny que mon intention était de partir le 21, si la tranquillité continuait de régner autour de nous ; mais notre consul, qui m'a demandé passage pour lui et sa famille, m'a prié de différer mon départ jusqu'à la fin du mois. J'ai cru devoir accéder à son désir, parce qu'un brusque départ serait préjudiciable à ses intérêts ; d'ailleurs le temps que nous passerons ici ne sera pas perdu.

Ainsi que j'ai eu l'honneur de vous le mander, c'est bien aux Lou-tchou qu'aura lieu le rendez-vous de l'escadre américaine. On me disait hier que sir Humphrey Marshall se montrait peu satisfait de rester ici sans un bâtiment de guerre ; mais le commodore Perry ne fait que se conformer aux ordres qu'il a reçus. Il se présentera avec toutes ses forces au Japon, espérant ainsi obtenir plus facilement de traiter avec les Japonais, sans en venir aux mains.

Aucune nouvelle intéressante de Nan-king pour le moment. Les deux armées se trouvent toujours en présence, sans oser risquer une affaire décisive. Cette halte des insurgés, les ruines amoncelées sur leur passage, les craintes qu'ils inspirent au commerce, tout me porte à croire que l'heure de la chute de l'empereur tartare n'a pas encore sonné. Les personnes qui ont vu les insurgés expriment à leur sujet les opinions les plus contradictoires ; et cela se comprend, selon qu'elles ont été en relation avec un chef de forbans, un protestant modéré, un juif ou un musulman, car il y a de tout cela dans l'armée de Nan-king. Un missionnaire protestant, enthousiasmé de tout ce qu'on lui a raconté des chefs rebelles, s'est rendu auprès d'eux ; mais peut-être n'est-il qu'un émissaire de sir Georges Bonham ou du commerce étranger.

S'il ne se présente pas d'obstacles imprévus, j'espère arriver à Macao, vers le 15 juin, après m'être arrêté à Ning-po. M. de Montigny me le demande pour faire connaître son départ au Tao-tai de cette ville et annoncer son successeur. Ce sera pour les Sœurs de charité une nouvelle marque d'intérêt qui produira un bon effet sur la population, attirée déjà par les œuvres de dévouement de ces saintes Filles.

26 mai.

J'ai assisté aux vêpres de Tong-ka-dou, à l'occasion de la fête du Très Saint-Sacrement, qui est remise au dimanche, en France. L'église était pleine d'une foule recueillie. A la procession solennelle, Mgr Maresca était entouré d'une dizaine de prêtres Italiens ou Français, Franciscains ou Jésuites, et d'une vingtaine de séminaristes chinois. Le dais était porté par de jeunes chrétiens appartenant aux meilleures familles. De nombreux enfants de chœur, bien costumés, accompagnaient le cortège sacré et ajoutaient une note gaie à la pompe de cette fête.

Outre le bonheur de passer quelques heures devant le Très Saint-Sacrement, j'ai éprouvé une véritable joie à voir de jeunes enfants, à l'imitation de ce qui se fait en France, jeter des poignées de fleurs sur le parcours de la procession. M. Doran, commissaire de la corvette le *Plymouth*, MM. Clerc et Grosselin du *Cassini* ont accompagné le Très Saint-Sacrement avec des cierges. Les abords du canal étaient garnis de païens venus par simple curiosité et qui n'ont manifesté aucune hostilité. J'ai vu, grâce à cette importante cérémonie, le culte du vrai Dieu aussi majestueux en Chine que dans nos ca-

thédrales d'Europe. Cette journée comptera parmi les
plus heureuses de ma vie.

Après la procession, j'ai fait, accompagné du P. Lemaître et du commissaire, une visite dans la chrétienté de Tan-houei. Dès que le P. Lemaître a paru,
les chrétiens se sont rendus au Kum-sou (1), et en
quelques instants la salle a été remplie d'enfants, de
femmes, de gens de tout âge. L'administrateur, homme
de quarante ans environ, à figure intelligente et énergique, est venu faire le Ko-to (cérémonie de réception).
Les femmes et les enfants, malgré la gêne que leur
imposait notre présence, ont suivi l'administrateur, et
le P. Lemaître a su trouver un mot aimable pour chacun. C'est bien ainsi, sauf les prostrations, que je me
représente au moyen âge la réception des vassaux par
les bons seigneurs de village, après une longue absence.

On nous a offert pour goûter, du thé, des dattes et de
petits gâteaux ; puis on s'est rendu à la chapelle, où le
missionnaire, après quelques prières, a béni solennellement toute l'assemblée ; ces braves gens ont fait
inutilement mille instances pour nous retenir à dîner.
En voyant ce religieux respect pour les missionnaires,
j'ai compris que Dieu réservait à ses apôtres, même
sur cette terre, les plus douces consolations que
l'homme puisse goûter, la joie de procurer le bien, de
faire des heureux.

30 mai.

J'ai eu le plaisir d'avoir aujourd'hui à déjeuner, dans
le carré des officiers, Mgr Maresca, le P. Chérubini,
Franciscain, plusieurs missionnaires de la Compagnie

(1) Edifice qui appartient en propre à la communauté chrétienne, pour l'usage du prêtre et les exercices du culte divin

de Jésus, M. Doran, commissaire du *Plymouth*, tous les officiers et deux élèves du bord. Puisse la vanité de bien traiter mes hôtes, ne pas m'induire en de folles dépenses !

Longue causerie avec le P. Broullion qui m'a appris des choses fort intéressantes sur la situation des missions en Chine et sur les exigences de l'opinion envers les missionnaires de tous ordres. Il a combattu d'une manière énergique, en s'appuyant des exemples de Notre-Seigneur, le découragement déplorable de quelques prêtres trop ardents au début et qui se laissent ensuite rebuter par les difficultés, se plaignant qu'il n'y a rien à faire en Chine. Une remarque à propos du P. Broullion et des PP. Jésuites du Kiang-nan : à quelque moment qu'on les visite, jamais leur figure ne porte l'empreinte du malaise ou de la mauvaise humeur.

Mgr Maresca m'a parlé de persécutions nouvelles contre les catholiques chinois. La pensée m'est venue de rédiger, de concert avec notre consul, une note un peu ferme, adressée aux chefs insurgés, en les menaçant de la colère de la France, qui a toujours soutenu, les armes à la main, la cause du catholicisme. J'ai même commencé une lettre au ministre pour lui faire connaître ce qui se passe, et exciter sa sympathie en faveur des chrétiens persécutés. Ferais-je bien de prolonger mon séjour ici ? Je n'en suis pas convaincu. Dans tous les cas, je me décide à retarder mon départ de deux à trois jours, et peut-être le retarderai-je plus encore, si les événements deviennent plus graves.

A bord du *Cassini*.   1er juin.

Commandant,

J'ai l'honneur de vous envoyer par ce courrier un duplicata de mes lettres des 19 et 29 avril, parties le

30 avec le *Larriston*, dont nous venons d'apprendre le naufrage sur l'île Turn about.

Le départ de sir Georges Bonham et du commodore Perry a mis en grand émoi le commerce de Chang-hai. A cette occasion, le comité de coopération, composé de personnes considérables, a exprimé à notre consul le plus vif désir que le *Cassini* ne partît pas encore : on attendrait l'arrivée du *Rattler* que sir Georges a promis d'expédier d'Amoy où il devait se trouver.

Convaincu que dans ces mers il y a tout avantage pour les étrangers à se prêter un mutuel secours, je n'ai pas hésité à prolonger mon séjour à Chang-hai. On dit Amoy occupé par les insurgés et Fou-tcheou cerné par cinq mille pirates affiliés à la rébellion. D'accord avec M. de Montigny, j'ai ajourné mon départ au 4 juin.

Il nous est arrivé plusieurs chrétiens qui ont fui de Nan-king et des environs, pour se soustraire à la haine des rebelles, qui pénètrent dans les églises où ils brisent les croix et les statues. Ces pauvres gens ont été maltraités et menacés de mort pour les obliger à réciter les prières en usage chez les insurgés. Tous ont d'abord résisté aux menaces et aux coups ; puis une vingtaine ont cédé, ne trouvant rien dans ces prières de contraire à leur foi. Les autres, parmi lesquels toutes les femmes et les enfants de dix à quinze ans, ont déclaré hardiment qu'ils étaient catholiques, et qu'ils ne feraient pas d'autre prière que celle de leur religion.

On signale un engagement assez sérieux qui aurait eu lieu devant Tchen-kiang fou entre les insurgés et les lorchas expédiées par le Tao-tai de Chang-hai. Les lorchas, n° 47 et n° 53 ont été fort maltraitées, et le capitaine du n° 47 a eu les deux jambes coupées par un boulet. On attribue ce petit échec à un calme plat qui est survenu et qui a empêché les lorchas de prendre une favorable position sous les murs de la ville. L'une d'elles, qui s'était échouée dans la rivière, a même été brûlée pour qu'elle ne tombât pas aux mains des ennemis.

Dans les journaux que je vous adresse par ce courrier, vous verrez que deux interprètes à la solde du gouvernement anglais, MM. Meadow et Medlurst, ont eu le triste courage de faire l'éloge des insurgés, auxquels ils donnent déjà le nom de Frères en religion. C'est sur la parole de ces messieurs, sans doute, qu'un missionnaire protestant s'est mis en route pour le camp des insurgés ; mais, soit que son enthousiasme ait baissé peu à peu, soit qu'il ait rencontré des difficultés qu'il n'a pas coutume de braver, toujours est-il que notre ministre a rebroussé chemin sans avoir pu vérifier les assertions du *North China*. J'aurais désiré que M. de Montigny ne publiât pas ma réponse à sa lettre du 20 mai ; il n'a fait que céder à l'usage de Chang-hai et au désir exprimé par les membres du comité de coopération, qui tenaient à faire connaître à la communauté étrangère le résultat de leurs démarches.

Qu'est devenue l'érection du mât de pavillon destiné au drapeau français, dans le jardin des factoreries à Canton? Elle n'a été qu'un prétexte pour la rupture de la paix entre Français et Anglais. J'ai pris une vive part à tous vos ennuis. Ces nombreuses tracasseries indiquent de la malveillance envers nous, et peut-être aussi envers le riche négociant américain qui a le tort impardonnable de favoriser notre commerce et de prendre au sérieux le titre de vice-consul de France.

2 juin

Le *Cassini* va s'éloigner de Chang-hai, où il ne restera plus qu'un seul bâtiment de guerre, le *Salamander*. Sera-t-il suffisant pour protéger la colonie européenne, en face des deux armées nombreuses qui se disputent le plus grand empire du monde ? J'ai demandé à Dieu de m'éclairer sur ce que je devais faire, et mes dispositions sont prises pour partir le 4 juin ; cependant je n'ose pas arrêter tout à fait cette dernière date.

On vient d'apprendre la mort du P. René Massa qui, entouré de malades et de faméliques, a succombé lui-même à la maladie et au manque de nourriture, le Pasteur ne voulant pas vivre autrement que son troupeau. Le P. Massa appartenait à une noble famille italienne, qui s'est dévouée tout entière au service de Dieu dans la Compagnie de Jésus. Deux Pères Massa étaient déjà morts dans la mission du Kiang-nan, victimes de leur charité.

A bord du *Cassini*.   Chang-hai, 5 juin.

Commandant,

Malgré mon désir de ne pas prolonger mon séjour au-delà du terme nécessaire pour la garantie de nos intérêts, je n'ai pu me décider à partir le 4 juin, ainsi que je vous l'avais annoncé.

Sans doute il n'y a pas de trouble à Chang-hai, et d'après les dernières nouvelles du théâtre de la guerre, tout porte à croire que les hostilités seront suspendues jusqu'à l'automne ; néanmoins, c'est l'opinion générale, des événements de la plus haute gravité peuvent se produire d'un moment à l'autre, et, dans ce cas, je ne me pardonnerais pas d'avoir compromis, par trop de précipitation, les intérêts religieux et commerciaux de la France, dans cette partie de la Chine.

M. de Montigny, dont les préparatifs de voyage étaient terminés dès le 1ᵉʳ juin, et qui a déjà remis à M. Edan le service du consulat, n'a pas hésité à retarder son départ, en voyant l'impression fâcheuse que l'absence du *Cassini* produirait sur notre colonie française et sur le commerce étranger. On attend prochainement le *Rattler* ou le *Spartan*. Si la communauté étrangère me semble alors suffisamment protégée par l'arrivée d'un de ces bâtiments, je partirai avec la confiance que les Anglais ou les Américains ne manqueront pas de faire pour nos nationaux ce que nous avons fait pour les leurs.

Mgr Maresca m'a écrit une lettre des plus pressantes que je vous communique. Elle est accompagnée de notes précieuses sur les chrétiens du Kiang-nan, afin que le gouvernement français puisse être exactement renseigné sur la situation.

« Mission du Kiang-nan.   Chang-haï, 2 juin 1853.

« Monsieur le commandant,

« Il y a quelques jours, je vous donnais, le cœur plein d'amertume, des renseignements sur les malheurs que l'insurrection du Kouang-si a produits dans la chrétienté du Hou-kouang. A mesure qu'elle avance vers nous, cette révolution se fait connaître par des symptômes de moins en moins rassurants. Les habiles apprécient diversement la nature de ce mouvement, son but et ses moyens d'action. Sans faire la critique de leurs appréciations, il nous est difficile à nous, évêque et missionnaires du Kiang-nan, de vivre sans alarmes à l'heure présente.

« Nos inquiétudes ne viennent ni de la crainte d'être troublés, ni de la peur de mourir, puisque nous avons fait à Dieu sans réserve le sacrifice de notre repos et de notre vie. Les dangers de la mission qui nous est confiée, de ceux qui appartiennent au bercail et de ceux qui restent à la porte, nous remplissent seuls de frayeur. La note ci-jointe vous montrera que ce n'est pas sans de douloureux motifs que je cherche à intéresser votre esprit et votre cœur au sort de nos fidèles. Nous aimons à espérer que la France sera touchée des maux qui menacent nos chrétiens, auxquels nous prêchons le courage surnaturel au milieu de la tempête déchaînée, leur promettant la gloire du ciel en récompense du martyre pour la foi.

« Ce que vous avez lu touchant Ou-tchang fou et ce que vous lirez concernant Nan-king s'est répété avec les mêmes caractères à Yang-tcheou et à Tchen-kiang. Il est donc à croire que les rebelles sèmeront partout, dans leur marche, le même deuil et les mêmes calamités. Quelle situation terrible ! Les insurgés font, de toute manière, violence à la piété des catholiques. Mais, comme dans le camp de la révolte il y a quelque similitude avec le christianisme, les grands et le peuple de la Chine n'en prendront-ils pas prétexte pour accuser le catholicisme et peut-être même exercer un jour de sanglantes représailles ?

« Cruelle alternative, qui ne trouvera pas sans doute la France insensible ! Puisse le sage gouvernement de ce noble peuple, renseigné par vous, monsieur le commandant, ajouter à toutes ses gloires celle de défendre ici la religion contre la barbarie !

« L'effroi recommence à Sou-tcheou fou et l'on émigre de nouveau. Les rebelles, ne pouvant percer vers le nord, descendent, dit-on, par le Kiang. La prolongation de votre séjour ici aurait donc un résultat sérieux pour l'humanité. Votre religion me pardonnera de lui exprimer ce désir avec notre détresse. Je me demande devant Dieu quels moyens nous pourrions employer pour arracher des mains des rebelles les catholiques qu'ils traînent avec eux captifs, surtout les femmes chrétiennes abandonnées dans la désolation à Nan-king, Yang-tcheou, Tchen-kiang, etc., au risque de leur vie, de leur foi et de leur vertu.

« Je suis avec respect, etc.

« ✝ Fr. Xavier Maresca,

« *administ. apostolique de Nan-king.* »

« *Notes sur les chrétientés de Nan-king, Yang-tcheou, Tchen-kiang, depuis la prise de ces villes.*

« Dès la fin de 1852, les chrétiens de Nan-king et des environs se trouvaient dans de grandes inquiétudes, et leurs craintes n'étaient malheureusement que trop fondées. Cependant, à l'approche des insurgés, la ville de Nan-king se prépara à repousser leurs attaques : les fortifications furent réparées, les moyens de défense augmentés, et des provisions amassées dans les magasins. Les habitants de la campagne se réfugièrent à la ville où ils espéraient trouver plus de sécurité. Quant aux chrétiens, ils se réunirent au nombre d'une centaine dans la chapelle intérieure où ils apportèrent quelques provisions. On espérait que l'armée commandée par Hiang-ta-jen arriverait à temps pour couvrir l'ancienne capitale.

« Le 6 mars, — les mandarins de la ville firent fermer toutes les portes, et interdirent toute communication avec l'extérieur. Derrière des murailles élevées, défendues par une armée sino-tartare, on croyait n'avoir

rien à redouter. Cependant, quelques familles opu-
lentes, mieux avisées, avaient mis à temps leurs personnes et leurs richesses en lieu plus sûr.

« Le 8 mars, — les premiers bataillons des insurgés
arrivèrent sous les murs de la ville où l'armée tout
entière ne tarda pas à établir son camp, partagé en
vingt-huit divisions.

« Le 19 mars, — les Kouang-si-jen mirent le feu
aux mines qu'ils avaient creusées et firent sauter une
partie de la muraille à l'Orient. Aussitôt le signal de
l'assaut est donné, et ils se précipitent, les uns à la
brèche, les autres à la muraille. Leur impétuosité
effraya les assiégés, et, dès la première attaque, ils se
rendirent maîtres de la première enceinte, ou de ce
qu'on appelle la *grande ville*. C'était sur le soir : les
vainqueurs n'osèrent point passer la nuit dans l'intérieur de la ville conquise ; mais, retirés sur la brèche,
ils se préparèrent à attaquer le lendemain la cité tartare.

« Ils le firent avec une telle vigueur, le 20 mars, qu'à
midi ils étaient maîtres de la place. Les mandarins qui
n'eurent pas le temps de se sauver furent massacrés.
Les insurgés parcoururent alors la ville sans trouver
aucune résistance, portant partout la terreur et la
mort. — Un vénérable vieillard, chef de la chrétienté,
fut tué dans sa maison avec son fils aîné ; le second fils
avait été grièvement blessé, le troisième emmené cap-
tif, et le plus jeune était parvenu à se sauver. Ce
même jour, quatre autres chrétiens périrent dans la
mêlée.

« Le 21 mars, — la famille Tseu, la plus riche et la
plus distinguée parmi les chrétiens, fut chassée de sa
maison que les insurgés firent occuper par leurs chefs,
et trente et un membres de cette famille, renfermés
dans une maison voisine, y furent brûlés vifs. Deux

jeunes gens, âgés de dix-sept et dix-huit ans, étaient
absents quand leurs parents furent arrêtés et brûlés ;
ils viennent d'arriver à Chang-hai, après avoir parcouru, en mendiant, un espace de soixante-dix à
quatre-vingt lieues. On ne sait ce que sont devenues
cinq autres personnes qui étaient aussi absentes au
moment de l'exécution. Tout ce qui appartenait à la
chrétienté de Nan-king avait été mis en dépôt dans la
famille Tseu ; tout est donc maintenant perdu sans
ressource.

« Le même jour, — plusieurs insurgés entrèrent
dans la chapelle de la ville, où les chrétiens réunis ré-
citaient les prières de la Passion. Ils leur proposèrent
de quitter la manière de prier des chrétiens pour se
conformer à leur nouvelle méthode. Sur le refus des
fidèles, les insurgés leur déclarèrent que si, dans
l'espace de trois jours, ils ne se décidaient à obéir,
ils seraient tous décapités.

« Le 22 mars, — des libertins pénétrèrent dans la
chapelle, menaçant de se porter à tous les excès, mais
ils furent contraints de se retirer. On revint, après
midi, sommer les chrétiens de réciter les nouvelles
prières ; tous refusèrent.

« Le 25 mars, — les fidèles commençaient la cérémonie de l'adoration de la croix, selon l'usage du
vendredi-saint, lorsque les insurgés se précipitent dans
la chapelle en criant et vociférant. Ils brisent le cruci-
fix et renversent l'autel ; ils défendent aux chrétiens
de se mettre à genoux et veulent les contraindre à réciter les nouvelles formules de prière. « Frappez,
« tuez, répondent les fidèles ; nous adorons le Maître
« du ciel et nous n'adorons que lui. » Un chrétien, de
son côté, prend un livre de religion (l'explication en
chinois des dix commandements de Dieu), et le présente à l'un des chefs. Celui-ci le parcourt rapidement

et le rend en disant : « Votre religion est profonde et
« bonne ; la nôtre n'est pas si profonde, mais l'empe-
« reur d'Orient a donné ses ordres ; il vous faut obéir
« ou mourir! » Après différentes sommations, les soldats saisissent les hommes et leur lient les mains derrière le dos. Les femmes, qui toutes exhortaient leurs
maris à souffrir de bon cœur pour la foi, sont liées à
leur tour et fort maltraitées.

« On partit ensuite, conduisant les hommes au tribunal où ils devaient entendre leur dernière sentence ;
une foule nombreuse de femmes et d'enfants accom-
pagnait le triste cortège à travers les rues de la ville.
Après quelques moments d'attente devant la porte du
tribunal, des officiers sortirent, déclarant aux chrétiens
que, puisqu'ils ne voulaient pas obéir, ils allaient tous
être conduits hors des murs pour être décapités. Les
confesseurs de la foi, au nombre de cent quarante, se
mirent en marche, accompagnés d'un grand nombre
de soldats. Un bon vieillard, qui ne pouvait suivre le
cortège, fut exécuté à la porte même du tribunal. Les
autres, arrivés à la porte occidentale, furent de nouveau
pressés d'obéir et s'y refusèrent ; mais au lieu d'être
exécutés, on les ramena dans la ville. Le soir, on les
renferma dans un grand magasin, qui avait autrefois
servi d'église à Nan-king ; ils y passèrent la nuit les
mains liées derrière le dos, et quelques-uns attachés à
des colonnes. Un seul brisa ses liens et parvint à se
sauver.

« Le saint jour de Pâques, les chrétiens attendaient
toujours dans le magasin, espérant que le martyre
leur permît de célébrer cette glorieuse fête au ciel.
Bientôt les soldats se présentèrent, proférant de nouvelles menaces. « Puisqu'ils ne veulent pas obéir,
« s'écria l'un d'eux, il faut tous les tuer. — Non, repar-
« tit un autre qui paraissait plus élevé en grade, car ils

« iraient au ciel selon leur désir, et nous n'aurions,
« nous, que le péché. » Les femmes et les enfants envi-
ronnaient les soldats, leur disant : « Tuez-nous donc,
« que nous soyons martyrs et que nous allions au ciel ! »
Mais les soldats n'avaient sans doute pas d'ordre, et,
lassés de l'insistance des femmes et des enfants, ils les
chassèrent du magasin. Ces malheureux se réfugièrent
de nouveau à la chapelle, au nombre de soixante-dix
à quatre-vingts personnes.

« Le 28 mars, — quelques-uns des prisonniers, fatigués de souffrir et redoutant de nouveaux tourments,
se persuadèrent qu'ils pouvaient réciter la prière du
Kouang-si, qui ne renferme rien de contraire à nos
dogmes, tout en déclarant qu'ils étaient et voulaient
rester chrétiens. Vingt-deux récitèrent la dite prière et
furent relâchés, pendant que les autres refusèrent et
furent cruellement frappés. Sans doute les premiers
n'ont pas apostasié, puisqu'ils n'ont pas craint de proclamer hautement leur foi devant les persécuteurs ;
néanmoins, ils se sont depuis humiliés de n'avoir pas
eu jusqu'au bout le courage de leurs frères.

« Pendant que les femmes et les enfants restent réfugiés dans la chapelle, sans personne qui puisse les protéger, les hommes sont engagés de force comme soldats
ou comme travailleurs. Dix d'entre eux qu'on emme-
nait pour se battre contre Tchen-kiang, quittèrent
leurs rangs, grâce à l'obscurité de la nuit ; ce sont eux
qui nous ont raconté les événements dont ils avaient
été témoins.

« Le 1er avril, — les rebelles sont entrés à Yang-
tcheou, sans que personne opposât la moindre résistance ; ils y ont cependant commis les mêmes horreurs
qu'à Nan-king, et les chrétiens n'ont pas été épargnés.
Les administrateurs ont été arrêtés et garrottés avec
leur famille. En vain les rebelles voulurent-ils les

forcer à réciter la prière à Tien-fou (1), les chrétiens refusèrent. Deux catéchistes, prenant la parole, eurent même le courage d'exposer devant la multitude nos dogmes et nos usages ; on leur répondit par une condamnation à trois cents coups de verge pour l'un et à cinq cents pour l'autre ; on ne sait s'ils ont survécu à cette cruelle flagellation.

« En résumé, sur six cents fidèles environ que nous comptions dans ces chrétientés, plus de cinquante ont été tués, beaucoup ont été pillés ou battus ; la plupart des autres sont en captivité, exposés à toute espèce de dangers pour le corps et pour l'âme. »

A bord du *Cassini*. En mer, 21 juin.

Chère bonne mère,

Le *Cassini* a quitté Chang-hai, le 9 juin, Ning-po le 13 et Amoy le 19 ; il est probable que nous mouillerons cette nuit à Hong-kong, et demain, dans la journée, à Macao.

M. de Montigny, consul de Chang-hai, a pris passage à bord avec toute sa famille, composée de cinq personnes. Nous portons, en outre, des bœufs grognants (2) qui pourraient être dans l'avenir, s'ils arrivent à bon port, une source nouvelle de richesse pour notre pays. Ces animaux ont un poil laineux qui, dans la Tartarie, sert à faire des étoffes assez fines.

J'ai laissé le nord de la Chine avec regret. Tout le monde y est dans l'inquiétude au sujet des résultats de la lutte engagée entre les Tartares et les Chinois du midi. La présence d'un bâtiment de guerre français était une garantie pour les catholiques indigènes qui

(1) Ciel Père, Père du Ciel, Père céleste.
(2) Yaks ou bœufs à longs poils du Thibet.

18

ne peuvent s'empêcher de considérer la France comme
leur protectrice naturelle. Quant à nos missionnaires,
ils nous voyaient avec plaisir près d'eux, mais je ne
crois pas que ce fût dans une pensée de plus grande
sécurité pour leurs personnes. La plupart sont d'une
trempe assez solide pour n'être effrayés d'aucune
agitation, d'aucun trouble, quelque grave qu'il soit.

J'ai éprouvé une grande joie à voir des familles catholiques à Chang-haï ; la transformation des païens en
chrétiens est surtout remarquable en ce pays. On a
peine à s'imaginer ce qu'il faut de vertu pour vivre en
chrétien au milieu des désordres païens. Il y a des
catéchistes qui se font les domestiques des Pères et les
servent toute leur vie sans vouloir accepter autre chose
que la nourriture. L'un d'eux a pénétré dans Nan-king
et a visité, au risque d'être pendu comme espion, les
camps des armées impériales et insurgées. Quand ces
braves gens venaient à bord du *Cassini*, nous les re-
cevions toujours avec plaisir ; je suis sûr qu'ils nous
comptent parmi leurs bons amis.

La plupart des Anglais qui viennent ici chercher
fortune, se lassent vite de la Chine ; je le comprends
sans peine, car ce n'est point un pays de confortable.
Mais pour un catholique, c'est un grand bonheur de
contribuer, si peu que ce soit, au développement de la
religion ; un officier de marine, en particulier, peut
être appelé d'un moment à l'autre à rendre d'immenses
services aux missionnaires.

Je crains bien que la perte du *Larriston*, qui portait
les lettres pour l'Europe, à la fin d'avril, n'ait causé
quelque interruption dans ma correspondance. Comme
je ne m'arrêterai que quelques instants à Hong-kong
et que j'y serai très occupé, je termine cette lettre,
bonne mère, en te répétant que je suis toujours content
du bâtiment qui m'a été confié.

A bord du *Cassini*.   Rade de Castle-Peak, 4 juillet.

Commandant,

Lorsque le *Cassini* a quitté Chang-hai, les insurgés du Kouang-si occupaient Nan-king, Tchen-kiang et Yang-tcheou, et les généraux de l'empereur avaient concentré leurs forces autour de ces villes. Tchen-kiang était en outre bloqué du côté du fleuve par vingt-cinq lorchas et trois navires de commerce armés en guerre par le Tao-tai de Chang-hai. On espérait alors que la ville ne tarderait pas à tomber entre les mains des impériaux. Une foule de nouvelles circulaient ; mais comme elles provenaient de sources peu sûres, je me garderai bien de m'en faire l'écho. Je n'émettrai aucune opinion sur le résultat de cette lutte dans laquelle la lâcheté des mandarins a déjà fait une si large part à l'insurrection ; quel que soit le parti qui triomphe, la France peut facilement revendiquer l'honneur de protéger les catholiques, au nombre de plus de vingt mille dans la province qui sert de théâtre à la guerre.

Quoi qu'il n'y ait eu, à ma connaissance, ni engagement ni promesse d'aucune sorte, les catholiques de Chine, ceux du Kiang-nan surtout, nous considèrent comme leurs protecteurs et leurs amis. C'est vers nous qu'ils tournent leurs regards, quand ils sont persécutés ; c'est en nous, c'est dans le gouvernement de Sa Majesté impériale qui, ils ne l'ignorent pas, a replacé le Saint-Père sur son trône, qu'ils mettent toutes leurs espérances. Quant aux étrangers, qui savent combien notre commerce est insignifiant dans ces mers, ils ne peuvent non plus nous supposer d'autre but que la protection des intérêts catholiques.

Je ne sache pas que jamais meilleure occasion se soit présentée de prendre une grande et salutaire influence sur les destinées de ce pays. Vous savez, commandant, quel effet produit sur l'esprit des Chinois la présence d'un bâtiment de guerre européen. Quand les autres nations ne songent qu'à stipuler des conditions avantageuses pour l'écoulement de l'opium et autres marchandises, ne serait-il pas beau de voir la France préoccupée d'une seule chose, la moralisation chrétienne de ce peuple, qu'en vue d'intérêts matériels on cherche par ailleurs à dépraver, à abrutir ?

Vous avez eu connaissance, commandant, des persécutions exercées contre les catholiques à Nan-king et aux environs de cette ville. Nul doute qu'on ne voie se renouveler ces scènes affligeantes, dont nos dignes missionnaires seraient peut-être les premières victimes, si les insurgés se dirigent vers Chang-hai ; et l'effet produit sur les populations dont les sympathies nous sont acquises serait des plus fâcheux. La présence d'un bâtiment de guerre suffirait pour prévenir ces maux dans une large mesure. Le pavillon français protège partout au delà de la portée du canon ; mais en Chine, la vue du canon est un puissant argument.

Malgré la latitude que me laissait votre dépêche du 28 mai, j'ai cru, en présence de l'inaction des belligérants, devoir quitter Chang-hai pour une mission plus utile, mais je l'ai quitté à regret ; plus que jamais je désirerais y voir notre marine représentée, parce que j'ai la conviction qu'elle pourrait y jouer un rôle honorable et utile au pays.

Mais enfin, quel sera le résultat probable des événements de Nan-king ? Impossible de formuler une opinion sérieusement fondée. On ne connaît pas assez la valeur des chefs insurgés, pour assurer qu'ils continueront leur marche victorieuse vers le nord ; leur facile triomphe accuse plus la faiblesse et l'incapacité de leurs adversaires qu'il ne montre leur propre courage. On

n'est guère mieux renseigné sur les talents et les ressources des généraux impériaux. Personne d'ailleurs
ne peut dire lequel des deux partis sera le plus favorable aux intérêts du pays et aux relations internatio-
nales. Dans cette situation, peut-être conviendrait-il
que les agents de la France donnassent quelques marques de sympathie au pouvoir qui se montrerait le
plus bienveillant pour les catholiques, et fissent connaître hautement que jamais le gouvernement de Sa
Majesté impériale ne traiterait avec les oppresseurs ou
les persécuteurs des chrétiens.

CHAPITRE X

Rade de Castle-Peak : adieux de M. de Montigny au commandant de Plas; lettre de M. l'abbé Guillemin; M. l'abbé Le Grand, missionnaire du Tong-king, à bord du *Cassini;* philosophie de l'histoire contemporaine; dévouement qu'exige la vie de missionnaire; conversions dues au zèle d'un lieutenant de vaisseau; nominations et avancement dans la marine et dans l'armée; débarquement de deux aspirants du *Cassini.* — Le commodore Perry et l'expédition américaine au Japon; la guerre contre la Russie. — La Taïpa : la fête du 15 août; prolongation probable de séjour en Chine. — Grande rade de Macao; marche des insurgés sur Pe-king et persécutions contre les catholiques.

A bord du *Cassini.*   Rade de Castle-Peak, 5 juillet.

Chère bonne mère,

Dans ma dernière lettre datée de Hong-kong, je te parlais de mon séjour à Chang-hai et à Ning-po. Cet épisode a été sans contredit l'un des plus intéressants de mon voyage. Nous avons constaté combien la présence d'un bâtiment de guerre fait plaisir aux missionnaires et aux catholiques chinois, et nous avons observé quelle différence existe entre l'accueil d'un mandarin aux abois qui demande secours, et celui d'un mandarin qui ne croit pas avoir besoin de vous.

La navigation des mers de Chine peut être parfois très dangereuse, mais jusqu'à présent nos traversées ont été très heureuses ; la dernière surtout, quoique opérée contre la mousson, n'a rien laissé à désirer. Jamais la brise qui nous était contraire n'a été forte ni la mer grosse, et mes passagers ont pu prendre place à table chaque jour, comme si nous avions été à terre.

M. de Montigny espérait continuer son retour en France sur le *Cassini* jusqu'à Suez ; mais des ordres positifs du ministère m'enjoignent de me rendre à Bourbon à l'arrivée de mon remplaçant ; et le commandant de la station n'a pas cru devoir modifier mon itinéraire. L'arrivée du *Colbert* qui doit relever le *Cassini* n'est pas encore signalée ; nous ne partirons pas de suite ; je ne pense pas être en France avant le milieu de mars 1854.

Je n'ai eu qu'à me louer du consul de Chang-hai et de sa famille. Est-ce réciproque ? J'aime à le penser, d'après ce petit billet que j'ai reçu de M. de Montigny :

« Veuillez le croire, cher Monsieur le commandant, si nous avons éprouvé quelque regret en quittant notre chétive habitation de Chang-hai, ça été surtout celui de ne pouvoir plus y accueillir le brillant état-major du *Cassini* et son bon commandant.

« J'ai reçu votre aimable lettre et vous remercie sincèrement pour tout ce qu'elle contient de bienveillant pour moi et ma famille. Agréez à votre tour la libre et sincère expression de la vive et profonde gratitude que nous conservons *tous* pour la sollicitude et les soins

délicats dont vous n'avez cessé de nous entourer pendant la trop courte mais splendide hospitalité que
nous avons reçue à votre bord. Nous ne pouvons que
regretter les circonstances qui nous ont empêchés de
continuer le voyage avec vous jusqu'à Suez.

« Si nous étions malheureusement privés du plaisir
de vous revoir avant notre départ, je vous prie de vouloir bien agréer mes adieux et ceux de toute ma famille
qui ne cessera, ainsi que moi, de faire des vœux pour
vos succès et votre prospérité futurs. »

J'ai mille actions de grâces à rendre à Dieu, qui m'a
envoyé dans la mer de Chine. Aucune station n'offre
plus d'intérêt et moins de plaisirs. Les ressources du
théâtre, des bals, en un mot de tout ce que les hommes
de loisir recherchent en Europe, sont nulles ou à peu
près nulles ici ; mais, en revanche, que de choses intéressantes ne découvre-t-on pas chaque jour ? On rencontre des hommes éminents dans les missions où
chaque prêtre est un ami. Les provinces de la Chine
sont très différentes les unes des autres. Canton et
Ning-po, Amoy et Chang-hai, sans parler de la variété
des paysages qui les entourent, sont des villes qui ont
toutes leur cachet particulier.

Voilà encore un automne, chère mère, que je passe-
rai loin de toi et de toute la famille. Puissé-je, en 1854,
prendre place au foyer maternel, à ces réunions
intimes qui ont tant de charme et qui font tant de bien !

7 juillet.

Ce soir, à six heures, j'ai pris ma baleinière pour
aller je ne sais trop où ; il ne s'agissait que de changer
de place. J'ai fait le tour de Chalocok sans mettre pied
à terre. Quel magnifique spectacle la Providence déploie sous nos yeux à chaque instant ! C'est la pensée

qui me venait en voyant ces jolies baies de sable, bordées de quelques arbres, dominées par de hautes montagnes, égayées d'une ou deux maisonnettes. L'air était calme, le ciel serein, et l'horizon, du côté de l'ouest, s'empourprait de magnifiques couleurs. Tout cela vient de Dieu et n'est qu'un reflet de son infinie beauté.

10 juillet.

Je viens de recevoir de M. l'abbé Guillemin une lettre en réponse à celle que je lui avais écrite de Chang-hai.

« Combien vous avez dû être réjoui, me dit-il, en voyant le spectacle édifiant que présente la chrétienté naissante du Kiang-nan ! Quelle impulsion immense donnée, dans ce pays-là, à l'œuvre de la propagation de la foi ! Mais avouons aussi que ce travail ne pouvait tomber en de meilleures mains ! J'ai eu le bonheur de recevoir ma première éducation chez les Jésuites, et, en les reconnaissant toujours pour mes maîtres, je serais heureux de marcher de loin sur leurs traces. Au lieu de ces conversions nombreuses qui réjouissent leur ministère et qui étendent au loin le règne de Jésus-Christ, nous n'avons ici qu'à glaner les quelques épis privilégiés que Dieu a destinés à devenir la moisson du Père de famille. Cependant nous pouvons espérer, avec quelque fondement, que l'heure des bénédictions du bon Dieu ne tardera pas à sonner pour cette portion de son héritage si longtemps abandonnée. Avec quelle joie alors nous verrons tomber les liens qui nous ont enchaînés jusqu'à ce jour, et nous pourrons consacrer tout ce que nous avons de forces à la conversion de ces pauvres Chinois que nous aimons tant malgré leurs misères.

« Le petit P. Bisch, ajoute M. Guillemin, veut pétitionner pour prolonger votre séjour en Chine. Je ne sais si ce serait un souhait à faire pour votre bonheur; au moins cette expression vous montre-t-elle les sentiments de tous les missionnaires, et je ne suis pas le dernier à les partager. »

M. de Montigny m'avait déjà dit que le ministre, M. de Bourboulon, demandait la même chose que le P. Bisch. Je suis tout disposé à prolonger mon séjour ici; mais je verrais avec peine que des personnes étrangères au département de la marine cherchassent à influencer les décisions du ministre.

15 juillet.

Resterai-je ou ne resterai-je pas en Chine? Dans une lettre écrite au moment où le *Challenge* était sous voiles, M. de Montigny m'annonce qu'il va demander mon maintien à la station de Chine; pour moi, je ne désire que l'accomplissement de la volonté de Dieu.

« Je ne quitterai pas cet extrême Orient où vous restez, me dit ce digne consul, sans vous jeter encore un adieu à travers l'espace... Je ferai, comme acte de conviction, et par conséquent de devoir, tous mes efforts pour vous conserver à la station de la Chine, si j'arrive encore à temps. Je ne vous prends pas en traître, comme vous voyez; mais certain que vous y pourrez rendre de très utiles services, c'est le commandant qui m'occupe, et non l'ami!... »

A bord du *Cassini*.   Rade de Castle-Peak, 20 juillet.

Chère bonne mère,

Encore un courrier sans lettres du Puycheni! Il ne faut pas, sur un bruit de journal, cesser la correspon-

dance ; je suis plus intéressé que personne à te tenir
au courant de ce qui concerne le *Cassini*. Nous n'avons
pas quitté la Chine, nous ne la quitterons peut-être
pas avant la fin de l'année. Des évènements nouveaux
appellent trop la sérieuse attention des gouvernements
européens qui ont des traités avec la Chine. Continue
donc à m'écrire, bonne mère, jusqu'à nouvel avis.

M. de Montigny et sa famille ont fait route pour la
France sur un grand navire américain, le *Challenge*,
qui les débarquera à Londres. « Cet immense bateau,
m'écrivait le consul au moment du départ, représente
parfaitement l'image du chaos. L'équipage est composé
de déserteurs européens au nombre de cinquante, et
de douze Chinois. Tous à bord, à l'exception du capitaine que je connais encore à peine, mais qui me paraît
un brave homme, boivent outre mesure ; espérons que
le liquide manquera lorsque ces hommes auront besoin
de tête et de cœur. Dieu veuille que nous arrivions à
bon port ! » Ce digne consul avoue qu'il regrette beaucoup le *Cassini*.

Nous n'avons ici aucune relation de société ; les îles
de Lantao, près desquelles nous sommes mouillés,
n'ont que de pauvres familles chinoises pour habitants.
Je ne me plains pas de cet état de choses, tant s'en
faut ; la vie du bord ne m'ennuie jamais, et nous avons,
sous le rapport religieux, tous les secours désirables.

J'ai pour hôte, en ce moment, un missionnaire du
Tong-king, M. l'abbé Le Grand, élevé à Versailles dans
un établissement qui a reçu les derniers débris des
collèges de Senlis et de Vaugirard. Il a porté, comme
moi, avant 1830, le collet rouge et des boutons avec
fleurs de lys sur lesquels étaient inscrits ces mots :
Deo et Regi, à Dieu et au Roi. Le P. Le Grand, très
épuisé, se trouve dans un état de santé déplorable ; il a
bien voulu accepter de passer quelques jours à bord

où la nourriture est bonne et la société nombreuse.

Cette vie des missionnaires, malgré les fatigues et les dangers, les maladies et les souffrances, me semble bien enviable : comme ils vont droit au but que tout chrétien doit se proposer ! Sans doute, dans tous les états, on peut faire la volonté de Dieu et gagner le ciel ; mais, pendant que nous avançons en boitant, ou tout au plus d'un pas ordinaire, ces imitateurs des apôtres marchent au pas accéléré, ou volent au pas de course. Combien je me réjouirais qu'il y eut parmi mes neveux une vocation ecclésiastique bien décidée !

Les dernières nouvelles de Chang-hai sont du 9 juillet. Nang-king, Tchen-kiang fou et quelques autres villes étaient toujours au pouvoir des insurgés. Personne ne peut savoir encore comment se terminera cette guerre : les impériaux ont échoué dans leurs attaques contre Tchen-kiang fou. Malgré mon peu d'estime pour le gouvernement tartare, je le préfère à ce ramassis d'aventuriers qui disent de belles choses sur les devoirs de l'homme envers Dieu, mais qui, de fait, se conduisent fort mal à l'égard des populations.

Hier, à l'occasion de la fête de saint Vincent de Paul, j'ai réuni la plus grande partie des officiers et des aspirants à dîner, et nous avons bu à la santé de ses deux familles religieuses, les Lazaristes et les Sœurs de charité. A propos de saint Vincent de Paul, je voudrais qu'on disposât de 120 francs par an pour la société d'Angoulême, si elle est bien dirigée. Je voudrais aussi prendre part, pour une somme égale, aux bonnes œuvres que vous faites dans la commune de Saint-Romain ou dans notre voisinage. Ainsi que je t'en ai priée, chère mère, il vaut mieux ne pas dire d'où vient l'aumône. Que le bien s'accomplisse, c'est là tout ce qu'il faut. Quand notre personne est en jeu, nous risquons de nous attribuer quelque mérite ; et cependant nous

ne sommes que de pauvres instruments, nous disposons d'un bien qui n'est à nous qu'en qualité de
mandataires.

27 juillet.

Triste anniversaire ! Qui aurait pu prédire, il y a
vingt-trois ans, la portée des barricades dressées alors
contre le Souverain? N'aurait-il pas passé pour fou,
celui qui aurait annoncé en 1830 ce que nous voyons en
1853 ? Ne jugeant les événements qu'en gros, et ne
tenant pas compte des circonstances dont Dieu connaît les ressorts secrets, ne peut-on pas dire qu'il n'y a
rien de plus extraordinaire que l'avènement de Napoléon III à l'empire ? Comme la France s'est modifiée
et rajeunie en peu de temps! Comme elle a fait rapidement justice des bavards et des journalistes, de tous
les entrepreneurs de gouvernement et de religion !

Quelles que soient les répugnances ou les antipa-
thies qu'un royaliste, qu'un fils d'émigré puisse éprouver pour le nom de Napoléon, n'y a-t-il pas lieu de
voir le doigt de Dieu dans cette rapidité avec laquelle
l'ordre a été rétabli après l'orage ? Puissent les tenta-
tions du pouvoir ne pas aveugler le chef qui gouverne
la France en ce moment ! Mais puisse surtout l'affreuse
anarchie des esprits ne plus reparaître dans notre patrie! Qu'importe que la confiance de l'Europe appelle
à la tête des armées ou de la magistrature des hommes
inférieurs à ceux que désigne l'opinion! C'est un mal
qui se peut aisément réparer. Mais comment réparer
le désordre causé par les mauvais choix du peuple?
Comment gouverner avec de prétendus élus de la
nation qui sont ses flatteurs et les complices de ses
mauvaises passions ?

Soyons entre les mains de Dieu comme une cire

molle. Ne peut-il pas, dans sa sagesse, tirer les plus grands biens des plus grands maux ? Il laisse Mazzini triompher à Rome et Ledru-Rollin à Paris, pour les chasser ensuite comme des héros de théâtre qui ne savent plus leur rôle. A quoi sert de se troubler et de s'inquiéter ? Dieu n'a pas besoin de l'homme dont il se sert pour ses secrets desseins. Changarnier s'est cru indispensable, et il l'avait persuadé à beaucoup de monde ; il a disparu de la scène politique, sans que personne trouvât qu'il fît défaut à l'État. Lamoricière et Cavaignac se sont aussi crus indispensables ; il n'est plus question d'eux aujourd'hui. Et l'homme qui préside à cette heure aux destinées de la France, n'a-t-il pas commencé par expier dans l'humiliation ses tentatives extravagantes ! Que c'est bien le cas de s'écrier : *O altitudo!*

Je n'avais nullement l'intention de faire la philosophie de l'histoire de ces derniers temps, et je ne sais comment cette date du 27 juillet m'y a entraîné.

28 juillet.

Le nommé Delamarre Frédéric-Eugène est mort ce soir, à la suite d'une attaque de coliques sèches, suivies de transport au cerveau. Voilà la cinquième victime depuis notre départ de France. Quoique nous eussions un prêtre à bord, Delamarre n'a pas reçu les derniers sacrements. J'aurais dû m'en préoccuper davantage, dès que j'appris qu'il était en danger, et montrer moins de confiance en l'opinion du docteur qui ne croyait pas la mort si prochaine. Que Dieu, dans sa bonté, daigne faire miséricorde à ce brave homme qui portait au cou une médaille de la Sainte Vierge et assistait régulièrement à la prière !

A bord du *Cassini*.   Castle-Peak, 1er août.

Chère bonne mère,

Une parfaite harmonie règne toujours sur le *Cassini*. C'est une de ces bénédictions du ciel que je n'aurais pas osé rêver, sachant combien les causes de discorde surgissent plus à bord que dans toute autre réunion d'hommes. J'ai eu la joie de voir un de nos jeunes aspirants s'approcher aujourd'hui de la sainte Table (1). C'est une grande satisfaction pour moi de penser que ces jeunes gens qui étaient des plus brillants sujets de l'École et qui me paraissent d'une forte trempe de caractère, vont entrer dans la vie du monde armés de toutes pièces, pour résister aux séductions. Cela promet pour l'avenir de la marine et du pays.

Nous avons toujours à bord le P. Le Grand, missionnaire du Tong-king, dont la conversation est pleine d'intérêt, se trouvant parfaitement au courant de ce curieux pays, où il a passé près de huit années. Nous avons là quatre cent mille chrétiens, dont deux cent mille environ évangélisés par des prêtres français des Missions étrangères, et à peu près le même nombre instruit par des Dominicains espagnols.

C'est décidément une belle vie que celle de missionnaire : mais il faut, pour l'embrasser, des âmes bien trempées dans la foi et nullement enthousiastes. Il faut surtout se préparer à supporter les petites misères de la vie, la privation du pain, du vin, etc ; à rencontrer des embarras d'administration, comme dans certaines cures de France ; à vivre isolé, des années entières,

(1) Cf. Alexis Clerc : *Une Conversion à bord du « Cassini »*, p. 283.

sans pouvoir échanger un seul mot dans la langue maternelle. Le martyre éclatant, le martyre par le bûcher
ou par le sabre, c'est la couronne à laquelle on vise ;
mais elle est rare et difficile à trouver. Une foule de
petites misères comme en Europe, mais avec la douceur de la famille et de l'amitié en moins, voilà ce qu'un
prêtre qui veut être missionnaire doit envisager de
sang-froid avant de prendre sa détermination !

Nous n'avons reçu de Nan-king aucune nouvelle
importante. Les commerçants anglais vivent dans les
alarmes ; ils obligeront probablement le gouvernement
de leur pays à intervenir dans un sens ou dans un
autre, pour rendre la sécurité aux transactions commerciales. Les missionnaires protestants, qui ne sont
guère scrupuleux en matière de prosélytisme, essaieront
de faire pencher la balance du côté des insurgés; mais
je ne crois pas qu'ils soient soutenus par les hommes
politiques et par les négociants éclairés. Quoi qu'il en
soit, je ne doute pas que cette épouvantable secousse
ne devienne profitable à la Chine et à la religion.
L'influence de l'Europe ne peut que grandir au milieu
de ces discordes civiles, et cette influence tourner au
profit de la liberté d'action pour nos missionnaires. En
même temps le peuple, déshabitué des pagodes brûlées
par les rebelles et perdant confiance dans les objets
de son culte, sera plus disposé que jamais à prêter
l'oreille à la vérité.

Je sens tous les jours davantage, chère bonne mère,
combien il est doux de s'abandonner complètement à
la Providence. Certes mon affection pour toi et tous les
miens n'est pas douteuse, le bonheur que j'ai goûté à
Puycheni reste on ne peut plus présent à ma mémoire ;
cependant cette vie de bord et d'affaires si ennu-
yeuses me plaît, et j'attends sans impatience l'ordre
de revenir en France. Je prévois même le cas où on

19

me retiendrait encore dix mois ici, et où les conditions
d'harmonie deviendraient d'autant plus difficiles que
tout le monde, officiers et équipage, s'attend à un prochain retour. Je me dis alors que Dieu saura bien pourvoir à cette nouvelle difficulté, comme il a pourvu à
tant d'autres, et je m'applique à bien faire, comme dit
saint François de Sales, « le chemin que j'ai plus près
de moi. » Je tâche, en un mot, ayant Dieu pour fin,
de vider les affaires de chaque jour, sans trop me
mettre en peine des difficultés du lendemain.

2 août.

Diem festum celebramus! M. de Gaulejac a appro-
ché de la sainte Table ce matin. Après le retour à la
religion de mes frères, de mes amis, de Jonquières et
de la Motte, rien ne pouvait m'être plus agréable
que celui des élèves du *Cassini*, dont la conduite,
déjà bonne, demande, pour ne rien laisser à désirer, cette base du bonheur sur la terre et au ciel. C'est
de M. Clerc que Dieu daigne se servir pour ramener
ces jeunes gens à Lui ; c'est au zèle de ce pieux officier
que MM. Grosselin et de Gaulejac doivent la consolation d'être entrés dans la bergerie de Notre-Seigneur
Jésus-Christ : *Gloria in excelsis Deo!*

3 août.

Je suis allé à bord de la *Capricieuse* féliciter M. Du-
roch sur sa nomination au grade de capitaine de frégate. Les journaux nous ont aussi appris la nomination
du contre-amiral Desfossés au grade de vice-amiral,
celle de Fourichon au grade de contre-amiral, et la
mise au cadre de réserve des vice-amiraux Casy et
Cécille. Comme le temps marche !
Voilà mes camarades d'école capitaines de vaisseau,

amiraux, gouverneurs, l'un au Sénégal, un autre à Cayenne, un troisième à la Martinique. Quelques-uns de la promotion m'ont vivement étonné. J'oublie que les honneurs de la terre sont une récompense décernée par les hommes qui, par ignorance, flatterie, intérêt, feront toujours des fautes sur ce point. N'ai-je pas donné moi-même de maladroits conseils, soit comme aide de camp, soit comme membre du conseil d'amirauté ? Nous devons nous réjouir qu'il y ait autant de bons choix et remercier Dieu qu'il n'y en ait pas de plus mauvais.

Le lieutenant-général Canrobert et le lieutenant-général Ladmirault étaient aussi mes camarades de classe. L'un et l'autre, quoi qu'ils ne manquassent ni de capacité ni d'intelligence, étaient loin du premier rang. Néanmoins il a plu à Dieu de les élever en peu d'années à une haute fortune militaire que personne ne considère comme mal tombée. C'est sur le champ de bataille, c'est en payant de sa personne, c'est en partageant les fatigues et les dangers du soldat dans une longue guerre, que mon ami d'enfance, Certain Canrobert, homme ordinaire au début de la vie, a conquis son grade de lieutenant-général.

11 août.

Deux élèves, pour lesquels je me sens une véritable affection, parce qu'ils servent bien et qu'ils sont bien élevés, viennent de me demander à débarquer, dans le désir très naturel de naviguer jusqu'en France sur un bâtiment à voiles. Cela m'a causé une peine véritable, et je me demande si je dois céder à ce désir tardif, car, avant-hier, ils avaient dit vouloir rester. Dois-je faire quelque tentative pour les retenir, ou, au contraire, favoriser leur débarquement ? Dieu m'éclairera sur ce qui convient ; puissé-je me résigner de la manière la plus complète à sa sainte volonté !

12 août.

Je viens de donner quelques avis à de Tournières, aspirant de la marine, qui quitte le *Cassini* pour passer sur la *Capricieuse*. Cet excellent jeune homme a pleuré comme s'il avait fait une faute en demandant à changer de bâtiment. Je lui ai dit et répété plusieurs fois qu'il n'en était rien, et que, quant à moi, je ne lui en savais nullement mauvais gré. C'est un esprit ardent, une intelligence vive, qui peut, sous une bonne impulsion, avoir, comme on dit dans le monde, un brillant avenir.

M. de Montille débarque aussi du *Cassini*. Comme son camarade, il paraît avoir le cœur un peu gros de quitter le bâtiment. Je lui ai écrit quelques conseils et donné de vive voix quelques avis. Je le vois partir avec peine, et je souhaite qu'il soit heureux.

Ces deux aspirants n'ont fait que ce que je fis moi-même quand je demandai à quitter le *Breslau* pour le *Nisus*, quand je consentis à passer du *du Couëdic* sur la *Belle Poule*. Du reste, les desseins de Dieu, généralement cachés à nos yeux, se sont dévoilés presque immédiatement après le débarquement de MM. de Montille et de Tournières.

A bord du *Cassini*.   Taïpa, près Macao, 20 août.

Chère bonne mère,

On m'écrit que L*** songe à prendre sa retraite. Je souhaiterais vivement qu'il n'en fût rien, et qu'il donnât aux plus jeunes capitaines de son régiment l'exemple de ce zèle, qui prend sa source dans la conscience du devoir et non dans le désir d'avancement. Le seul nom du capitaine d'Assas et son généreux cri : « A moi d'Auvergne ! » n'ont-ils pas influé autant que de grandes victoires sur l'esprit militaire du pays ? Oui, je voudrais beaucoup faire partager mes idées à ce bon frère ; je voudrais que, dans son régiment, il servît de fanion ou de drapeau aux officiers et soldats disposés à suivre la religion. Il ne faut pas trop s'effacer et s'amoindrir ; Dieu daigne souvent nous employer à ses desseins, quelque infimes que nous soyons à ses yeux.

Un jeune aspirant de la *Capricieuse*, revenu à la religion, m'a avoué que la vue du *Cassini* n'avait pas été sans exercer une grande influence sur sa conversion. En voyant le service marcher à bord du *Cassini* aussi bien que sur tout autre navire, il avait compris que la religion n'était point un obstacle à l'accomplissement des devoirs d'état.

Voilà la pensée qui doit nous soutenir dans les carrières où la Providence nous a placés : démontrer clairement que la religion est une base solide qui élève l'homme, et non pas un torrent qui le renverse. J'ajouterai, cependant, qu'il n'y a rien d'absolu. Dieu peut arracher quelqu'un à une carrière longtemps parcourue pour le lancer dans une autre, où il sera bien mieux ; mais il faut pour cela un appel si clair de la Providence, qu'il n'y ait pas moyen de se tromper.

Nous avons fêté le 15 août sur rade de Macao, où le *Cassini* se trouvait seul : trois salves de vingt et un coups de canon, le matin, à midi, et le soir ; grand repas à bord du *Cassini* le matin, et à la légation de France le soir, tel est le résumé de la journée.

Au déjeuner, nous étions vingt-quatre personnes à table, y compris l'état-major et quelques amis de Macao. Tout s'est bien passé. L'harmonie continue de régner à bord, et je n'aperçois aucune figure chagrine quand, dans les occasions solennelles, je réunis les officiers et les aspirants autour de moi. Puisse la divine Providence maintenir, jusqu'au bout, les choses en cet état !

Au dîner, auquel assistait le gouverneur de Macao, j'étais placé à côté du commodore Perry, qui revient du Japon, et qui a bien voulu, ainsi que son chef d'état-major, me donner des détails intéressants sur ce qu'ils ont vu et ce qu'ils ont fait. Les journaux en parleront sans doute, car déjà la *China mail* de Hongkong a raconté en peu de mots l'entrevue du commodore et du haut dignitaire japonais. Les Américains ont été frappés de l'élégance des manières et des connaissances variées du haut dignitaire et de son entourage. Dans ce royaume, ouvert seulement par un petit coin à notre civilisation, on sait tout ce qui se passe en Europe.

Au lieu de me retirer vers dix heures, suivant mon habitude, j'ai attendu que le commodore américain et le gouverneur eussent donné le signal du départ; mais, en remplissant un devoir de société, j'ai pu, par une heureuse circonstance, échanger avec madame de Bourboulon quelques bonnes pensées sur la religion. Elle se plaint de la difficulté que les protestants éprouvent ici à suivre leur religion, tandis qu'on trouve presque partout des prêtres catholiques. Quelques mots de ma part sur la vie des religieuses et surtout des Sœurs de charité n'ont pas été, je l'espère, sans produire quelque favorable impression.

Le bruit court que Pe-king est tombé au pouvoir des insurgés du Kouang-si. Cela ne m'étonne pas; la lâcheté des troupes impériales et l'incurie des généraux dépassent tout ce qu'on peut imaginer. Puissent les désordres et les malheurs qui arrivent dans ce vaste empire y mieux disposer les esprits à recevoir les enseignements de notre sainte religion !

Le ministre de France a demandé à retenir le *Cassini*
quelque temps encore; dans ce cas, il n'est pas pro-
pable que je sois en France avant le mois de mai ou
de juin 1854. Du reste, ce qui se passe ici offre assez
d'intérêt pour calmer en moi la juste impatience de
revoir ma bonne mère et toute ma famille. Il y a plus
de bien à faire dans la position d'activité que dans la
douce oisiveté de la vie à la campagne. J'ai cent trente
personnes sous ma direction, et les canons du *Cassini*
forment, avec ceux de la *Capricieuse*, une sorte
d'avant-garde à la puissance et à l'influence de la
France dans ce pays. Voilà ce qui me fera prendre patience ici tant qu'on voudra ; non dans une pensée
ambitieuse, mais simplement avec la conscience d'accomplir un devoir.

30 août.

Je viens de passer trois heures à bord de la *Capricieuse*, qui a mouillé à une heure devant Macao.
Le commandant de Rocquemaurel m'a communiqué
des nouvelles qui, à une autre époque, m'auraient
fortement agité. L'escadre française et l'escadre
anglaise réunies vont franchir les Dardanelles. Déjà
les Russes ont passé le Pruth, et tout annonce chez
l'empereur Nicolas le dessein bien arrêté de soumettre
la Turquie, malgré l'opposition de la France et de
l'Angleterre. On se battra donc encore une fois sans
que j'y sois.

L'amiral de La Susse, si longtemps heureux, vient
d'éprouver une rude humiliation. Au moment où son
escadre allait agir, il a été remplacé par l'amiral Ha-
melin, officier général, qui s'est toujours trouvé au
niveau des positions occupées jusqu'à ce jour. Il a sous
ses ordres un officier général de mérite, M. Le Barbier

de Tinan. Enfin, le vice-amiral Bruat (1), si bien taillé pour la guerre, et qui a pu, jeune encore, arriver à de hautes charges, commande une escadre de réserve. Tout cela annonce le désir de frapper ferme, et je m'en réjouis pour mon pays.

A bord du *Cassini*.   Taïpa, près Macao, 3 septembre.

Chère bonne mère,

Il est probable que je ne quitterai pas de sitôt la mer de Chine. La *Constantine*, annoncée pour le 15 août, n'a pas encore paru, non plus que le *Colbert*. Le commandant de Rocquemaurel a résolu d'aller à leur rencontre jusqu'à Singapore, qui se trouve encore dans le rayon de la station de Chine. Nous nous sommes séparés dans les meilleurs termes ; il m'a même dit qu'il demanderait pour moi le grade de capitaine de vaisseau. Quand la *Capricieuse* a passé sous toutes voiles devant la Taïpa, j'ai fait monter l'équipage dans les haubans de hune et les bas haubans de misaine pour saluer son départ, mais notre mouvement ne paraît pas avoir été aperçu.

Je tâche maintenant d'être prêt à accepter avec joie ce que la Providence disposera à notre égard. Si on nous expédie de suite pour la France, oserais-je me plaindre de me rapprocher de ma chère famille et de ma bonne mère ? Si on me laisse ici quelques mois encore, puis-je trouver à redire d'être retenu pour le service de Dieu ? Car c'est surtout au bien de la religion que nos bâtiments peuvent servir en ce pays.

J'ai toujours à bord M. l'abbé Le Grand, mission-

_____

(1) L'amiral Bruat, encore aspirant, avait indiqué ce qu'il serait un jour, en offrant à son capitaine, qui n'avait pu se procurer de pilote, d'entrer, par un gros temps, la corvette la *Diligente* à Brest.

naire du Tong-king, que je garderai le plus longtemps
possible, car il a grand besoin de repos. La chrétienté
d'Haïnan, où se trouve le P. Bische, un des missionnaires que le *Cassini* a portés en Chine, est persécutée
en ce moment. Je serais heureux de pouvoir secourir
nos coreligionnaires, mais nous n'avons pas la liberté
d'engager à notre guise le pavillon français. Il faut
d'abord que la légation de France parle aux autorités
chinoises pour essayer d'obtenir justice, et ces sortes
de questions traînent toujours un peu en longueur ; et
puis nous agissons d'après des ordres généraux, d'après
une politique devant laquelle nos vues personnelles
doivent s'effacer. Je quitterai la Chine probablement
sans y avoir fait presque rien ; mais mon but n'en aura
pas moins été rempli : je serai resté deux ans et plus,
le cœur prêt à faire la volonté de Dieu.

Grande rade de Macao, 16 septembre.

Je me suis décidé, après quelques hésitations, à sortir
de la Taïpa. Il y avait des motifs pour y rester, il y en
avait pour en sortir. Je suis plus exposé aux typhons
sur rade, dans une saison où ils sont encore à craindre ;
mais il m'a semblé que je ne pouvais pas laisser le navire en prison, faute d'eau, jusqu'à la nouvelle lune, si
je ne profitais pas de la marée.

A bord du *Cassini*.   Grande rade de Macao, 17 septembre.

Commandant,

Nous attendons d'un moment à l'autre l'arrivée de
la *Constantine* qui a dû quitter Singapore le 9 septembre ; mais je crains bien de ne pouvoir m'entretenir avec le nouveau commandant de la station de
Chine, M. de Montravel, avant mon départ pour le nord.

Les nouvelles données par la *Gazette de Pe-king* sont peu rassurantes pour l'empereur. La dégradation, l'exil et même la peine capitale dont sont atteints les généraux opposés aux rebelles, sont une preuve suffisante du succès de ces derniers. On a même parlé de la prise de Pe-king ; mais, quoiqu'elle ne soit pas certaine, elle ne me paraît pas improbable. Pendant que les impériaux consumaient leurs forces dans une honteuse inactivité devant Nan-king, Tchen-kiang et Yang-tcheou, les rebelles lançaient une armée vers le nord, s'emparaient de Fong-yang et de Koue-tee, et investissaient Kaï-fong à cent lieues de Pe-king, sans qu'aucun revers ait suspendu leur marche. Ceci remonte au mois de juin ; mais, depuis lors, la *Gazette de Pe-king* n'arrivant plus à Chang-hai, on ne peut savoir ce qui se passe.

Une lettre de Mgr Mouly à M. de Bourboulon annonce que les chrétiens sont persécutés à Pe-king ; douze des plus influents auraient apostasié devant la menace des supplices. Les Pères Brueyre et Massa de la Compagnie de Jésus, qui avaient été envoyés à Nan-king, pour relever le courage des chrétiens, ont été arrêtés aux avant-postes de l'armée impériale et ramenés avec égards à Chang-hai (1). Les insurgés d'Amoy ont été

(1) Les PP. Brueyre et Massa avaient été envoyés, par le R. P. supérieur de la mission, à Nan-king, pour porter secours aux chrétiens. M. Edan, consul par intérim, leur avait même remis une lettre de recommandation pour tous les mandarins civils et militaires. Arrivés au camp impérial, ils ne purent passer outre. On leur donna, de station en station, une escorte pour les ramener à Chang-hai, de crainte, disait-on, qu'ils ne fussent insultés en route. Le vice-roi écrivit même au Tao-tai, et celui-ci au consul, pour se plaindre et lui rappeler que, d'après les traités, il n'était pas permis aux Européens de s'avancer au delà de cinquante lys dans l'intérieur des terres. M. Edan répondit très dignement qu'en aucune circonstance la justice et l'humanité ne perdent leurs droits parmi les peuples civilisés, et que partout où

repoussés avec grande perte par les impériaux ; mais il n'en est pas moins certain qu'il y a accord entre les insurgés du Kouang-si et ceux d'Amoy. Le peuple de cette dernière ville regrette beaucoup ses anciens mandarins. Une quarantaine de jonques armées en guerre au compte du Tao-tai de Chang-hai sont parties de Macao pour le nord. Je me suis moi-même décidé à sortir de la Taïpa le 16 septembre, afin d'être en mesure de quitter Macao au premier signal.

elles poussent un cri de détresse, au milieu du bruit des armes et des désordres de la guerre, c'est un devoir de conscience pour chacun, sans distinction de bannière ni d'autel, de leur venir en aide et d'aplanir les voies à leurs plaintes, pour qu'elles soient écoutées (Mémoire sur la mission du Kiang-nan.)

CHAPITRE XI

L'INSURRECTION DE CHANG-HAI [1]

20 SEPTEMBRE 1853 — 19 NOVEMBRE 1853

Lettre de M. Edan à M. de Bourboulon. — Départ du *Cassini* pour le nord. — Echouage dans la rivière du Wou-song. — Situation des impériaux et des insurgés à Chang-hai. — Incendie dans les faubourgs. — Lettre de Mgr Maresca sur l'occupation de Chang-hai par les rebelles. — Un assaut repoussé. — Postes européens. — Rapport du lieutenant de vaisseau Clerc. — Explosion à bord de l'*Antilope*. — Difficultés au sujet des douanes. — Sentiments du commandant de Plas. — Une victoire des impériaux. — Protection des chrétiens. — Conflit avec les belligérants. — Tentative d'incendie du consulat français. — Conversions à bord du *Cassini*. — Reconnaissance de Mgr Maresca envers les chirurgiens du *Cassini*.

A bord du *Cassini*.   Grande rade de Macao, 20 septembre.

Commandant (2),

J'ai reçu du ministre de France, dans l'après-midi du 19 septembre, une invitation pressante de me rendre à Chang-hai. Malgré les ordres que j'avais d'attendre ici

(1) Cf. Appendice I.
(2) M. de Montravel, successeur de M. de Rocquemaurel.

l'arrivée de la *Constantine*, malgré l'assurance que vous ne tarderez pas à paraître devant Macao, je crois devoir, à raison de la gravité des circonstances, partir aujourd'hui même.

Voici quelques extraits d'une dépêche de M. Edan, consul à Chang-haï, en date du 7 septembre, qui ont motivé la demande officielle du ministre de France et ma propre détermination :

« La ville est en pleine insurrection. La nuit dernière, à trois heures, le Tche-hien a été égorgé ; un autre petit mandarin a été tué avec lui. Les maisons du Tao-taï et des autres mandarins ont été pillées. On ne sait ce qu'est devenu le Tao-taï ; on le croit caché dans la maison Russel et Cie.

« Les insurgés sont en possession de la ville et forcent les marchands à tenir leurs boutiques ouvertes. Plusieurs Européens ont pu circuler dans la cité sans être insultés.

« Les rebelles portent, comme insigne de reconnaissance, un turban rouge, une ceinture rouge et une espèce de ruban rouge sur la poitrine.

« Une autre ville à six lieues de Chang-haï a chassé également ses magistrats et se trouve au pouvoir de la populace...

« J'ai dû, en de telles circonstances, faire appel à l'assistance de M. Alcock et du commodore Fishburn. »

Il est probable, à cause des brises de nord-est déjà fréquentes au mois de septembre, que je ne mettrai pas moins de huit jours pour effectuer le voyage de Chang-haï ; je me hâterai, aussitôt arrivé, de vous rendre compte de l'état des choses.

A bord du *Cassini*. Hong-kong, 22 septembre.

Chère bonne mère,

Je ferai route demain pour Chang-hai, appelé par le consul, à la suite des troubles qui ont récemment éclaté dans cette ville. Ce voyage retardera probablement mon départ pour la France, car le *Colbert* n'est pas encore arrivé à Macao.

La Chine est en ce moment sous le coup d'une extrême fermentation. De tous côtés éclatent des révoltes contre l'autorité de l'empereur. C'est aussi, dans une certaine mesure, la guerre aux riches. Dans ce pays, où la misère atteint des proportions inconnues en Europe, on recrute facilement des mécontents, et l'on a vu des bandes de voleurs et de pirates organisées comme de véritables flottes et de véritables armées. Tout reste tranquille dans cette partie de la Chine où nous sommes. Cependant on s'attend à voir chaque jour la ville de Canton subir le sort des autres grands centres de population déjà au pouvoir des rebelles; car, à l'aide des sociétés secrètes, depuis longtemps disciplinées, les insurgés ont des intelligences partout.

J'ai visité l'asile de la Sainte-Enfance de Hong-kong, qui est en voie de prospérité, sous l'habile direction d'un ecclésiastique et de quatre Sœurs. Malgré les persécutions suscitées sur plusieurs points du territoire chinois, le christianisme continue de progresser. Il faut beaucoup prier en France pour le succès de nos missionnaires; il faut surtout entraîner les fervents catholiques dans l'œuvre admirable de la Propagation de la foi. L'argent a plus de valeur ici qu'en France, et l'on ne saurait trop admirer l'excellent parti que l'on tire des fonds envoyés d'Europe pour étendre le catholicisme.

Les journaux parlent beaucoup, depuis quelque temps, d'une rupture avec la Russie. Si ce n'étaient les horreurs, suite inévitable de la guerre, il serait peut-être avantageux d'humilier et de réduire ce colossal empire; mais qui sait et qui peut prévoir les desseins de Dieu?

A huit milles de Wou-song, 29 septembre.

Quoique le *Cassini* n'ait pas terminé son voyage, je dois reconnaître qu'il a été très heureux de Hong-kong jusqu'ici. J'en remercie Dieu de tout cœur; car, bien que disposé à accepter avec résignation les peines qu'il lui plaira de m'envoyer, je n'ai aucun désir de courir les dangers des typhons et des échouages. Quand les maux arrivent, on peut leur faire bon visage, mais il est permis, je pense, de ne les pas souhaiter : d'autant plus que les accidents de mer ne sont pas individuels et deviennent parfois une calamité pour les équipages.

Tout va bien à Ning-po, m'a-t-on dit hier à l'entrée du chenal de Lou-kong, qui est en communication journalière avec cette ville : Dieu soit béni!

30 septembre.

Nous sommes échoués, ayant d'un côté le rivage à jet de pierre, et de l'autre des jonques qui nous barrent le passage. Vers six heures du soir, M. Edan, faisant fonction de consul à Chang-hai, est monté à bord. Il m'a mis de suite au courant de la situation politique, qui est loin de se présenter sous un agréable aspect. Chang-hai est tombé entre les mains d'une populace qui se trouve elle-même assiégée par une armée d'impériaux recrutée parmi l'écume du pays, en sorte qu'il y a tout à craindre et des uns et des autres.

1er octobre.

Equipage, état-major, capitaine, nous sommes tous sur les dents! Tous nos efforts pour renflouer le bâtiment n'ont servi qu'à l'échouer davantage, ou plutôt le courant a été plus fort que nous. En vain avons-nous travaillé toute la matinée ; en vain avons-nous débarqué notre artillerie et nos projectiles ; toutes les dispositions prises ont été infructueuses. L'épreuve cependant est aussi légère que possible, comparée à un échouage sur les roches de Turn about ou sur les bancs du Kiang. Il y a de grandes probabilités pour que le *Cassini* se remette à flot avec la marée de demain, car nous avons déjà vingt-cinq pieds d'eau à l'avant.

2 octobre.

Grâces à Dieu, le *Cassini* est à flot, mais ça n'a pas été sans peines et sans difficultés. J'ignore les desseins de Dieu dans ce petit épisode de navigation ; mais je ne puis m'empêcher de le trouver, à bien des égards, utile pour l'équipage et pour moi. Officiers, élèves, maîtres, matelots, tous ont montré un excellent esprit dans ce surcroît de fatigues. C'est une bonne préparation pour les événements auxquels nous aurons peut-être à prendre part à Chang-hai.

Chang-hai, 3 octobre.

Nous avons mouillé à Chang-hai à midi et demi, mais non sans quelques nouveaux incidents. Notre gouvernail a brisé en partie ses ferrures, au moment de l'appareillage, et j'ai hésité à me mettre en route, car comment naviguer avec un gouvernail en mauvais

20

état, contre un fort courant, dans un fleuve étroit et
rétréci encore par des jonques. Heureusement que le
gouvernail avait gardé un peu d'action, et la Providence
m'a envoyé un pilote qui m'a aidé à sortir d'embarras.
Le *Cassini* est entré à Chang-hai comme un bâtiment
qui revient avarié du combat, le foc déchiré, les mâts
de perroquet dépassés, les embarcations à la traîne, etc.
J'aurais été profondément humilié de cette piteuse
entrée ; si je ne l'avais considérée comme une épreuve
et une croix.

A bord du *Cassini*.   Chang-hai, 4 octobre.

Chère bonne mère,

De nouveaux troubles ont exigé la présence du *Cassini* dans le nord. Chang-hai est occupé par une bande
de malfaiteurs, en même temps que cerné par les
troupes impériales qui hésitent à engager le combat.
Si, d'un côté, ces lâches agglomérations de gens armés
n'osent pas en venir à une affaire sérieuse, on peut,
d'un autre côté, tout craindre de leur indiscipline,
quand la peur ne les retient pas. C'est pour obvier à
cet inconvénient que les navires de guerre sont utiles
dans ces parages.

Jusqu'ici les Européens résidant à la ville ou aux
environs n'ont rien eu à souffrir de ces troupes de bandits, et j'espère que nous n'aurons jamais à leur
demander compte de quelque insulte à nos missionnaires ou aux autres membres de la colonie française ;
mais la population honnête chinoise est aux abois. On
m'assure, et ces renseignements me viennent de bonne
source, que les malfaiteurs de Chang-hai n'ont aucun
rapport avec les révoltés du Kouang-si. Ces bandits, la
lie, paraît-il, de la population de Canton et du Fo-kien,
font des affaires pour leur compte, et ne se relient à

aucun grand mouvement insurrectionnel. Les impériaux qui cernent la ville de trois côtés, en auraient
bien vite fait justice, si le courage n'était pas chose
rare en Chine.

La rivière, jadis sillonnée d'une multitude de bateaux
qui donnaient tant d'animation à Chang-hai, est aujour-
d'hui presque déserte. Il n'y a que les jonques des
Fokienois et des Cantonnais qui soient ancrées devant la
ville; il suffirait aux Européens de les brûler ou de les
couler pour ôter aux bandits tout moyen de fuir.

Il n'est guère probable que je quitte Chang-hai avant
la mi-novembre; mais je ne fais aucun plan de campagne, j'attends avec patience ce qu'il plaira à Dieu de
décider.

7 octobre.

Mgr Maresca était venu à bord, peu de temps après
le mouillage; je suis allé, ce matin, lui rendre visite et
entendre la messe à la cathédrale. C'est avec un vrai
bonheur que j'ai revu nos dignes amis les missionnaires.

Ce soir, on aperçoit du bord un incendie considérable. Selon l'usage en pareille circonstance, les bâtiments de guerre s'empressent de porter du secours. Le
grand canot du *Cassini* est expédié et il prend le canot-
major en route. Je pars moi-même avec le youyou pour
juger de ce qui se passe. L'incendie, selon toute apparence, avait été allumé par les rebelles; on disait même
à Tong-ka-dou qu'ils avaient menacé de tirer sur ceux
qui essaieraient de l'éteindre. Nous continuâmes donc
notre route avec la pensée que les rebelles tireraient
sur nous; ils garnissaient, en effet, les remparts, assistant tout armés à ce spectacle. Nous revînmes au bout
de trois quarts d'heure environ, après avoir aidé les
Chinois à couper l'incendie.

9 octobre.

Il paraît que le dévouement de nos hommes, le jour de l'incendie, a été remarqué. Les Chinois, nous dit-on, en ont été très reconnaissants, et ils sont venus en grand nombre remercier Mgr Maresca de la part que nous avions prise à l'extinction du feu.

Dans l'après-midi, je suis allé au camp des impériaux ; quelles troupes! quels éléments de combat! S'il en est ainsi partout, l'empereur fera bien de plier bagage devant le prétendu descendant des Tsing.

On parle d'un grand combat pour demain ; les impériaux sont résolus à tenter l'assaut.

10 octobre.

Mgr Maresca a bien voulu me donner communication d'un projet de lettre qu'il a l'intention d'adresser aux conseils centraux de la Propagation de la Foi, à Lyon et à Paris. J'en extrais les passages suivants qui me semblent parfaitement résumer la situation de la ville de Chang-hai et des environs, depuis le 7 septembre jusqu'au moment de notre arrivée ici.

« Le 7 septembre, au moment où l'on s'y attendait le moins, la ville de Chang-hai fut envahie par une bande d'hommes vêtus de rouge, et armés de quelques mauvais fusils, de sabres et de bâtons. Avant le point du jour, ils s'étaient emparés des portes, et, au lever du soleil, ils occupaient déjà tous les tribunaux et les principaux postes de la ville. Quelques mandarins furent tués, les autres s'enfuirent ; les soldats, qui devaient être au nombre de mille, s'éclipsèrent sans qu'on pût en voir un seul.

« Le Tao-taï fut épargné et conduit dans une maison

d'où il envoya prier les Américains de venir lui sauver
la vie. Ces messieurs, craignant de s'engager dans une
affaire qui pouvait avoir des suites, envoyèrent deux
des leurs voir le prisonnier et examiner ensemble les
moyens les plus efficaces et les moins dangereux pour
le sortir de la ville. Les deux envoyés firent de suite
déguiser le magistrat en commis de boutique ; et, l'ar-
mant d'un vieux parapluie à demi-brisé, ils partirent
avec lui et un de ses officiers également déguisé. Arrivés non sans peine à la muraille, ils dirent au Tao-tai
qu'ils allaient lui attacher une corde sous les bras et le
descendre du haut du mur. Celui-ci recula d'horreur
à cette proposition et refusa de se laisser lier ; mais un
de ses sauveurs s'étant fait descendre le premier, le
mandarin vit qu'il n'y avait pas de danger et se laissa
faire.

« A neuf heures, on criait par les rues que le peuple
n'avait rien à craindre, et que chacun devait se livrer
à ses occupations ordinaires. Bientôt des affiches parurent sur les murs, et la foule accourut pour les lire.
Elles portaient en substance que toute atteinte à la
propriété serait punie de mort. De fait, plusieurs
malheureux convaincus de vol furent publiquement
décapités. Malgré quelques misères inséparables de ces
sortes de révolutions, l'ordre se rétablit dans la ville,
et l'on commença à respirer sous ce nouveau régime,
dont on ne connaissait encore clairement ni le chef, ni
le but véritable.

« La ville et les environs restèrent assez tranquilles
une huitaine de jours. Les chefs de l'insurrection déclarèrent qu'ils agissaient par ordre de Taï-ping-wang,
le nouvel empereur ; que leur intention était d'exterminer tous les Tartares, mais qu'ils voulaient rester
amis des Européens et ne rien faire souffrir au peuple.
Tous les consuls se sont montrés d'une fermeté remar-

quable ; toutes les nuits, trois cents hommes gardent
le quartier des Européens et n'y laissent pénétrer aucun
Chinois tant soit peu armé.

« Vers le milieu de septembre, les villes du Pou-
tong furent occupées par une compagnie de révoltés :
Song-kiang et Sou-tcheou ne tardèrent pas à tomber en
leur pouvoir. On annonçait aussi que l'armée de Tchen-
kiang allait rejoindre celle de Chang-hai, forte déjà,
disait-on, de vingt mille volontaires.

« Cependant, à la fin de septembre, une armée d'impériaux s'avança pour prendre Chang-hai et cinq autres
villes fortifiées qu'occupaient les rebelles. Chassés de
partout, ceux-ci finirent par se retirer à Chang-hai, où
ils s'organisèrent pour une sérieuse défense.

« Le 26 septembre, une flotte de cinquante jonques
de guerre vint jeter l'ancre dans le Wang-pou près
Long-ho, vis-à-vis de Zi-ka-wei. Une autre flotte, des-
cendue par le canal de Sou-tcheou, mouilla aussi vis-à-
vis de Zi-ka-wei, du côté de Fa-ho.

« Le 29 au matin, toutes ces jonques de guerre des-
cendirent la rivière avec grand fracas, et, pendant deux
heures, lâchèrent leurs bordées par-dessus notre maison. Les impériaux prétendaient bien tirer sur la ville,
mais, de fait, les projectiles tombaient dans le faubourg
où ils causèrent beaucoup de mal au pauvre peuple.
Pour notre part nous eûmes aussi quelques trous dans
les toits et dans les murs, mais il n'y eut aucun dégât
considérable. Dès le commencement de la canonnade,
j'avais fait ouvrir les portes de l'église et tout le voisinage s'y réfugia. Le lendemain, notre quartier fut tranquille.

« La scène du 1er octobre menaça d'être plus animée
que les précédentes. Au plus fort de la canonnade, une
barque, chargée de deux petits canons et montée par
une vingtaine d'hommes, se détacha de la flotte qui

stationnait à un demi-quart de lieue, et fit voile directement vers nous. Curieux de connaître ce qui allait se passer, Mgr Spelta se montra à sa fenêtre, et aussitôt un coup à mitraille, dirigé vers lui, cribla de balles les deux côtés de la fenêtre. Heureusement que nous avions à la maison quatre hommes envoyés par un capitaine espagnol, et dix Manillois qui avaient obtenu de leur capitaine un congé de deux ou trois jours. Quand donc la barque s'approcha pour aborder, le P. Lemaître ouvrit la porte du jardin de côté du Wang-pou, en criant : aux armes ! Il avait recommandé à nos hommes de ne tirer qu'autant que les autres tireraient de nouveau ; mais la seule vue des baïonnettes et des sabres suffit à mettre en fuite ceux qui paraissaient si décidés. Les jours suivants, les jonques revinrent encore lancer quelques bordées à la ville, qui ne répondit pas ; après quoi elles se retirèrent en lieu sûr. Enfin, quelques braves se décidèrent à mettre pied à terre, et à établir tout près de nous une espèce de camp qui ressemble plus à une foire qu'à une station militaire. »

12 octobre.

On entend une vive canonnade dans le lointain : c'est une nouvelle attaque des impériaux contre les insurgés. Le Père Lemaître m'écrit :

« Nous avons été fort tranquilles cette nuit ; mais voilà qu'on se bat maintenant sur le chemin de Zi-ka-wei ; je ne pense pas, du reste, qu'il y ait danger pour la maison. Les impériaux descendent et marchent vers la ville ; je doute qu'ils y puissent encore entrer.

« A moins d'empêchement imprévu, je compte aller vous dire la sainte messe demain à bord. »

13 octobre.

Le P. Lemaitre m'apprend les résultats de la journée d'hier. Les impériaux, au nombre de six à sept mille hommes, s'étaient avancés vers la ville, prêts à livrer une attaque générale et à monter à l'assaut ; mais en approchant de la muraille ils furent tellement effrayés d'entendre les balles siffler à leurs oreilles, qu'ils s'enfuirent pêle-mêle, laissant leurs canons aux mains de l'ennemi.

14 octobre.

Mgr Maresca et le P. Lemaitre viennent à bord pour demander que notre chirurgien-major aille soigner les blessés de l'armée impériale envoyés à Tong-ka-dou. M. Fallier se rend à terre immédiatement.

J'ai visité les petits détachements que nous avons établis à Zi-ka-wei et à Tong-ka-dou, et j'ai appris avec plaisir que les missionnaires étaient contents de la conduite de nos hommes.

J'ai assisté au pansement de plusieurs Chinois blessés par les armes à feu ; leurs plaies étaient hideuses. Je ne me sens pas très propre à aider un chirurgien.

21 octobre.

Les Européens vivent ici dans une confiance incroyable, à cause de la crainte que nous inspirons aux Chinois, et ils négligent les plus vulgaires précautions de sécurité. Il suffirait, à l'heure qu'il est, du plus léger incident, pour que ceux qui passent pour sages aux yeux du monde se vissent couverts d'une confusion bien méritée.

Ainsi, nous avons dix hommes au poste de Yang-king-pang, chez M. Rémi, l'unique représentant du commerce français. Ils se trouvent à cinq cents toises de nous, à la même distance d'un poste anglais, avec lequel il ne serait pas sûr qu'on pût s'entendre. Ces dix hommes doivent empêcher mille à quinze cents bandits, renfermés dans la ville, de passer sur le pont de ce ruisseau ; ils doivent aussi empêcher six mille impériaux qui bloquent la ville, de prendre cette direction. De plus, quatre hommes, à moitié invalides, sont à Tong-ka-dou chargés de détourner de l'église et de l'établissement les pillards et les malfaiteurs ; et cinq convalescents à Zi-ka-wei sont destinés à faire peur aux traînards et aux voleurs.

Toute la sagesse humaine n'est que folie. N'est-ce pas, en effet, une folie de prétendre protéger la religion chrétienne dans la mer de Chine avec deux bâtiments, disposant de trente-six canons et de trois à quatre cents hommes d'équipage ? Dieu permet, pour le moment, que l'habit européen effraie les Chinois, et que nous moissonnions ce que l'Angleterre a semé de crainte dans ce pays. Profitons-en, rien de mieux. Mais qu'un homme de génie et de courage prenne un jour la direction des affaires en Chine, il nous faudra ou mourir glorieusement pour appuyer nos prétentions, ou plier honteusement bagage devant des masses d'hommes qu'on traite maintenant avec mépris.

A bord du *Cassini*.   Chang-hai, 22 octobre.

Commandant,

La ville de Chang-hai se trouve toujours au pouvoir des Fokienois et des Cantonnais qui s'en sont emparés le 7 septembre dernier. Depuis le 25 septembre, une armée impériale, forte de cinq à six mille hommes, sous les ordres des généraux Tsong et Lan, fait d'inutiles efforts pour l'obliger à rentrer dans le devoir.

Dans les journées des 5, 13 et 24 octobre, nous avons vu vingt-trois jonques impériales descendre le fleuve pour canonner la ville, entre Tong-ka-dou et le Yangking-pang ; mais, quoique la canonnade ait duré plusieurs heures, nous n'avons aperçu aucune trace de dégâts. Les jonques, armées de canons de petit calibre, tiraient de la rive opposée à la ville, n'osant pas approcher, parce que les insurgés avaient deux petits canons à l'autre bord. Ceux-ci, connaissant la frayeur de leurs adversaires, agitaient leurs drapeaux en signe de défi et ne cherchaient nullement un abri derrière le parapet qui protégeait leurs canons. Le feu ayant pris à une jonque impériale, une trentaine d'insurgés se jetèrent dans des barques et allèrent l'amariner, à la vue des autres jonques qui ne firent aucun mouvement pour s'y opposer.

Dans les attaques par terre, on a remarqué plus d'audace, mais une impéritie incroyable. Un jour, on plante des échelles pour monter à l'assaut ; mais elles se trouvent trop courtes et l'on est repoussé honteusement. Avant-hier, une imposante colonne se met en mouvement, avec trois canons, pour forcer la porte de l'Est. Prévenus du dessein des impériaux, les insurgés se cachent dans les faubourgs, chargent à l'improviste en tête et en flanc la colonne qui fuit en désordre, et la débandade devient complète. Les canons sont abandonnés et pris par les insurgés qui, ne profitant pas de la panique des impériaux, ne leur ont tué ou blessé qu'une dizaine d'hommes.

J'apprends que deux mille hommes arrivent aujourd'hui de Sou-tcheou pour renforcer l'armée impériale ; mais c'est moins de soldats que de chefs dont elle a besoin. Tant qu'elle sera si mal commandée, les renforts n'ajouteront aucune chance de succès à la cause de l'empereur, ils ne font qu'augmenter la misère qui règne dans les campagnes, où l'on pille à loisir, parce qu'on n'a rien à craindre.

L'ancien Tao-tai Wou, connu aussi sous le nom de Samqua, se trouve dans les rangs de l'armée impériale. Il déploie toutes les ressources d'un esprit artificieux pour reprendre un pouvoir qu'il n'a pas su garder, et il affiche la prétention de percevoir les droits de douane, quoi qu'il n'y ait plus d'argent ni d'établissement dans ce but à portée des navires étrangers.

24 octobre.

J'ai été fort agité, hier, par suite d'une collision qui a été sur le point de se produire au poste de Yang-king-pang. Une bande d'insurgés s'est avancée en armes très près du pont. La sentinelle appelle au secours, et dans un instant nos hommes se trouvent dans la rue, croisant la baïonnette contre les insurgés qui se mettent en défense. L'aspirant qui commandait le poste parlementa à l'aide d'un interprète ; les insurgés assurèrent qu'ils n'avaient pas l'intention de violer la consigne et qu'ils étaient simplement à la recherche des maraudeurs de l'armée impériale.

N'est-ce pas une bonne occasion de nous soustraire à une fausse position ? Ce poste n'a pas été créé par moi ; j'ai accepté une situation qu'il m'était impossible de refuser en arrivant ici. Mais le moment me paraît opportun de retirer nos hommes du lieu qu'ils occupent sur le Yang-king-pang et de leur assigner la défense du consulat de France, au lieu de celle de la ville anglaise ; j'en ai causé avec M. Alcock, qui est tout à fait de mon avis ; le poste reviendra décidément aux Anglais.

26 octobre.

Je désire vivement rester neutre, dans la querelle entre les assiégeants et les assiégés, ignorant quel est le parti dont Dieu veut se servir pour le bien. Cependant, peu s'en est fallu que je ne me visse forcé d'intervenir aujourd'hui. J'ai dû envoyer M. Clerc vers les deux partis, pour les avertir que s'ils ne respectaient pas le terrain de Tong-ka-dou, ils m'obligeraient à les y contraindre. Sans doute cela s'écarte des notions de droit répandues en Europe ; mais, si avec les Chinois on se conduisait d'après les règles générales, on serait bientôt dupe et victime, parce qu'ils manquent absolument de la droiture qu'on a coutume de rencontrer dans les pays civilisés.

27 octobre.

Voici le rapport que m'a remis M. Clerc sur la mission que je lui avais confiée.

« Commandant,

« Le pavillon de Tong-ka-dou ayant été amené à mi-mât, le 26 octobre, à onze heures et demie, vous m'avez envoyé avec la baleinière n° 2 montée par six hommes armés de sabres et de pistolets. Nous avions l'ordre de revenir à bord, après avoir confirmé la demande de secours, si je la jugeais nécessaire ; ou, si je le pouvais, d'exiger des deux partis belligérants le respect pour la cathédrale.

« La traversée a été un peu longue, à cause de la marée et du vent qui nous étaient contraires. Nous avons trouvé la goëlette l'*Antilope*, qui appartient aux impériaux, mouillée à deux cents mètres environ au-dessous de la cathédrale, et la flottille des jonques, au nombre d'une trentaine, mouillée précisément en face. Après avoir serré la rive gauche de la rivière, nous avons abordé un peu au-dessous de Tong-ka-dou, en passant sur l'avant de l'*Antilope*.

« La canonnade entre ce bâtiment et la batterie de terre continuait toujours ; un boulet, lancé de terre, a passé devant la baleinière, à une dizaine de mètres environ. Nous avions doublé déjà quelques jonques, lorsque l'une d'elles tira un coup de canon. Je craignis alors un feu général, ce qui aurait mis l'embarcation dans un grand péril ; néanmoins je crus devoir suivre, sans aucun retard, l'exécution de vos ordres et courir au secours de Tong-ka-dou. Ayant trouvé une cale où des piles en pierre pouvaient abriter les deux hommes de garde, je me dirigeai vers l'église avec les quatre autres matelots et Ayo, le domestique du consul, qui nous servait d'interprète.

« Nous rencontrâmes bientôt le Révérend Père Lemaître qui venait au-devant de nous ; il m'apprit que l'établissement ne courait aucun danger du côté de terre, mais qu'il était encore menacé du côté de la rivière. L'interprète partit de suite pour faire hisser le pavillon en tête du mât, et je me rembarquai avec mes quatre hommes et le Père Lemaître. Je demandai des renseignements sur ce qui s'était passé, et voici ce que j'appris alors du Révérend Père, et plus tard du contremaître mécanicien, Gaborel, qui commande le petit détachement établi à Tong-ka-dou.

« Quand les jonques vinrent prendre mouillage le matin, le P. Lemaître alla leur représenter que leur attaque contre la ville serait évidemment vaine de ce point, puisque la hauteur de la cathédrale ne permettait pas aux boulets d'atteindre le but, tandis que leur feu exposerait à un dommage certain l'établissement et l'hôpital. « C'est vrai, lui répondit-on ; mais cet endroit nous semble le meilleur, car l'église nous met à l'abri du feu de l'ennemi. » Vers onze heures, les soldats impériaux quittèrent le camp pour tenter une attaque, en prenant la rue qui passe devant l'église. Mais, à peine engagés dans une rue voisine, ils furent assaillis par un petit parti de rebelles qui les poursuivit ; ils voulurent alors chercher un abri dans l'établissement, mais Gaborel, avec ses trois hommes, réussit, sans faire feu, à les empêcher d'entrer, et ils s'enfuirent jusque dans leur camp. Maîtres de la place, les rebelles s'abritèrent derrière la saillie de la porte, et commencèrent une vive fusillade contre les jonques qui ripostèrent à coups de canon. Tout était à craindre de l'issue de ce combat. On pouvait tenter de nouveau d'envahir l'établissement, et le petit détachement se serait trouvé insuffisant pour repousser l'attaque. C'est alors que Gaborel, aussi prudent que courageux, amena le pavillon pour demander du secours.

« Les rebelles s'étant retirés, il ne restait plus qu'à éloigner le danger qui continuait d'exister du côté des jonques. Nous nous rendîmes donc à bord de l'*Antilope* et le feu de terre continua pendant notre séjour à bord de la goëlette ; il paraissait assez bien dirigé, car un boulet passa au-dessus de nous, et d'autres, très près du bâtiment. C'est un matelot américain qui commande l'*Antilope*, dont l'équipage se compose de Chinois et d'Indiens des Philippines. Le capitaine protesta de son désir de ne causer aucun dommage à Tong-ka-dou ; il aurait voulu, disait-il, s'approcher davantage de la ville ; mais les mandarins l'avaient obligé de mouiller à quatre encâblures de la batterie de terre.

« On appela les mandarins Lan et Tsong, qui s'étaient réfugiés dans la chambre sous le pont. Quand ils parurent à l'échelle, le P. Lemaître leur déclara que le bâtiment français allait intervenir à coups de canon, si les jonques de guerre ne quittaient immédiatement leur poste de combat. Ils consentirent, sans se faire prier, à donner l'ordre à la flotte de remonter la rivière, et l'*Antilope* commença aussitôt le mouvement en se halant sur ses amarres. Comme il n'y avait pas d'embarcation à bord de la goëlette, je me chargeai de porter l'ordre. Je crois que la promptitude de l'exécution y a gagné ; car, malgré mon intention de couper quelque câble pour montrer que je ne voulais aucun délai, l'empressement à déguerpir ne me l'a pas permis. Aux menaces que je fis, si l'on recommençait une semblable attaque, on me répondit imperturbablement qu'on n'avait pas tiré un seul coup de canon. Je revins alors à terre et je félicitai Gaborel et ses hommes de leur belle conduite.

« Il me restait à m'aboucher avec les rebelles ; le Père Lemaître voulut bien m'accompagner. Nous étions suivis d'Ayo et d'un catéchiste pour nous servir d'interprètes. Arrivés sous les murs de la ville, nous demandâmes à parler à un chef qui ne tarda pas à se présenter. Le Révérend Père eut alors la complaisance de traduire les phrases suivantes, que nos Chinois répétaient quand elles ne paraissaient pas avoir été bien entendues, et à chacune d'elles on s'assurait qu'on avait été bien compris :

« 1° Vous rapporterez au chef supérieur ce que je « vais dire.

« 2° Je viens de faire partir la flotte impériale qui « était mouillée devant Tong-ka-dou.

« 3° Le commandant français ne permettra pas aux « impériaux d'attaquer la ville du côté de Tong-ka-dou.

« 4° Le commandant français ne permettra pas non « plus que ceux de la ville fassent aucune attaque par « Tong-ka-dou.

« 5° Il regardera comme faite à lui-même toute
« attaque sur ce point, de quelque côté qu'elle vienne. »

« Assuré que ce peu de mots serait fidèlement rapporté, je revins m'embarquer. Depuis notre départ de
la goëlette, le combat avait cessé ; nous observâmes,
en retournant à bord, que les canons de la batterie de
terre avaient même été retirés. »

Je remercie Dieu de tout cœur qu'il ne soit rien arrivé
de fâcheux à l'embarcation que j'avais envoyée à Tong-
ka-dou.

A bord du *Cassini*.   Chang-hai, 31 octobre.

Commandant,

Depuis ma dernière lettre du 22 octobre, les affaires
ne se sont pas acheminées vers une solution. De nouveaux engagements ont eu lieu entre les assiégés et les
assiégeants, mais toujours au détriment de ces derniers.
On peut dire que la cause de l'empereur de Chine perd
chaque jour du terrain.

Nous avons en ce moment six convalescents à Zi-ka-
wei, chez les Pères Jésuites qui en prennent un soin
tout particulier ; quatre malades à l'établissement de
Tong-ka-dou, et cinq hommes valides à la garde du
consulat, dans la concession française. D'accord avec
sir William Horte, j'ai remis le 26 octobre le poste de
Yang-king-pang aux Anglais, attendu que la garde du
pont concerne surtout la concession étrangère où les
Français ne résident pas. La consigne de ne laisser
passer aucun des belligérants, ni insurgés d'un côté,
ni impériaux de l'autre, nous exposait à chaque instant
à sortir de la neutralité qui nous est recommandée ; et
le détachement me semblait trop faible pour mettre
pareille consigne à exécution dans certaines circonstances, depuis surtout que le commandant du *Spartan*

avait fait retirer ses hommes au centre de la ville. Pourquoi nous préoccuper de la sécurité de personnes qui ne paraissent nullement soucieuses de se protéger elles-mêmes, et qui, au besoin, ne nous prêteraient aucun appui? Aujourd'hui notre situation est plus nette : sauf le cas de secours à porter aux Anglais, nous n'avons qu'à maintenir l'inviolabilité des terrains que couvre le pavillon français au consulat et à Tong-ka-dou.

Le 28 octobre, nous entendîmes une forte détonation, et bientôt l'on vint de Tong-ka-dou réclamer le secours de nos chirurgiens : treize hommes avaient été fortement contusionnés et brûlés par suite d'une explosion à bord de l'*Antilope*. Que s'était-il donc passé? Le capitaine, excité par de copieuses libations, avait eu la singulière idée de tirer un coup de canon près des hommes qui fabriquaient des cartouches. MM. Fallier et Hubac s'empressèrent de porter leurs soins à ces malheureux. Deux succombèrent avant le premier pansement, et trois autres sont morts depuis. Quelques-uns des blessés ont demandé le baptême ; ils avaient déjà entendu parler de notre sainte religion, et les missionnaires ont eu peu à faire pour les préparer à recevoir ce sacrement.

Malgré l'état de guerre, les exportations n'ont pas beaucoup à souffrir. Les thés continuent d'arriver chaque jour dans de grands bateaux que ni les insurgés ni les impériaux n'osent attaquer. Le Tao-tai Wou, appuyé sur le consentement de M. Marshall, ministre des Etats-Unis, réclame les droits de douane, menaçant, en cas de refus, d'arrêter les thés dans l'intérieur, ou de prélever les droits sur les marchands eux-mêmes. Il en est résulté entre le Tao-tai et le consul d'Angleterre, une correspondance assez aigre, qui pourrait amener une rupture complète, si les Chinois osaient se mettre mal avec les grandes puissances européennes.

La douane est gardée par trois hommes du *Salamander*, et sir William Horte a fait éloigner deux jonques que le Tao-tai avait placées près des bâtiments européens, pour percevoir les droits.

Deux bricks, achetés le printemps dernier et armés en guerre pour aller à Tchen-kiang fou, viennent de mouiller en tête de rade avec le trois-mâts l'*Agnès;* ce qui annonce de grands projets de la part des impériaux, mais il leur manque du courage et une bonne direction.

A bord du *Cassini*.   Chang-hai, 1ᵉʳ novembre.

Chère mère,

Cette lettre t'arrivera vers les fêtes de Noël ou vers le jour de l'an; il me semble donc prudent de m'y prendre dès maintenant, pour ne pas être des derniers à te porter mes vœux et mes souhaits. Aussi bien, c'est une grande fête aujourd'hui, et il serait tout naturel que, dans les familles chrétiennes, on se réjouit en se souhaitant la gloire des Bienheureux.

Qu'il est doux pour nous de penser que ces affections, auxquelles on ne peut consacrer que quelques instants sur la terre, se continueront plus vives, plus complètes dans le ciel! Qu'il est doux de savoir que cette tendresse des mères pour leurs enfants, ce respect des enfants pour leurs parents, ne sont qu'un reflet imparfait des sentiments qui réjouiront nos âmes durant l'éternité! La religion, loin d'affaiblir les sentiments de la nature, leur donne une élévation à laquelle, sans elle, on n'atteindrait jamais. C'est ainsi que l'amour de Dieu domine et épure toutes les affections. Comment ne pas désirer les joies de la famille, quand on aime? Comment, d'un autre côté, les rechercher avant tout, quand Dieu nous en demande le sacrifice? Ne sois donc pas étonnée, bonne mère, de ne pas trouver dans mes lettres d'aujourd'hui cet ardent désir que j'avais autrefois de regagner le foyer maternel. S'il m'est donné de le revoir, ma joie, malgré mes quarante-quatre ans, sera encore une joie d'enfant; mais j'ai des devoirs à remplir, un passé à réparer, et je ne me reconnais pas le droit de rêver du bonheur sur la terre, si ce n'est celui que donne la paix de la conscience, l'espoir de vivre un jour dans la gloire de Dieu.

Chang-hai est en ce moment occupé par les Cantonnais et les Fokienois, qui font partie de sociétés secrètes, très nombreuses en Chine. Les troupes impériales, fortes de six mille hommes environ, cernent la ville et livrent de temps en temps de petits combats qui tournent toujours à leur confusion. Pauvre empire de Chine! Je crois que son heure a sonné. L'empereur s'en prend aux chrétiens et à la croix : c'est un remède extrême qui précipitera sa chute. Il est temps, pour le bonheur de la Chine, même dans l'ordre temporel, que le soleil de justice y brille d'un vif éclat. Nos dignes missionnaires y consacrent tous leurs efforts, et l'on peut espérer qu'ils n'auront pas en vain appelé sur cette terre les bénédictions de Dieu.

J'attends dans une quinzaine de jours le *Colbert* ou la *Constantine* pour me remplacer; toutefois il me paraît difficile d'arriver en France avant le mois de mai ou de juin. Que la volonté de Dieu soit faite! Pour ce qui concerne l'équipage, il serait bon de ne pas le retenir trop longtemps loin de la France; mais, pour ce qui me touche, malgré le bonheur que j'aurais à revoir mon excellente mère, et mes sœurs, et mes frères et toute ma famille, je suis prêt à tout. Ma santé est assez bonne, les officiers servent à merveille. Nous ne sommes pas précisément nécessaires ici; cependant nos amis affirment que notre présence produit un heu-

reux effet pour les intérêts de la religion. Ainsi donc,
je fais taire les sentiments d'affection que j'éprouve
pour les miens, et je tâche d'être une cire molle entre
les mains de Dieu, pour me laisser façonner par sa très
sainte volonté.

9 novembre.

Voilà mes prévisions bien trompées! Je n'attendais
pas M. de Bourboulon avant la fin du mois, et il vient
d'arriver ce soir sur le *Colbert*, parti de Hong-kong, le
31 octobre. La *Constantine* est en route pour une mission secrète, tandis que le *Colbert* est destiné à nous
remplacer. Cette nouvelle a causé une grande joie à
tout l'équipage.

J'ai eu le plaisir d'avoir M. Edan à déjeuner : grâce à
Dieu nous marchons pleinement d'accord dans les
choses essentielles. M. Edan est un homme au cœur
droit, qui aime son pays et qui pratique tous ses devoirs de chrétien : comment n'aurais-je pas de l'estime
et de l'affection pour lui?

J'ai visité dans l'après-midi M. Alcock et les commandants du *Spartan* et de la *Saratoga*. Tous sont
animés de cette même pensée : nous ne pouvons pas
vider la place avec honneur devant les belligérants
chinois, et par conséquent nous ne devons pas permettre qu'ils portent les hostilités dans notre voisinage
immédiat.

10 novembre.

Il y a eu ce matin entre les impériaux et les insurgés
un engagement beaucoup plus sérieux que tous les
précédents. Les impériaux sont parvenus à s'emparer
des jonques des rebelles, ainsi que de deux autres bâti-

ments, un trois-mâts et un brick armés en guerre ; les batteries de terre, malgré un feu bien nourri, n'ont pas causé grand dommage aux jonques impériales. C'est une victoire incontestable, mais dont on ne paraît pas décidé à recueillir les fruits.

Quel châtiment de la Providence que les malheurs de Chang-hai, en ce moment : faubourgs en grande partie consumés, commerce arrêté, hiver qui s'annonce terrible ; pas d'abri, pas de pain pour beaucoup de monde, nulle sécurité pour les habitants de toute classe ! Dieu a ses vues en permettant tant de maux ; nous ne pouvons qu'y compatir en adorant ses desseins impénétrables.

A bord du *Cassini*.   Chang-hai, 11 novembre.

Commandant (1),

J'ai rendu compte au commandant de Montravel des événements qui ont eu lieu à Chang-hai, depuis l'arrivée du *Cassini* devant cette ville, jusqu'au 31 octobre ; je vais maintenant vous informer de ce qui s'est passé, depuis cette époque jusqu'au 9 novembre.

Dans la soirée du 31 octobre, M. Edan, notre consul par intérim, me prévint que les insurgés voulaient frapper de fortes contributions les chrétiens de la ville. Ils avaient déjà demandé, dans un bref délai, une somme de 10,000 piastres au vieux Lo, homme patriarcal par sa nombreuse famille et la considération dont il jouit dans le pays. Cette demande était accompagnée de menaces. Nous jugeâmes, M. Edan et moi, qu'il fallait prendre fait et cause pour les chrétiens chinois, en indiquant clairement qu'ils avaient toutes nos sympathies, et que toute offense, qui leur serait

(1) M. de Baudéan, commandant du *Colbert*.

faite en qualité de chrétiens, serait considérée comme un mauvais procédé envers la France. Notre digne consul rédigea, séance tenante, une note très ferme qui fut envoyée dès le lendemain au chef des insurgés. Elle produisit aussitôt l'effet attendu, car le chef des rebelles nous fit assurer qu'il avait le plus grand désir de ne rien entreprendre qui pût nous offenser.

Le 3 novembre, trente et une jonques armées à Macao, et dont l'équipage avait été recruté parmi les pirates de la rivière de Canton, vinrent mouiller en aval, à un demi-mille du consulat anglais. Elles étaient accompagnées d'un trois-mâts de commerce armé en guerre, ce qui portait la flottille réunie sur ce point au chiffre de trente-six bâtiments : deux trois-mâts, deux bricks, une goëlette et trente et une jonques. En outre, vingt-quatre jonques de Ning-po et la goëlette l'*Antilope* stationnaient en amont du mouillage des Européens, près de la cathédrale de Tong-ka-dou. Ces forces, bien dirigées, auraient eu facilement raison des insurgés qui ne pouvaient leur opposer sur le fleuve que deux batteries de canon de petit calibre, un trois-mâts et un brick armés à la hâte, et trois grands bateaux cantonnais; mais jusqu'à présent les mandarins de la flotte impériale n'ont fait preuve ni de bravoure ni d'intelligence.

Vous me demanderez peut-être pourquoi le *Cassini* est allé mouiller en dehors des bâtiments de commerce étrangers? En voici la raison : Il m'a semblé nécessaire de prendre position entre le consulat de France et la cathédrale de Tang-ka-dou, pour faire respecter, au besoin, ces deux établissements par les belligérants. Ce mouillage a sans doute l'inconvénient d'être trop rapproché de la batterie des insurgés, et l'on y court le risque de recevoir quelques boulets perdus; mais il a le grand avantage de nous permettre de réprimer immédiatement toute infraction à la neutralité, et de protéger le mouillage des navires de commerce étrangers. En prenant ainsi part à la défense commune, nous acquittons une dette envers les Anglais qui, en l'absence de bâtiments de guerre français, n'ont pas hésité, en plusieurs occasions, à protéger nos missionnaires et notre consulat.

J'ai prié M. Edan d'informer les chefs des deux armées que j'étais fortement résolu à maintenir l'inviolabilité du consulat et de l'église de Tong-ka-dou, et à ne pas souffrir qu'on engageât les hostilités trop près du *Cassini*. Pour obtenir ce résultat, il a été convenu avec sir William Horte, commandant du *Spartan* et des forces anglaises, que nous ne permettrions pas aux navires des belligérants de mouiller près de nous. Malgré cela, le 4 novembre, le brick l'*Elisa* de la flottille impériale, ayant remonté vers la batterie des insurgés, sans oser affronter son feu, vint mouiller à petite distance du *Cassini*. Je lui fis dire d'appareiller, ce qu'il exécuta d'assez mauvaise grâce ; mais la nuit et le vent ne lui permettant pas de regagner sa flottille, il alla mouiller entre le consulat de France et nous. Le lendemain, à la pointe du jour, je lui fis dire d'appareiller de nouveau, et il s'exécuta sans difficultés. Les rebelles n'osèrent pas venir l'attaquer près de nous, ce que je n'aurais pas souffert. Quand le brick s'éloigna, les bateaux cantonnais appareillèrent, comme pour lui donner la chasse ; mais je fis alors charger la batterie, ainsi que les pierriers et les espingoles, pour les tenir en respect, et, au besoin, les rappeler à l'ordre.

Cette attitude vis-à-vis des Chinois, dans leur propre pays, blesse, je le sais, toutes nos idées du droit des gens en Europe et en Amérique : mais, quand on connaît bien le caractère de la nation chinoise, on se rend facilement compte des motifs qui obligent d'agir ainsi.

Si nous paraissions craindre les Chinois, si nous les traitions, comme le voulait le plénipotentiaire américain, sir Humphrey Marshall, sur le pied des nations civilisées par le christianisme, notre influence ne tarderait pas à s'écrouler tout entière. Ici, pas de milieu, il faut choisir : être maître ou esclave, se faire craindre et respecter ou tomber dans le mépris. C'est après avoir consulté mes deux années d'expérience en ce pays, nos dignes et paisibles missionnaires, le consul de France et le consul d'Angleterre, que je me suis enfin décidé à entrer dans cette voie.

Le 6 novembre, vers quatre heures et demie du soir, les jonques impériales dessinèrent un mouvement dans la direction de la batterie des insurgés, et on échangea quelques coups de canon assez près du *Cassini*. J'ordonnai immédiatement le branle-bas de combat et fis signe aux jonques impériales de s'éloigner. Elles se retirèrent aussitôt, soit par crainte de nos boulets, soit pour éviter le feu des insurgés.

C'était le trois-mâts insurgé le *Glen-Lyon* qui avait commencé le feu. Je le fis prévenir, dès le lendemain matin, qu'une nouvelle infraction serait punie à coups de canon. Le capitaine, qui est anglais ou américain, s'excusa en disant qu'il n'était pas alors à bord. L'officier du *Cassini* s'étant ensuite rendu à bord du brick insurgé, y trouva un mandarin qui s'avisa de faire le brave. « A votre aise, lui répondit-il avec calme ; faites comme il vous plaira. Si je vous préviens, c'est dans votre intérêt ; vos boulets ne peuvent rien contre nous, mais les nôtres peuvent vous couler sur place. » En entendant cette fière parole, le mandarin baissa le ton, et promit de ne pas commencer le feu quand les impériaux seraient trop près du *Cassini*.

Vous connaissez l'affaire du 10, sur laquelle je n'insiste pas. Tout le faubourg, depuis la porte appelée

Siao-tong-men jusqu'à Wang-ka-moden a été entièrement pillé et ensuite livré aux flammes. Il paraît im-
posssible de savoir les valeurs qui ont été perdues dans
ces riches magasins.

12 novembre.

Au moment où j'allais me mettre à table, une lettre
de M. Edan m'avertit que la concession française est
menacée d'incendie par les soldats de l'armée impériale.

Un Anglais, m'écrit le consul, nommé Lockart, qui
réside dans le quartier français, à deux cents pas du
consulat, m'a apporté ce matin deux espèces de gar-
gousses, ou plutôt deux paquets de poudre disposés
pour mettre le feu. Ils ont été trouvés près des bambous qui entourent sa maison, dans un but qui n'est
que trop manifeste. Ces préparatifs d'incendie ne peuvent être attribués qu'à des soldats du Tao-tai, qui
sont venus tirer sur les murs, dans le voisinage du
consulat ; ils ont été aperçus par les hommes de
garde.

J'ai prescrit autour du consulat toutes les visites de
précaution que la prudence peut suggérer. M. Rémi,
que j'ai vu à cette occasion, m'a témoigné beaucoup de
sympathie, en comblant d'éloges la conduite des matelots qu'il a eus chez lui une vingtaine de jours.

14 novembre.

Il faut peu de chose pour me troubler. Voilà le commandant de Baudéan, avec lequel j'ai causé quelques
instants, qui ne considère pas comme improbable
qu'on me confie le commandement du *Colbert* et de la
station de Chine, et qu'on le charge de ramener le

Cassini en France. Je demande à Dieu, de tout cœur, de me rendre indifférent au *Cassini* ou au *Colbert*, à la France ou à la Chine, d'être, en un mot, dégagé de tout désir étranger à ses desseins sur moi.

Deux balles sont venues frapper à bord du *Cassini*, quand je me promenais avec le commandant de Baudéan sur le pont. L'une d'elles a passé très près d'un de nos factionnaires. A quoi tient la vie ? Depuis quelques jours nous entendons les boulets siffler à petite distance de nous. J'aime à espérer que notre campagne ne se terminera pas sans quelque service important, rendu aux missionnaires du Kiang-nan.

Que le saint nom de Dieu soit béni ! D'après ce que m'ont raconté les Pères Lemaître et Borgnet, ce dernier voyage du *Cassini* à Chang-hai n'aura pas été inutile à l'équipage sous le rapport religieux. Voilà des matelots qui, pendant trois ans de séjour à bord, étaient restés insensibles à toutes les instructions ; ils avaient résisté aux facilités de tout genre qui leur étaient offertes pour l'accomplissement de leurs devoirs de chrétiens. Or, par l'effet de circonstances extraordinaires, ils sont envoyés les uns à Tong-ka-dou, les autres à Zi-ka-wei ou à Tsang-ka-leu, pour rétablir leur santé, et, au besoin, écarter les pillards ; et ce séjour leur est aussi profitable sous le rapport moral que sous le rapport physique. Transformés au contact des vertus pratiquées sous leurs yeux, tous demandent à se confesser, et se conduisent de manière à montrer que leur conversion est sérieuse.

Le jeune Père Louis Massa est venu nous dire la messe, ce matin. C'est lui qui a confessé la plupart de nos matelots ; ils ont voulu, disaient-ils, l'étrenner en sa qualité de jeune prêtre. Jamais depuis le commencement de la campagne je n'avais remarqué autant d'élan vers le bien. Sera-t-il possible, sous un prétexte ou sous un autre, de donner à tous les hommes cette facilité d'accomplir leurs devoirs religieux ? Dieu le sait ; mais déjà mon cœur est plein de reconnaissance pour son infinie bonté.

Nous venons d'assister à un second combat de la flottille impériale contre la batterie des insurgés ; il n'a pas eu les mêmes résultats que le premier ; aucune grave avarie de part ni d'autre.

16 novembre.

« Aimez Dieu, et faites ce que vous voudrez, » a dit saint Augustin. Lancé, par l'effet des circonstances, dans une partie de plaisir qui était peu de mon goût, j'ai pu, avec la grâce de Dieu, avoir assez de bonne humeur pour paraître m'amuser autant que les personnes invitées. D'abord, grand déjeuner où se trouvaient trois dames, le ministre de France, le consul d'Angleterre et le commandant du *Spartan* ; puis, promenade toute la journée, dans le but de visiter Tong-ka-dou et Zi-ka-wei. Cette partie a réussi au-delà de toute espérance ; elle s'est terminée par un dîner et une soirée chez le consul d'Angleterre. Puissé-je mettre mon amour-propre de catholique à bien remplir mes devoirs de position, et à offrir au bon Dieu les contrariétés qu'ils m'imposent !

A bord du *Cassini*.   Chang-hai, 17 novembre.

Cher Emmanuel (1),

On m'a écrit de Puycheni que tu n'avais pas reçu de lettres de moi, depuis mon départ de France. Il est vrai que je suis si souvent surchargé de travail qu'il

(1) Un de ses frères.

ne me reste pas un moment pour mes amis ; cependant, si ma mémoire est fidèle, j'ai dû écrire au moins pour te féliciter de ta nomination au beau grade de colonel, qui me semblerait propre à satisfaire l'ambition, s'il n'était pas dans la nature de l'homme de vouloir toujours s'élever davantage.

Jusqu'à présent, cher frère, la campagne du *Cassini* a été des plus heureuses, et assez variée pour offrir de l'intérêt et prévenir la lassitude. L'état-major est bien composé et ne m'a jamais causé d'embarras ; l'équipage est bon et discipliné, et, Dieu aidant, il ferait son devoir devant l'ennemi ; c'est donc une agréable phase de ma carrière que cette longue absence de France.

Tu sais que je ne vois plus les choses du même point de vue qu'autrefois. Depuis qu'il a plu à Dieu de changer le cours de mes idées ; depuis que je me suis rappelé ces premières lignes du catéchisme : « L'homme a été créé pour connaître, aimer et servir Dieu, et par ce moyen obtenir la vie éternelle... » j'ai aussi connu par moment ces joies de l'âme que la religion seule peut procurer, et qui nous inondent de consolations d'autant plus douces et plus abondantes qu'on marche d'un pas plus ferme en avant. Que de fois j'ai déploré le sort des personnes que j'aime et qui s'avancent dans la vie les yeux bandés, sans s'élever jusqu'à Dieu par la prière, sans s'aider du secours des sacrements ! Dans le monde, on va souvent à tel spectacle, on lit tel ou tel roman sur la foi d'une personne de connaissance qui vous en fait l'éloge ; et, par un contraste bizarre, on repousse un ami qui vous dit : « J'ai goûté les plaisirs que vous recherchez, j'ai aimé l'indépendance de la pensée, la liberté dans les actions, le bien-être et les douceurs de la vie ; mais j'y ai renoncé, et depuis lors j'éprouve une paix intérieure qui m'était inconnue ; j'ai plus de goût pour mes devoirs, plus de véritable affection pour mes amis et ma famille, et je m'avance dans cette vie plein d'espérance dans une vie meilleure. »

Ne t'étonne pas, cher Emmanuel, de me voir revenir sur ce sujet. Je ne t'aimerais pas, comme je le dois, si, étant catholique, je n'employais pas tous mes efforts pour t'amener à la pratique de la religion. Nous faisons du prosélytisme, parce qu'ayant goûté des eaux vives de la foi et nous en trouvant bien, nous souhaitons que les autres s'abreuvent aux mêmes sources. J'ai même poussé mes désirs jusqu'à demander à Dieu qu'un jour notre bonne mère, entourée de tous ses enfants, puisse se présenter avec eux à la sainte Table, dans la chapelle du vieux manoir, et j'ai quelque espoir que ma prière ne sera pas rejetée.

Selon toute apparence, je ferai route pour la France, avant la fin de l'année. Malgré la joie que cause toujours le retour au foyer, j'aurai quelque peine à quitter ce pays où des événements de la plus grande importance se préparent. Les missionnaires sont les meilleures gens du monde. Nous sommes en rapports continuels avec eux : leur exemple est bien fait pour nous prêcher l'éloignement des douceurs de la vie, car tout, dans leur personne, respire la satisfaction de l'âme et la joie du cœur... Mgr Maresca, évêque du Kiang-nan, me quitte à l'instant. Ce digne prélat venait d'une chrétienté où on l'avait reçu avec un tel empressement qu'il était encore tout ému. Il était accompagné du Père supérieur des Jésuites de cette mission, qui a déjà eu la gloire de confesser Notre-Seigneur Jésus-Christ dans la captivité et les souffrances.

Adieu, cher Emmanuel, mes prières et mes vœux pour toi et pour les tiens sont de tous les jours ; mais, si cette lettre t'arrive en janvier, ce ne sera pas trop tard pour vous souhaiter à tous une bonne et heureuse année.

A bord du *Cassini*.   Chang-haï, 18 novembre

Chère bonne mère,

Le *Colbert*, qui doit remplacer le *Cassini*, a mouillé près de nous, le 10 novembre ; il avait à bord le ministre de France et sa femme. M. de Bourboulon a quitté Macao, où tout reste bien tranquille, pour se rendre compte par lui-même de l'agitation qui règne ici. Nous vivons, en effet, dans de continuelles émotions, assistant impassibles aux combats livrés sur la rivière entre la flottille impériale et les batteries des révoltés.

On dépense beaucoup de poudre et de boulets, mais la bravoure est rare, ce qui fera durer longtemps les misères de la guerre. Un grand nombre de maisons ont été déjà brûlées et pillées, et l'hiver augmentera les souffrances dans une proportion effroyable. Qui pourrait sonder les desseins de la miséricorde divine sur ces populations abruties par le culte des idoles ? N'est-ce pas durant les années les plus malheureuses que la charité chrétienne répand le plus de clartés dans les âmes des infortunés qu'elle soulage ? Mgr Maresca a recueilli près de la cathédrale de Tong-ka-dou une trentaine de blessés que des médecins du *Cassini* soignent avec un dévouement qui leur fait beaucoup d'honneur. L'église elle-même, que protège le pavillon de France, a été souvent l'asile de pauvres gens, riches la veille, qui avaient été dépouillés par les maraudeurs de l'armée impériale. Pendant que le commerce s'alarme, que les politiques s'inquiètent pour savoir quel parti triomphera, la religion s'étend progressivement dans tous les rangs de la société ; et nos missionnaires, quoique bien souvent exposés aux plus grands périls, paraissent aussi tranquilles qu'en pleine paix.

Quelques hommes de l'équipage, envoyés chez les

Pères Jésuites pour y refaire leur santé du corps, y ont aussi trouvé la santé de l'âme en remplissant leurs devoirs religieux. Comme leur présence en impose aux Chinois, j'ai remplacé les malades par des hommes très valides, qui trouvent à leur tour chez les bons Pères un charmant accueil, et profitent de l'occasion pour vaquer aussi à leurs devoirs de chrétiens. Ainsi donc, ce voyage à Chang-hai, quoique entrepris au moment où tout le monde s'attendait à rentrer en France, a par une disposition providentielle toutes les apparences d'une bonne chance pour le *Cassini*.

19 novembre.

Les médecins du bord sont de retour de Tong-ka-dou, porteurs d'une excellente lettre de Mgr Maresca, toute à leur honneur et qui mérite d'être conservée.

« Monsieur le Commandant,

« Je vous ai souvent exprimé comme je sentais et appréciais vivement tout le bien opéré par la présence du *Cassini*, en faveur de cette mission et de ce diocèse dont le soin est confié à ma sollicitude pastorale. L'esprit de dévouement qui vous anime, ainsi que les officiers et l'équipage sous vos ordres, a eu plusieurs fois occasion de se montrer au grand jour dans ces moments de crise que traverse actuellement la province du Kiang-nan ; et je dois le proclamer pour l'honneur du gouvernement français qui se plaît à protéger les missions catholiques, le *Cassini* a dignement soutenu le nom de la France que tant de bouches bénissent dans ces contrées lointaines.

« Mon dessein, en vous écrivant cette lettre, M. le Commandant, n'est point d'entreprendre l'éloge du *Cassini*. La publicité des faits parle plus haut en faveur de la vérité que ne saurait le redire l'expression de ma reconnaissance. Cependant il est une œuvre d'humanité et de charité que vous m'avez aidé à produire et que je ne saurais passer sous silence ; je veux parler de l'hôpital improvisé au milieu des désastres de la guerre, pour recueillir et soigner les soldats blessés. Vous avez bien voulu mettre à ma disposition le secours le plus utile pour cette œuvre, en m'offrant les services de M. Fallier, docteur du bord. Je croirais manquer à la justice non moins qu'à la reconnaissance, en ne rendant pas témoignage au mérite et au talent du docteur que j'ai vu et apprécié par moi-même pendant près de deux mois. Je dois ajouter que M. Fallier a été admirablement secondé par M. Hubac, qui s'est fait un bonheur de l'aider, aussi souvent qu'il lui a été possible.

« Honneur au *Cassini* qui sait si bien exécuter, au nom de la France, la mission qui lui est confiée pour les progrès de la civilisation chrétienne (1) ! »

(1) Cf. Appendice I : Fin de l'insurrection de Chang-haï.

CHAPITRE XII

Projet de voyage à Nan-king. — Départ de Chang-hai. —
Navigation difficile du Yang-tse-kiang. — Première rencontre
des rebelles à Tchen-kiang fou. — Arrivée sous les murs de
Nan-king. — Visites d'insurgés à bord du *Cassini*. — Entrevue
de M. de Courcy avec les ministres. — Renseignements
recueillis par le P. Clavelin. — Un envoyé des impériaux à bord
du *Cassini*. — Visite de M. de Bourboulon aux ministres. —
Entrevue avec le premier ministre. — Incident d'audience. —
Note résumant le but de l'entrevue. — Le P. Clavelin passe
deux jours au milieu des rebelles. — Récit du missionnaire. —
Arrogance du *Roi du Nord* et fière réponse du ministre de
France. — Retour à Chang-hai. — Résultats du voyage à Nan-
king (1).

20 novembre.

La fin de la campagne s'annonce bien pour le *Cassini* : l'harmonie règne à bord, nos malades se guéris-
sent, la religion reprend faveur ; ce que nous voyons

(1) Cf. : ch. iii, commencements de l'insurrection ; ch. viii, progrès de l'insurrection ; ch. ix, triomphe de l'insurrection ; appendice II, fin de l'insurrection. (*Passim.*)

22

est profitable à tout le monde du côté militaire, car il est bon d'avoir entendu de près le sifflement des balles et des boulets; enfin nous avons l'espoir de nous rendre plus utiles encore.

Il paraît décidé que le *Cassini* remontera le Yang-tse-Kiang jusqu'à Nan-king. Au point de vue de la navigation, c'est une difficulté et par conséquent un souci de plus; au point de vue humain, c'est un honneur d'aller où peu de personnes ont pu encore pénétrer; au point de vue religieux, il faut en prendre gaiement son parti. Puissé-je, quoi qu'il arrive, me conformer simplement à la volonté de Dieu!

22 novembre.

J'ai souvent exposé à Dieu mon désir de faire un peu de bien à ces hommes dont il m'a confié la direction. Je m'affligeais de les voir, le dimanche, sans délassement qui pût les indemniser de leurs pénibles travaux de la semaine. Et voilà que mes vœux sont exaucés au-delà de mes espérances! Je puis accorder deux jours de repos aux hommes de l'équipage, et ce repos, la plupart l'utilisent à Zi-ka-wei, à Tong-ka-dou, à Tsang-ka-leu pour se confesser et approcher de la sainte Table.

Le voyage à Nan-king paraît toujours chose bien arrêtée. Je regrette que M. de Bourboulon vienne lui-même et encore plus qu'il emmène sa femme. La combinaison m'eut semblé meilleure avec le secrétaire de la légation et deux missionnaires. Cependant la Providence sait mieux que nous ce qu'il faut pour l'accomplissement de ses vues; par conséquent n'ayons pas plus de soucis sur ce point que sur celui de la navigation et des échouages auxquels il faut s'attendre.

23 novembre.

Mgr Spelta est venu déjeuner à bord avec le P. Languillat et les commandants de Baudéan et Geoffroy.
Après le déjeuner, j'ai proposé d'aller à Tsang-ka-leu
avec Mgr Spelta et le P. Languillat ; ce qui a été accepté
par le commandant Geoffroy.

J'ai eu le plaisir de voir le P. Gotteland, avec lequel
j'ai longuement causé du voyage à Nan-king. « Nous
ne devons pas, m'a-t-il dit, faire de politique en Chine :
il faut que l'empereur ne puisse à aucun titre nous
accuser d'être ses ennemis ; il faut que nous agissions
avec conscience, comme si notre conduite devait être
un jour dévoilée. » Le P. Languillat m'a parlé dans le
même sens, en m'exposant ses idées sur l'état des
choses en Chine. Il ne serait pas d'avis de faire partie
du voyage, mais il craint de ne pouvoir s'en abstenir.

Pour ma part, je doute beaucoup de l'opportunité
d'un voyage à Nan-king, entrepris dans les conditions
projetées. Il serait bon, je crois, de mettre un peu
moins d'apparat dans une affaire dont le succès est
incertain. Le *Cassini* pourrait simplement aller se
rendre compte de la situation avec le consul et M. de
Courcy ; mais le déplacement du ministre est un fait
grave, surtout si la mission ne réussit pas selon nos
désirs.

30 novembre.

Dans quelques heures nous serons probablement en
route pour Nan-king. Le but de notre voyage est l'extension du protectorat de la France sur les catholiques.
Je me réjouis d'avoir un tel but en vue ; c'est un pré-
sage de bon augure de partir le jour de la fête de saint

André, cet apôtre qui prêcha l'Evangile en Orient (1). Puisse sa protection s'étendre jusqu'en ce pays, et sa céleste intercession nous obtenir de pouvoir secourir ces pauvres chrétiens de Chine, soumis à de si cruelles épreuves ! Mais si le *Cassini* échoue dans sa mission, puisse mon âme s'élever à Dieu, et accepter avec une parfaite résignation et même avec joie les peines qu'il lui plaira de m'envoyer !

Du 30 novembre au 18 décembre (2).

Le 30 novembre, dès le matin, le *Cassini* avait reçu à son bord M. de Bourboulon, ministre plénipotentiaire de France, madame de Bourboulon, M. de Courcy, secrétaire de la légation, et leur suite ; de plus, deux Jésuites, les PP. Gotteland et Clavelin qui, à la demande de M. Edan, consul par intérim, avaient été désignés pour accompagner l'expédition. Tous ces passagers furent accueillis par le commandant et ses officiers avec l'empressement le plus cordial, et devinrent pour l'équipage l'objet des soins les plus bienveillants, des attentions les plus aimables. A dix heures on leva l'ancre, et à deux heures on était en dehors du Wou-song. L'horizon éclairci permettait aux voyageurs de contempler à loisir le Yang-tse-kiang, ce beau fleuve dont l'embouchure a près de trente lieues de large. Mais tout à coup le ciel s'obscurcit d'une brume épaisse, et il fallut, dès cinq heures et demie, laisser tomber l'ancre à cause de l'obscurité (3).

(1) En Achaïe.
(2) Le voyage à Nan-king étant un des plus curieux épisodes de la campagne du *Cassini*, nous nous sommes permis, pour intéresser davantage le lecteur, de compléter les *lettres*, *journal* et *rapports* du commandant de Plas, par le récit du P. Clavelin, qui faisait partie de l'expédition.
(3) Le Yang-tse-kiang (fleuve, fils de la mer) est aussi nommé, par les Chinois, Ta-kiang (le grand fleuve), ou seulement Kiang

Le lendemain et les jours suivants, la navigation fut favorisée d'un beau temps continuel ; mais le tirant d'eau du navire, les hauts fonds du fleuve, les bancs de sable mouvants et peu explorés ne permettaient d'avancer qu'avec la plus grande circonspection. Le 3 décembre, vers midi, on passa devant Kiang-yn, ville du troisième ordre, autrefois le centre de nombreuses chrétientés dont il ne reste plus que des débris. Sa position sur le fleuve, sa ceinture de collines, ses remparts, ses tours, ses faubourgs à demi cachés dans les arbres, tout contribuait à en rendre l'aspect délicieux. En cet endroit le lit du Yang-tse-kiang est considérablement rétréci, et la vue peut facilement embrasser les deux rives.

Deux jours après, au lever du soleil, on arriva devant Tchen-kiang fou, ville du deuxième ordre, dont le port est formé par l'île d'Or et l'île d'Argent. C'est une des plus belles positions que l'on puisse voir en Chine.

La cité est bâtie sur un monticule peu élevé, et ses

(le fleuve). — Ce fleuve majestueux, qui prend sa source dans les montagnes du Thibet et traverse la Chine dans toute sa largeur, n'a point les paisibles allures de nos rivières européennes. Dans les passages où son lit se resserre, le courant atteint des vitesses de six ou sept milles à l'heure ; mais les difficultés les plus réelles se présentent à l'embouchure même. Le Yang-tse-kiang s'épanche à la mer entre des côtes à demi noyées ; on se croirait au milieu d'une mer boueuse et jaune. A la hauteur de l'île Tsong-ming, qui n'était, il y a quelques siècles, qu'un banc de sable et de vase, le Wang-pou, sur la rive gauche duquel sont assises les villes de Wou-song et de Chang-hai, vient mêler ses eaux rapides à celles du grand fleuve. Au-dessus de l'île de Tsong-ming, le rivage commence à s'élever. Près de la ville de Tchen-kiang, la côte offre déjà des ondulations considérables ; la marée cesse de se faire sentir ; on quitte le bras de mer pour entrer vraiment dans le fleuve. A Tchen-kiang fou, le Yang-tse-kiang a trente mètres de profondeur ; sous les murs de Nan-king, à deux cents milles de son embouchure, il peut encore porter des vaisseaux de ligne. (Cf. : Voyage de la *Bayonnaise*.)

murailles l'environnent comme d'une vraie couronne ;
un chemin fortifié, de quelques centaines de pas, l'unit
à une tour crénelée, bâtie sur une roche escarpée dont
le pied est baigné par les eaux du fleuve. Sur le rivage,
entre les deux îles qui forment le port, on aperçoit un
immense faubourg qui enserre le fleuve et s'étend au
loin dans la plaine. Une seconde tour très élevée, mais
plus éloignée du fleuve que la première, se détache de
tout ce qui l'entoure et orne le fond de ce tableau vraiment pittoresque. Tout à côté de l'île d'Or, située à la
gauche de la ville, le canal impérial venant de Sou-
tcheou traverse le Yang-tse-kiang, puis se dirige vers
le nord en passant par Yang-tcheou (1). Tchen-kiang
fou, autrefois si animé, était alors presque désert. La
population et la garnison, craignant le sort de celles de
Nan-king, avaient pris la fuite à l'arrivée des Kouang-
si-jen, qui s'étaient emparés sans coup férir de cette
forte position. Quel triste fléau que la guerre civile ! ces
lieux, jadis si charmants, n'offraient plus aux regards
que des débris et des ruines.

C'est alors que, pour la première fois, on aperçut, mais
de loin, ces fameux Kouang-si-jen, qui se sont rendus
si terribles aux soldats impériaux. Ils montaient la garde
sur les remparts et près de deux batteries établies,
l'une sur les bords du fleuve dans le faubourg incendié,
et l'autre sur la rive opposée, à l'entrée du canal impé-

(1) De tous les travaux accomplis en Chine, le canal qui unit le
Hoang-ho au Yang-tse-kiang et fait communiquer la capitale
avec les principales villes de l'empire, est le plus important et le
plus utile. Sa longueur est d'environ deux cent soixante lieues, et
sa largeur varie de vingt à soixante mètres. Tantôt son lit a jusqu'à soixante-dix pieds de profondeur, et tantôt, enfermé dans
des digues de cent pieds de large, il domine de plus de trente
pieds les pays environnants. Sa construction, commencée au
septième siècle de notre ère et achevée seulement dans le quator-
zième, a été l'œuvre de plusieurs dynasties. (Cf. De Courcy :
L'Empire du Milieu.)

rial. Le *Cassini* continua sa marche sans être inquiété,
comme il avait traversé la veille la flotte impériale.

Au-delà de Tchen-kiang fou, la campagne présente
de vastes plaines, coupées çà et là par des massifs
d'arbres qui semblent disposés, comme avec intention,
pour la beauté du coup d'œil ; et du milieu de ces ber-
ceaux de verdure s'élèvent des pagodes dont les toits
recoquillés reluisent à travers le feuillage. Après quelques heures de navigation, on arriva en face de la ville
de Y-tchen, également au pouvoir des rebelles. Une
flotte de deux cents voiles y était mouillée ; à quelques
milles plus loin, on en rencontra une autre sous voiles,
qui comptait bien de trois à quatre cents jonques. Toutes
ces barques, quoique montées par un grand nombre
d'hommes, paraissaient mal armées et destinées plutôt
à porter des vivres qu'à combattre les impériaux. Elles
ne manifestèrent, du reste, aucune hostilité.

C'est ainsi qu'en naviguant à petites journées, le
Cassini se trouva, le matin du 6, en vue de Nan-king (1).

(1) Kiang-ning est le nom officiel imposé à Nan-king (ville principale du sud), depuis que Pe-king (ville principale du nord) est
devenue la capitale du Céleste Empire.

Cette ville, autrefois si renommée, est aujourd'hui bien déchue
de son ancienne splendeur. Elle est encore entourée de murailles
très élevées, qui ont bien de vingt-cinq à trente kilomètres de
développement. Au sud, un second mur, semblable au premier,
sépare la ville tartare de la cité chinoise. Plus au centre, un carré
d'un kilomètre environ de côté, fortifié d'une troisième enceinte,
formait le palais des empereurs. Les murailles sont bordées, l'espace de trois ou quatre lieues au sud-ouest, par un canal profond qui communique avec le Yang-tse-kiang. Avant de tomber
entre les mains des rebelles, qui en firent le siège de leur empire,
Nan-king pouvait avoir cinq cent mille habitants. Près de cette
ville, on admirait la fameuse *Tour de porcelaine*, détruite par les
rebelles, et qui passait pour un des plus curieux monuments du
monde. Il n'en reste plus qu'une calotte en fonte massive, coulée
d'un seul morceau de douze pieds de diamètre, sur un décimètre
d'épaisseur. (Cf. *Le Kiang-nan*, relation historique et descriptive,
par le P Pfister.)

On était tranquillement à déjeuner, quand un coup de canon, parti d'une batterie établie sous les remparts de la ville, fit siffler un boulet aux oreilles des arrivants. Le navire n'en continua pas moins sa route ; mais en un instant, les servants furent à leurs pièces, attendant un second coup pour riposter. Les Kouang-si-jen eurent la bonne idée de s'en tenir là. A peine avait-on jeté l'ancre qu'une embarcation se détacha du bord pour aller demander des explications, en même temps qu'une embarcation partie de terre venait complimenter le commandant de la corvette. L'officier insurgé qu'on interrogea sur le coup de canon, répondit qu'on avait tiré pour faire honneur aux étrangers ; mais à terre on répondit que les canons étaient toujours chargés à boulets et qu'il y avait ordre de tirer contre tout navire étranger pour l'avertir de mouiller à distance. Les explications ayant été données d'une manière polie, on s'en contenta. Une entrevue fut demandée pour le lendemain ; et, sur le soir, on apporta de la part des autorités de la capitale une réponse affirmative.

Dans la journée, le *Cassini* avait reçu la visite d'un grand nombre de Kouang-si-jen, soldats et officiers. Il vint même un général accompagné de quatre aides de camp, pour complimenter le commandant et savoir ce qu'il désirait. Aucun de ces hommes n'avait une figure intelligente, et l'éclat de leur costume faisait ressortir d'avantage la grossièreté de leurs traits. Au fond, c'était toujours le costume chinois, seulement le rouge et le jaune dominaient davantage. Le chapeau était remplacé par un grand capuchon, et la calotte, par une espèce de turban pour retenir les cheveux non coupés.

Le lendemain, vers six heures, M. de Courcy, secrétaire de la légation, quitta le bord pour se rendre à l'entrevue demandée avec les ministres. Il était accompagné d'un officier et d'un aspirant, du P. Clavelin de la Compagnie de Jésus, suivi de son cathéchiste et de M. Marquès, qui devait remplir les fonctions d'interprète. Ils trouvèrent au débarcadère un officier avec des chevaux maigres et mal enharnachés, et se mirent en route, précédés et suivis d'étendards et de gongs assourdissants. Bientôt ils atteignirent les remparts qu'il leur fallut longer pendant près d'une heure et demie. Un large canal, qui court du nord au sud et défend l'abord de la place, servait alors d'abri à une partie de la flotte des rebelles. Les habitations qui se trouvaient avant la guerre entre le canal et les remparts, avaient été presque toutes brûlées ou détruites, et on ne marchait plus qu'à travers des décombres. Arrivés à une porte de la ville, éloignée de quatre à cinq milles du débarcadère, les voyageurs durent attendre assez longtemps, malgré un froid très vif, parce que le poste n'avait point encore reçu l'ordre de les laisser entrer.

« Nous ne tardâmes pas, raconte le P. Clavelin, à être entourés d'une foule compacte d'hommes et de femmes qui montraient beaucoup de curiosité, mais aucun signe de malveillance. Un de ces curieux me fixa quelque temps attentivement, puis, fendant la foule, il arriva tout près de moi. Ouvrant alors une de ses mains, il me laissa voir un chapelet, et lisant sur mon visage qu'il était compris, il traça un petit signe de croix. J'appris que c'était le frère d'un élève du petit séminaire de la mission. Je profitai de la circonstance pour lui donner, et par lui à nos chrétiens, des avis analogues à leur position. Bien que je ne lui parlasse qu'à demi-mot et avec beaucoup de circonspection, nous étions observés ; un coup de baguette sur l'épaule nous fit comprendre qu'il était temps de finir. »

Trois autres chrétiens que le P. Gotteland eut l'occasion de voir quelques jours après, complétèrent les renseignements de ce premier entretien. Les femmes chrétiennes, paraît-il, avaient pu rester ensemble dans leur maison ou chapelle; elles possédaient le nécessaire pour les vivres et les vêtements, et on ne les molestait point au sujet de leur religion. Quant aux hommes, ils étaient parvenus presque tous à s'évader; quelques-uns cependant, forcés de servir les Kouang-si-jen avaient eu beaucoup à souffrir de la part de certains chefs de barque, rigides observateurs des nouvelles prescriptions religieuses.

Au bout d'une heure d'attente, il fut enfin permis à M. de Courcy et à son cortège de franchir la porte occidentale. La voûte de cette porte ressemblait à une belle nef d'église; elle avait trente à quarante pieds de haut, vingt à trente de large, soixante à quatre-vingts de profondeur. Au milieu se trouvait une énorme pièce de canon braquée sur l'avenue extérieure. Deux autres portes fortifiées durent encore être franchies avant de pénétrer dans la ville. Ce n'est pas tout : pour arriver au prétoire, il restait aux voyageurs une bonne lieue à parcourir dans les rues, suivis par moments d'une foule compacte. L'ensemble offrait l'aspect d'un camp plutôt que d'une ville, car les rues étaient remplies de soldats et pas un magasin n'était ouvert. Plusieurs maisons avaient été incendiées par leurs propres habitants, qui préférèrent mourir plutôt que de se mettre à la discrétion de leurs nouveaux maîtres.

Arrivés au prétoire avec l'escorte, M. de Courcy et sa suite durent attendre longtemps encore dans une salle peu convenable, jusqu'à ce que tout fût préparé pour les recevoir. Irrité, et non sans raison, d'un tel sans-façon, le jeune secrétaire de la légation était déjà tout décidé à se retirer, disant qu'il n'y avait rien à faire avec de pareilles gens, quand on vint avertir que tout était prêt dans la salle d'audience

L'aspect qui s'offrit alors aux regards des étrangers les frappa d'étonnement. D'innombrables flambeaux, éclairant une vaste salle, permettaient d'apercevoir de chaque côté une brillante assistance ; les deux ministres, au maintien grave et digne, occupaient le fond avec leur suite qui formait arrière-plan. Leur longue robe de satin bleu, richement rehaussée par de magnifiques broderies sur la poitrine, et le diadème tout en or ciselé qui leur ceignait la tête, contribuaient à donner à ce spectacle un caractère de grandeur qui contrastait singulièrement avec l'accueil reçu tout d'abord.

Quand M. de Courcy parut, les ministres se levèrent ; la présentation fut confiée à l'interprète, et l'on prit place sur des sièges de chaque côté de la salle. Le secrétaire de la légation fit alors connaître le motif de la présence du *Cassini* à Nan-king : « C'est, dit-il, l'intérêt que l'empereur des Français porte aux catholiques de la Chine, dont une partie se trouve maintenant dans les pays occupés par les Kouang-si-jen. »

Le P. Clavelin, ayant demandé quelques explications sur l'article de leur religion, un jeune homme, prenant la parole, entreprit avec une aisance et une dignité incomparables un rapide exposé de leur doctrine ; il ajouta quelques mots sur la mission que l'empereur Taï-ping croyait avoir reçue du ciel pour extirper l'idolâtrie de la surface de la terre. Comme le Père faisait observer que les Français n'étaient pas venus en ennemis, mais en amis : « Puisque vous adorez le même Dieu que nous et que nous n'avons tous qu'un seul Créateur, repartit l'un des ministres, vous n'êtes pas seulement des amis, mais des frères. » Cependant, tout en traitant les Français d'amis, les Kouang-si-jen ne paraissaient nullement soucieux d'entrer en rapports intimes avec eux. Ils ne cessaient de répéter qu'ils n'attendaient leur succès que de Dieu, qui avait suscité Taï-ping pour chasser les diables tartares de la Chine.

Les Kouang-si-jen se montrèrent si bienveillants et si prévenants, que M. de Courcy annonça, selon ses instructions, la présence du ministre de France à bord du *Cassini*, et demanda pour M. de Bourboulon une entrevue avec le premier ministre et même avec Taï-ping-wang, le prétendant au trône impérial. L'entrevue fut accordée, mais seulement avec le premier ministre de l'empereur et non avec l'empereur lui-même. Sur ce, comme il n'y avait aucun intérêt à traiter, on leva l'assemblée. Les Kouang-si-jen firent quelques instances pour retenir leurs hôtes jusqu'au lendemain matin, mais l'invitation fut poliment refusée.

Sur la demande du ministre de France, l'entrevue fut remise au 10 décembre. Plusieurs officiers du *Cassini* profitèrent de cet intervalle pour aller se promener ou chasser à terre ; ils ne rencontrèrent partout que des visages amis. Ils purent voir parfaitement réparée la portion de muraille que les Kouang-si-jen avaient abattue lors de la prise de Nan-king, et la colline sur laquelle les Anglais, en 1842, avaient établi leurs batteries pour foudroyer la ville, si les Chinois n'avaient pas fait leur soumission.

Dans la journée qui suivit la première visite à Nan-king, on vit arriver à bord, dans un bateau à provisions, un Chinois assez mal vêtu. Une fois sur le pont, il laissa tomber sa queue que la peur des Kouang-si-jen lui avait fait dissimuler sous son bonnet. Il se présentait comme envoyé du général en chef du camp impérial, établi à quelque distance de Nan-king. « Je le reçus poliment, raconte le commandant de Plas. — Il me demanda si j'accueillerais la visite des manda-

rins et leurs présents. — Je répondis que je ne re-
cevrais ni les mandarins ni leurs présents, ayant dans
le Tao-tai de Chang-hai l'intermédiaire reconnu pour
traiter avec l'empereur de Chine. D'ailleurs, ajoutai-je,
la France est décidée à garder la neutralité tant
qu'on ne lui donnera pas de sujet de plainte. »

Il remit ensuite à l'adresse du commandant la carte
de Hiang-ta-jen et celles de ses principaux lieutenants.
Ces chefs s'excusaient de n'être point venus eux-
mêmes présenter leurs respects à un grand personnage
d'une nation unie par des traités avec l'empereur
Hien-foung ; ils ajoutaient qu'ils seraient heureux si,
en conséquence de cette alliance, ils pouvaient recevoir
aide et secours de la part des Français.

Le commandant de Plas lui fit alors cette réponse :
« Les Français ne sont point venus ici pour défendre
ou attaquer qui que ce soit. Le but de leur voyage est
de constater si le bruit des vexations que les Kouang-
si-jen auraient fait souffrir aux chrétiens est fondé ou
non. En conséquence les impériaux doivent comprendre
de quelle importance il est pour eux de ne point vexer
les chrétiens, parce que, tôt ou tard, la France saurait
bien leur en demander raison. » L'envoyé parut satisfait de la réponse et partit en remettant de nouveau
sa queue sous la protection de son bonnet.

Le 10 décembre, à neuf heures du matin, le ministre
de France quitta le bord dans le bateau pilote, suivi du
grand canot qui faisait cortège ; il était accompagné du
commandant de Plas, de M. de Courcy, secrétaire de
la légation, du R. P. Clavelin, et de tous les officiers et
aspirants disponibles ; en tout une quinzaine de personnes au moins. Une salve de treize coups de canon
salua M. de Bourboulon au départ, et la garde réunie
sous les armes lui rendit les honneurs d'usage.
Au lieu de prendre terre immédiatement, les deux ba-

teaux suivirent pendant plus d'une heure le canal qui
longe les remparts. Arrivé devant une des portes, le
ministre monta à cheval avec toute sa suite, et on entra
dans la ville.

Les ministres Houan et Lai, qui avaient reçu la visite de M. de Courcy, voulurent aussi recevoir en
grande cérémonie M. de Bourboulon, avant de le conduire chez le ministre Tchen avec qui devait avoir lieu
l'entrevue. Mais comme ils n'étaient pas prêts pour
donner audience, il fallut attendre environ une heure
qu'ils fussent installés en grand costume dans la salle
de réception. La conférence ne fut pas de longue durée,
car M. de Bourboulon insista pour voir le premier
ministre le plus tôt possible. On se remit donc en route
pour se rendre à son tribunal.

A peine descendu de cheval, M. de Bourboulon fut
introduit dans une vaste salle, préparée pour l'audience.
Au fond se trouvait une estrade avec une table et un
fauteuil ; on apercevait quelques sièges sur les côtés,
et, en avant de l'estrade, deux rangées de chaises
in plano ; mais aucune place d'honneur n'avait été ré-
servée pour le ministre de France.

Presque aussitôt les portes s'ouvrent, et l'on voit
s'avancer avec beaucoup d'ordre une foule de chefs et
de secrétaires ; puis les deux ministres Houan et Lai,
mais sans leur grand costume ; enfin, sous un très riche
parasol, le ministre Tchen, dans un costume magnifique et en rapport avec sa haute dignité. A un signal
donné toute l'assistance chinoise se prosterne, pendant
que le premier ministre prend place au fauteuil.

Les allures fastueuses et princières du ministre chinois n'éblouissent point le ministre français, et ne lui
font point oublier ce qu'il doit à son rang et à la dignité de son pays. Quand le ministre Tchen lui fait
signe de s'asseoir sur une des chaises placées en avant

de l'estrade, M. de Bourboulon répond par son interprète qu'il ne peut accepter l'entrevue dans ces conditions, et qu'il va se retirer si on ne lui prépare à l'instant un fauteuil sur l'estrade. Le Chinois objecta d'abord que les usages s'opposaient à une telle demande, puis il proposa de passer dans une salle voisine où l'on continua l'entretien sans cérémonie.

« Dans toutes ses démarches, observe le P. Clavelin qui assistait à l'entretien, M. de Bourboulon m'a toujours semblé avoir en vue un double but : d'abord celui de se procurer la plus grande somme possible de renseignements précis relativement à la grande révolution qui s'opérait en Chine, et plus spécialement aux intérêts religieux et catholiques ; puis celui de faire concevoir de la France une idée juste et en rapport avec son importance et sa dignité. Ce double but, en effet, résumait parfaitement tout ce que la question avait de sérieux et de pratique pour le moment. Ces deux fins, le ministre de France s'efforça de les atteindre, bien entendu, dans la mesure d'une sagesse qui ne veut rien précipiter, ni préjuger définitivement de l'avenir.»

Mais cette réserve ne satisfaisait point les Chinois ; ils auraient voulu faciliter à M. de Bourboulon une entrevue avec leur empereur, si le ministre de France eût laissé pressentir l'intention de le reconnaître pour l'autorité légitime et de s'unir à lui par des traités. C'est dans ce but qu'ils cherchaient à donner une haute idée de leur force et de leur splendeur, et qu'ils tendaient à prolonger l'entretien par leur politesse, disant qu'il serait peut-être possible de voir les rois et l'empereur.

M. de Bourboulon, sentant parfaitement ce que la France était en droit d'attendre de son représentant, ne se laissa pas prendre au piège ; mais comme il avait prévu l'impossibilité où il se trouvait de faire connaître

de vive voix les vrais motifs qui l'avaient amené à Nan-
king, il remit au premier ministre une note préparée
d'avance, dans laquelle il avait résumé tout ce qu'il
voulait faire savoir sur le but de sa mission.

Comme le ministre Tchen pressait M. de Bourboulon d'accepter l'hospitalité au moins pour une nuit, que
l'on passerait en conférence religieuse, celui-ci profita
de cette offre obligeante pour dire qu'il était venu avec
deux prêtres catholiques, qui ne demanderaient pas
mieux que d'avoir une conférence au sujet de la religion ; en conséquence il le priait de vouloir bien assigner un rendez-vous pour le lendemain. Les Kouang-si-
jen acceptèrent cette proposition avec empressement,
mais en insistant pour qu'on commençât la discussion
dès le soir même. Le P. Clavelin resta donc avec son
catéchiste, comptant bien que le P. Gotteland pourrait
venir le rejoindre le lendemain.

Ce point réglé, le ministre de France se leva pour
prendre congé des ministres chinois. Ceux-ci étant
restés assis furent avertis par l'interprète qu'on trouvait leur manière d'agir peu polie. Ils se levèrent alors
et accompagnèrent M. de Bourboulon jusqu'à la porte
de sortie.

Cependant les Chinois restaient fort intrigués sur le
vrai but de la visite du ministre de France ; ils ne pouvaient concevoir qu'on s'en tînt là, après un voyage de
six mille lieues, comme ils disaient. De là des soupçons, et, pendant deux jours et deux nuits, des allées
et venues entre les ministres et les rois pour se consulter et savoir ce qu'il fallait penser d'une semblable démarche. La note communiquée par M. de Bourboulon,
quoique bienveillante dans le fond, fut considérée
comme blessante dans la forme ; elle n'était revêtue
d'aucune signature. Les Kouang-si-jen trouvaient
étrange que le ministre de France donnât le nom d'em-

pereur à celui qu'ils voulaient détrôner, et qu'il se ser-
vit d'expressions moins significatives pour désigner
leur chef ; ils se demandaient quel intérêt la France
pouvait avoir à protéger les chrétiens soumis à Tai-
ping-wang. Des menaces furent même adressées au
P. Clavelin qu'on supposait à tort être l'auteur de la
fameuse note à laquelle on était embarrassé pour répondre. Mais laissons le P. Clavelin raconter lui-même
ce qui lui arriva pendant son séjour parmi les Kouang-
si-jen.

« Quant à moi, dit-il, après le départ de M. de Bourboulon, je fus conduit avec mon catéchiste dans un
appartement voisin de la salle d'audience, par un officier qui se montra toujours plein de prévenances. Il ne
manquait jamais de me présenter à ses collègues, sous
le nom de *Frère du royaume étranger*. Nous sou-
pâmes ensemble, puis on nous reconduisit au prétoire
où nous avions été reçus tout d'abord. On nous donna
pour logement une maison qu'on pourrait appeler l'état-
major de la place ; car là se réunissaient un grand
nombre de chefs secondaires qui allaient et venaient,
demandant et apportant des nouvelles. Tout le monde
s'était d'abord montré plein d'égards à notre endroit ;
mais, au bout de quelque temps, nous comprîmes, à
certaines paroles, que la nature de ces relations serait
bientôt changée... Un jeune chef se permit de me demander, sur un ton un peu familier, si j'étais pour Tai-
ping ou pour Hien-foung : « Ni pour l'un ni pour
« l'autre, répondis-je ? — Et de quel pays êtes-vous
« donc? reprit-il à peu près sur le même ton. — Je suis,
« répondis-je encore, du pays où l'on traite les étran-
« gers avec politesse et en vrais frères. » Les autres
officiers lui répétèrent cette réponse, de peur qu'il
ne l'eût point comprise. Je vis alors mon jeune homme
rougir, se mordre les lèvres, puis disparaître.

« Nous ne tardâmes pas à être appelés devant le ministre Houan, qui nous reçut avec un visage sévère et hautain. Je pris, sans y être invité, un siège pour m'asseoir à son côté. Il se mit alors à articuler tous les torts dont le ministre de France s'était, selon lui, rendu coupable envers les Kouang-si-jen et la cause qu'ils soutiennent. Il ne pouvait digérer entre autres choses, qu'on eût rappelé devant eux les traités conclus entre la France et la dynastie Tai-tsing, et surtout qu'on eût donné à Hien-foung le nom d'empereur, si vénérable à leurs yeux, qu'ils l'ont réservé pour le Chan-ti, n'ayant point osé le donner à leur premier chef. Puis, d'un accent plein de colère, il ajoutait : « Puisque le « chef des diablotins (Hien-foung) est si vénérable et si « vénéré chez vous, vous êtes donc ses amis... nous « sommes donc des rebelles... vous êtes donc nos en-« nemis ; et, pour aider votre ami, vous venez nous es-« pionner, connaître le fort et le faible de notre posi-« tion !... N'y a-t-il pas là, continuait-il, en se tournant « de mon côté, de quoi vous faire couper la tête, ou « tout au moins vous réduire en esclavage ? — Et « après, repris-je tranquillement, qu'en résulterait-il ? » Comme il ne répondit rien, j'ajoutai, en le lui faisant répéter par mon catéchiste : « Le ministre français est « homme d'honneur, autant que qui que ce soit. D'ail-« leurs il n'est pas loin d'ici : ne conviendrait-il pas de « lui adresser à lui-même les observations auxquelles « ses démarches peuvent avoir donné lieu, plutôt que « de nous les faire à nous que cela ne regarde point ? » Je pris de là occasion de lui expliquer la spécialité de ma mission, ce qui me mettait en droit de décliner toute responsabilité. Le ministre chinois, voyant que ses menaces m'émouvaient fort peu, se radoucit singulièrement. Il crut ou feignit de croire à la sincérité de mes paroles, et finit par m'inviter à partager sa colla-

tion. Comme ensuite il était déjà fort tard, nous le
quittâmes pour aller nous reposer.

« Le lendemain matin, le ministre Houan nous fit
encore venir devant lui. Je ne sais à quoi attribuer son
changement : le fait est qu'il commença par exposer
tout ce que la conduite des Français avait d'irrévéren-
cieux et d'injurieux pour les Kouang-si-jen, et cela
avec une énergie et une colère qui faisaient trembler
sa suite. A la fin, se tournant vers moi qui ne partageais nullement son émotion, il me demanda ce que
j'avais à répondre. Je lui dis et lui fis répéter par mon
catéchiste : « Ma réponse d'hier subsiste encore aujour-
« d'hui tout entière ; elle suffit, je n'ai rien à y ajouter.
« Le Père céleste, dont vous invoquez si souvent le
« nom et le témoignage, sait que je n'ai dit que la vé-
« rité ; inutile donc d'insister davantage. » Le ministre
vit bien qu'il n'avait rien à gagner avec nous, et il
nous fut permis de nous retirer.

« Peu de temps après, nous eûmes le plaisir de nous
entretenir d'une manière sérieuse et fort intéressante
avec le secrétaire du ministre Tchen. Il était envoyé
vers nous par son maître pour traiter la question religieuse. Ce jeune homme nous parut d'une science peu
commune et d'une intelligence remarquable. C'est en
causant histoire et religion que nous passâmes deux
jours et deux nuits au milieu des Kouang-si-jen, retenus honorablement prisonniers. »

Cependant le P. Gotteland avait inutilement tenté de
pénétrer dans la ville, et comme le P. Clavelin n'avait
pu faire donner de ses nouvelles, on était inquiet, à
bord du *Cassini*, sur le sort du missionnaire et de son
catéchiste. Le commandant de Plas écrivit alors aux
prisonniers une lettre qui fut portée par un Chinois du
consulat de Chang-hai. Les ministres cherchèrent
encore mille prétextes pour retenir le P. Clavelin et son

catéchiste : ils voulaient le consulter, disaient-ils, sur une réponse à M. de Bourboulon ; mais la communication annoncée n'arrivait jamais. Il fallut toute la fermeté du missionnaire pour décider les Kouang-si-jen à le laisser partir. Le 12, à cinq heures du soir, il était de retour à bord du *Cassini*, assez à temps heureusement pour prévenir les rigueurs qu'on allait exercer : on était décidé à saisir quelques chefs pour s'en servir comme d'otages.

Le *Cassini* était venu mouiller, dans l'après-midi du 9, au-delà de la porte du théodolite, à une longueur de navire de la rive. A partir de ce moment jusqu'au 13, le bâtiment fut envahi par une foule de visiteurs de toute classe : les chefs circulaient librement partout, les subalternes ne dépassaient pas le grand mât. Un chef Kouang-si-jen vint en aide à la police du bord ; et, comme on ne laissait monter que vingt-cinq personnes à la fois, il n'y eut aucun désordre.

Le 13, on reçut enfin la lettre par laquelle le *Roi du Nord* invitait le ministre de France à aller le voir. Elle était à peu près conçue en ces termes :

« Le Roi du Nord *ordonne* à ses frères de France de se présenter devant lui pour recevoir une communication verbale. » M. de Bourboulon, justement froissé de tant d'arrogance, répondit que l'empereur des Français lui donnait seul ses ordres, ainsi qu'aux autres frères de France, et qu'il ne se rendrait pas à une entrevue demandée sur ce ton.

Pour imiter la formule chinoise : « Respectez ceci », il termina par ces mots : « Que ceci soit bien compris. » Peu de temps après que le Roi du Nord eut reçu la réponse du ministre de France, un petit chef vint à bord pour ordonner aux visiteurs qui s'y trouvaient de se retirer. Dès que le commandant s'aperçut de cette manœuvre, il le fit embarquer ; et comme le petit chef

continuait de vouloir surveiller l'extérieur du bâtiment,
il menaça de l'arrêter, s'il ne s'éloignait immédiatement.

Le but du voyage de Nan-king était atteint, autant
que le permettaient les circonstances : il fut donc convenu entre le ministre et le commandant de Plas que
le *Cassini* partirait le lendemain, 14 décembre, à neuf
heures du matin. Au moment où on allait lever l'ancre,
un petit mandarin se présenta, demandant passage pour
Chang-hai, parce qu'il ne voulait pas, disait-il, aller à
l'armée du nord. Le commandant lui fit savoir que si
sa vie n'était pas en danger, on ne pourrait pas le recevoir. Il retourna donc à Nan-king, emportant plusieurs
livres de religion que le P. Clavelin avait promis aux
chefs, et qu'il se chargea de leur remettre.

Le 14, à l'heure convenue, le *Cassini* quittait son
mouillage; et, le même jour, vers six heures du soir,
il jetait l'ancre devant Tchen-kiang fou. Le 15, on revit
Kiang-yn ; enfin, le 18 à midi, après une absence d'une
vingtaine de jours, on mouilla près du *Colbert*, devant
Chang-hai. Le voyage de retour, malgré douze heures
perdues à cause de la brume, n'avait duré que quatre
jours, tandis qu'on avait employé six jours et six nuits
pour remonter le fleuve.

Chang-hai, 18 décembre.

J'étais loin d'espérer de faire ce voyage de Nan-king
avec autant de bonheur sous tous les rapports. La navigation a sans doute exigé de la vigilance et de la prudence, mais elle n'a pas cependant présenté de sérieuses
difficultés. Les meilleures relations n'ont cessé d'exister
entre les personnes du bord. Les PP. Clavelin et Gotteland ont saisi l'occasion de parler de la religion, et
ils ont distribué quelques livres propres à la faire con-

naître. Quant à la partie politique, si elle n'a pas obtenu tout le succès qu'on attendait, elle a eu du moins pour résultat de faire mieux apprécier les tendances du mouvement insurrectionnel qui menace l'empereur de Chine, du Kouang-si à Pe-king.

Plusieurs personnes m'ont adressé, à diverses époques, des éloges sur l'équipage et l'état-major du *Cassini*, et on a bien voulu m'attribuer une petite part dans le bon esprit qui règne sur le bâtiment. Je serais heureux que ces louanges fussent sincères, s'il en pouvait résulter pour moi un encouragement à mieux faire, et surtout plus de gloire pour Dieu et d'honneur pour la religion. Plus je pense à la petite campagne que le *Cassini* vient d'entreprendre à Nan-king, plus j'éprouve de reconnaissance envers le bon Dieu qui a daigné bénir mes humbles efforts pour bien remplir tous mes devoirs.

CHAPITRE XIII

DE CHINE EN FRANCE

19 DÉCEMBRE 1853 — 6 JUILLET 1854

Triste état de Chang-hai. — La guerre contre la Russie. —
Répression de la cruauté des insurgés. — Les fêtes de Noël à
bord du *Cassini*. — Détails rétrospectifs sur le voyage à Nan-
king. — Départ de Chang-hai. — Prospérité de l'établissement
des Sœurs, à Ning-po. —· L'œuvre de la Propagation de la foi.
— Mort de la reine de Portugal. — Regrets de quitter la Chine.
— Abjuration de madame de Bourboulon. — Embarquement
de M. de B*** à Manille. — Le lieutenant-colonel de Condrecourt à Saint-Denis. — Mgr Griffith au Cap. — Progrès du catholicisme à Gorée et à Dakar. — Coup d'œil sur le passé et
reconnaissance envers Dieu. — Relâche à Fayal (Açores). —
Arrivée à Lorient.

19 décembre.

Les impériaux ont établi une batterie sur la rive
opposée à celle des insurgés, et depuis que nous sommes arrivés, on se canonne avec acharnement de part
et d'autre. J'aurais été bien aise de retrouver Chang-hai
dans le calme, et j'ai éprouvé une pénible impression
en constatant que le désordre n'a fait qu'augmenter ;

mais en cela, comme en tout le reste, que la volonté
de Dieu soit faite !

20 décembre.

J'ai pu rendre plusieurs visites dans la journée.
D'après ce que j'entends de tous côtés, les événements
se pressent. Au moment où nous rêvions du repos
après une longue campagne, on va faire un nouvel
appel à notre dévouement au pays. La guerre serait,
dit-on, déclarée entre la Russie et la Turquie ; la
France et l'Angleterre, qui prennent parti pour cette
dernière puissance, auraient déjà des forces considérables à Constantinople. J'apprends que mon ancien
camarade de classe et ami, le général Canrobert, est
dans cette ville avec une armée de trente mille
hommes. Je trouve cette guerre juste et honorable. Si
je dois affronter de nouveaux hasards, Dieu me donnera des forces à la hauteur des circonstances dans
lesquelles sa Providence daignera me placer.

23 décembre.

Il est bien commode de s'en remettre à la divine
Providence pour la direction des affaires de ce monde ;
car, à chaque instant, des événements inattendus viennent déranger nos combinaisons et nos plans. Ainsi les
cruautés exercées envers un des catéchistes de Mgr Maresca vont peut-être faire ajourner notre départ, qui
devait avoir lieu le 27, et nous permettre de tirer
quelques coups de canon contre la batterie des rebelles.
Jamais meilleure occasion ne nous aura été offerte de
dépenser de la poudre ; car les maîtres de Chang-haï,
à l'heure actuelle, ne sont que des pirates, des gens
vicieux, appartenant à la dernière classe de la population.

24 décembre.

Aujourd'hui, conférence au consulat entre M. de Bourboulon et M. Edan, le commandant de Baudéan et moi. D'un commun accord, nous sommes convenus d'un projet de note au chef des insurgés à Chang-hai. On demande, sous la menace d'hostilités, que celui qui a fait torturer un des catéchistes de Mgr Maresca soit envoyé au consulat pour y recevoir cinquante coups de bâton. Nous croyons que cette demande sera repoussée et qu'il nous faudra recourir à la force. Je ne sens aucune passion pour ces sortes de combats ; mais je considère comme un devoir d'appuyer chaudement tout ce qui se fera contre les insurgés.

25 décembre.

La veille de Noël, nous avons entendu gronder le canon bien avant dans la nuit ; une balle tombant sur le pont a même causé quelque émoi parmi l'équipage. Toutefois, au commencement de la messe, célébrée par le Père Clavelin, il s'est fait un silence complet. Quatre officiers et plusieurs sous-officiers et matelots sont venus avec moi recevoir la sainte communion. La piété de ces hommes, le recueillement des assistants, ce spectacle inaccoutumé, tout cela a produit sur moi une vive et profonde impression. C'est bien encore le cas de dire : *Quid retribuam Domino?* Car quoi de plus doux que d'adorer le même Dieu, de s'asseoir au même banquet, de recevoir la même nourriture divine ! J'ai goûté une joie sans pareille, joie qui vibre encore dans mon âme et émeut mon être tout entier.

En passant l'inspection de l'équipage ce matin, je l'ai félicité sur sa bonne conduite, et sur la patience

avec laquelle il supporte l'éloignement de la France.
J'ai ajouté que, tout en regrettant les retards, nous
devions nous réjouir d'avoir fait quelque chose d'utile.
J'ai annoncé, comme probable, que nous aurions bientôt
à venger une insulte au pavillon français, et j'ai terminé en disant à l'équipage que je comptais sur lui.

Déjeuner auquel assistaient le Père Clavelin, M. de
Courcy et M. Edan, tous les officiers et aspirants, sauf
M. de Gaulejac, qui était chef de poste à Tong-ka-dou.
L'affaire pendante entre les insurgés et nous a failli
s'arranger par l'humilité de la lettre du chef des rebelles ;
mais, après une conférence dans laquelle la diplomatie
s'est montrée plus belliqueuse que la marine, il a été
décidé que nous nous en tiendrions à notre première
exigence. Puissent les canons de la France ne jamais
tonner pour une plus mauvaise cause !

26 décembre.

Nos prévisions ne se sont pas réalisées. Le chef des
insurgés a donné pleine satisfaction à la note de notre
consul. Le juge barbare qui a mis à la question le catéchiste de Mgr Maresca était ce matin au pied du mât
de pavillon du consulat de France, prêt à recevoir cinquante coups de bâton. Dans la crainte de quelque surprise de la part des impériaux, un piquet de trente
hommes avait été envoyé pour assister à l'exécution.
Toutefois, l'appréhension du châtiment parut une réparation suffisante. On fit grâce au coupable de la punition corporelle. Après une rude admonestation du commandant de Baudéan, suivie de génuflexions et d'amende
honorable, le malheureux juge a été reconduit, sous
bonne escorte, jusqu'aux portes de la ville.

A bord du *Cassini*.   Chang-hai, 27 décembre.

Chère bonne mère,

Le départ du *Cassini* a été un peu retardé par suite
d'événements imprévus ; il semble cependant que notre
mission dans ce pays soit désormais achevée.

Les journaux t'ont peut-être annoncé déjà mon
voyage à Nan-king avec le ministre de France et
madame de Bourboulon. Cette petite campagne avait
pour but de connaître l'état des catholiques sous la
domination des insurgés du Kouang-si. Sans obtenir
tout le succès que l'on pouvait désirer, elle n'a cependant pas été inutile. Nous savons maintenant plus exactement que par les renseignements des Anglais la véritable situation des choses dans cette partie de la Chine.
Deux Jésuites, les PP. Gotteland et Clavelin, nous
accompagnaient. Ce dernier a pu rester deux jours à
Nan-king, et apprendre beaucoup de curieuses particularités sur l'organisation de ce grand mouvement insurrectionnel qui s'étend du sud de la Chine jusqu'à Pe-
king.

Je ne suis allé qu'une seule fois à Nan-king, pour
accompagner M. de Bourboulon qui n'a eu qu'une seule
entrevue avec les ministres. Cette ville, jadis florissante, m'a inspiré un sentiment de tristesse pareil à
celui qu'on éprouve en visitant les ruines de Pompéi.
L'enceinte fortifiée est immense ; mais je ne pense pas
que le tiers soit habité. Les remparts, assez bien con-
servés, entourent des collines couvertes d'arbres, où
l'on ne voit aucune habitation ; ils ont jusqu'à quarante
et cinquante pieds de haut. S'ils sont redoutables pour
des Chinois, ils ne le seraient point pour des Européens.

Du Kouang-si jusqu'à Nan-king, l'insurrection a parcouru deux à trois cents lieues en faisant tout plier devant elle. Revendiquant toute la Chine pour les Chinois, elle a lancé plus de cent cinquante mille hommes sur Pe-king, et l'on croit qu'elle est déjà parvenue sous les murs de la capitale.

Voici quelques détails qui m'ont été communiqués par le P. Clavelin sur l'état actuel des choses à Nanking et le régime auquel les populations sont soumises par leurs nouveaux maîtres.

Le premier chef des Kouang-si-jen ne prend point le titre d'empereur qu'il réserve pour le Chan-ti, mais bien celui de Roi céleste. Le nom de sa dynastie est Taiping : la grande pacification, ou bien encore : la dynastie céleste ; sa cour, c'est la cour céleste ; aussi Nan-king, qui signifie cour méridionale, vient-il encore d'échanger son nom contre celui de *Tien-king*, ou cour céleste. Après le roi céleste viennent immédiatement, comme premiers ministres, cinq personnages qui ont pris aussi le titre de rois. Chez l'un, c'est un titre purement honorifique ; mais les autres, pour se distinguer, ont ajouté à leur titre de roi, le nom d'un des quatre points cardinaux. Les ministres que nous avons vus forment la seconde classe. Tous les habitants sont partagés en catégories de dix mille, les femmes comme les hommes. Les femmes sont gouvernées par les femmes ; seulement chaque catégorie a un chef masculin pour communiquer avec les ministres.

On ne saurait le nier : il y a dans les rapports mutuels des Kouang-si-jen un air de famille qui justifie le nom de frères qu'ils se donnent entre eux. Ainsi, toutes les habitations sont du domaine commun ; les vivres, les vêtements ont été déposés dans des magasins publics ; l'or, l'argent et les matières précieuses, portés au trésor. On ne peut rien vendre ni rien acheter ; c'est aux chefs à pourvoir aux différentes nécessités de leurs subordonnés. N'est-ce pas admirable qu'une population de plus d'un million puisse être ainsi vêtue et nourrie, au milieu d'une guerre civile, en face d'une armée ennemie qui assiège la ville !

Et maintenant, que penser d'un pareil état de choses ? La Chine va-t-elle changer de maîtres et de religion ? L'insurrection des Kouang-si-jen est, on ne peut le nier, un événement de la plus haute gravité. Qu'on appelle tant qu'on voudra ses fauteurs des rebelles, des brigands, elle n'en a pas moins mordu l'empire au cœur. Toutefois le gouvernement actuel s'appuie encore sur la majeure partie de l'empire qui paraît faire cause commune avec lui. Quoi qu'il en soit, la solution ne saurait être longtemps retardée; mais jusqu'à présent on ne voit encore qu'incertitude. Dieu seul sait ce que l'avenir réserve à la Chine et au catholicisme dans ce pays.

Le P. Clavelin, qui nous a été très utile à Nan-king, est à bord du *Cassini* et y restera jusqu'au jour de notre départ. Il a pu préparer l'équipage à la solennité de Noël ; c'est une faveur dont je ne saurais trop remercier le bon Dieu. L'état-major continue de me donner pleine satisfaction. Si notre voyage s'achève comme il a commencé, ce sera l'une des plus belles phases de ma carrière maritime. Nous vivons dans des alertes continuelles; toutefois, si rien d'important ne se produit d'ici à deux jours, nous partirons le 29 pour Ning-po, où nous ne passerons que quelques jours ; de là nous nous rendrons à Hong-kong et à Macao, pour faire définitivement route vers la France.

En mer, 29 décembre.

J'ai quitté Chang-hai, ce matin, vers dix heures. J'y ai laissé des personnes que je respecte et que j'aime beaucoup : Mgr Maresca et les Pères Jésuites, avec qui j'ai eu souvent de si bonnes causeries sur les matières religieuses. A la fin de la soirée passée hier au consulat d'Angleterre, j'ai pu faire accepter à M. Alcock les *Études philosophiques* de Nicolas sur le christianisme. M. Alcock ne me paraît pas éloigné d'abjurer le protestantisme ; ce serait une bonne acquisition pour les catholiques, car je lui crois une âme élevée et un cœur droit. Au départ, nous avons salué le *Colbert* de trois cris de vive l'Empereur, en envoyant l'équipage dans les haubans ; et on a répondu du *Colbert* : Vive le *Cassini*, après les cris de vive l'Empereur. Notre traversée s'annonce bien jusqu'ici ; si la nuit n'est pas trop obscure, nous pourrons naviguer jusqu'au matin et arriver demain à Tsin-haï ou à Ning-po.

Ning-po, 31 décembre.

J'ai pu entendre la messe ce matin, à Tien-tchoutan, avec quelques officiers et le chef timonier. Après la messe, visite aux Sœurs de charité dont l'établissement s'est beaucoup agrandi. J'ai été heureux de constater le plein succès de cette entreprise que plusieurs personnes jugeaient une folie. Oui, une vraie folie, mais dans le genre de celles que saint Paul appelle folie de la croix. La prudence humaine pouvait bien s'étonner d'une telle entreprise ; établir des Sœurs de charité en Chine ! mais la charité, appuyée du secours divin, ne trouve rien d'impossible. Ces femmes, pleines de confiance en Dieu, n'agissaient que pour lui plaire. Il devait donc en résulter un succès complet, miraculeux, et c'est ce qui a eu lieu. Que Dieu daigne bénir cette œuvre appelée à faire tant de bien !

A bord du *Cassini*.   Ning-po, 2 janvier 1854.

Commandant,

Notre traversée de Chang-hai à Ning-po s'est effectuée en vingt-huit heures. A peine étions-nous affourchés, que notre consul, M. Edan, et l'officier de corvée sont allés voir Mgr Danicourt, vicaire apostolique du Tche-Kiang, lequel est venu, le soir même, dîner à bord.

Le bon et respectable évêque nous a mis au courant de la situation du pays. Nous avons appris avec plaisir que tout était tranquille à Ning-po, et que les saintes Filles de saint Vincent de Paul jouissaient de la faveur de tous, de celle du peuple comme de celle des riches. Le jour même de notre arrivée, un gros marchand païen, qui est venu me voir aujourd'hui, remettait une somme de quatre cents piastres à Mgr Danicourt, le priant d'en consacrer la meilleure partie à l'établissement des Sœurs. J'ai visité cet établissement avec notre consul et quelques officiers : les enfants pauvres des deux sexes y sont recueillis, habillés et nourris ; les infirmes, hommes et femmes, couverts quelquefois de plaies hideuses, y sont pansés et soignés chaque jour avec un dévouement que la piété la plus vive peut seule inspirer et soutenir. Vraiment, on est fier d'être Français, on est heureux d'être catholique, en voyant tout le bien que la religion et la France opèrent dans ce pays où notre commerce n'a pas encore jeté de racines.

Nous avons été, hier à midi, voir le Tao-taï. Mgr Danicourt avait bien voulu se joindre à l'état-major et nous servir d'interprète. Le Tao-taï, que l'on dit homme de bien, m'a paru peu habitué à traiter avec les étrangers. Le consul a prié Mgr Danicourt de le complimenter sur sa bonne administration et sur sa conduite

à l'ègard de nos missionnaires. J'ai prié à mon tour Sa
Grandeur de lui faire savoir que nous respections les
Sœurs de charité à l'égal de nos mères et de nos sœurs,
et que plusieurs officiers de marine avaient des pa-
rentes qui abandonnaient ainsi tout le bien-être de
leur pays pour venir soigner les pauvres de la Chine.
Comme il y avait foule dans le prétoire, j'espère que
ces paroles n'auront pas été sans produire quelque bon
effet.

Quand le Tao-tai est venu me rendre ma visite, je
l'ai salué, selon l'usage adopté en Chine, de trois coups
de canon à son arrivée et à son départ. Nous avons
causé quelque temps dans le carré des officiers, par
l'intermédiaire de Mgr Danicourt, qui parle bien chinois. J'ai insisté encore sur l'intérêt que la France
porte aux Sœurs de charité, et je l'ai complimenté sur
la fermeté qu'il déploie pour maintenir l'ordre à Ning-
po. Après une petite collation, il a parcouru le bâtiment,
et il s'est retiré content de tout ce qu'il avait vu et entendu.

A bord du *Cassini*.   Hong-kong, 9 janvier.

Chère bonne mère,

Je ne croyais pas me trouver encore en Chine à cette
époque ; mais je ne puis m'en plaindre. Notre petite
campagne à Nan-king à été pleine d'intérêt ; elle a
servi à fixer nos idées sur ce grand mouvement insurrectionnel qui, comme un vent d'orage, secoue les ins-
titutions séculaires de ce pays.

Nous avons quitté Chang-hai le 29 décembre, et peu
s'en est fallu que nous ne tirions le canon contre les
insurgés avant notre départ. Heureusement que les
menaces ont suffi pour obtenir la réparation que nous
demandions. Je m'en suis réjoui à cause de nos mis-

sionnaires qui ont besoin des sympathies de tous, afin de les gagner tous à Jésus-Christ.

De Chang-hai, le *Cassini* s'est dirigé sur Ning-po, où nos Sœurs de charité font merveille et sont l'admiration des païens les plus endurcis, par la simplicité avec laquelle elles se livrent à toutes sortes d'œuvres de miséricorde. Après quelques jours passés à Ning-po, je suis parti le 3 janvier, emmenant à bord Mgr Danicourt qui est très fatigué et va se reposer quelque temps à Hong-kong.

Je quitterai la Chine avec le désir d'y revenir, car il y a beaucoup de bien à faire, et il suffit de se montrer. Tous les missionnaires que nous avons rencontrés ont paru voir le *Cassini* avec plaisir; ils venaient volontiers à bord respirer en quelque sorte l'air du pays, à l'ombre de notre pavillon. C'est pour eux une douce joie et une grande consolation de savoir que la France ne les oublie pas, et qu'ils ont de bons amis près d'eux. Je ne saurais donc trop recommander la belle œuvre de la Propagation de la foi. C'est une gloire pour la France que ce sou de chaque semaine prélevé si généreusement sur les bourses les plus modiques, et quelquefois sur la misère elle-même. C'est une satisfaction pour nous à l'étranger, de voir nos missionnaires marcher à la tête des apôtres des autres pays, car aucune autre contrée catholique ne fournit autant que la France de prêtres pour les missions.

Je te quitte, chère bonne mère, pour prier Dieu de verser ses meilleures bénédictions sur toi et toute notre famille.

A bord du *Cassini*.   Rade de Macao, 15 janvier.

Commandant,

Nos préparatifs de départ sont terminés. J'irai, selon vos intentions, à Manille, prendre des renseignements

24

sur les faits imputés au capitaine de B***. On dit que son bâtiment a été vendu et que lui-même est tombé malade. Si le consul le juge nécessaire et que cette nécessité me soit démontrée, je n'hésiterai pas à prendre à mon bord M. de B*** pour le ramener en France.

Je n'ai pas de nouvelles de Hong-kong depuis le matin du 14, que j'ai quitté ce mouillage. On disait que l'escadre américaine, composée de la *Susquehanna* du *Powhaton* et du *Mississipi*, était partie le jour même pour les îles Lou-tchou. J'avais déjà eu occasion de souhaiter bonne chance au commodore Perry ; et de fait, si les Américains réussissent à s'introduire au Japon dans de meilleures conditions que les Hollandais, ce sera un grand service rendu au monde, et, je l'espère, à la religon.

Le gouverneur de Macao m'ayant annoncé, dans la soirée du 14, la mort de la reine de Portugal, j'ai fait aujourd'hui apiquer les vergues et mettre les pavillons à mi-hauteur du mât en signe de deuil. Le *Cassini* étant le seul bâtiment de guerre sur rade, j'ai cru devoir m'écarter de la règle générale concernant les saluts pour les bâtiments à vapeur ; en conséquence, nous avons tiré un coup de canon d'heure en heure, et, ce soir, une salve de vingt et un coups en amenant les couleurs. A terre, les forts en ont fait autant au coucher du soleil, après avoir tiré toute la journée de quart d'heure en quart d'heure, accompagnés de la sonnerie des cloches dans toutes les églises de la ville.

Permettez-moi, avant de quitter la station, de vous communiquer mes impressions personnelles. Je crois très utile, pour réussir en ce pays, de n'avoir pas de parti pris et d'étudier chaque localité séparément. Nos missionnaires sont généralement justes appréciateurs des autorités chinoises, c'est à eux qu'il me paraît bon d'avoir recours là où il n'y a pas de consul. Grâce à leurs renseignements, nous avons vécu, pendant trois ans, en excellentes relations avec tous les mandarins.

A bord du *Cassini*.   Macao, 16 janvier.

   Chère mère,

   J'ai reçu hier ta lettre du 15 novembre : c'est probablement la dernière qui me parviendra en Chine, car nous nous disposons à partir. Combien je suis heureux d'apprendre que vous faites à Puycheni la prière en commun! Le retour aux anciennes et chrétiennes coutumes serait complet, si toute la maison y assistait. Je ne crois pas que rien puisse être plus agréable à Dieu que ces pieuses réunions, dans lesquelles maîtres et serviteurs viennent reconnaître qu'il sont égaux devant Dieu. Pendant que mon excellente mère et mes frères et sœurs ont prié pour les absents, j'ai prié aussi pour eux, partout où le *Cassini* a passé. Oui, partout, à Nan-king comme à Batavia, Singapore et Bourbon, j'ai demandé au bon Dieu de répandre ses bénédictions sur ma famille et mes amis; c'était un devoir de piété et de reconnaissance.

   Malgré le bonheur que j'éprouve à la pensée de revoir ma famille et mes amis, je ne m'éloigne pas de la Chine sans quelque regret. Les bâtiments de guerre, sans s'occuper directement des missions, peuvent cependant faire beaucoup de bien par les petits services qu'ils rendent aux missionnaires; et où trouver une mine plus riche à exploiter que ce pays qui renferme près de quatre cent millions d'âmes? Je m'en vais comme un homme qui n'a pas fini sa tâche, et qu'on enlève à une besogne à laquelle il commençait à prendre goût. Mais je ne murmurerai pas contre la volonté de mon Seigneur et de mon Dieu; je m'appliquerai à ne pas me croire utile au Tout-Puissant, parce que, dans

les desseins de sa Providence, j'ai pu, en apparence
opérer quelque bien, rendre quelques petits services
aux dignes prêtres placés à l'avant-garde de l'armée catholique. Ce qui me fait regretter la Chine, c'est la persuasion où je suis que pas n'est besoin de génie pour y
réussir. Il suffit d'une intention droite, d'une disposition sincère à écouter avec bienveillance les renseignements communiqués par ceux qui dirigent les missions.

« Je vous souhaite un prompt retour dans nos parages, m'écrit aimablement M. Edan. Vous y avez
laissé des cœurs qui vous aiment et vous rappellent ;
venez terminer ce que vous avez commencé... Depuis
votre affligeant départ, rien de bien intéressant ne s'est
produit sur notre scène inquiète de Chang-hai, si ce
n'est une horrible division entre les insurgés, dont une
partie aspirait à traiter avec le Tao-tai, et avait des
intelligences avec lui. Deux cents environ de ces *sou-
missionnistes* ont été exécutés par leurs compagnons
d'armes. La ville tient toujours bon. Les mandarins
fatigués ont demandé, par l'intermédiaire du P. Lemaître, audience au ministre de France, pour le prier,
lui et les deux consuls d'Angleterre et de France, de se
porter comme médiateurs auprès des rebelles, leur ga-
rantissant la libre sortie avec les bagages, et la vie
sauve. La visite a eu lieu au consulat d'Angleterre, et
la requête des mandarins est acceptée ; mais le plus
difficile sera de convaincre les rebelles de la bonne foi
des mandarins, et d'obtenir leur sortie de la ville sans
pillage. »

Le P. Clavelin, de son côté, m'écrit en date du
6 janvier, une nouvelle qui m'a causé bien du plaisir.
« Madame de Bourboulon, me dit-il, a fait hier son abjuration. A raison des circonstances, la cérémonie a
eu lieu en petit comité à la chapelle du consulat fran-

çais. M. de Bourboulon et M. Marquès étaient seuls présents. La petite chapelle avait été, dès la veille, ornée d'une manière très simple, mais très convenable. Mgr Maresca présidait à la cérémonie, assisté de plusieurs Pères et de quatre séminaristes. Après le baptême, réitéré sous condition, la néophyte a reçu le sacrement de confirmation et fait sa première communion à la messe qui a suivi immédiatement. Tous les assistants ont été singulièrement édifiés de ces belles cérémonies de l'Église, qui ont toujours le don d'émouvoir ceux qui en sont les témoins. Cependant il manquait quelque chose : votre présence, commandant, et celle de M. Clerc ; madame de Bourboulon a été la première à en faire la remarque et à témoigner ses regrets.

« Aujourd'hui encore, nous avons eu, par un temps magnifique, une autre belle cérémonie à Ton-ka-dou. M. et madame de Bourboulon, accompagnés de M. de Courcy et de M. Marquès ; M. de Beaudéan, suivi de quatre officiers et de quarante hommes d'équipage, l'arme au bras et tambour en tête, sont venus assister à la messe des Rois dans la cathédrale. Tout s'est également bien passé. Madame de Bourboulon se sentait inondée d'une paix et d'une joie indicibles qui la dédommageaient au centuple, disait-elle, des peines et des inquiétudes inséparables d'une démarche comme celle qu'elle venait de faire. »

Adieu, chère bonne mère, je t'embrasse de tout mon cœur. C'est le 18 que je compte partir pour Manille, où nous passerons probablement une huitaine de jours ; nous nous rendrons de là à Singapore, puis à Bourbon où nous n'arriverons guère avant le milieu du mois de mars.

A bord du *Cassini*.   Rade de Manille, 3 février.

Commandant,

J'ai quitté Macao le 13 janvier à midi ; le 22, à trois heures, le *Cassini* mouillait devant Manille. J'envoyai aussitôt un officier informer notre consul, M. Troplong, du but de notre relâche, l'embarquement de M. de B***. Dès le lendemain, M. Troplong voulut bien m'accompagner chez le général Montero, gouverneur par intérim, lequel se mit gracieusement à notre disposition pour aplanir toutes les difficultés que nous pourrions rencontrer. M. le consul de France me présenta aussi à l'intendant général des Philippines et à Mgr l'archevêque qui nous firent l'un et l'autre un bienveillant accueil.

Tout allait donc pour le mieux dans nos relations avec les autorités espagnoles ; mais l'embarquement de M. de B*** ne fut pas si facile que nous l'avait fait espérer le gouverneur. L'ex-capitaine du *Courrier de l'Inde* éprouvait une grande répugnance pour le *Cassini* et ne paraissait pas disposé à s'y rendre de bonne grâce. M. de B***, accusé d'actes de violence, demandait un conseil d'enquête ; mais je n'avais nulle mission pour le réunir. Il appartenait à M. de Codrika, le précédent consul, d'ouvrir l'enquête, et je ne pouvais recevoir de lui mandat de le remplacer. Pour donner une sorte de satisfaction à l'ex-capitaine, M. Troplong lui dit, comme du reste il en avait l'intention, qu'il commencerait une enquête après son départ.

Cependant M. de B*** qu'on laissait circuler librement, se permit une nouvelle incartade à l'égard du chancelier du consulat, et M. Troplong crut devoir recourir à la police espagnole pour arrêter le coupable. Sur ces entrefaites, M. de B***, ne sachant plus comment sortir de la fausse position où il se trouvait, se décida à écrire au consul qu'il se mettait à sa disposition. Alors, sans perdre de temps, M. Troplong l'invita à venir le voir et lui persuada de s'embarquer immédiatement sur le *Cassini,* ce qu'il fit volontairement dans l'après-midi du 1er février.

Déjà je commandais toutes les dispositions du départ, quand on m'annonça l'arrivée du nouveau gouverneur, le général Pavia. Celui-ci, informé de tout ce qui s'était passé, voulut prendre connaissance par lui-même de l'affaire ; ce n'est qu'après l'avis de l'*audience* qu'il autorisa le départ de l'ex-capitaine du *Courrier de l'Inde.*

A bord du *Cassini.*   Singapore, 13 février.

Chère mère,

Enfin, voilà le *Cassini* en voie de retour vers la France ! Partis de Macao le 18 janvier, nous étions à Manille le 22 ; ce qui nous a permis d'assister à l'arrivée du nouveau gouverneur général, marquis de Novaliche. Pendant mon séjour en ce pays, il m'a été donné de faire, en compagnie de six personnes du bord, une course intéressante à Jala-jala, fort belle propriété, située sur une presqu'île du grand lac de Bay. Elle appartient à un très honnête Français, M. Vedi, homme instruit et religieux, qui nous y a offert, en qualité de compatriotes, une large et gracieuse hospitalité. C'était un voyage assez pénible par la longueur de la route, mais très agréable par la variété et la beauté des paysages. Il paraît que les Indiens des Philippines sont très faciles à manier ; aussi les Espagnols les traitent-ils avec une extrême douceur, comme des enfants. Le clergé jouit dans ces îles d'une grande influence, et c'est lui qui sert d'intermédiaire quand surgit une difficulté entre les naturels et le gouvernement.

J'ai eu comme passager, de Manille à Singapore, le surintendant général des Philippines, qui retourne en Espagne, par suite de la remise de ses pouvoirs au nouveau gouverneur général, lequel résume en sa personne toutes les attributions autrefois réparties entre plusieurs chefs de service. M. Sandino y Miranda est un homme distingué qui emporte l'estime et la considération de tous ceux qui apprécient l'intelligence et l'intégrité dans l'administration. Il m'a beaucoup intéressé dans nos longues causeries par de curieux détails sur ce beau et riche pays.

Adieu, chère bonne mère. Le *Cassini* quittera probablement Singapore pour Bourbon, le 22 courant.

A bord du *Cassini*.   Rade de Saint-Denis, 25 mars.

Chère mère,

S'il plaît à Dieu, le retour du *Cassini* en France aura lieu dans un mois environ après l'arrivée de cette lettre, ce qui est court en comparaison de la longue campagne que je viens de faire.

Notre traversée de Singapore à Bourbon n'a éprouvé aucune contrariété, et je suis arrivé, à l'époque où je comptais, sur rade de Saint-Denis. J'ai été très bien accueilli par le commandant de la division navale, le contre-amiral Laguerre, que j'avais vu souvent à Paris. Le gouverneur, M. Hubert Delisle, qui a remplacé M. Doret nommé sénateur, m'a invité à dîner dès le jour même de mon arrivée, et m'a fait aussi très bon accueil. Un de mes camarades de classe, le lieutenant-colonel de Condrecourt, maintenant catholique pratiquant, m'attendait avec sa voiture sur le quai, et il a insisté pour que je la gardasse à ma disposition. J'ai trouvé chez lui un pied-à-terre très commode. L'évêque de Saint-Denis, Mgr Desprez, mon ancien passager du

Cassini, qui m'a conservé une sincère amitié et que je me faisais une fête de revoir, n'est pas à la Réunion. Rappelé en France pour des affaires urgentes, comme il me l'écrivait au mois de mai dernier, il a quitté la colonie vers la fin de l'année.

Je suis allé hier avec deux officiers du *Cassini*, et un autre officier de marine, passer une agréable journée à la campagne du gouverneur. Elle est située dans une délicieuse position, sur les hauteurs qui dominent Saint-Denis ; mais cela ne vaut pas pour moi nos bois et nos prairies de Puycheni. J'ai eu le plaisir, au retour, de trouver le colonel de Condrecourt, qui m'attendait avec sa voiture au bas de la montagne. Nous sommes allés ensemble visiter le supérieur des Jésuites, le P. Jouan, préfet apostolique de Madagascar, un véritable apôtre qui a été bien aise de causer avec moi de la mission de ses confrères en Chine.

Malgré toutes les marques de sympathie que je reçois dans ce pays, Bourbon a moins d'attrait pour moi que par le passé. A mesure que j'avance vers la France, je me sens plus pressé d'y arriver. Mes derniers regrets d'avoir quitté la Chine seront dissipés avant que je franchisse le seuil du vieux manoir où est mon excellente mère. Je crois cependant qu'après avoir pris un peu de repos, le désir de revoir ces campagnes de Chine où la moisson promet d'être si abondante pour le catholicisme ne tardera pas à revenir.

Nous faisons à la hâte nos dispositions de retour en France. Je compte partir du 1er au 5 avril pour le cap de Bonne-Espérance d'où nous irons probablement à Gorée et à Madère.

Adieu, chère mère, et à bientôt, si telle est la volonté de Dieu.

A bord du *Cassini*.   Simon's bay, 4 mai.

Chère mère, notre voyage de Bourbon à Simon's bay a été de dix-huit jours. On m'a remis une lettre de toi qui m'avait été envoyée en Chine ; c'est la plus récente de date, elle est du mois de décembre.

J'espère que ma lettre présente précèdera de peu de temps l'arrivée du *Cassini*, car nous devons partir demain de Simon's bay (cap de Bonne-Espérance), et il y a quelque probabilité que nous pourrons être en France vers le 10 juillet.

La guerre sévira de toute sa force entre la Russie et la France, et il me deviendra alors impossible de prendre un congé. Ce sera sans doute un cruel sacrifice, mais la pensée que telle est la volonté de Dieu me donnera du courage. Je me suis heureusement habitué dans ces derniers temps aux idées chrétiennes qui compriment les élans naturels devant les circonstances impérieuses de la vie ; je tâcherai donc de me soumettre de bon cœur à la sainte volonté de Dieu.

J'ai revu avec plaisir le vicaire apostolique, Mgr Griffith, qui emploie tout son zèle à soutenir, à développer les œuvres catholiques au milieu des sectes protestantes. On gagne peu de terrain, mais on avance toujours un peu. Des missionnaires français, des Oblats de Marie, sont établis du côté de Natal, à près de deux cents lieues du Cap. N'est-ce pas une grande satisfaction pour nous de constater partout cette lutte hardie contre le mal ? On est fier d'être Français, quand on voit nos compatriotes prendre ainsi le premier rang dans le monde parmi les apôtres de la bonne nouvelle.

En mer, 16 mai.

Je viens de relire avec intérêt des notes prises sur Madère et Table-Bay, à notre passage en 1851. Ces

notes me font regretter de n'avoir pas eu la persévérance de continuer durant toute la campagne.

Le temps est beau. Nous marchons six, huit et même
neuf nœuds à la voile, et nous n'avons pas encore res-
senti de fortes chaleurs. Jusqu'à présent mes prétentions pour l'arrivée n'allaient pas au-delà du 1er ou du
10 juillet ; tout à coup je les ai élevées jusqu'au 24 juin.
C'est qu'on a parlé aujourd'hui d'arriver à Lorient pour
la fête de la Saint-Jean, afin d'assister à la bénédiction
des coraux et au départ des pêcheurs de sardines. Cela
m'a monté la tête et je regarde l'horizon avec une sorte
de convoitise, et je demande aux nuages qui passent,
d'augmenter la brise, de la faire fraichir à dix, à onze
à douze nœuds...

Avant tout, ô mon Dieu, je me soumets de bon cœur
à ce que décidera votre sagesse. Puissé-je, comme
c'est mon devoir, hâter mon arrivée en France par
tout ce qui dépend de moi, mais ne commettre aucune
imprudence, soit à la voile, soit à la vapeur !

Gorée, 1er juin.

Mouillé à Gorée à deux heures de l'après-midi. Reçu
la visite du capitaine du *Crocodile*, M. Gennet, lieutenant de vaisseau, mon compatriote, que je connais
depuis 1824. M. Gennet revient du fleuve du Sénégal,
où il a assisté, comme commandant d'un détachement
de quatre cents marins, à deux affaires très sérieuses.
Sur mille hommes qui composaient l'expédition, il y a
eu, sans parler des maladies, cent cinquante hommes
mis hors de combat, dont une vingtaine de morts.
L'expédition était dirigée par mon ancien camarade
Protet, gouverneur du Sénégal.

J'ai appris beaucoup de nominations d'avancement :
le général Canrobert commande l'armée qui doit agir

contre les Russes ; d'Aboville est chef d'état-major du ministre ; plusieurs de mes camarades, entrés après moi dans la marine, sont déjà capitaines de vaisseau et exercent un commandement ; nous avons une flotte dans la Baltique, etc. Il y a des nouvelles à casser la tête. Puisse la divine Providence permettre que je reste calme au milieu de cette fièvre générale !

A Dakar, visite à Mgr le vicaire apostolique de Sénégambie, dans un bien modeste réduit. Vu le non moins modeste établissement des Filles de Marie. Tous travaillent avec ardeur, malgré les dégoûts dont ils sont abreuvés sur cette terre ingrate.

3 juin.

Quid retribuam Domino pro omnibus quæ retribuit mihi ? Encore une bonne nouvelle, encore une conversion ! Mon frère Emm., malgré les distractions et les soucis de la vie militaire, est, m'écrit-on, nettement revenu aux pratiques de notre sainte religion. Ainsi, dans l'espace de six ans, ma pieuse mère a eu la consolation de voir ses fils retourner à Dieu, bien que, arrivés à un âge où l'on s'entête souvent dans ses idées, au lieu d'adopter celles des autres, surtout lorsqu'il faut rompre avec ses passions.

Je suis allé à terre entendre la messe dite en actions de grâces pour remercier Dieu de cette conversion si longtemps désirée, et que j'aurais achetée au prix de mon sang : *Quid retribuam ?* Le curé de Gorée a bien voulu venir déjeuner avec moi ; nous avons ensuite visité ensemble l'établissement des Frères de Ploërmel, qui font ici beaucoup de bien.

A bord du *Cassini*.   Rade de Gorée, 4 juin

J'ai été très agréablement surpris, chère bonne mère, de recevoir de toi une lettre ici, où je n'avais pas dit de m'écrire, parce que je n'étais pas sûr d'y relâcher. La lettre d'Augusta, datée du 20 avril et adressée à Madère, m'annonce la meilleure nouvelle que je pouvais apprendre : le retour d'Emm. à notre sainte religion, celle dans laquelle nous avons été élevés, et qui nous a toujours maintenus, sans nous en douter, dans la probité et l'honneur. Dieu soit loué ! et puisse le désir que je t'ai souvent exprimé se réaliser un jour ! Oui, puissions-nous tous, frères et sœurs, remplir auprès de notre bonne mère, dans la chapelle du vieux manoir, le plus grand et le plus doux des devoirs !

J'ai visité ici et à Dakar les missionnaires, et les Frères et Sœurs qui s'occupent des jeunes noirs sous leur direction ; tous ont une grande confiance dans l'avenir, car partout il y a progrès et bénédictions du ciel. Voilà donc notre sainte religion, dont naguère les impies parlaient de faire les funérailles, qui reverdit de manière à donner les plus belles espérances ! Dans cette petite ville de Gorée, habitée en grande partie par des noirs et des mulâtres, et qui ne compte pas plus de quatre à cinq mille âmes, il y aura demain près de cent premières communions.

J'ai l'intention de quitter Gorée dans deux ou trois jours. La machine du *Cassini* ne me permet pas un prompt voyage ; j'espère cependant être à Lorient dans les premiers jours de juillet.

6 juin.

Un bâteau à vapeur, parti d'Angleterre le 23 mai, vient de mouiller en rade. Il paraît qu'on avance rapidement vers les Russes, et l'on s'attend, d'un moment à l'autre, à quelque terrible collision.

Je remarque à ce sujet que, par une disposition spéciale de la Providence, appelée mauvaise chance dans

le monde, je n'ai jamais pris part aux nombreuses expéditions qui ont eu lieu depuis 1826. Faut-il m'en
plaindre ? Dieu m'en garde ! J'ai fait tout mon possible
pour remplir ma tâche. Par une singulière coïnci-
dence, je me trouvais au-delà du cap Horn, quand on a
conquis Alger ; je me suis embarqué, sans que ce fût
mon tour, pour l'expédition de la Plata ; j'ai demandé à
aller au Mexique, sans que mes démarches fussent cou-
ronnées de succès ; j'ai navigué comme second sur un
brick, croyant m'engager dans une entreprise contre
Madagascar ; et aujourd'hui, je suis loin de la France,
quand toute la marine est en mouvement pour agir contre
la Russie ! Encore une fois, faut-il m'en plaindre ? Et
pourquoi ? Dieu me veut sur le *Cassini* et pas ailleurs :
que sa sainte volonté soit faite !

Nous devions partir ce soir à six heures, mais nous
sommes loin d'avoir terminé nos affaires. En somme,
qu'importe de partir à une heure plutôt qu'à une autre,
pourvu que j'aie rempli mon devoir, et que le retard
soit en dehors de ma volonté !

En mer, 23 juin.

La volonté de Dieu passe sur le *Cassini* ! Nous nous
débattons contre une brise contraire, qui est trop forte
pour notre machine et nous oblige à tenir une sorte de
cape.

C'est aujourd'hui la fête de la Très Sainte Trinité.
Comme l'introït de la messe : *Confitebimur ei quia
fecit nobiscum misericordiam suam*, répond bien à la
situation présente de mon âme, qui repassait tout à
l'heure avec elle-même les miséricordes du Seigneur !

Que d'événements dont nous n'aurons jamais la clef,
mais combien d'autres dans lesquels le doigt de Dieu
se montre de la manière la plus visible ! Oui, il y a une

Providence qui règle et dispose toutes choses pour le plus grand avantage de ceux qui se confient en elle.

Un embarquement sur le *Suffren* me vaut la connaissance et l'amitié de l'amiral Casy, et de plusieurs autres personnes, telles que Bernaërt, de Fayolle, de la Motte, etc. Je suis fait chevalier et officier de la Légion d'honneur, et je passe trois ans de la manière la plus agréable. L'embarquement sur le *du Couëdic*, taxé de folie par un de mes bons camarades, me vaut la connaissance et l'amitié de l'amiral Desfossés, et le commandement provisoire de la *Belle Poule*, suivi d'un ouragan qui a servi de base à ma nomination au grade de capitaine de corvette. Au moment où éclate une révolution qui menaçait de bouleverser l'Europe, un rayon de lumière me dessille les yeux : je crois, je me confesse et je suis admis au banquet sacré.

Depuis cette époque, tout marche pour moi de mieux en mieux. C'est d'abord la Société de Saint-Vincent de Paul qui me reçoit parmi ses membres et me met en rapport avec plusieurs amis d'élite ; c'est ensuite une réunion d'officiers qui m'élisent comme leur président. L'amiral Casy, ministre pendant deux mois, m'appelle alors au Conseil d'amirauté, me conférant ainsi l'honneur le plus inattendu et, je puis dire, le moins mérité. L'amiral Desfossés, ministre à son tour, me choisit comme premier aide de camp ou chef d'état-major. Pendant que ces honneurs m'arrivaient, sans que j'eusse la peine de les solliciter, ou même de les désirer, Dieu daignait me ménager toute facilité pour l'accomplissement de mes devoirs religieux. Je fis un voyage à Rome où je reçus la sainte communion des mains du Souverain Pontife, qui m'accueillit avec bonté dans une audience particulière. Enfin je reviens d'une campagne en Chine, qui s'est effectuée très heureusement.

Comment, après cette longue énumération des bienfaits de Dieu, pourrais-je douter encore de son affection paternelle ? Comment ne me confierais-je pas absolument et sans restriction à sa bonne Providence ? Mon Dieu, ne permettez pas que j'oublie jamais vos miséricordes, et usez de moi, comme vous l'entendrez, pour l'accomplissement de vos adorables desseins.

La Horta, 26 juin.

Nous approchons des Açores ; ce qui m'a rendu très indécis sur ce que je devais faire. Fallait-il relâcher à Fayal, ou continuer notre route avec une forte brise qui s'est levée après le calme, et qui promet de durer. J'allais me décider pour ce dernier parti quand j'ai appris que le chirurgien-major était à court de quinine, et qu'il désirait relâcher pour renouveler sa provision et procurer des vivres frais aux malades.

Je comptais voir la terre, vers trois ou quatre heures ; il est sept heures, la nuit vient, et nous n'avons rien aperçu... Il est neuf heures et demie, la nuit est obscure, et nous attendons une éclaircie... A dix heures, nous nous remettons lentement en route vers Fayal, qui, grâce à l'exacte longitude indiquée par les montres, a été aperçue où je m'attendais à la voir... A minuit nous entrions dans la baie. Il a fallu chercher un mouillage auprès des autres navires, et manœuvrer des ancres sous une pluie battante pendant près de deux heures.

A bord du *Cassini*.   En mer, 3 juillet.

Nous allons quitter la Horta, chef-lieu de l'île Fayal, une des Açores. C'est une bonne et agréable relâche, où l'on se procure, en peu de temps, du charbon et d'excellents vivres. Je suis allé ce matin à terre, accompagné de deux Frères, d'un prêtre et d'une religieuse. Ceux qui s'éloignent de tout ce qui porte le costume ecclésiastique trouveront certainement à redire à cette conduite d'un commandant de bâtiment de guerre. J'avoue que je n'ai nullement l'intention de fronder l'opinion publique ; mais je n'avais aucune raison de fuir une circonstance que je n'avais pas recherchée.

M. l'abbé Dubois a dit la messe à la chapelle du Saint-Sacrement, dans l'ancienne église des Jésuites. Je me suis ensuite promené sur les hauteurs qui dominent la ville du côté du nord-est. La montagne qui cerne la baie est découpée en petits morceaux de terrain, bordés de haies ou de murs. C'est d'un moins bel effet que les vastes champs de verdure que l'on voit à Manille ou dans les pays de grande culture ; néanmoins cela annonce une végétation riche et une population aborieuse. Des paysans étaient occupés à sarcler le maïs ; ils nous ont paru robustes. Un enfant à qui M. l'abbé Dubois a donné une croix, l'a baisée immédiatement avec respect. Les Portugais, du reste, sont pieux ; je leur reprocherais seulement de causer tout haut dans les églises.

A bord du *Cassini*.   En mer, 3 juillet.

Chère bonne mère,

Nous avons quitté Gorée le 6 juin, et relâché à Fayal le 24, jour de saint Jean ; nous en sommes repartis le 26 avec d'excellentes provisions de mer, et aujourd'hui, 3 juillet, nous étions vers midi à quatre-vingt-douze lieues de Lorient. Nous sommes plus rapprochés de Lorient que cette ville ne l'est de Paris ; nous pouvons y arriver, s'il plaît à Dieu, après-demain dans la journée.

25

Malgré des vents frais qui, de Gorée à Fayal, dimi-
nuaient beaucoup la puissance de la machine, la traversée est, jusqu'à présent, des plus heureuses. Cette
longue campagne, qui n'a été pour personne bien pénible, semble toucher à sa fin ; aussi règne-t-il à bord
une grande joie. L'harmonie n'a cessé d'exister entre
nous, et hier encore j'avais à diner six personnes de
l'état-major.

Ma santé est excellente. J'ignore absolument . ce
qu'on fera de moi ; mais je ne puis demander de congé
dans les circonstances où nous sommes. Je t'embrasse
de tout cœur, chère mère, en attendant que le bon
Dieu me donne quelques jours pour aller t'embrasser
de fait, comme mon cœur le désire.

En mer, 5 juillet.

Il y a quarante mois que le *Cassini* a quitté Lorient,
et bientôt il va donner dans les passes de Groix, et, s'il
plaît à Dieu, il mouillera dans la matinée au port qui
lui a servi de point de départ. Par obligation de position, j'ai veillé toute la nuit : à dix heures trente-cinq,
nous apercevions les feux de Belle-Ile, et à onze heures,
le chef de timonerie signalait ceux de Groix... Le jour
commence à luire ; nous ne sommes guère qu'à quatorze milles de Lorient... A six heures nous entrons
dans le port.

Lorient, 6 juillet.

On me remet une lettre de mon frère Emmanuel,
datée du camp des Moulins, près de Gallipoli. Rien ne
pouvait m'être plus agréable que les bonnes nouvelles
qu'elle renferme, et qui confirment tout ce que j'avais
déjà appris par les lettres de la famille. C'est dans la

religion qu'il a puisé le courage au milieu de l'épreuve, en se séparant pour toujours peut-être de sa chère femme et de ses petits enfants. Merci, mon Dieu, de cette délicate attention de votre douce miséricorde. Daignez accepter en actions de grâce les cruelles privations qui vont m'être imposées à moi-même par la force des choses.

CHAPITRE XIV

ÉPILOGUE

Le *Cassini* désigné pour la Baltique. — Lettres de l'amiral Desfossés et de l'amiral Lapierre. — Relâche à Cherbourg. — Arrivée à Calais. — Sentiments du commandant de Plas. — Départ d'une division de dix mille hommes, sous les ordres du général Baraguey d'Hilliers.—Services rendus par le *Cassini*.— Débarquement du commandant et de l'état-major. — Adieux à l'état-major et à l'équipage. — Propositions d'avancement. — Séjour à Puycheni.

Le jour même de son arrivée à Lorient, le commandant de Plas se rendit à la préfecture maritime, où il apprit que tous les ports étaient en plein armement à l'occasion de la guerre contre les Russes. Sans avoir le temps de se reconnaître, il fut enveloppé dans le branle-bas général. Comptant sur son dévouement à toute épreuve, sur l'activité de l'état-major et sur la bonne volonté de l'équipage, le préfet maritime lui demanda de tenir le *Cassini* prêt à partir dans six jours pour la Baltique. « Il est arrêté, écrit François dans son *Journal*, que nous partirons le 12 pour la Baltique. C'est une peine pour moi d'arracher l'état-major et l'équipage à leurs familles qu'ils ont à peine vues ; mais la Providence a ses desseins que je ne chercherai point à scruter. »

Sans doute, après une si longue campagne, de Plas aurait bien désiré embrasser sa mère et revoir ses amis ; mais tout occupé à l'armement de son bâtiment, il ne pouvait songer à une absence même momentanée. Sacrifiant les plus légitimes sentiments de la nature à la voix impérieuse du devoir, il écrivit à Puycheni, le 7 juillet : « Je ne m'arrêterai pas à faire des condoléances, chère mère ; tu connais trop le cœur de ton François. Je te dirai plutôt : réjouis-toi d'avoir deux fils qui prennent part aux fatigues et aux dangers de la guerre... Ma santé est bonne ; l'équipage, quoique fatigué, a repris courage, et tout ira bien, j'espère. »

Cependant le *Cassini* n'était point destiné à faire la guerre ; il allait être employé, malgré le mauvais état de ses chaudières, comme transport et comme remorqueur. « Nous chauffons pour partir, écrit le commandant, le 11 juillet. Notre première étape doit être Cherbourg, d'où nous irons probablement à Calais. Je prends la mer avec plaisir, car la vie des ports est pleine de tracasseries, et la discipline s'affaiblit dans ce contact incessant des matelots avec leurs familles. »

C'était plus militairement sans doute que François aurait désiré servir, si la chose n'eût dépendu que de lui ; mais il accepta avec joie ce rôle obscur, satisfait de contribuer pour sa part à la défense commune. Heureusement qu'une lettre très affectueuse de l'amiral Desfossés, un de ses meilleurs amis, était venue le consoler des déboires qu'il avait rencontrés dès son arrivée, surtout en apprenant l'injuste oubli de M. de Rocquemaurel, l'ancien commandant de la station de Chine.

« Je suis tombé des nues, hier soir, lui écrivait l'ancien ministre, lorsqu'on m'a dit que le *Cassini* était arrivé à Lorient. Nous ne vous attendions qu'à la fin du mois ; mais que le ciel soit loué de votre prompt retour ! Vous venez d'accomplir bien dignement une belle mission.

« Sachant combien vous êtes détaché de certains biens d'ici-bas, je suis certain que vous aurez été beaucoup moins ému que moi, en apprenant que le Conseil d'amirauté, par suite d'absence d'une demande officielle, n'a pu vous porter sur le tableau d'avancement de cette année (1). M. de Rocquemaurel, qui se tient caché je ne sais où, depuis son retour en France, s'est montré, par cette coupable indifférence, ingrat envers vous, et peut-être aussi envers moi ; mais j'ai appris à ne m'étonner de rien, depuis que j'ai fait avec vous et comme vous à mes dépens une utile expérience du cœur humain. »

« Je vous témoigne tout le chagrin que j'ai eu, lui écrivait à son tour l'amiral Lapierre, de ne pas vous avoir vu porter sur le tableau d'avancement, mais l'absence de demande en temps opportun en a été le seul motif. On ne conçoit pas qu'un chef se conduise ainsi que l'a fait M. de Rocquemaurel à l'égard de toutes les personnes qu'il avait sous ses ordres. »

Le 14 juillet, le *Cassini* arriva à Calais avec le vaisseau le *Tilsit*, qu'il avait remorqué une partie du trajet depuis Cherbourg. Dans une courte relâche de deux heures en rade de cette ville, de Plas avait eu le plaisir de serrer la main à l'un de ses bons camarades d'école, M. de Kersauson Pennandreft qui avait si puissamment contribué, en 1848, à le ramener à la religion. La première personne qu'il rencontra en entrant à Calais, fut le gendre même de l'amiral Desfossés,

---

(1) Une demande était bien parvenue au ministère, mais trop tard, comme nous le verrons plus loin.

M. Foullioy, commandant du *Corse*, qui le reçut à bras ouverts, comme un vieil ami. Il n'eut aussi qu'à se féliciter de l'excellent accueil de l'amiral Lapierre, sous les ordres duquel il était appelé à servir.

« Notre petit voyage de Lorient à Calais, écrit-il à sa mère, n'a été traversé par aucune contrariété. Les côtes ne sont pas dangereuses en cette saison. Je me réjouis qu'on ait pu utiliser le *Cassini* encore quelque temps. Il est d'un bon effet de voir un bâtiment revenant d'une longue campagne et repartant six jours après son arrivée au port. Non seulement c'est bien en soi, mais cela pourra être utile aux officiers et aux hommes d'élite du bord ; et je tiens à prouver qu'on peut allier les qualités militaires avec la pratique religieuse.

« J'espère que tu comprendras le motif qui me fait ajourner encore l'époque de mon retour. Je veux, autant qu'il dépendra de moi, honorer ma bonne mère comme je l'aime de tout mon cœur ; mais je veux aussi être prêt à laisser mère, sœurs, amis, pour le service et la gloire de Dieu. Malgré que je ferme la porte aux élans de mon cœur en ce moment, ce sera certainement une grande joie pour moi de revoir le vieux manoir, car sa vue me rappellera ce que j'aime le plus au monde ; mais il faut avoir encore un peu de patience, et laisser bien franchement à Dieu le soin de régler ces sortes d'affaires comme il règle toutes les autres. »

En attendant les ordres de l'amiral Lapierre, François reprit à Calais, comme il l'avait fait partout ailleurs, l'habitude d'assister à la messe du matin, et d'approcher fréquemment de la sainte Table. De concert avec M. de la Roche Kerandraon et plusieurs autres camarades et amis, il prenait part le soir aux réunions de la conférence de Saint-Vincent de Paul, présidée par le commissaire de l'inscription maritime. Il se tenait prêt à toute éventualité, lorsqu'il apprit, d'une manière certaine, le 19 juillet, qu'on ne l'enverrait pas dans la Baltique, à raison de l'état du *Cassini*, qui réclamait des réparations urgentes. « C'est demain soir, écrit-il à sa mère, que nous partons pour Brest, puis pour Lorient, où se fera le désarmement du *Cassini*. Je n'ose me flatter, ajoute-t-il, d'aller de suite à Puycheni. Il y a dans les ports de la besogne pour tous les officiers, et les circonstances exceptionnelles dans lesquelles on se trouve, pourraient susciter de nouvelles difficultés et de nouveaux retards. »

Le lendemain, après avoir aidé à l'embarquement sur des vaisseaux anglais d'une division de dix mille hommes qui devaient, sous les ordres du général Baraguey d'Hilliers, rallier les six mille hommes qui se trouvaient déjà dans la Baltique, le *Cassini* resta seul en rade, avec le garde-pêche, et c'est lui qui salua de dix-sept coups de canon le départ du commandant en chef. Quelques instants après, de Plas faisait ses adieux à l'amiral Lapierre, qui retournait à Paris ; lui-même cinglait à l'ouest, sans regret de ne pas aller dans la Baltique, comme un homme qui laisse passer avec respect la volonté de Dieu.

Arrivé à Brest le 22 juillet, le commandant en partit avant minuit, laissant à terre médecin, commissaire et un officier. Le major général, contre-amiral Fourichon, qui remplaçait le préfet absent, avait cru qu'il était urgent de se rendre immédiatement à Lorient pour remorquer un vaisseau destiné à la Baltique. « Cette activité à laquelle on contraint le *Cassini*, écrit alors François, termine bien notre longue campagne ; elle sera un titre d'avancement pour les officiers et l'équipage. Quant à moi, chère bonne mère, tu connais mes sentiments en fait d'honneurs que je considère plutôt comme une charge que comme une récompense. Je sers de mon mieux dans mon grade, dont je suis satisfait, et je n'attends pas d'autre récompense que celle promise par Dieu aux hommes de bonne volonté. »

Le lendemain, à deux heures de l'après-midi, le *Cassini* entra dans le port de Lorient, ayant à son bord la dépouille mortelle du jeune Lavaud, fils du préfet maritime, qu'il rapportait de Calais. Un canot de la préfecture, où se trouvaient un aide de camp et un aumônier, attendait le cercueil auquel on rendit les honneurs funèbres, comme si le défunt avait appartenu au bâtiment. A peine de Plas, après avoir assisté à la messe de requiem, avait-il eu le temps de saluer à terre quelques-uns de ses bons amis, entre autres M. Lauriston et le commandant Rolland de Chabert, qu'il repartit de nouveau, donnant la remorque au vaisseau de ligne le *Donawertz*, pour le conduire en pleine mer.

Le 26, le *Cassini* mouilla en rade de Brest, où il devait prendre à la remorque la frégate la *Persévérante* jusqu'à l'île d'Ouessant, pour la mettre à même de pouvoir continuer sa route dans la Manche. « Je comprends, écrit François à sa mère, que, privés comme on l'est de bâtiments à vapeur, par suite des expéditions de la Baltique et de la mer Noire, on ait gardé le *Cassini* pour le service spécial qu'il fait en ce moment. Nous allons repartir pour Lorient avec un chargement de fers et d'autres objets. Cette activité me plaît plus qu'elle ne me fatigue. Sans doute j'aurais aimé à prendre quelques jours de repos dans ma famille ; mais, puisque ce n'est pas possible immédiatement, il faut se résigner et faire contre mauvaise fortune bon cœur. J'oublie qu'il n'y a pour un chrétien ni bonne ni mauvaise fortune, mais simplement la conformité joyeuse à la volonté de Dieu. »

Loin de regarder comme fâcheux cet emploi à outrance du bâtiment, le commandant se réjouissait de cette activité très utile pour tout le monde. A Brest, comme dans les autres ports où il avait relâché, il retrouva de bons amis, parmi lesquels M. Cléret de Langavant et l'amiral Fourichon. « Je suis ici, écrit-il, en pays ami. Je dois dîner ce soir chez l'amiral Fourichon, qui a fait un chemin rapide, mais que je ne crois pas au-dessous de sa position. » Il revit aussi avec plaisir son ancien confesseur l'abbé Le Sinner, aumônier de l'hôpital, et le cercle des officiers de la marine dont il avait été le premier président. Ce cercle, qui s'était organisé en 1848, sous le nom de club, selon l'usage du temps, était devenu un excellent lieu de réunion pour les officiers de tout grade et comptait plus de cinq cents souscripteurs.

De Paris, où il résidait alors, l'amiral Desfossés n'oubliait pas son ancien chef d'état-major. Il lui écrivit donc à Brest, pour lui demander s'il n'accepterait pas volontiers une place vacante parmi les membres du Conseil des travaux. C'était un honneur dont François aurait pu se montrer fier, mais qu'il déclina par humilité. Il répondit à l'amiral pour le remercier de son bienveillant intérêt, prétextant son inaptitude pour les importantes fonctions qu'on voulait lui confier, et ajoutant qu'il n'avait qu'un seul désir, celui de reprendre la mer, même avec le *Cassini* rapiécé, après avoir passé une quinzaine de jours dans sa famille.

Le 1er août, le *Cassini* quitta Brest pour se rendre à Lorient, où il arriva après une traversée de quatorze heures. « Le vieux *Cassini*, disait son commandant, se tire encore bien d'affaire. » Mais ce fut leur dernier voyage. Le commandant Jam, préfet par intérim, avertit de Plas que le bâtiment allait entrer en commission de port, et que les officiers seraient changés. Celui-ci, tout joyeux, s'empressa d'annoncer cette heureuse nouvelle à sa famille. « Il est probable, dit-il, que sous peu de jours je serai à Puycheni. On ne m'accorde qu'une courte permission, à cause des circonstances dans lesquelles nous nous trouvons ; mais, pourvu que j'aie huit jours à passer près de mon excellente mère et de mes frères et sœurs, je serai content, très content ; et, s'il est possible d'y rester quinze jours ou un mois, j'accepterai volontiers cette faveur. »

François ne s'attendait guère à revoir le vieux manoir de Puycheni avant la fin du mois, car il avait à régler les affaires du bâtiment et celles des hommes qui avaient servi sous ses ordres. Mais les choses marchèrent beaucoup plus vite qu'il ne l'avait supposé. Dès le 3 août, la commission supérieure vint constater que le commandant n'avait fait aucun changement au bâtiment ; et le jour même, de Plas commença son déménagement. « Je voudrais, écrit-il, m'écrier comme ce sage du paganisme : Que de choses dont je n'ai pas besoin ! malheureusement il n'en est pas ainsi ; les devoirs d'un commandant l'obligent à s'entourer de beaucoup de choses qui ne paraissent pas de première nécessité. »

C'est le 5 août, que de Plas reçut son ordre de débarquement ; il assista avec l'état-major et l'équipage du *Cassini* à une messe d'actions de grâces, pour remercier Dieu d'avoir béni la campagne si heureusement terminée. « Gloire à Dieu, s'écrie-t-il dans son *Journal*, et paix aux hommes de bonne volonté ! J'espère que ce matin tous auront trouvé dans leur cœur des sentiments de reconnaissance envers le bon Dieu, qui nous a si visiblement protégés. Sans doute bien des bâtiments où Dieu n'est pour ainsi dire pas connu, font heureusement des navigations dures et périlleuses ; mais le bonheur apparent des méchants ne doit pas empêcher ceux qui ont faim et soif de la justice de rendre à Dieu ce qui revient à Dieu. Puisse cette faim et cette soif de la justice être au-dessus de tout chez moi, afin que je rende gloire à Dieu en toutes choses, en tout temps et en tout lieu ! »

Le lendemain matin, le commandant se rendit à bord du *Cassini* pour inspecter le bâtiment et faire ses adieux à l'équipage. « Ce sont de braves gens, écrit-il, que je retrouverai avec plaisir dans la suite. Je leur ai dit de nouveau toute ma satisfaction pour la manière dont ils se sont conduits dans les principales phases de la campagne ; et, malgré mon discours sans apprêt, je ne doute pas de leur avoir fait grand plaisir, car la bouche parlait de l'abondance du cœur. »

Le soir, un diner d'adieu, auquel était admis le nouveau commandant, réunit tous les anciens officiers du *Cassini* qui avaient supporté si courageusement les ennuis d'un longue campagne, et dont aucun incident n'avait jamais pu troubler l'harmonie. Tous se séparèrent bons amis, avec le désir de se retrouver un jour.

Un dernier devoir, auquel il ne pouvait manquer, s'imposait à l'ancien commandant, celui de recommander au ministre de la marine les hommes dont il avait apprécié les services et le dévouement.

« Vous vous êtes trouvé commandant par intérim de la station, lui écrivait l'amiral Lapierre, il faudrait dater vos propositions d'un des ports de la Chine, pour qu'au Conseil d'amirauté il ne s'élève aucune discussion sur leur valeur. Il serait regrettable que MM. les officiers eussent fait une longue et pénible campagne sans en tirer aucun profit ; heureusement que vous êtes là pour réparer l'injustice d'un oubli impardonnable. »

Nous n'avons pas entre les mains le rapport que de Plas rédigea pour le ministre à ce sujet ; mais nous savons par celui qu'il avait adressé à l'amiral Laguerre, commandant en chef la division navale de la Réunion et de la Chine, sa haute estime pour les officiers qui avaient servi sous ses ordres : aussi s'empressa-t-il de faire valoir leurs titres, demandant pour les uns un commandement et pour les autres la croix d'honneur.

Quant à ses intérêts personnels, il ne s'en occupait nullement. « La Providence, disait-il, a ses vues que je ne chercherai pas à scruter. J'aime bien mieux être plaint de ne pas avancer que d'être jalousé à bon droit et d'exciter l'étonnement du corps auquel j'appartiens. » En vain suppliait-il ses amis de ne pas intervenir et de laisser agir la Providence, il ne pouvait les empêcher de faire des démarches que ceux-ci considéraient comme un devoir. « Quelles que soient votre humilité et votre abnégation, lui écrivait l'amiral Desfossés, je voudrais, mon bon commandant, vous voir plus désireux d'arriver à une position plus élevée et plus digne de vous. Dieu veut que chacun accomplisse ici-bas toute sa tâche. La vôtre me semble toute tracée dans la marine : plus vous grandirez, plus les efforts de votre dévouement de citoyen, de chrétien et de vieux matelot profiteront à l'honneur et aux intérêts du pays. »

Une demande instante du commandant de Rocquemaurel arriva enfin au ministère, mais elle était postérieure au dernier travail du Conseil d'amirauté ; et malgré la haute estime dont jouissait l'ancien commandant du *Cassini*, on ne pouvait s'attendre à le voir porter d'office par le ministère sur le tableau d'avancement. La lettre de l'amiral Desfossés était datée du 12 août ; dès le 14, François se reposait à Puycheni au sein de sa famille où il goûtait le plaisir d'être oublié, mais prêt à répondre au premier appel fait à son dévouement.

Bien que la *Campagne du Cassini* soit terminée avec le désarmement de la corvette et le licenciement des officiers, il ne sera pas sans intérêt pour le lecteur de connaître le dénouement de deux faits dont il a été beaucoup parlé dans les *lettres*, *notes* et *rapports* du commandant de Plas. Voilà pourquoi nous ajoutons en appendice : 1º la fin de l'insurrection de Chang-hai; 2º la fin de l'insurrection des Kouang-si-jen. On aura ainsi une vue d'ensemble sur des événements d'une grande importance pour l'histoire générale de la Chine, et celle du rôle protecteur de la France dans les missions catholiques.

APPENDICE

I

FIN DE L'INSURRECTION DE CHANG-HAI (1)

« Gloire à Dieu! écrivait le P. Fournier, le
4 mars 1855, la ville de Chang-hai est enfin délivrée
des brigands qui, depuis près de dix-huit mois, exer-
çaient sur elle la tyrannie la plus odieuse, et c'est la
France qui a droit de se féliciter d'avoir rendu cet immense service à l'humanité. »

Les rebelles qui étaient devenus maîtres de Chang-
hai, le 7 septembre 1853, n'avaient aucune liaison avec
le grand parti des insurgés qui menaçait l'empire de
Chine. Ce parti avait même refusé de les reconnaître
pour ses alliés, parce qu'ils ne détruisaient pas les pagodes, et aussi parce qu'ils fumaient l'opium et exer-
çaient toutes sortes de brigandages. Les rebelles de
Chang-hai étaient des rouges pur sang ; ils en avaient
le costume (2) et les mœurs, et surpassaient en violence

---

(1) Voir plus haut, ch. XI : L'insurrection de Chang-hai.
(2) *Ibid.*, p. 302 : Lettre de M. Edan.

26

et en barbarie ceux qui en 1848 avaient levé en France
l'étendard de la révolte. Ils ne se contentaient pas de
piller, de torturer et de réduire à la dernière des misères les malheureux habitants de la ville, ils les rete-
naient captifs et faisaient feu sur ceux qui cherchaient
à s'échapper. Ils ne craignirent pas de mettre à mort
les mandarins qui avaient été envoyés pour parlemen-
ter avec eux, et plus d'une fois ils attirèrent dans la
ville des personnes inoffensives pour avoir le plaisir de
leur trancher la tête.

Les Européens établis à Chang-hai ne voulurent pas
s'éloigner de la ville révoltée, quand les impériaux
arrivèrent pour en faire le siège. Ils déclarèrent qu'ils
garderaient la neutralité, mais en se défendant contre
quiconque les attaquerait. Après quelques mois de tranquillité, des soldats impériaux qui ne reconnaissaient
ni chefs ni discipline, tirèrent sur quelques alliés.
Aussitôt les camps impériaux furent attaqués et brûlés,
et l'on décida que les Anglais garderaient le nord, les
Américains le centre, et les Français le sud de la concession contre le brigandage des rebelles. En tous cas,
les trois puissances devaient agir de concert, et si les
représentants d'une nation étaient attaqués, tous devaient les secourir.

Malheureusement d'autres que des Chinois étaient de
connivence avec les insurgés pour les aider à commettre
leurs actes criminels. Leur force et leur audace s'étaient
accrues par le renfort de quelques étrangers, brigands
ou déserteurs, qui avaient trouvé auprès d'eux un asile.
On savait aussi que bien des particuliers, anglais et surtout américains, favorisaient les rebelles, leur procurant
des provisions de bouche et des munitions de guerre, et
recevant en échange les dépouilles du pauvre peuple.
Plusieurs missionnaires protestants portèrent eux-
mêmes des encouragements aux assiégés, et la voix

des consuls anglais et américains protesta faiblement contre ces abus. Les agents et les missionnaires français ne partagèrent point ces aberrations, et ce judicieux discernement fut pour eux, au milieu de l'aveuglement général, un grand honneur.

Tel était l'état des choses, lorsque le contre-amiral Laguerre arriva à Chang-hai dans les derniers jours du mois d'août 1854, sur la frégate de troisième classe la *Jeanne d'Arc*. L'amiral prit le temps de se mettre au courant de ce qui se passait, et il assista à un des plus désolants spectacles que puisse offrir la guerre civile. La flotte qui bloquait Chang-hai du côté de la rivière laissait passer les provisions ; l'armée qui assiégeait la ville à l'ouest et au sud vendait aux rebelles de la poudre et des boulets. Quand on signalait ce commerce au général, il répondait en souriant : « Je sais tout cela mieux que vous, c'est la coutume et je n'y puis rien. » Voyant, au bout de quatre mois, que le quartier qu'il devait garder, était devenu un marché où se vendaient les habits, les meubles et toute espèce d'objets volés en ville, l'amiral commença par défendre aux brigands de venir en armes dans sa concession, puis il chassa tous ces marchands d'objets volés. Pour mettre son quartier encore plus à couvert, il fit construire un mur de douze pieds de haut, et les rebelles furent entièrement exclus. Ceux-ci cependant commencèrent une batterie qui n'aurait pu être attaquée par les impériaux sans que les balles et les boulets allassent droit frapper les maisons de commerce. L'amiral, apercevant un vrai danger pour les Européens du côté qui lui avait été confié, fit savoir aux chefs de la ville qu'il ne pouvait permettre de continuer la batterie, et qu'il la ferait détruire. Dès le lendemain, en effet, deux cents ouvriers chinois, protégés par une quarantaine de Français, eurent bientôt renversé l'ouvrage commencé.

Le travail n'était pas achevé, quand des coups de canon et de fusil partent de la muraille, et tous les ouvriers se sauvent. Encouragés par ce demi-succès, plusieurs centaines de rebelles sortent de la ville et se précipitent sur les Français. Ils furent reçus par des décharges de mousqueterie et par trois coups de canon à mitraille. Il n'en fallut pas davantage pour balayer le terrain ; mais les Français avaient malheureusement un homme mortellement blessé.

Cette escarmouche avait eu lieu le 9 décembre. Aussitôt l'amiral Laguerre déclara qu'il aurait raison de cette attaque, et qu'il ne laisserait pas impunie cette injure faite à la nation française. Dès le même jour, il fit chauffer le *Colbert*, qui s'avança pour lancer quelques boulets sur la ville, pendant que les obusiers mettaient le feu à une pagode. Le matin du 11, la *Jeanne d'Arc* alla se placer à côté du *Colbert* devant la ville, et sommation fut faite aux insurgés de se rendre. Ceux-ci n'ayant répondu que par des lettres mensongères et injurieuses, l'amiral tenta un coup hardi, téméraire peut-être. Un des chefs rebelles ayant été averti que les Français pourraient bien surpendre la batterie placée sur la rive du fleuve : « Pour cela, dit-il, je ne crains rien, trois cents de mes meilleurs soldats sont chargés de la défendre. »

Le 13 décembre, une heure avant l'aurore, une compagnie de cent cinquante hommes partit sans bruit, se dirigeant vers la batterie des insurgés. Les embarcations avançaient lentement, sans rames ni voiles, entraînées par le courant. Plus nos soldats approchaient, plus ils craignaient d'être aperçus ou entendus, surtout lorsque le veilleur des rebelles cessait par intervalles de battre le *tam-tam*. Enfin, parvenus doucement sous les vingt-cinq canons, qui étaient tous chargés à mitraille, ils se précipitèrent dans la batterie, en glissant par les embrasures ou grimpant par-dessus les sacs de terre, et tuèrent tout ce qu'ils rencontrèrent. Pendant que le serrurier enclouait les pièces, un insurgé se précipite sur lui, le sabre levé ; mais le matelot ne se déconcerte pas et casse avec son marteau la tête de son ennemi. Cependant les rebelles avertis accourent pour défendre la batterie et tirent sur les marins ; ceux-ci tournent alors contre eux deux canons non encore encloués, et cette mitraille, mêlée aux coups de mousqueterie, a bientôt balayé la rue. L'expédition heureusement terminée, la compagnie se rembarqua emportant les drapeaux pris à l'ennemi, et revint à bord en criant : Vive l'amiral! Un seul homme avait reçu une blessure à la poitrine, mais sans danger pour la vie. Quand le jour parut, un insurgé essaya de planter fièrement un drapeau sur l'infortunée batterie, mais un boulet du *Colbert* parfaitement dirigé, emporta et l'homme et le drapeau.

Après ce hardi coup de main, les rebelles qui ne s'attendaient pas à un pareil échec, restèrent un peu déconcertés. Nouvelle sommation leur fut faite de sortir de la ville ; mais les chefs, à qui le Fou-tai (gouverneur de province) ne pouvait promettre la vie sauve, résolurent de se défendre jusqu'à la mort. Dans cette conjoncture, qu'y avait-il à faire ? Incendier la ville, pour forcer les rebelles à sortir ? Mais détruire cette malheureuse cité, pour la délivrer de ses ennemis, était un remède aussi violent que le mal. Prendre la place d'assaut? Mais c'était exposer inutilement peut-être le peu de monde dont on disposait alors. Avant d'entreprendre aucun acte important d'hostilité, l'amiral crut sage d'attendre les renforts que devaient lui apporter la *Sibylle*, frégate de première classe, et la *Constantine*, venant de la Nouvelle-Calédonie. Cependant la *Jeanne d'Arc* resta devant la ville, et le *Colbert* alla se placer près de Tong-ka-dou, pour protéger au besoin la cathédrale et le séminaire ; l'amiral déclara l'état de siège et fit sauter deux batteries d'une trentaine de gros canons européens.

On attendait toujours de nouveaux bâtiments qui n'arrivaient pas. Enfin poussé à bout par les brigands, l'amiral résolut d'emporter la ville d'assaut avec les seules compagnies de débarquement de la *Jeanne d'Arc* et du *Colbert*. Les lettres des missionnaires renvoyant aux journaux pour les détails de cette glorieuse affaire, nous empruntons au *Moniteur de la Flotte,* le récit de la journée du 6 janvier.

« A cinq heures du matin, dit cette feuille bien renseignée, les employés se sont réunis sur le terrain de la concession française. Deux colonnes d'attaque furent formées. M. Massot, lieutenant de vaisseau de la *Jeanne d'Arc*, était à la tête de la première, et M. Macaire, du même grade et du même bâtiment, commandait la seconde. Des outils, tels que pioches, haches, etc., étaient répartis dans les pelotons de chaque colonne. Chaque homme avait quarante cartouches dans son sac et portait sa couverture de laine en bandoulière sur la poitrine (circonstance qui a protégé beaucoup de nos marins).

« Les deux colonnes comptaient en tout deux cent quarante hommes répartis en plusieurs pelotons, commandés par MM. Guys, enseigne de vaisseau ; Broutin, sous-lieutenant d'infanterie de la marine ; Haviès, Forestier et Gambard, aspirants de la *Jeanne d'Arc* ; et par MM. Petit et Pommier, enseignes du *Colbert*. M. Durun, lieutenant de vaisseau de la *Jeanne d'Arc*, devait surveiller les travailleurs chinois, placer les ponts pour franchir le petit ruisseau qui entoure la ville de ce côté, faire parvenir sur la brèche les sacs à terre, et enfin prendre le commandement de la brèche quand nos colonnes l'auraient franchie. Pour compléter ces dispositions, une ambulance avait été établie dans une maison de la concession, et deux chirurgiens, MM. Senelle et Germain, suivaient les colonnes. La *Jeanne d'Arc* et le *Colbert* étaient prêts à faire feu de leurs batteries.

« A sept heures trente, la brèche ouverte par les pièces débarquées de nos bâtiments est jugée praticable. Aussitôt les colonnes s'ébranlent au pas de course, couronnent les remparts, et en un clin d'œil chassent devant elles les défenseurs et arborent nos couleurs aux cris de : Vive l'Empereur !

« Un seul coup de feu avait atteint nos colonnes dans le trajet de la concession aux murs de la ville. M. Durun, lieutenant de vaisseau de la frégate, fut frappé mortellement en arrivant au petit ruisseau qui circule entre les deux murailles de la cité. Maîtresses de la brèche, nos colonnes s'élancèrent l'une par la droite du rempart, vers la porte du nord, l'autre par la gauche du rempart, pour opérer vers la porte de l'est.

« Voici quel était l'aspect du terrain environnant :

« Au pied de la brèche se trouvait une petite place sur laquelle aboutissaient deux rues, l'une perpendiculaire au rempart, et l'autre presque parallèle au chemin qui longeait ce même rempart. Des maisons de construction solide, dépourvues de fenêtres, garnissaient le pourtour de cette petite place et l'entrée de ces rues. De la brèche au bastion de gauche, le chemin longeant le rempart était aussi garni de petites maisons isolées les unes des autres et paraissant servir de corps de garde ; sur la droite de la place, une grande pagode composée de plusieurs corps de logis masquait les terrains vagues qui s'étendent du côté de la porte du nord ; toutes ces maisons, crénelées, étaient pleines d'insurgés, parmi lesquels se trouvaient des étrangers, ramassis impur de toutes les nations : on reconnaissait ces derniers soit à leurs casquettes, soit à leur habillement.

« A l'approche de la colonne, un feu meurtrier partit des maisons. M. Guys, enseigne de vaisseau, tomba frappé mortellement, et plusieurs marins furent tués ou blessés autour de lui.

« Sans s'arrêter un instant, la petite troupe poursuit son mouvement et répond à l'ennemi par une vive fusillade. Pendant ce temps, on activait sur la brèche la construction d'un parapet passager en sacs de terre et en briques. Puis les obusiers de montagne de la frégate arrivaient : le premier, conduit par M. de Barbarin, enseigne de vaisseau, fut placé sur le rempart, et quelques coups bien tirés permirent à nos hommes de serrer de plus près les refuges des insurgés, et de travailler plus efficacement à notre établissement sur la brèche.

« Tandis que la première colonne agissait ainsi, la seconde, guidée par M. le lieutenant de vaisseau Macaire, se dirigeait résolument vers le poste du nord, en laissant des tirailleurs sur son chemin ; les défenseurs du rempart qui voulaient résister étaient culbutés ou mis en fuite, et l'ouvrage qui commandait la porte du nord fut enlevé à la baïonnette. M. Macaire fit aussitôt pointer sur les murs environnants les canons dont il s'était emparé en cette position, et enfonça immédiatement la porte extérieure. Là plusieurs de ses hommes sont tués ou mis hors de combat, et lui-même reçoit une balle au genou, qui, heureusement, ne l'oblige pas à quitter son poste. Il s'y maintient donc, faisant éprouver de grandes pertes à ses adversaires par un feu bien nourri, jusqu'au moment où l'ordre lui parvient de rallier la première colonne. Celle-là rencontrait encore

une assez vive résistance, et MM. de Barbarin et Discry
venaient d'être blessés. Cependant nous avions réussi
à mettre le feu à plusieurs maisons. A ce moment, le
combat durait depuis quatre heures, les munitions
s'épuisaient ; l'amiral donna le signal de rallier notre
première position. Ce mouvement s'opéra en grand
ordre, et à onze heures trente minutes, nos compagnies de débarquement étaient réunies le long de la
muraille française.

« Ainsi s'est terminée cette lutte de deux cent cinquante de nos marins, bien appuyés par nos deux bâtiments de guerre, contre trois mille Chinois aguerris
par des combats journaliers et dirigés par une centaine
d'étrangers, rebut de tous les pays. On évalue la perte
de ces misérables à plus de trois cents hommes. En
outre, tous les canons qui garnissaient le rempart, sur
une étendue de huit cents mètres, ont été culbutés et
mis hors d'état de servir ; en de nombreux endroits,
des pâtés de maisons ont été réduits en cendres et le
lendemain de l'action l'incendie durait encore. Aussi
grand est l'effroi des insurgés à la seule vue du pavillon français.

« Dans cette journée, les devoirs de l'humanité n'ont
pas été un seul instant perdus de vue par nos marins
et nos soldats. Sous le feu de l'ennemi, ils sauvaient
avec le même dévouement leurs camarades blessés et
les vieillards, les femmes, les enfants qui se réfugiaient
dans nos rangs. Chacun a bravement payé de sa personne, et, en outre, le digne aumônier de la frégate,
l'abbé Trégaro (1), au milieu des balles, accourait
prendre nos blessés et leur prodiguait les secours de
son ministère.

« Les résidents français, anglais et américains, les

(1) Aujourd'hui Mgr Trégaro, évêque de Séez.

officiers de ces deux dernières nations, ne tarissent
pas en éloges sur la bravoure et la valeureuse hardiesse dont ont fait preuve, en cette circonstance, nos
marins et nos soldats d'infanterie de marine. »

Le Moniteur de la Flotte ajoute encore les documents suivants :

« Nous avons dit dernièrement que l'affaire du 6 janvier avait été très glorieuse pour la *Jeanne d'Arc* et le
Colbert, en un mot pour le pavillon français ; nous
sommes bien aises de pouvoir mettre aujourd'hui sous
les yeux de nos lecteurs de nouveaux détails qui
prouvent la sympathie et l'admiration qu'ont rencon-
trées de toutes parts nos marins et nos soldats en cette
occasion.

« Ainsi le commandant Pope, du bâtiment de guerre
américain *Vandalia*, a écrit à l'amiral Laguerre, trois
jours après l'affaire du 6, une lettre dont voici la traduction : « Mon cher amiral, permettez-moi de vous
» exprimer ma sincère admiration pour la conduite des
» forces placées sous votre commandement dans l'af-
» faire du 6, dont j'ai été témoin. Je ne crois pas qu'il
» soit possible de montrer plus de courage et de bra-
» voure qu'en ont déployés vos officiers et marins ; avec
» de tels hommes on doit réussir, quelle que soit l'en-
» treprise. Permettez-moi de vous dire aussi mes
» profonds regrets pour les pertes que vous avez faites,
» ainsi que ma cordiale sympathie.

» *Signé :* POPE. »

« De son côté, le commandant des forces navales
anglaises écrit à l'amiral français :

« Je suis heureux que vous me laissiez vous expri-
» mer l'admiration que j'ai éprouvée, comme tous les
» témoins de cette lutte héroïque, à voir l'intrépidité

» et le sang-froid avec lesquels vos marins et soldats ont
» marché à la brèche, et la manière peut-être encore
» plus remarquable dont ils ont soutenu trois heures
» d'un combat aussi numériquement inégal. Une pa-
» reille conduite ne saurait être surpassée.

» *Le capitaine du steamer de S. M. B. l'Encounter,*

» G.-O. CALLAGHAN. »

« A ces preuves de sympathie de leurs chefs, les
états-majors et marins des bâtiments anglais et américains sur rade ont ajouté les plus cordiales et les plus
honorables manifestations pour les équipages de la
Jeanne d'Arc et du *Colbert.*

« Enfin, Ki, le gouverneur de la province du Kiang-
sou, a adressé un pli officiel à l'amiral Laguerre, dans
lequel il s'exprime ainsi :

« Tout ce que vous avez fait est juste et bon ; non
» seulement les mandarins et les commerçants, tant
» européens que chinois, en seront très reconnaissants,
» mais dans la population de Chang-hai il n'y a pas un
» habitant civil ou militaire qui ne publie vos louanges.
» *Votre empire est véritablement un grand empire;*
» vous ne permettez pas aux rebelles de tout troubler à
» leur gré et de se cacher dans la ville. *Partout où flotte*
» *votre pavillon, la rebellion doit se cacher et fuir.*

» Considérant avec quelle justice et quelle loyauté
» vous agissez, et combien tout le pays est content et
» reconnaissant, je me suis hâté d'en adresser un rap-
» port à l'empereur.

» Je devais vous adresser cette dépêche officielle,
» pour vous remercier et vous prier de penser aux me-
» sures nécessaires pour en finir avec les rebelles.

« Le 5 de la 12ᵉ lune de la 4ᵉ année de Hien-Foung.

» *Signé :* KI. »

« Une souscription a été immédiatement ouverte à Chang-hai, parmi les résidents français, anglais et américains, pour élever un monument à la mémoire des braves soldats et des marins qui ont succombé dans l'affaire du 6 janvier. La mission française, sous la direction de Mgr Maresca, a le projet d'élever, sur un des points actuellement occupés par le consulat, une chapelle funéraire où seront déposés les restes des officiers tués dans ce combat. »

Si l'amiral Laguerre ne réussit pas à chasser les rebelles de la ville par cette tentative hardie, qui coûta la vie à trois officiers et neuf matelots, il leur inspira du moins une terreur salutaire. Dès ce moment, ils comprirent tout ce qu'ils avaient à redouter de nos marins qui, au nombre de deux cent quarante et placés à découvert sur les remparts, soutinrent, pendant quatre heures, un feu meurtrier contre deux ou trois mille hommes, cachés dans les maisons.

Les rebelles perdirent presque toute espérance, lorsque, quelques jours après, l'amiral parvint, à l'aide des impériaux, à intercepter les communications de la ville avec les Américains. Plusieurs songèrent à se rendre, et, comme ils avaient moins de confiance dans les impériaux que dans les Français, ils s'adressèrent à ceux-ci de préférence. La vie sauve ayant été promise à tous ceux qui se rendraient, quelques centaines s'échappèrent de la ville à différents intervalles et allèrent faire leur soumission au consulat français, ou au camp des mandarins. Le plus grand nombre cependant, encouragé par un des chefs et par quelques étrangers, se résolut à une résistance opiniâtre jusqu'à la dernière extrémité. Dans la première quinzaine de février les assiégés ne se bornèrent plus à se tenir sur la défensive, ils prirent l'offensive, en attaquant à plusieurs reprises les camps des impériaux : ce fut le dernier effort de la révolte expirante.

Les communications avec la ville européenne ayant été interceptées, les approvisionnements ne pouvaient plus se faire comme autrefois, et la disette de riz et d'opium commençait à exercer ses rigueurs. En même temps le bruit courut que la *Constantine* arrivait. Pressés par la faim et par la peur, les insurgés résolurent, non de se rendre, mais de s'ouvrir un passage, à main armée, à travers les camps des impériaux. La nuit du 17 au 18 février fut choisie pour mettre ce dessein à exécution.

Avec les forces dont ils disposaient, les rebelles pouvaient sans difficulté opérer une sortie en masse et s'emparer d'une autre ville. Au lieu de sortir tous ensemble, ils se divisèrent par petites bandes de douze ou quinze, afin de trouver une issue plus facile entre les camps des impériaux ; mais, la plupart ne connaissant pas les sentiers qui sillonnent les campagnes, ils se trouvèrent bientôt séparés les uns des autres au milieu des ténèbres de la nuit. Dès le lever du jour, les troupes impériales commencèrent à poursuivre les bandes répandues dans la campagne. Le peuple s'était aussi levé partout en masse pour courir sus aux malheureux fuyards. Ceux qui avaient pu se déguiser parvinrent seuls à échapper à la fureur des soldats et du peuple.

Pendant que les rebelles prenaient la fuite, Chang-hai devenait la proie des flammes. Les uns disent que le feu fut mis par les insurgés avant leur départ, d'autres prétendent que ce furent les impériaux qui voulurent ainsi détruire leurs ennemis cachés dans les maisons. Quoi qu'il en soit, cette ville infortunée, environnée comme d'une ceinture de feu, offrait un spectacle effrayant ; l'incendie consuma le tiers des habitations. Une patrouille de vingt matelots français, conduite par le P. Lemaître, parcourut les rues de la ville pour réprimer tout désordre et dissiper la crainte des habitants. Ils furent accueillis comme des amis et des sauveurs. Les Chinois, contents de voir ainsi terminer cette guerre civile qui depuis si longtemps désolait le pays, reconnaissaient hautement qu'ils étaient redevables de ce résultat aux Français.

Le dimanche, 25 février, l'amiral Laguerre, heureux d'avoir ajouté une nouvelle gloire au pavillon français, se rendit à la cathédrale pour assister à une messe solennelle, suivie du *Te Deum*, en actions de grâces. Il était accompagné d'un nombreux état-major en grande tenue, des musiciens de la frégate et d'une vingtaine de matelots sous les armes.

« On ne saurait croire, écrivait un missionnaire, combien ces glorieuses affaires ont relevé le crédit de la France en Chine. Le nom français est maintenant dans toutes les bouches : ce n'est plus un nom barbare comme celui des Anglais, et surtout des Américains, qui ont favorisé le parti des rebelles, en lui donnant un appui moral et en lui procurant des secours matériels pour résister aux troupes impériales de Chine et de France. L'on dit parmi le peuple que la religion des Français doit être excellente, puisqu'ils ne craignent pas demourir pour protéger les innocents et soutenir le bon droit. »

II

FIN DE L'INSURRECTION DES KOUANG-SI-JEN (1).

Les *rapports, lettres* et *notes* du commandant de Plas nous ont fait connaître la première période de l'insurrection chinoise, période de progrès incessants et de faciles victoires ; à partir de 1854, la lutte devint plus vive et plus sérieuse.

Après avoir franchi le Yang-tse-kiang sous les murs mêmes de Nan-king, les troupes rebelles avaient pris résolûment la direction de Pe-king. Dans leur marche rapide à travers le Kiang-sou et le Ho-nan, elles avaient pillé huit villes importantes et mis le siège devant Kai-fong fou ; mais le général tartare Si-ling-a, qui ne cessait de les harceler depuis leur départ de Nan-king, les surprit, les dispersa à la suite d'un combat acharné, et fit tous ses efforts pour les empêcher de passer le fleuve Jaune.

L'armée insurrectionnelle, ayant réussi à reformer ses rangs, menaça de nouveau la capitale du Ho-nan ; mais frappée d'impuissance par une crue subite du fleuve, elle chercha son salut dans une prompte re-

---

(1) Cf. Ch. III, commencements de l'insurrection ; ch. VIII, progrès de l'insurrection ; ch. XII, résultats de l'insurrection.

traite. Renonçant alors à l'espoir de s'emparer de Kai-fong, les rebelles se jetèrent sur la petite ville de Sse-Choui, située près des bords du fleuve Jaune qu'ils traversèrent, et ils continuèrent de s'avancer à marches forcées vers les frontières du Tchi-li. La retraite n'était plus possible pour les bandes insurgées. Séparées de leurs bases d'opération par deux grands fleuves et par les armées vaincues, elles n'avaient plus à compter que sur elles-mêmes : aussi pouvait-on prévoir le moment où elles seraient fatalement perdues, si elles ne réussissaient pas à s'emparer de Pe-king.

Arrivés en face des soldats tartares, défenseurs intéressés du trône, les Kouang-si-jen attendirent que de nouveaux renforts leur permissent de reprendre l'offensive. Cette inaction leur devint fatale : ils manquèrent bientôt de vivres, en même temps que le secours attendu fit défaut, et leur retraite commença lorsqu'ils allaient atteindre le but. Avant la fin de 1854, d'importants avantages couronnèrent les efforts des impériaux et, dès le mois de décembre, leurs adversaires, après avoir essuyé plusieurs défaites en rase campagne, se virent contraints d'évacuer toute la partie méridionale de la province du Hou-pe.

Cependant le Yang-tse-kiang, qui arrose les provinces les mieux cultivées et les plus industrieuses de la Chine, continuait d'être la principale artère de l'insurrection. C'est le grand fleuve et ses affluents qui servaient à relier toutes les positions importantes des rebelles ; il suffisait de les chasser de ses rives, pour les priver de leurs plus fécondes et de leurs plus vitales ressources. Le généralisme Hiang-yong vint donc mettre le siège devant Nan-king, et, pendant l'année 1855, il brûla plus d'un millier de jonques et tua plus de vingt mille hommes à l'ennemi. Mais, en 1856, les événements trahirent sa fortune : les assiégés, qui manquaient de vivres, firent une vigoureuse sortie et mirent en pleine déroute l'armée d'investissement.

Les Kouang-si-jen ne devaient pas profiter longtemps de cet avantage ; la discorte éclata parmi les chefs, et l'un de leurs plus braves généraux, Tchang-kouo-liang, passa à l'ennemi. Doué d'une grande audace et d'une rare activité, il eut bientôt rétabli dans le Kiang-sou les affaires de l'empereur ; avant la fin de 1857, il avait pris ou brûlé onze camps rebelles, et était devenu la terreur de ses anciens compagnons d'armes. Dans le courant de 1858, ses victoires furent plus décisives encore : il s'empara par surprise de Tchen-kiang fou, rétablit la libre navigation du Grand-canal et mit le siège devant la capitale de l'insurrection. Nan-king était encore cerné par les troupes impériales, lorsque lord Elgin remonta le Yang-tse-kiang, à son retour du Pei-ho. L'ambassadeur d'Angleterre se proposait de visiter les villes situées sur le grand fleuve, que les traités de Tien-tsin venaient d'ouvrir au commerce. Partie de Chang-hai le 8 novembre 1858, l'expédition y fut de retour le 1er janvier 1859, rapportant des impressions peu favorables aux rebelles ; il n'était personne à bord des bâtiments anglais qui ne fût convaincu de l'anéantissement prochain de l'insurrection chinoise.

On savait bien à Pe-king qu'une ville forte comme Nan-king, défendue par cent mille rebelles, ne pouvait être emportée d'assaut ; mais on comptait sur la famine et la défection, sur la vigilance et l'habileté de Tchang-kouo-liang. Toutes les combinaisons devaient échouer devant l'inébranlable ténacité des assiégés. En 1859, Tchang recula devant les sorties de la garnison, son camp fut surpris, et il se vit forcé de lever le siège. En 1860, les rebelles étaient maîtres de la paisible et opulente cité de Sou-tcheou et menaçaient la riche et im-

27

portante place de Chang-hai. Le 13 août, on pouvait
lire une proclamation qui annonçait leur arrivée ; déjà
même on voyait briller au loin les incendies qui signa-
laient leur approche.

Par mesure de prudence, le commandant des forces
navales françaises fit occuper le faubourg de l'est ; les
Anglais se chargèrent de défendre la ville du côté de
l'ouest et du sud ; les négociants étrangers s'enten-
dirent pour protéger au besoin les concessions contre
les insurgés, les impériaux et les voleurs. Le 18 août,
les Kouang-si-jen s'avancèrent jusqu'aux faubourgs de
l'ouest, où les Anglais avaient établi leurs batteries ;
ils furent repoussés, mais se retirèrent en bon ordre.
Nos boulets et nos obus les mirent en fuite le lendemain, du côté de l'est par où ils avaient essayé de
pénétrer. Ce double échec ne les découragea pas, et on
les vit reparaître, le 20 août, plus nombreux et plus ardents ; nos batteries et celles des Anglais firent feu
sur eux de toutes leurs pièces ; ils résistèrent quelque
temps et finirent par battre en retraite, mais lentement
et sans désordre. On apprit plus tard que les rebelles
avaient envahi le Tche-kiang, et menaçaient la grande
ville de Ning-po.

« Que de calamités, écrivait Mgr Delaplace au commandant de Plas, le 3 septembre 1861 ! que d'horreurs
dans notre Tche-kiang ! Les hordes, qu'on nomme rebelles, promènent le fer, le feu et pis encore. S'ils ne
faisaient que brûler et tuer, je me consolerais peut-
être ; mais quelles traces impures ! Quelles infernales
abominations ! Tout ce que les journaux vous ont dit des
Druses contre les Maronites, je l'ai vu de mes yeux
et notre province est aux deux tiers la proie de ce
monstrueux brigandage. Nos pertes matérielles et spirituelles sont incalculables. Il faudra un long temps,
une grande patience, beaucoup de prières et de morti-

fications pour réparer tant de désordres. J'estime déjà comme perdues plusieurs de nos anciennes chrétientés : chapelle et maisons, tout a été brûlé. Les habitants ont disparu ou sous le glaive, ou par la faim, ou par l'exil...

« Un de nos PP. Chinois entre *hic et nunc* dans ma chambre pour m'annoncer que les rebelles menacent Ning-po, que le *sauve qui peut* est dans la population, que des barques d'émigrants se transportent dans les îles Chou-san, etc., etc. Depuis neuf mois, ces alertes sont si fréquentes que je me blase. Cependant jamais cela n'a été aussi vif pour Ning-po... »

Tant que les rebelles s'étaient tenus au centre de l'empire, nous n'avions aucun droit d'intervenir contre eux, sans l'approbation du gouvernement impérial. Or, le prince Kong, président du conseil de régence, déclinait toutes les offres de service, alléguant qu'une intervention étrangère diminuerait le prestige du jeune souverain. Les chefs des forces alliées devaient donc se contenter de défendre les concessions dans les ports ouverts au commerce. C'est ainsi qu'à la prise de Ning-po par les insurgés, le 18 décembre 1861, les amiraux Protet et Hope se bornèrent à obtenir le respect des Européens et la neutralisation du faubourg où se trouvent les concessions.

Le moment approchait où la neutralité serait impossible à garder; l'attitude des rebelles vis-à-vis des étrangers était complètement changée. A Ning-po, ils armaient des batteries menaçantes contre les concessions; à Chang-hai, ils envoyaient des lettres insolentes aux amiraux, leur ordonnant de retirer leurs troupes et leurs vaisseaux. Les chefs des escadres française et anglaise comprirent quel était alors leur devoir et rendirent un service signalé à la civilisation aussi bien qu'à la Chine elle-même.

Pour la suite des événements qui signalèrent la fin de l'insurrection, il serait inutile, croyons-nous, de recommencer l'intéressant récit de M. des Varannes dans un article intitulé : *La Chine depuis le traité de Pe-King*, (1) nous nous contenterons de résumer sommairement les principaux faits, depuis le commencement de janvier 1862 jusqu'à la prise de Nan-king par les impériaux, le 19 juillet 1864 (2.)

1862.

Janvier-Mars. — Les rebelles s'étant emparés de Hang-tcheou s'avancèrent jusqu'à Wou-song, semant sur leurs pas le meurtre et le pillage, et menacèrent de nouveau Chang-hai où le commerce fut complètement suspendu.

La nécessité d'une protection efficace, qu'on ne pouvait attendre de l'administration locale, conduisit les autorités étrangères à se départir du rôle de neutralité gardé jusque là. Défense fut faite aux rebelles de s'approcher à plus de trente milles des ports ouverts par les traités. Ils furent chassés des villages qu'ils occupaient aux environs de Chang-hai, par les forces anglo-françaises qui, sous la direction de l'amiral Hope, coopéraient avec les soldats impériaux à la défense commune. Plusieurs engagements eurent aussi lieu sur la rivière. L'Américain Ward, ayant groupé autour de lui plusieurs centaines de Nankinois et de déserteurs, reçut du gouvernement chinois le titre de colonel et entra en campagne contre les insurgés,

(1) *Revue des Deux-Mondes*, 15 avril 1863.
(2) Cf. : *L'Empire du Milieu*, par M. le marquis de Courcy.

après avoir discipliné quelques compagnies indigènes. En même temps, M. Lay fut chargé de faire à Londres, pour le compte de la Chine, l'acquisition de plusieurs navires qui devaient être armés contre la rébellion, et dont le commandement serait confié à M. Osborn, officier de la marine britannique.

Avril. — M. Lebreton reçut le commandement d'un corps franco-chinois organisé à Ning-po.

Des engagements meurtriers eurent lieu près de Chang-haï, et les villes de Nan-chiang et de Ka-ding furent reprises aux rebelles.

Mai. — Provoquées par les bravades de la garnison rebelle de Ning-po, les forces anglo-françaises l'expulsèrent le 10 mai, et remirent la ville aux autorités impériales.

Les troupes alliées et le régiment de M. Ward poursuivirent activement leurs succès contre l'insurrection à laquelle Tsing-pou, Nan-jao et Tcho-lin furent successivement reprises. L'amiral Protet tomba, le 17 mai, frappé d'une balle au cœur, à l'attaque de Nan-jao. S'il ne fut pas donné au brave amiral d'accomplir tout entière la mission qu'il s'était imposée, du moins mourut-il avec la consolation d'avoir tout fait pour la grandeur de son pays.

Septembre. — Ward fut tué près de Ning-po, dans un combat livré aux rebelles. Le gouvernement chinois décréta qu'un temple serait élevé à sa mémoire, et lui donna M. Burgevine pour successeur.

Octobre. — Deux villes, Fong-hoa, près de Ning-po et Ka-ding, près de Chang-haï, furent reprises aux rebelles. Le corps franco-chinois, commandé par MM. Giquel et Lebreton, remporta de nombreux succès dans le Fo-kien et le Tche-kiang.

Novembre. — Les rebelles, après une vigoureuse résistance, furent chassés par les troupes de Burgevine des fortifications qu'ils occupaient à Pao-kong, dans le Kiang-sou. L'amiral Hope quitta la Chine.

Décembre. — Les rebelles furent chassés de Chang-you, dans le Tche-kiang.

1863.

Janvier. — Réorganisation du corps anglo-chinois : Burgevine, destitué par le Tao-tai de Chang-hai, fut remplacé d'abord par le capitaine Holland, puis par le major Gordon.

Février. — Les troupes impériales et le corps anglo-chinois furent repoussés avec perte à l'assaut de Tai-tsan.

Mars. — MM. Lebreton et Tardif de Moidrey, commandants du corps franco-chinois, ayant été tués successivement devant Chao-king fou, M. le lieutenant de vaisseau d'Aiguebelle prit la direction de ce corps, et la ville ne tarda pas à tomber au pouvoir des impériaux.

Avril. — Deux autres villes, Fou-Chan et Tai-tsan, dans le Kiang-sou, rentrèrent sous la domination impériale.

Mai. — Capture de Kouin-san par le major Gordon.

Juin-Août. — Belle campagne du major Gordon dans le Kiang-sou. Chassée de Ou-kiang et des fortifications qu'elle occupait près de cette ville, l'armée rebelle se replia sur Sou-tcheou, où elle s'enferma. Burgevine, s'étant emparé par surprise d'un petit steamer sur le canal de Sou-tcheou, passa à l'insurrection.

Octobre. — Les négociations entreprises par M. Lay à Pe-king, pour organiser une flotte anglo-chinoise, dont le commandement devait être confié au capitaine Osborn, échouèrent complètement.

Novembre. — Plusieurs engagements eurent lieu, sous les murs de Sou-tcheou, entre les insurgés et les troupes du major Gordon, qui en sortit presque toujours victorieux.

Burgevine, capturé pendant une attaque qu'il dirigeait contre la flotille destinée à ravitailler les forces impériales, fut conduit à la prison du consulat américain.

Décembre. — Les ouvrages extérieurs qui protégeaient Sou-tcheou ayant été emportés d'assaut, le général rebelle négocia, par l'entremise de M. Gordon, l'évacuation de cette importante cité, qui ouvrit ses portes aux vainqueurs.

1864.

Février. — Gordon s'avança vers Nan-king, pour combiner ses mouvements avec ceux du général chinois qui assiégeait cette ville. Il parvint à rétablir le pouvoir de l'empereur à Yi-sing et Li-yang, mais il fut repoussé et blessé à l'attaque de Kin-tang.

Mars. — Le corps franco-chinois, commandé par M. d'Aiguebelle, s'empara de Hang-tcheou, que les insurgés occupaient depuis plus de deux ans, et restitua ainsi à l'empereur l'une des plus grandes villes de ses États.

Mai. — Tchang-tcheou, après une vigoureuse résistance, fut emporté d'assaut par les troupes du gouverneur Li et du major Gordon; mais celui-ci, considérant sa tâche comme accomplie, renonça à son commandement. Les corps anglo-chinois et franco-chinois furent dissous et se fondirent dans l'armée qui assiégeait Nan-king.

Juillet. — Le major Gordon institua près de Chang-hai, avec l'autorisation des consuls, un camp de manœuvre pour l'instruction des troupes chinoises.

Dans la journée du 19, Nan-king fut prise d'assaut par les troupes impériales, et le chef rebelle disparut dans le combat. Cette importante victoire donna le coup de mort à l'insurrection qui, depuis dix ans, désolait les plus riches provinces de la Chine. Les débris des armées rebelles continuèrent de porter au nord et à l'ouest la dévastation et la ruine; mais privés d'une direction unique, ils ne tardèrent pas à se disperser et à s'évanouir.

Grâce à l'intervention des anglo-français dans la guerre civile qui désola si longtemps le Céleste Empire, le rôle des étrangers grandit beaucoup aux yeux de la population, et dès ce moment commença pour les Européens l'invasion morale en Chine. A la suite des alliés, toutes les autres nations accoururent; et ce vaste pays jusqu'alors inaccessible, envahi par le commerce du monde entier, offrit à l'activité humaine le champ le plus étendu qu'elle eût rencontré depuis des siècles.

D'après le journal protestant de Chang-hai, les missionnaires français, témoins de ce mouvement social, n'auraient eu qu'un but : en profiter pour faire entrer le peuple chinois dans la voie catholique romaine. Nous n'avons qu'une affaire, répondit le P. Broullion : c'est de racheter les âmes au prix de nos sueurs, jusqu'à ce que le ciel daigne accepter notre sang. Néanmoins, ajoutait le P. Fournier, l'heureuse issue de la guerre nous donne lieu d'espérer les résultats les plus avantageux pour les progrès de la foi dans le Céleste Empire ; car les mandarins sont pleinement convaincus du désintéressement de la France dans les sacrifices qu'elle a faits pour le bien de la Chine. Ils savent qu'elle ne cherche point à s'enrichir et à étendre son commerce dans ces contrées, mais que toute son ambition se borne à désirer, en récompense des services rendus, une liberté plus grande pour les missionnaires catholiques de propager la foi dans l'empire et de répandre partout les bienfaits que porte avec elle la civilisation chrétienne.

Quant au peuple, il estime et honore les missionnaires catholiques, qui sont presque tous Français, et ne se font connaître que par les services rendus à la Chine, soit dans les asiles et les hôpitaux où ils prodiguent leurs soins aux malades et aux blessés, soit dans les orphelinats et les écoles où ils se dévouent à l'éducation et à l'instruction de la jeunesse (1).

Pour rendre un jour chrétienne et catholique cette nation matérialiste et sensuelle, il faut donc, dirous-nous avec M. Jurien de la Gravière, « lui montrer des hommes (missionnaires ou officiers) complètement détachés de tout ce qu'elle est habituée à poursuivre, de ces hommes comme les temps évangéliques en ont vus, indifférents aux honneurs, insensibles aux jouissances matérielles, ne comptant pour rien les privations et le danger. De tels hommes sont rares, mais Dieu les suscite quand il veut, et il le veut toujours (comme nous le montre la *Campagne du Cassini*), lorsque l'heure est venue (2) ».

(1) *Mémoire sur la Mission du Kiang-nan,* pp. 37 et 448.
(2) *Voyage de la* Bayonnaise, t. I, p. 3.

FIN

TABLE DES MATIÈRES

CHAPITRE PREMIER

PRÉPARATIFS DE LA CAMPAGNE DU « CASSINI »

7 octobre 1850 — 6 mars 1851

CHAPITRE IX

L'INSURRECTION DES KOUANG-SI-JEN

19 avril 1853 — 4 juillet 1853

CHAPITRE X

MOUILLAGES DANS LA RIVIÈRE DE CANTON

5 juillet 1853 — 17 septembre 1853

CHAPITRE XIII

DE CHINE EN FRANCE

19 décembre 1853 — 6 juillet 1854

CHAPITRE XIV

ÉPILOGUE

ÉMILE COLIN — IMPRIMERIE DE LAGNY

28

www.ingramcontent.com/pod-product-compliance
Lightning Source LLC
Chambersburg PA
CBHW060953280326
41935CB00009B/712